葡萄牙刑事诉讼与证据制度专论

第一卷

施鹏鹏／著

O PROCESSO CRIMINAL E A
PROVA EM PORTUGAL

（VOLUME I）

法律出版社
LAW PRESS·CHINA
北京

图书在版编目(CIP)数据

葡萄牙刑事诉讼与证据制度专论. 第一卷 / 施鹏鹏著. -- 北京 : 法律出版社, 2024
ISBN 978-7-5197-9079-0

Ⅰ. ①葡… Ⅱ. ①施… Ⅲ. ①刑事诉讼-研究-葡萄牙②证据-司法制度-研究-葡萄牙 Ⅳ. ①D955.252

中国国家版本馆 CIP 数据核字(2024)第 081814 号

葡萄牙刑事诉讼与证据制度专论(第一卷)
PUTAOYA XINGSHI SUSONG YU ZHENGJU ZHIDU ZHUANLUN(DI-YI JUAN)

施鹏鹏 著

策划编辑 陈昱希
责任编辑 陈昱希
装帧设计 汪奇峰 臧晓飞

出版发行 法律出版社
编辑统筹 法规出版分社
责任校对 翁潇潇
责任印制 耿润瑜
经　　销 新华书店

开本 710 毫米×1000 毫米 1/16
印张 20.25 **字数** 295 千
版本 2024 年 6 月第 1 版
印次 2024 年 6 月第 1 次印刷
印刷 固安华明印业有限公司

地址:北京市丰台区莲花池西里 7 号(100073)
网址:www.lawpress.com.cn
投稿邮箱:info@lawpress.com.cn
举报盗版邮箱:jbwq@lawpress.com.cn

销售电话:010-83938349
客服电话:010-83938350
咨询电话:010-63939796

书号:ISBN 978-7-5197-9079-0
定价:88.00 元

凡购买本社图书,如有印装错误,我社负责退换。电话:010-83938349

序

葡萄牙虽地处亚欧大陆最西端，但中国学术界对葡萄牙的法律制度却不陌生。自1887年葡萄牙通过外交文书的手续占领澳门后，便将本国的法律强行适用于澳门。直至1976年，澳门开始拥有部分立法权，但主要法律的起草者仍为葡萄牙的学者和法官，官方的法律文本亦采用葡萄牙语与中文双语。1996年，澳门出台了自己的《刑事诉讼法典》，葡萄牙最负盛名的学者迪亚士教授便是最重要的参与者。这部法典的结构和理念基本沿袭了葡萄牙1929年《刑事诉讼法典》的规定，未有太多的独立与创新。1999年澳门回归祖国后，因为语言及学术交流上的便利，澳门刑事诉讼的原则、结构及核心内容早已为中国内地学者所知悉，这提供了一面全面了解葡萄牙刑事诉讼的"镜子"。尤其是澳门大学法学院在过去数十年内做了卓有成效的努力，包括翻译一大批葡萄牙的经典著述，"在比较法这幅色彩斑斓的画卷中"增加了特有的葡萄牙色调，丰富了比较法的层次和内涵。

葡萄牙刑事诉讼制度原不在我的关注范围之内，一方面是因为澳门已经提供了较丰富的比较法信息，研究葡萄牙刑事诉讼制度似乎理论价值较小，且葡萄牙语虽然与法语有类似之处，但学习一门新语言也是费事之举，权衡之下终感性价比较低；另一方面则是因为葡萄牙刑事诉讼制度在世界范围内的影响总体不大，很多学说主要源自德国、法国和意大利，与其花精力在葡萄牙刑事诉讼制度的研究上，不如将德国、法国和意大利的相关理论及制度做深做实。但这些想法很快就发生了改变。

2011 年,我给刑事诉讼专业的博士研究生开设比较刑事诉讼的课程,最后一讲是“转型国家刑事诉讼的变革”,涉及中东欧、亚洲、非洲和南美洲等多个欠发达国家的刑事法治转型。我在备课时查阅了马克西姆·兰格教授撰写的《拉丁美洲的刑事诉讼程序改革——源自边缘国家法律思想的传播》一文(这篇文章后由我和我的博士生周婧一起译出,刊于陈兴良教授主编的《刑事法评论》),发现了许多非常优秀的葡萄牙语学术作品。尤其是葡萄牙著名学者迪亚士教授的《刑事诉讼法》[①](中文版已由澳门大学译出,并由社会科学文献出版社出版发行)。在南美洲许多国家(尤其是巴西)独步学林,是目前我所读过最好的刑事诉讼原理教科书。更令人啧啧称奇的是,巴西许多刑事诉讼学者的研究成果亦令人印象深刻。我们已习惯了阅读主流国家学者介绍成熟制度经验的学术作品,却忽视了许多转型国家学者在反思制度失灵时所形成的尖锐且颇具冲击力的学术观点。

2015 年,我出了一场车祸,因脑震荡而导致部分失语。医生建议我多卧床休息,免得留下后遗症——最严重的情况可能是失智。这种感觉是非常糟糕的,我仿佛看到一位语无伦次、衣衫褴褛的中年人为全世界所抛弃,最终沦为茶余饭后的笑谈。于是,我开始了一场高强度的语言训练,先后学习了西语、葡语、荷兰语和俄语。不过这个过程一点也不乏味、枯燥,因为每一门语言,都是打开一个民族文化的钥匙。我很喜欢葡萄牙的“法朵”(Fado),透露着苍凉哀伤,仿若诉说着一个民族盛衰命运的无常。

写完《葡萄牙刑事诉讼与证据制度专论》(第一卷)后,恰逢 2021 年中秋节前夕,我感觉身心特别疲倦,是时候休息一段时间了。20 年前,一位知名学者说,这是一个速朽的时代,速度超过了所有人的想象。我

① [葡]乔治·德·菲格雷多·迪亚士:《刑事诉讼法》,马哲、缴洁译,社会科学文献出版社 2019 年版。

却天真地希望自己的作品能有一定的生命力，不为世俗的评价，仅是为了一点点自不量力的学术坚持。感谢所有默默支持我潜心学问的亲友，我无法告知他/她这些作品能带来什么，我只是固执地认为这样做或许应该有意义。

《葡萄牙刑事诉讼与证据制度专论》（第一卷）的完成要特别感谢一位未曾谋面的学生陈绮琳。因疫情缘故，我已有近 3 年未到欧洲，无法获得葡萄牙一些权威的著述。是她不厌其烦地忍受我的多次耽扰，托朋友从欧洲给我带来了宝贵的学术资料。她新近已到澳门读书，推荐的教授正是我本人，我相信她是一位对学术有追求的年轻人，我也期待她能学有所成，成为中国与欧洲学术交流的桥梁。

施鹏鹏

目　录

葡萄牙现代刑事诉讼制度的形成及影响 …… 001
一、导论:法典化的时代与葡萄牙刑事诉讼法典的编撰 …… 001
二、第一部现代化的刑事诉讼法典:1929 年《刑事诉讼法典》 …… 004
三、现行刑事诉讼法典:1987 年《刑事诉讼法典》 …… 007
四、1987 年以后的重大改革 …… 012
五、葡萄牙现代刑事诉讼对巴西的影响 …… 017
六、葡萄牙现代刑事诉讼对澳门的影响 …… 019
七、结语:职权主义亚类型——伊比利亚半岛刑事诉讼的特色 …… 021

葡萄牙刑事诉讼的基本范畴——兼评迪亚士《刑事诉讼法》 …… 022
一、导论:刑事诉讼(法)的界定及范围 …… 024
二、刑事诉讼法与刑法的关系(刑事一体化理论) …… 028
三、刑事诉讼的目的(任务) …… 033
四、诉讼的司法性质(Natureza jurídica do processo) …… 036
五、诉讼要件 …… 041
六、诉讼主体与诉讼对象 …… 046
七、诉讼行为与诉讼行为无效 …… 051
八、小结——兼评迪亚士教授的《刑事诉讼法》 …… 056

刑事诉讼宪法化的葡萄牙模式 …… 058
一、导论:刑事诉讼法的具体宪法构造 …… 058

二、两种违宪审查模式 …… 062
三、刑事诉讼规则的抽象违宪审查 …… 064
四、刑事诉讼规则的具体违宪审查 …… 084
五、面向基本权利保护的违宪审查——兼与德国基本权利“三阶审查模式”的比较 …… 088

葡萄牙刑事诉讼的基本原则——基于实定法及超实定法的体系性研究 …… 095
一、刑事诉讼的基本原则体系:概念与类型 …… 095
二、诉讼结构的内在原则 …… 097
三、与推进程序有关的原则 …… 107
四、与程序发展有关的原则(Princípios relativos à prossecução processual) …… 110
五、与证明有关的原则 …… 114
六、与形式有关的原则 …… 117
七、结语 …… 121

论充分性原则与刑事诉讼的先决问题 …… 123
一、刑事诉讼中先决问题的界定及类型化 …… 124
二、先决问题的不同处置模式及争论 …… 126
三、葡萄牙的立法选择及评析 …… 130
四、后续思考 …… 134

论司法裁判权:法院、法官与管辖 …… 137
一、刑事诉讼中的司法裁判权:界定、特征及主体 …… 137
二、普通刑事法院的管辖权规则 …… 140
三、刑事法官的履职规则 …… 165

论“职能依附型”的检警关系——葡萄牙模式及其启发 …… 174
一、检警关系问题的源起及其在葡萄牙的特殊背景 …… 174
二、葡萄牙刑事警察机关的组织结构及职权 …… 182

三、葡萄牙检察院的组织结构及职权 …… 190
四、“职能依附型”检警关系的内容及特色 …… 197
五、启示 …… 200

论刑事诉讼对象 …… 202
一、刑事诉讼对象的界定 …… 202
二、起诉请求的事实描述和法律适用 …… 204
三、起诉书对法院认知权的限制 …… 207
四、诉讼对象的变更 …… 209
五、简要评论 …… 211

论被告人及其辩护人 …… 214
一、被告人的界定及其身份构成 …… 216
二、被告人的权利和义务 …… 222
三、被告人的辩护人 …… 225
四、刑事辩护的职能 …… 230

论刑事诉讼中被害人的参与权 …… 238
一、导论 …… 238
二、被害人(狭义)、被害人(广义)、控告者与辅助人 …… 241
三、辅助人身份的确立及参与诉讼的权利 …… 243
四、刑事附带民事诉讼 …… 251

刑事起诉制度研究 …… 258
一、导论:检察权、公诉权及公诉国家垄断主义的例外 …… 258
二、检察官提起刑事公诉:公诉案件 …… 261
三、控告人提出控告(半公诉案件)或自诉人提出自诉(自诉案件) …… 264
四、简短评价——兼与中国刑事自诉制度的比较 …… 271

最简易程序研究……273
一、最简易程序的创设及发展……276
二、最简易程序的制度框架……280
三、最简易程序的适用状况……289
四、改革方向:从合意型司法走向协商型司法……295

刑事证据制度的一般原理(一):证据自由及其合法性限制……297
一、证据自由……297
二、证据取得禁止……300
三、证据使用禁止……303
四、诉讼行为无效……305
五、证据禁止的其他问题……310

葡萄牙现代刑事诉讼制度的形成及影响

一、导论:法典化的时代与葡萄牙刑事诉讼法典的编撰

自 18 世纪上半叶起,尤其是 19 世纪期间,以法国、德国为主导,欧陆诸国出现了一场重要的法典化运动,在全世界范围内产生了举足轻重的影响。[①] 但各国在法典化过程中受到不同的哲学、政治意识、经济——社会及方法上的决定性因素的影响,异常复杂,甚至存在相互冲突的地方。[②] 尽管也有诸如萨维尼(Savigny)这类反对法典化的著名学者,但各国法典化的进程似乎不可阻挡,且不再是"单纯地将现行法律汇集组织起来,而并不太关心其内在结构","这些现代法典均是锐意创新的,希望实现一个真正法律转变,其目标是民族的现代化、进步和幸福……,它不是为综合过去,而是着眼于展望未来的作品。它也放弃了将不同领域的法律作整体编集的过时观念"。[③] 因此,埋藏于现代法典化运动根部的,首先是理性自然法及启蒙主义的力量,即通过理性自然法制定新的秩序。在法国大革命思想的影响下,欧陆诸国率先构建了以权力分立为特色的国家权力结构,法律制度应属立法机构的专属权限。教条式的实证主义开始占据主导地位:法律由国家立

---

① Jacques Vanderlinden. Le concept de code en Europe occidentale du XIIIe au XIXe siècle. Essai de définition. Éditions de l'Institut de Sociologie de l'Université libre de Bruxelles, 1967.

② 参见[葡]马里奥·朱莉欧·德·阿尔梅达·科斯塔:《葡萄牙法律史》(第 3 版),唐晓晴译,法律出版社 2014 年版,第 344 页。

③ [葡]马里奥·朱莉欧·德·阿尔梅达·科斯塔:《葡萄牙法律史》(第 3 版),唐晓晴译,法律出版社 2014 年版,第 345 页。

法机构创设后,这套实证法律便转化成不可争议的前提,裁判者严格遵循这套包含全部社会关系规则的封闭体系进行纯形式主义的逻辑演绎,这是欧陆法典化时代的重要特征。

葡萄牙的法典化进程亦在这一背景下开始,受法国大革命思想的深刻影响。葡萄牙刑事诉讼的法典化尝试最早可追溯至1852年,但最初起草的几部法律草案均以失败告终。[①] 直至1929年,葡萄牙才颁布了第一部本国的《刑事诉讼法典》。这部法典深受法国1808年《重罪法典》的影响,所构建的诉讼权力结构也基本类似,即所谓的"混合式诉讼":审前程序由预审法官主导,奉行书面、秘密原则,庭审程序则由法官主导,适用直接言辞及公开原则,被告人有自由辩护的权利。1929年《刑事诉讼法典》可称为葡萄牙第一部具有现代意义的刑事诉讼法典,尽管历经法西斯时代且因此饱受诟病,但其进步意义不容置疑,所蕴含的正当程序理念影响至今,对殖民地产生了重大的影响。时下,中国澳门特别行政区依然沿袭葡萄牙1929年《刑事诉讼法典》的基本结构。1929年《刑事诉讼法典》通过1945年第35.007号立法法令进行过一次重大改革,由时任的葡萄牙司法部部长卡瓦莱罗·代·费雷拉(Cavaleiro de Ferreira)主导。这次改革主要涉及诉讼权力结构的调整,尝试赋予被告人更平等的地位。但需要指出的是,1933年至1974年,葡萄牙均处于独裁政府的统治时期,刑事司法改革收效甚微,刑事诉讼工具化的现象并不罕见。

1974年4月25日,葡萄牙爆发了"武装部队运动"(Movimento das Forças Armadas,MFA,即"四·二五革命"),推翻了法西斯政权,确立了民主政体,刑事诉讼制度的改革成为新政府短期的优先事项之一,因为刑事诉讼对于政权更迭的反应极为敏感。新的法典历经十余年的准备及讨论,期间亦通过出台单行法进行改革,终于由1987年2月17日第78/87号立法法令批准。[②] 正如法令在前言声明中所言,"经过数十年来对草案的反复表决

---

① 关于1929年前葡萄牙刑事诉讼权力结构的变迁,参见 Dias, João Paulo, Fernando, Paula e Lima, Teresa Maneca, O papel do Ministério Público, p. 27. Publicado Pelo Centro do centro de estudos sociais, Março 2007。

② 1987年6月1日,第17/87号法律将其生效日期推迟到1988年1月1日。

和努力,葡萄牙司法界终于迎来了一部全新的《刑事诉讼法典》,其中的部分内容已初步付诸实施。凡影响深远的作品就必定会存在争议;在经过细致准备和对制度的大范围争论后,本法典将替代1929年颁布的旧法,以及在其适用期间零散颁行的对旧法典进行补充修订的单行法律”。对于葡萄牙司法界而言,1987年的《刑事诉讼法典》不仅在技术层面进行了调整,更承载着政治转型的使命,是从专制至民主的飞跃。正如法典在序言篇①中所言,“旧法典自1929年实施以来不断修订,其中有根据条文自身目的进行的修订,也有对内容不明法律条文的完善。由于反映的政策与历史视野不同,刑事诉讼法体现了不同的文化意识形态。因此,不同的人持有不同的世界观和人生观,对国家与公民、社会与个人以及刑事程序和政治犯罪的内涵理解不同,时常会有认识上的对立”,“总言之,由于各种社会矛盾、法律的滞后以及社会功能转变,刑事诉讼法受到一定程度的破坏。法规含义的模糊、大量重复以及欠缺普适性使其缺乏系统性。为改变上述现象,应建立明确、系统的法律制度”。

1987年葡萄牙《刑事诉讼法典》生效后,至今又经历了三十余次的修改,涉及各种程序,改革的动因较为多元,有源于内部学说与实践的推动(如特别程序),有源于外部欧洲人权法院的压力(如被告人的保护),有源于新科学技术的应用(如新的侦查手段)等,但改革目标依然围绕三方面分别进行开放而创新的对话:“民主法治国家的自由层面与社会层面之间”、“刑法适用的公正与效率之间”以及“社会治安需求与个人权利保障之间”。

自19世纪以来,葡萄牙刑事诉讼的立法及学说深受欧陆邻国的影响(尤其是德国、法国、意大利和西班牙)。以迪亚士教授为代表的葡萄牙学者在广泛吸纳国外先进理念的同时,结合本国的实践及传统构建了颇具葡萄牙特色的刑事诉讼学说体系,并对南美洲(尤其是巴西)及中国澳门产生了深刻的影响。可以认为,葡萄牙是欧陆法律制度及法学理论(包括但不仅限于刑事诉讼)输出的重要中转站。此外,葡萄牙现代刑事诉讼的演进史也

---

① 1987年的葡萄牙《刑事诉讼法典》设置了序言篇,详细说明了立法理由、理论结构、体系创新等,全面地反映了葡萄牙理论界及实务界对这部新法典的基本思考。

提供了观察后发法治国家刑事权力结构转型的一个范本,这对于同样思考刑事法治现代化的中国无疑具有较高的比较法研究价值。

二、第一部现代化的刑事诉讼法典:1929 年《刑事诉讼法典》

1929 年《刑事诉讼法典》是葡萄牙第一部现代化的刑事诉讼法典,分两卷:第 1 卷设 2 章,内容为诉讼(acção)与管辖(competência)的一般规定,第 2 卷设 10 章,包括总则(disposições gerais)、预审(instrução)、起诉(acusação)、辩护(defesa)、审判(julgamento)、执行(execução)、上诉(recurso)、再审(revisão de sentença)等多个诉讼阶段的规定。法典由 1929 年 2 月 15 日第 16489 号命令核准,并于同年 3 月 1 日开始生效。自此,葡萄牙刑事诉讼体系结束了零散法规时代,建构了统一的程序原则和实施细则,实现了秩序化和系统化。如前所述,这部法典受法国《重罪法典》的深刻影响,凸显了国家权力主导的职权主义特质,最具标志性的制度当属预审法官。刑事程序始于预备性预审,程序秘密进行,预审法官主导各种刑事调查措施,被告人在这一阶段未有任何实质的防御权。预备性预审结束后,卷宗将移送检察院,检察官依预审法官的通知决定归档不诉或者提起公诉。如果决定归档不诉,则被告人将被释放,诉讼自此终结。但如果决定提起公诉,则进入正式的预审程序。仅在这一阶段,被告人方可积极参与诉讼,并可以进行自我辩护。预审结束后,检察官依预审法官的决定归档不诉或者提起公诉。如果决定归档不诉,则被告人将被释放,诉讼自此终结。但如果决定提起公诉,则进入庭审程序。预审法官将成为本案的庭审法官,并在庭审中发挥主导作用。

可以看出,1929 年葡萄牙《刑事诉讼法典》并未确立侦、控、审分离的原则:预审法官既是犯罪行为的调查者和指控者,也是犯罪行为的审判者。因此,诉讼程序仅限于在形式上分为若干阶段,事实上,整个诉讼程序自始至终均由同一实体(预审法官)主持,检察官的职能仅限于负责推动预审的具体措施(1929 年葡萄牙《刑事诉讼法典》第 159 条),或者确认预审法官的决定,而不具有任何职能的独立性。这种诉讼结构必然导致庭审程序的虚化,因为预审法官在预备性预审和预审程序中早已对犯罪行为有极为详细的了解,并体现在卷宗中。庭审更多仅是对审前程序结果(卷宗内容)的确认,法官的心证也并非形成于庭审阶段,而形成于预审甚至预备性预审阶段。也正因为如此,尽管1929年葡萄牙《刑事诉讼法典》在庭审阶段确立了公开原则和直接言词原则,但收效甚微,被告人的参与通常无助于改变法官的思维定式。

1929年葡萄牙《刑事诉讼法典》的程序结构性缺陷一直广受诟病,既有悖于葡萄牙学术界推崇的"对抗式原则"(princípio acusatório),和强化被告人权利保护的发展趋势背道而驰,又极大拖累了诉讼效率,庞大的案件量以及繁重的工作量让预审法官疲于奔命。这也是1945年第35.007号立法法令改革的背景,由时任葡萄牙司法部部长卡瓦莱罗·代·费雷拉(Cavaleiro de Ferreira)主导。围绕这些弊端,葡萄牙学术界大体形成了两种改革思路:一是废除预审制,法官职能完全司法化(judicialização integral)。法官不再承担侦查职责,而回归行使司法权的职能定位,仅负责司法审查(如预防性羁押和强制性的侦查行为)和审判,审前程序由检察官主导,领导警察进行侦查和起诉。[①] 二是改革预审制,分设"预审预备"阶段(umafase de instruçãopreparatória)和"对席预审"阶段(umafase de instruçãocontraditória)。"预审预备"阶段,由检察官负责,检察官领导警察查明犯罪事实及其实施者。"对席预审"阶段,由法官负责,控辩双方围绕是否提起公诉展开辩论,预审法官最终作出是否提起公诉的决定。但无论何种改革思路,检察官均取代了预审法官,获得了侦查程序的领导权,区别仅在于侦、控、审的分离程度。最终,1945年第35.007号立法法令采纳了第二种改革思路,由此构建了侦查阶段由检察官主导、预审及庭审阶段由法官主导的二元诉讼结构,预审法官的权力得以拆解,在一定程度上构建了"对抗式原则"。

但1945年第35.007号立法法令所构建的诉讼权力结构从一开始便受到了诸多质疑,尤其是检察官取代预审法官领导侦查,能否做到不偏不倚?葡萄牙的学说认为,检察权依附于政治权,容易受制于政府的意志,这与司

---

① Zenha, Francisco Salgado, Notassobre a instrução criminal, Universidade do Minho, 2002 (1. a ed., 1968). Salgado Zenha, 1968, p. 34.

法权存在明显的差异。尤其是在1933年至1974年葡萄牙独裁政府的统治时期,将刑事诉讼作为打压政治异端工具的现象并不罕见。萨尔加多·泽尼亚(Salgado Zenha)直言,"当然,可以说,也许有办法将检察院在独立于政府的条件下始终保持不带政治迫害的精神行事。但它几乎永远不会发生,在我们国家从未发生过"。[①] 甚至有学者暗示,主导此改革的葡萄牙司法部部长卡瓦莱罗·代·费雷拉与德国纳粹法学家关系甚笃[②],曾确立了引发争议的领袖原则(Fuhrerprinzip),并试图通过类推弥补刑法的漏洞,因此,1945年第35.007号立法法令对程序制度改革或多或少带有纳粹色彩。

这些质疑主要涉及检察权的性质与功能,即便在今日,这依然是学术争点问题,且不独为葡萄牙所存在。例如,检察权如何避免受制于政治权力?在职权主义背景下,检察官如何有效履行客观义务?检察权与审判权的复杂关系如何厘清?等等。至于1945年第35.007号立法法令具有纳粹色彩的指控则显得牵强,因为在当时的葡萄牙,专职审判政治异见人士的法院为里斯本和波尔图完全刑事法院(tribunais plenários criminais),并不适用1929年《刑事诉讼法典》的规定,而适用特别法,因此并不存在法典纳粹化的充分证据。总体而论,1945年第35.007号立法法令的改革还是颇具进步意义,初步构建了葡萄牙现代刑事诉讼的结构,并影响了1987年《刑事诉讼法典》。时至今日,中国澳门特别行政区仍然适用1929年的葡萄牙《刑事诉讼法典》中有关规定(1931年1月24日第19271法令),包括1945年第35.007号立法法令所进行的改革,总体高效、合理,足见这部法典极强的生

---

① Zenha, Francisco Salgado, Notassobre a instrução criminal, Universidade do Minho, 2002 (1. a ed., 1968). Salgado Zenha, 1968, p. 34 – 35.

② 卡瓦莱罗·代·费雷拉于1935年在德国慕尼黑求学,并在第二次世界大战期间应纳粹当局的邀请与路易斯·卡布拉尔·德·蒙卡达(Luís Cabral de Moncada)、贝莱扎·多斯桑托斯(Beleza dos Santos)和卡洛斯·莫雷拉(Carlos Moreira)等重返德国。1941年春天,亲德法学家在柏林召开了一次秘密会议。关于这段经历,参见Flunser Pimentel, 2011:478 – 479。但也有不少学者认为,这一联系过于牵强。在法学领域,德国是葡萄牙第一留学国,很多自由派人士也曾在纳粹时期赴德国留学,例如,葡萄牙第一临时政府教育和文化部部长和第四立宪政府司法部部长爱德华多·科雷亚(Eduardo Correia)便是德国的法学博士,并不影响他反纳粹的立场。Pimentel, Irene Flunser, A história da PIDE, Lisboa: Temas e Debates / Círculo de Leitores, 2011, p. 478 – 479.

命力及适应性。

三、现行刑事诉讼法典:1987 年《刑事诉讼法典》

1987 年《刑事诉讼法典》是葡萄牙政治民主化的重要成果。这部法典历经十余年的准备及讨论,其间亦进行了不少奠基性的改革。尤其是 1976 年葡萄牙《宪法》确立的现代刑事诉讼基本原则,为法典确立了“权利、自由和保障”(direitos, liberdades e garantias)的根本遵循,设定了人权保护与正当程序的底色。正是在这一意义上,葡萄牙主流观点认为,刑事诉讼法是真正的适用型宪法(verdadeiro direito constitucional aplicado),正如迪亚士教授所强调的,可从二维视角进行阐释:“作为刑事诉讼法基础的那些问题,同时也是国家的宪法根基,而那些针对程序法问题而产生的具体规范,其实也是根据宪法司法形成的。”[①]此外,1987 年《刑事诉讼法典》在最开端体系性地介绍了法律改革的背景、修法的思想渊源、主要创新之处等[②],为法典的读者提供了清晰的立法路线图,有助于我们深刻理解立法者在起草这部现代法典时的诸多考虑因素。

(一)1976 年葡萄牙《宪法》确立的刑事诉讼基本原则

1974 年,葡萄牙部分中下级军官成功发动政变,推翻了卡埃塔诺政权。新政府随即废除了 1933 年《宪法》,并于 1976 年 4 月 2 日制定了新宪法,这是推翻法西斯独裁统治后的第一部宪法。因此,1976 年《宪法》是“武装部队运动”的政治成果。这部宪法宣布葡萄牙共和国是以人民主权为基础的民主法治国家,保护人的尊严(dignidade humana),尊重人民意志(vontade popular),并保障公民的权利与自由(liberdades, direitos e garantias)。基于对法西斯独裁政府肆意侵害个人权利的深刻反思,葡萄牙《宪法》第 2 编“权利、自由和保障”对公民的多种权利和自由提供了切实的法律保障,尤

---

① Dias, Jorge de Figueiredo, Direito Processual Penal, 1, 1974, p. 74 e ss.

② 需要特别说明的是,葡萄牙《刑事诉讼法典》的中译版为这一体系性的介绍加了“序言”的标题,但官方的版本并未有这一标题。“序言”不具有正式的法律效力,这有别于法国《刑事诉讼法典》的序言性条款(Article préliminaire)。参见《世界各国刑事诉讼法》编辑委员会编译:《世界各国刑事诉讼法》(欧洲卷),中国检察出版社 2017 年版,第 1214 页。

其是涉及刑事诉讼的基本权利保护。1982 年 8 月 12 日,制宪会议对 1976 年《宪法》进行了全面修改,并获议会通过,成为现行的宪法。1982 年《宪法》保留了"权利、自由和保障"一章,并增设了若干新权利,构成了葡萄牙刑事诉讼必须遵循的基本原则。"关于权利、自由与保障的宪法规定,得直接适用并限定适用于公私实体"(葡萄牙《宪法》第 18 条第 1 款),因此,对警局、检察院和法院均具有约束力。各项普通法律均须符合宪法才能有效(葡萄牙《宪法》第 3 条第 3 款),法院不能适用违反宪法的条款或者所包含原则的法律(葡萄牙《宪法》第 204 条)。① 宪法法院负责对法律进行最终的合宪性审查,合宪性审查可以是具体的,也可以是抽象的(葡萄牙《宪法》第 277 条及后续条款,以及 1982 年 11 月 15 日第 28/82 号法律)。②

当然,宪法仅是为这些基本权利提供一个宽泛的保障框架③,很多程序细则还应由刑事诉讼法典进行确立。例如,葡萄牙《宪法》第 25 条(人身完整权)规定,"1. 每个人的精神与肉体的完整性神圣不可侵犯。2. 不得对任何人施行虐待,以及残忍的、侮辱性的或非人的待遇或刑罚"。这主要体现在葡萄牙《刑事诉讼法典》第 126 条(证据上的禁用方式)中,"1. 通过酷刑或者胁迫,或者侵犯人的身体或者精神完整性而获得的证据,均为无效,并且不得使用。2. 利用下列手段获得的证据,即使获得相关人员的同意,也属侵犯人的身体或者精神的完整性:(1)通过虐待、身体伤害、任何性质的手段、催眠或者使用残忍的或欺骗性的手段,扰乱相关人员的意思自由或者作出决定的自由;(2)以任何手段扰乱相关人员记忆能力或者评估能力;(3)在法律允许的情况和限度以外使用武力;(4)以法律不允许的措施作为

① 但检察官和警察不能以违宪为由拒绝适用规则。

② A Lei n. ° 28/82, de 15 de novembro (Organização, funcionamento e processo do Tribunal Constitucional) foi alterada pela Lei n. ° 143/85, de 26 de novembro, pela Lei n. ° 143/85, de 26 de novembro, pela Lei n. ° 85/89, de 7 de setembro, pela Lei n. ° 88/95, de 1 de setembro, e pela Lei n. ° 13 – A/98, de 26 de fevereiro. 关于葡萄牙违宪审查制度的中文资料,参见[法]米歇尔·弗罗蒙:《欧洲宪法司法的多样性——兼及法国之例外》,金邦贵、施鹏鹏译,载《厦门大学法律评论》2010 年第 1 期。

③ Fairen Guillen, Vitor, Temas del Ordenamiento Procesal, II, Madrid, 1969, p. 1244 e ss.

威胁,以及以拒绝或者限制给予依法取得的利益作威胁;(5)承诺给予法律不允许的利益。3. 除法律另有规定的情况外,未经权利人的同意,通过干扰其私人生活、住所或者通信获得的证据也同样无效,并且不得使用。4. 使用本条规定的方法获得证据,构成犯罪的,则此类证据仅可用于对该行为人进行追诉”。

其中,与刑事诉讼联系最为紧密的宪法条款当属“刑事程序保障”条款(葡萄牙《宪法》第 32 条),这亦可以称为葡萄牙的“正当程序”条款:“1. 刑事诉讼程序为被告的辩护权提供完全之保障。2. 任何被告在证明其有罪以前应推定为无罪;并应在保障其辩护权的情况下于最短期限内进行审讯。3. 被告有权选择辩护律师并在所有诉讼行为中得到帮助;在哪些诉讼手续和诉讼阶段必须具备上述法律帮助由法律规定。4. 全部诉讼程序应在主管法官主持下进行。主管法官得依法委托其他实体执行与基本权利无直接关系的诉讼程序。5. 刑事诉讼的起诉结构包括法庭审讯及其他法定程序,法庭审讯采取涉讼双方对审制。6. 通过拷打、胁迫、对个人施加肉体摧残或精神折磨,非法侵犯个人私生活、住宅、通信或电讯而获得的任何证据,均属无效。7. 不得从既有法律确认其管辖权的法院撤回诉讼”。这些“具有完全保障的诉讼权利”涵盖了绝大多数的诉讼行为,并在具体的诉讼场景中进一步追问是否有效地尊重了宪法的保障,程序规定永远不能消除这些权利的基本核心。[①] 除前述重要条款外,宪法还涵盖了刑事诉讼的其他领域,集中但不限于“权利、自由和保障”一章,如第 13 条第 1 款(法律面前人人平等的原则)、第 20 条(诉诸法律及有效的司法保护)、第 27 条(自由和安全权)、第 28 条(预防性羁押的适用原则)、第 29 条第 5 款及第 6 款(一事不再理和复审及因错误定罪而获得赔偿的原则)、第 34 条(住宅与通信不受侵犯)、第 35 条(使用资料)、第 38 条(出版自由权)、第 130 条(管辖权)、第 157 条及第 196 条(豁免权)、第 164 条和第 165 条(共和国议会的立法保留)、第 209 条、第 215 条,以及第 219 条及以下(法院组织、法官和检察官的地位)以及第 277 条及以下(合宪性审查);等等。

---

① Dias, Jorge de Figueiredo, Direito Processual Penal, 1, 1974, p. 74 e ss.

(二)1987年《刑事诉讼法典》的改革思路及新型诉讼结构的重塑

1987年葡萄牙《刑事诉讼法典》的“序言”开宗明义地写明法典编撰的基本背景,“旧法典自1929年实施以来不断修订,其中有根据条文自身目的进行的修订,也有对内容不明法律条文的完善。由于反映的政策与历史视野不同,刑事诉讼法体现了不同的文化意识形态。因此,不同的人持有不同的世界观和人生观,对国家与公民、社会与个人以及刑事程序和政治犯罪的内涵理解不同,时常会有认识上的对立。……由于各种社会矛盾、法律的滞后以及社会功能转变,刑事诉讼法受到一定程度的破坏。法规含义的模糊、大量重复以及欠缺普适性使其缺乏系统性。为改变上述现象,应建立明确、系统的法律制度”[①]。据此,1987年葡萄牙《刑事诉讼法典》承载着统一文化意识形态及建构清晰、体系及周延刑事诉讼法体系的双重功能。

为此,立法者在“可以参考的创新技术解决方案”中充分考虑了内外因素:在外部因素,1987年葡萄牙《刑事诉讼法典》充分吸收了欧陆邻国的先进经验,不仅包括传统上在欧洲具有强大影响力的德国和法国,还包括意大利、西班牙及其他国家。葡萄牙绝大多数的刑事诉讼法学者精通多门欧陆国家语言,主流教材对欧陆邻国的立法、学说及判例均有非常翔实的介绍[②],这为葡萄牙法典的编撰提供了丰富的立法例。需要特别指出,1987年葡萄牙《刑事诉讼法典》的立法者曾对意大利的刑事诉讼法典草案[③]产生浓厚兴趣,拟建构纯粹当事人主义的刑事诉讼,但因受到主流学者的反对而作罢,不过诸多条款依然受到意大利《刑事诉讼法典》的深刻影响。在内部因素,1987年葡萄牙《刑事诉讼法典》还与葡萄牙刑事诉讼法的传统相契合,“在寻求创新和现代性的同时,也要保留作为立足世界、编纂历史、创造文化的标志性原则与制度”。因此,法典保留了诸多具有葡萄牙特色的刑事诉讼

---

① 本部分的引用均源自1987年葡萄牙《刑事诉讼法典》的“序言”。中译版可参见《世界各国刑事诉讼法》编辑委员会编译:《世界各国刑事诉讼法》,中国检察出版社2016年版,第1214页及以下。

② 例如,迪亚士的经典教材《刑事诉讼法学》便涵盖了欧陆代表性国家几乎所有的相关经典文献。

③ 关于意大利1988年的刑事诉讼改革,参见施鹏鹏:《意大利刑事诉讼与证据制度专论》(第1卷),中国政法大学出版社2020年版。

制度,如被害人援助法律制度、检警一体化制度、刑事特别程序等。

在域外经验与本国传统中,1987 年葡萄牙《刑事诉讼法典》的立法者充分汲取各种合理要素,构建了“重罪—轻罪”与“共识空间—冲突空间”的横轴与竖轴,并在由此构成的坐标系统中填入所有诉讼理论。以“重罪—轻罪”为标准,1987 年葡萄牙《刑事诉讼法典》构建了较成熟的繁简分流体系,在正当程序与诉讼效率之间寻求最大公约数。而以“共识空间—冲突空间”为标准,1987 年葡萄牙《刑事诉讼法典》构建了合意与对抗的差异化程序机制,既“寻求不同准则间共识、安稳及保障的稳定机制”,也“当尽可能遵循控辩双方之间的诉讼地位平等原则”。

在这两轴中,最受关注的当属诉讼结构的重塑,这也是 1929 年葡萄牙《刑事诉讼法典》备受诟病之处。1987 年葡萄牙《刑事诉讼法典》采用了“诉讼的审检分立结构”,或者可称为“对抗式诉讼结构”:一方面,法典强调审、检分立的诉讼权力结构重塑,即侦查阶段由检察官领导刑事警察机关进行,刑事警察机关在侦查阶段有进行调查及采取措施的权力(第 270 条第 1 款)。预审阶段由预审法官负责,但并非强制性的程序,“旨在对提出的起诉或者将侦查归档不诉的决定作出司法核实,以决定是否将案件提交审判”(第 286 条第 2 款)。诉讼的暂时中止由检察官决定,而非由预审法官决定,检察官与预审法官的权力分立自此形成,为控辩双方之间的平等对抗提供了可能的制度环境。另一方面,法典依然强调与职权调查原则“最大限度结合”,即刑事诉讼依然保留职权主义的特质,强调公权力主导,实质真实仍然是刑事诉讼最核心的目标,这也体现出与葡萄牙法律和刑事诉讼传统的一致性。如前所述,1987 年的葡萄牙立法者并未如同意大利一样采用激进的当事人主义变革,而是寻求当事人主义与职权主义的某种折中,但这种“混合式”的诉讼结构还是清晰地保留了职权主义的特质,仅是强化了平等对抗的要素。当然,1987 年葡萄牙《刑事诉讼法典》还涉及其他诸多领域的改革,如当事人制度、强制措施制度、特别程序等,笔者将依不同主题分别撰文进行更精细的研究。如法典“序言”在最后一部分中所言,“法典内容可以看作是以下三方面之间分别开放而创新的对话:民主法治国家的自由层面与社会层面之间、刑法适用的公正与效率之间以及社会治安需求与个人权利保障之间”。立法者谨慎地预判,“如果正是如此,有理由期待本刑事诉讼法典——作为我国刑事法律革新这幢大厦所不可缺少的重要基石——在管理和控制犯罪这项艰巨的任务中发挥其决定性的作用”。这一预判基本成立,在接下来的数十年内,葡萄牙《刑事诉讼法典》保持了应有的稳定性,尽管也时常在某些方面受到批评,但总体被认为是一项非凡的立法。因此,该法典迄今虽经历了多次的更改和修订,但均为修补,未有任何毁损之举。①

四、1987 年以后的重大改革

自 1987 年至今,葡萄牙《刑事诉讼法典》共经历了二十余次的修改,绝大多数是较为轻微的修改,主要为适应外部法治环境(如欧洲人权法院及欧盟对刑事法治的新要求)及内部社会形势的变迁(如诉讼案件剧增给刑事司法体系带来的沉重压力),而最重大的修改当属 2007 年的法律改革及后续的立法调整。

(一)2007 年的法律改革

2007 年的法律改革是 1987 年葡萄牙《刑事诉讼法典》的第十五次修改,旨在促进刑事诉讼价值的“再平衡”。为实现这一雄心勃勃的目标,政府组建了刑事改革任务组(Unidade de Missão para a Reforma Penal, UMRP)和咨询委员会。② 咨询委员会由来自各司法部门及大学教授的代表组成,定期召开会议,为刑事改革任务组提供修法的建议。刑事改革任务组尽可能促成一致的修改意见,但亦未完全排斥反对意见。法律草案建议稿涉及 1/3 以上的条款(如葡萄牙《刑事诉讼法典》第 188 条至第 524 条),并非完全颠覆,而是依欧洲人权法院和宪法法院的判例、学说及实务界意见进行适

---

① COSTA, José de Faria, “Os códigos e a mesmidade: O Código de Processo Penal de 1987”, in AA. W., Quefuturo para o Direito Processual Penal? Simpósio em homenagem a Jorge de Figuei¬ redo Dias, por ocasião dos 20 anos do Código de Processo Penal Português (org.: Mário Ferreira Monte, Maria Clara Calhei - ros, Fernando Conde Monteiro e Flávia Noversa Loureiro), Coimbra: Coimbra Editora, 2009, p. 445 - 447.

② 参见 2005 年 8 月 17 日第 138/2005 号部长委员会决议。

度改进,也有部分修改是履行国际义务的需要。

2006 年 12 月 20 日,政府立足刑事改革任务组的建议向共和国议会提交了第 109/X 号法律草案(Proposta de Lei),社会民主党(Partido Social Democrata,PSD)、人民党(Partido Popalar,CDS – PP)、左翼集团(Blocode Esquerda,BE)和葡萄牙共产党(Partido Comunista Português,PCP)的议会团体也提出了部分修改葡萄牙《刑事诉讼法典》的法律草案。议会经充分讨论批准了法律草案的多数内容。① 2007 年 8 月 29 日,议会通过第 48/2007 号法律(以下简称 2017 年法律)批准了对葡萄牙《刑事诉讼法典》的修正案,并于 2007 年 9 月 15 日正式生效。② 2007 年法律改革的主要内容包括四个方面:其一,强化对被害人的保护;其二,强化被告人的辩护权利保障;其三,强化检察院的权力;其四,提高诉讼效率。

1. 被害人保护

1987 年葡萄牙《刑事诉讼法典》原本便对被害人设置了较完备的保护体系,但 2007 年的法律改革在此基础上进一步推出了强化被害人权利保护的新举措,主要包括:

(1)强化被害人的知情权。如果有理由认为案件的被害人不知晓相关犯罪信息,检察院应当告知被害人该情况(葡萄牙《刑事诉讼法典》新的第 247 条第 1 款)。在匿名检举的情况下,为了启动刑事诉讼,负责案件办理的司法机关或者刑事警察机关应当告知告诉人或者有权参与人该检举(葡萄牙《刑事诉讼法典》新的第 246 条第 6 款)。

(2)提高辅助人的地位。"辅助人在其参与的措施中可由律师陪同"(葡萄牙《刑事诉讼法典》新的第 70 条第 3 款)。

(3)加强对被害人的保护。法院应告知被告人或囚犯即将释放的日期。这一规定同样适用于被告人或囚犯逃逸的情况(葡萄牙《刑事诉讼法典》新的第 217 条第 3 款、第 480 条第 3 款以及第 482 条第 2 款)。

---

① 社会党(Partido Socialista,PS)和社会民主党投赞成票,左翼集团、人民党、共产党和绿党(Partido Ecologista "Os Verdes",PEV)投弃权票。

② 同时生效的还有葡萄牙《刑法典》修正案和 2007 年 8 月 31 日第 51/2007 号法律的修正案(涉及刑事政策的目标、重点和指导方针)。

2. 被告人保护

被告人保护是2007年法律改革的核心内容,涉及方方面面,但最重要改革举措如下:

(1)强化被告人的知情权。被告人在向有关机关作出任何陈述前,有权获悉对其进行归责的事实(葡萄牙《刑事诉讼法典》新的第61条第1款第3项)。增设此项规定的原因是,如果被告人并不了解其被指控的内容,则可能在接受审讯时自证其罪。特别是,法官在对被拘留的被告人进行第一次司法讯问时,必须将拘留的理由、指控的事实和指控事实的诉讼资料告知被告人,但披露诉讼资料可能严重阻碍侦查、发现真相或者损害基本权利的除外(葡萄牙《刑事诉讼法典》新的第141条第4款)。此外,如果被拘留的被告人在被拘留后的讯问中预审法官未在场,则检察官必须以同样的方式进行告知(葡萄牙《刑事诉讼法典》新的第143条第2款)。

(2)强化律师保障的权利。所有被拘留或被羁押的被告人只能在律师在场的情况下进行陈述(葡萄牙《刑事诉讼法典》新的第64条第1款第1项和第144条第3款)。享有人身自由的被告人在接受讯问前,有关机关应当事先告知其有权由律师陪同进行讯问(葡萄牙《刑事诉讼法典》新的第144条第4款)。此外,考虑到证人可能随时成为被告人,他也可以在任何需要作证的情况下由律师陪同(葡萄牙《刑事诉讼法典》新的第132条第4款)。

(3)赋予被告人阅卷权。在侦查期间,被告人有权查阅卷宗,但属于司法机密或者查阅将危害调查或者对诉讼参与人、被害人权利造成损害的除外(葡萄牙《刑事诉讼法典》新的第89条第1款)。

(4)限制预防性羁押的适用。2007年法律改革后,预防性羁押仅适用于被告人故意实施可能被判处最高刑为5年以上监禁刑的犯罪,但某些恐怖主义犯罪、暴力型犯罪以及高度有组织的犯罪除外(葡萄牙《刑事诉讼法典》新的第202条第1款第2项)。此外,法律减少了预防性羁押的期限。但如果被告人在一审中被判处徒刑,且该判决在普通上诉中获得确认,则预防性羁押的最长期限可以延长至一审所判决徒刑的刑期的一半(葡萄牙《刑事诉讼法典》新的第215条第6款)。为避免长期适用预防性羁押制度,对被告人实施羁押前,还存在针对被告人的其他犯罪的其他诉讼的,对被告人的羁押同样不允许超出前述各款规定的期限（葡萄牙《刑事诉讼法典》新的第 215 条第 7 款）。

（5）获得损害赔偿的权利。如果被告人经证实并非犯罪行为人，或者行为有正当理由，则其有权要求获得损害赔偿（葡萄牙《刑事诉讼法典》新的第 225 条第 1 款第 3 项）。在这一方面，国家承担客观的民事责任，即只要无辜被告人被剥夺自由便应不计成本进行赔偿，即使没有程序错误。

3. 检察院权力的强化

2007 年法律改革还强化了检察院的权力，以避免检警的“职能依附”关系被虚化，改革要点为：

（1）强化刑事警察机关报告义务。葡萄牙奉行“职能依附型”的检警关系，即刑事警察机关在组织上隶属于警察机关，仅在履行刑事职能（主要为刑事侦查）时接受检察院的领导和监督，与检察院不具有组织上或等级上的依附性。这种较为松散的检警关系导致司法实践中检察官对刑事警察并无实际的领导能力。因此，2007 年法律改革强化了刑事警察的报告义务。在被告人身份形成后，刑事警察机关的一些行为必须向检察官进行报告或者由其进行有效性审查（葡萄牙《刑事诉讼法典》新的第 58 条第 3 款），电话监听时，刑事警察机关应当在 48 小时内将相关的技术性文档、制作的笔录以及报告向检察官进行汇报（葡萄牙《刑事诉讼法典》新的第 188 条第 1 款、第 3 款及第 4 款）。

（2）强化检察官的程序启动权。依 2007 年法律改革，在侦查启动时，检察官有权评估检举内容是否构成犯罪信息，并应在这一基础上决定是否启动侦查（葡萄牙《刑事诉讼法典》新的第 58 条第 1 款第 1 项、第 4 项以及第 246 条第 5 款第 1 项），检举是否登记在所不论（葡萄牙《刑事诉讼法典》新的第 247 条第 2 款），除非匿名检举的事实不导致对案件进行侦查。后一情况应由负责案件办理的司法机关销毁检举笔录（葡萄牙《刑事诉讼法典》新的第 246 条第 7 款）。

4. 刑事诉讼效率的提升

为解决因案件剧增而导致的法庭堵塞问题，2007 年法律改革对特别程序进行了改革，旨在提升刑事诉讼的效率。改革要点为：

(1)扩大简易程序的适用范围。对于可判处不超过5年监禁刑(原先为3年监禁刑)的现行犯拘留案件,强制适用简易程序(葡萄牙《刑事诉讼法典》新的第381条第1款)。对于公民个人所实施的现行犯拘留亦适用简易程序,但应在抓捕后2小时内将被告人提交至司法机关或者警察机关,并由前述机关作出简要笔录。

(2)减少特别程序的环节。依2007年法律改革,特别程序不再进行预审(葡萄牙《刑事诉讼法典》新的第286条第3款),简捷程序不再进行预审辩论(葡萄牙《刑事诉讼法典》新的第391-C条)。

(3)延长特别程序的适用时间。2007年法律改革后,可以在非工作日(葡萄牙《刑事诉讼法典》新的第103条第2款第3项)和相应截止日在法庭休假期间(假期仍计入期间,葡萄牙《刑事诉讼法典》新的第104条第2款)适用简易程序和简捷程序。

(二)后续改革

对2007年法律改革的评价褒贬不一。律师普遍持欢迎态度,而司法官普遍持反对态度,学者和公共舆论则观点不一①,不乏有一些非理性甚至不知情的批评意见。② 鉴于改革的内容所涉范围甚广,对刑事诉讼必然产生深远的影响,政府创设了司法常设观察站(Observatório Permanente da Justiça,OPJ),对2007年的法律改革进行为期两年的追踪评测。司法常设观察站先后作出了若干临时报告(relatórios intercalares)和2009年7月10日的最终报告(relatório final)"刑事司法——改革评估"(A Justiça Penal - Uma Reforma em Avaliação)③。报告成果最终转化为2010年8月30日第26/2010号法律。2010年法律改革在总体上削弱了刑事诉讼的控告式结构特点,并减少了对被告人的程序保障,呈现了明显的钟摆式特征。新的改革

---

① ANDRADE, Manuel da Costa, "Bruscamente no Verão Passado" a reforma do Código de Processo Penal - Observações críticas sobre uma Lei que podia e devia ter sido diferente, Coimbra: Coimbra Editora, 2009, p. 8, 24-25.

② DIAS, Jorge de Figueiredo, "Sobre a revisão de 2007 do Código de Processo Penal português", in RPCC, 18. (2008), p. 385.

③ 在线版,参见 http://opj.ces.uc.pt。

举措自然受到律师界的抨击,也受到一些主流学者的批评。2013 年,这一改革趋势继续推进,进一步抵消了 2007 年的改革成果。

例如,2013 年法律改革允许将被告人的庭前供述作为证据。依葡萄牙《刑事诉讼法典》原第 357 条第 1 款的规定,对于庭审中请求提交被告人先前陈述的,仅在"预审法官前所进行的陈述与庭审中的陈述之间存在矛盾或差异"时,这一请求才可获同意。这一规定符合刑事诉讼的基本法理,因为预审法官在庭前获得的证据必须经庭审的对席辩论才能成为定案依据。仅在两者存在矛盾的时候,庭审法官才可以调取先前陈述笔录进行对照,结合本案的其他证据形成心证。但新的第 357 条允许在一般条件下"重述或宣读被告人先前在诉讼程序中作出的陈述"。这在很大程度上削弱了庭审的直接言词原则及平等武装原则,导致法官的心证受制于审前调查的结果,让庭审的辩护功能流于形式。尽管立法者在立法理由书中强调,此举措的目的在于提高诉讼效率。但实践的结果恰好相反,这往往导致被告人在审前程序保持沉默,至少律师普遍建议如此,以避免庭前供述被滥用,侵害庭审中的辩护权。

可以预期,葡萄牙理论界及实务界围绕刑事诉讼改革趋势的争论不会停止,多元价值的协商和折中也将随着政治及社会情势的变更而有所调整。但葡萄牙《刑事诉讼法典》的基本框架在未来总体趋于稳定,相关的理念、制度和技术对南美诸国及地区(如巴西)及我国澳门特别行政区产生了深远的影响。

五、葡萄牙现代刑事诉讼对巴西的影响

16 世纪初,葡萄牙开始对巴西进行殖民,社会治理体系亦全盘移植适用于巴西。因此,在巴西,法律体系的建构并非社会生活自然演进的结果,而是葡萄牙作为宗主国强行进行法律制度建构的结果。在殖民之初,葡萄牙颁布的《曼奴埃尔律令汇编》(Ordenações Manuelinas)、《阿方索律令汇编》(Ordenações Afonsinas)以及《菲利普律令汇编》(Ordenações Filipinas)构建了巴西早期刑事诉讼制度的基本雏形。

1808 年拿破仑入侵葡萄牙,葡王室流亡巴西,里约热内卢一度取代里

斯本成为葡萄牙的政治活动中心,汇集了诸多领域的人才。巴西在刑事领域的立法开始呈现一定的独立性,并由此产生了宗主国与殖民地国交互影响的特殊场景。1822 年,巴西宣布脱离葡萄牙独立,建立巴西帝国,随后颁布了《帝国刑法典》(Código Criminal do Império,1830)和《帝国刑事诉讼法典》(Código do Processo Criminal do Império,1832),这两部现代化的法典主要仿效《拿破仑法典》的结构体例,在时间上甚至早于葡萄牙,但主要的思想还是来自葡萄牙的主流法学学者。①

巴西现行的《刑事诉讼法典》颁布于1941 年,时值瓦加斯政府的独裁统治时期,因此,《帝国刑事诉讼法典》所涉及的具有自由主义色彩的人权保护及正当程序条款被大幅删减。这部刑事诉讼法典的思想渊源较为复杂:首先是葡萄牙 1929 年《刑事诉讼法典》。巴西 1941 年的法典采用混合式的诉讼结构,审前程序秘密进行,公权力主导,庭审程序则公开、对席,允许被告人独立发表辩护意见。刑事诉讼追求实质真实,奉行职权主义的基本原则,同时,法典亦设立诸多特别程序,以提升诉讼效率。1941 年巴西《刑事诉讼法典》所构建的诉讼制度在内容上尽管未必与葡萄牙完全一致,但所蕴含的基本理念甚至所使用的称谓均与葡萄牙基本一致。尤其是葡萄牙刑事诉讼学说对巴西学术界产生广泛而深刻的影响,巴西刑事诉讼的许多主流学者曾在葡萄牙求学,许多葡萄牙知名学者亦时常在巴西的学术刊物上撰文,这为两国深层次的交互影响提供了必要的基础。其次是 1939 年阿根廷的《科尔多瓦法典》。这部法典由科尔多瓦国立大学的两位自由派教授阿尔弗雷多·贝莱斯·玛瑞康德(Alfredo Velez Mariconde)和塞巴斯蒂安·索勒(Sebastian Soler)起草,在伊比利亚美洲诉讼法学会第五次会议上受到广泛赞誉,被奉为"模范刑事诉讼法典"。而这部法典的主要参考模板为意大利 1913 年及 1930 年的刑事诉讼法典。因此,1941 年巴西《刑事诉讼法典》的诸多思想间接来自意大利刑事诉讼法典,尤其是 1930 年的纳粹法典。最后是北美及欧陆其他国家的刑事诉讼理念及法典。美国的对抗式诉讼尤

① KOERNER,Judiciário e cidadania na constituição da república brasileira. São Paulo: Hucitec / Departamento de Ciência Política da USP, 1998, p. 34.

其是陪审制以及西班牙、德国的刑事诉讼法典也对 1941 年的巴西《刑事诉讼法典》产生了不同程度的影响。

可见，巴西 1941 年《刑事诉讼法典》具有较明显的开放性，广泛吸收各国的先进经验，但原先的立法体例基本沿袭了下来，与葡萄牙 1929 年《刑事诉讼法典》呈现相当的相似性。巴西的学术刊物亦具有相当的开放性，例如，《巴西刑事诉讼法杂志》(Revista Brasileira de Direito Processual Penal)便刊发包括英语、葡语、西语、意语及德语在内的文章，巴西的许多知名学者亦精通欧美语言，这为广泛汲取国际经验奠定了重要基础。此后，1941 年巴西《刑事诉讼法典》又经历了多次修改，吸收了葡萄牙 1987 年《刑事诉讼法典》及后续改革的一些做法，并结合本国实践进行了修改。因此，许多较具特色的程序制度（如简易程序、最简易程序、简捷程序等）在葡萄牙和巴西均有设置，称谓亦相同，但制度内容并不完全相同。

独裁政府被推翻后，巴西开始进行宪政改革，引入了诸多重要的人权保障条款，如无罪推定、人身权、自由权等，许多学者呼吁制定新的《刑事诉讼法典》以适应宪法的要求，这至今仍是巴西政府的核心议题。可以想象，巴西与葡萄牙围绕新法典编纂这一问题将持续展开深入的交流，这对于两国刑事诉讼法典的完善与发展均大有裨益。

八、葡萄牙现代刑事诉讼对澳门的影响

与巴西不同，我国澳门在 1996 年之前便直接适用葡萄牙 1929 年《刑事诉讼法典》及 1976 年《宪法》。1996 年后，我国澳门出台了自己的《刑事诉讼法典》①，亦基本沿袭了葡萄牙 1929 年《刑事诉讼法典》的规定，几乎未有太多的独立与创新。葡萄牙最富盛名的学者迪亚士便亲身参与我国澳门《刑事诉讼法典》的制定，足见葡萄牙立法及学说对我国澳门的强大影响。但需要指出的是，葡萄牙 1987 年《刑事诉讼法典》并未在我国澳门直接适用，对我国澳门 1996 年《刑事诉讼法典》影响也较为有限，因此，我国澳门当下刑

---

① 参见赵秉志总编：《澳门刑法典 澳门刑事诉讼法典》，中国人民大学出版社 1999 年版。

事诉讼的程序结构依然沿袭了葡萄牙1929年《刑事诉讼法典》的设计,预审法官具有非常强大的权力,仅是作了部分改革,以强化被告人的人权保护。

因为语言上的便利,我国澳门刑事诉讼的原则、结构及核心内容早已为学者们所知悉,亦有不少著述进行了较精准翔实的介绍[①],笔者不拟过多展开。但应指出的是,倘若对葡萄牙刑事诉讼(当然也包括宪法、刑法及司法制度)的制度及学说未有深刻的理解,则很难理解我国澳门刑事诉讼的某些制度设计,如预审制及可能存在的结构性缺陷。澳门大学法学院在过去数十年内做了卓有成效的努力,包括翻译一大批葡萄牙的经典著述[②],这无疑提供了另一比较法的范例。正如唐晓晴教授在《葡萄牙法律经典译丛》总序中所言,"尽管翻译葡萄牙法学著作的意义非同一般,然而在比较法的语境下,援引法国法、德国法或英美法和援引葡萄牙法的分量肯定是不一样的。法学界一般认为,古代的罗马法、近现代的法国法和英国法以及19世纪末到20世纪的德国法和美国法是法律概念和法学知识的输出者。因而,在实践论辩中援引上述法域的理论成立法实践在某种意义上是诉诸权威(有时被贯以'先进'之名)。当然,权威论证一直是法律修辞的一个重要组成部分。可是在比较法这幅色彩斑斓的画卷中,权威肯定不是唯一的颜色。不论学者也好,社会行动者也好,也许只有在历史的特定时刻和特殊的主观状态下才会频繁地诉诸权威。当自身已经累积一定的自信而再将目光投向外界时,可能就不再是寻找庇荫与垂怜,而是对同一天空下的不同经验、体验或活方式的旁观与尊重,偶尔也可能因灵光一闪而备受启发。果真如此,葡萄牙法就是一个非常值得关注的对象"[③]。

此外,我国澳门刑事诉讼制度亦为比较大陆法系刑事诉讼制度与我国国家层面的刑事诉讼制度提供了非常便利且合适的素材。尽管当下许多大

---

① 较全面的介绍,例如,周士敏:《澳门刑事诉讼制度论》,国家行政学院出版社2001年版。

② 例如,迪亚士的经典教材《刑事诉讼法》。参见[葡]乔治·德·菲格雷多·迪亚士:《刑事诉讼法》,马哲、缴洁译,社会科学文献出版社2019年版。

③ [葡]乔治·德·菲格雷多·迪亚士:《刑事诉讼法》,马哲、缴洁译,社会科学文献出版社2019年版,第2页。

陆法系国家的学说及立法均已引入国内,但仅我国澳门提供了丰富司法实践的平台,我国学者完全可以透过我国澳门刑事诉讼制度深入观察职权主义运行的基本样态,这亦是德国法及法国法无法与之相提并论的重要原因。

七、结语:职权主义亚类型——伊比利亚半岛刑事诉讼的特色

在比较刑事诉讼制度时,多数学者还是习惯性地区分当事人主义与职权主义。但职权主义具有多种亚类型,相互之间差别较大,有时甚至个性大于共性。倘若作一精细化的类型分析,欧陆职权主义似乎还可进一步精确为"罗马(以法国、比利时为代表)——日耳曼(以德国、奥地利为代表)——伊比利亚(以西班牙、葡萄牙为代表)——斯堪的纳维亚(以北欧诸国为代表)"职权主义。受伊比利亚半岛诉讼法律文化(西班牙和葡萄牙)影响的国家及地区多位于亚洲(如菲律宾、我国澳门特别行政区)、美洲(如古巴、巴西、阿根廷、智利、哥斯达黎加等)及非洲(如赤道几内亚)。创设于1957年的伊比利亚美洲诉讼法学会便汇集了来自拉丁美洲、葡萄牙和西班牙的诉讼法学者,其虽仅是行业协会,但却是拉丁美洲刑事区域法治最为重要的智囊机构,对拉美诸国的政府均产生深刻的影响。

越来越多的比较法学者认同,"先进"并非唯一,在更多的情况下可能是"适合"。因此,无论之于学术研究,还是之于制度建构,保持最开放的视野实属必要。"橘生淮南则为橘,橘生淮北则为枳"的道理亦可以作"倒序"的解读,有些诉讼制度可能在欧陆国家无法适用或适用效果一般,但却可能在异国他乡大放异彩,发挥重要作用。如果这个结论成立,则伊比利亚半岛刑事诉讼作为职权主义的重要亚类型理应获得学术界的重视。

葡萄牙刑事诉讼的基本范畴

——兼评迪亚士《刑事诉讼法》*

任何一门部门法均有其特定的基本范畴，这是构建学科理论体系的根本前提。改革开放后，中国刑事诉讼历经几代学人的努力逐渐形成较具中国特色的理论范畴，如诉讼价值论、诉讼目的论、诉讼构造论等，这些理论范畴或源于国外学说的灵感，或源于对本国实践的思考，均在特定的历史阶段发挥着极其重要的作用。但同样，时代的局限性亦相当明显。例如，诉讼价值论的初衷是解决"重实体、轻程序"的传统司法理念，强化刑事程序的独立性，这在特定的历史时期发挥着重要作用，让更多的决策者、实务工作者及社会公众明白程序正义的重要性。但这套被冠以"价值论"的理论体系事实上与哲学上的"价值论"并无太多关联，更多是涉及刑事诉讼与刑法的关系问题，同时，亦夹杂着对程序正义的某些思考，理论的体系性和严谨性均有完善的空间。诉讼目的论亦是如此，其与哲学上的"目的论"相去甚远，所论述的问题主要为刑事诉讼的目的及任务，也有源自对帕克两种模式

* 中译本，参见［葡］乔治·德·菲格雷多·迪亚士：《刑事诉讼法》，马哲、缴洁译，社会科学文献出版社 2019 年版。葡文版，参见 Dias，Jorge de Figueiredo，Direito Processual Penal，1，1974。本文涉及迪亚士《刑事诉讼法》的相关论述，主要参考中译本，并结合葡文版进行个别的调整，以更符合中国刑事诉讼的通用表述。

理论的创造性解读[①]。即便不考虑理论的严谨性及周延性，这一范畴对于刑事诉讼几乎未有太强的解释力，还可能造成严重的误解。例如，刑事诉讼的目的并非仅在于打击犯罪，也在于保护无辜。保护人权则显得更为抽象，刑事诉讼究竟保护的是哪一诉讼主体的何种权利，以及如何实现这一目的。如此等等，不一而足。这些写入绝大多数中国权威教科书中的"理论通说"时常让刑事诉讼的研习者感到困惑，以致不免产生一种尖锐的质疑：刑事诉讼是否存在真正意义上的基本理论范畴？

回答这一问题并不容易，而一种较为便捷有效的方法便是在国际更广泛的学术研究材料中寻求智识支撑，至少可获得某种学术启发，这亦是比较法的核心功能之一。笔者在研究葡萄牙刑事诉讼前便对刑事诉讼的基本范畴产生过浓厚的兴趣，也曾对代表性国家如德国、法国、意大利和西班牙的诸多权威教材进行过研习，获益颇丰。但令笔者感到意外的是，葡萄牙刑事诉讼学界的诸多相关研究成果竟然毫不逊色，甚至对有些论题的研究有过之而无不及。尤其是迪亚士教授的权威教材令笔者耳目一新[②]，广博且独到的视野令人叹服，对许多基础理论的阐释逻辑严密、鞭辟入里，可谓功力精深、缜密无缝，时常令人击节称叹，不忍释卷。如果说传统的法教义学受限于法律文本，甚至"立法者三句修改的话，全部藏书就会变成废纸"（基尔希曼，Kirchmann），则"迪亚士的《刑事诉讼法》在法教义学著作中是一个例外，是一颗永远璀璨的恒星，它所具有的美德和魔力，足以使之冲破基尔希

---

① 帕克理论对中国刑事诉讼法学界的影响，参见左卫民：《冲突与竞合：刑事诉讼的模式分析——读帕克教授的〈刑事制裁的界限〉》，载《政法论坛》2017 年第 5 期。帕克教授作品的中译本，参见[美]哈伯特·L. 帕克：《刑事制裁的界限》，梁根林等译，法律出版社 2008 年版。

② 迪亚士教授在《刑事诉讼法》的前言中写道，本书作为一本大学教学用书显得过于复杂而有失精炼，且带有冗长而令人倦怠的批判性反思，越来越不符合大学教学研究工作的要求。从这个意义上讲，这部著述更像是刑事诉讼原理论，而非普通的教材。参见[葡]乔治·德·菲格雷多·迪亚士：《刑事诉讼法》，马哲、缴洁译，社会科学文献出版社 2019 年版，"前言"第 1 页。

曼的‘废纸’之论,而并不会因为立法者的小小动作就走下历史舞台”。[①] 这亦让笔者产生了系统介绍葡萄牙刑事诉讼基本范畴的想法[②],但不局限于迪亚士教授所构建的学说体系。[③]

一、导论:刑事诉讼(法)的界定及范围

葡萄牙《刑事诉讼法典》有一项较具特色的设置,即在法典的第1条中对最重要的基础概念进行界定。这一做法有助于避免因对术语理解的偏差而导致无谓的争论或者适用法律上的分歧。倘若将视野拓展至比较法领域,这一立法设置亦有助于域外研究者在较短的时间内迅速厘清基础概念的内涵与外延,避免以母国法或国际惯例的惯性思维来理解特定国家的特有术语,导致陷入张冠李戴、郢书燕说的窘境。但葡萄牙《刑事诉讼法典》第1条并未对何为刑事诉讼(法)进行界定,亦未说明刑事诉讼(法)的范围,这并非毫无争议的问题,甚至在深层次上反映了学说争议。因此,在进入基本范畴的讨论前,有必要对刑事诉讼(法)的界定及范围作一讨论,以确立明确的论域。

(一)刑事诉讼法是什么

依通说,刑事诉讼法是指引和规范刑事诉讼程序的一系列法律规范的集合。刑事诉讼法的基本功能在于就犯罪罪状是否确实成立作出裁判,并

---

① 这一评价来自葡萄牙刑事诉讼另一权威学者安德拉德(Manuel da Costa Andrade),但绝非同行之间的客气之语。一个绝佳的佐证是,本部教材写于葡萄牙1987年《刑事诉讼法典》颁布前,但法典颁布后基本未有太大变动,且已重印多版,足见教材相关理论命题的强大生命力。相关评价,参见[葡]乔治·德·菲格雷多·迪亚士:《刑事诉讼法》,马哲、缴洁译,社会科学文献出版社2019年版,“序言”第3页。

② 笔者近期正在撰写《刑事诉讼的基本范畴研究》一书,广泛借鉴和吸收国内外权威学者在刑事诉讼基础理论领域的研究成果是必要的准备工作,这亦是本文写作的重要动机。

③ 这主要是因为迪亚士教授在这部《刑事诉讼法》教材中所阐明的理论观点在葡萄牙被奉为权威,鲜有反对意见。所有的主流教材在论及刑事诉讼基本范畴(基本理论)时均援引迪亚士教授的观点。例如 Maria João Antunes, Direito processual penal, 2a Edição, Almedina, 2016;Germano marques da silva, Direito processual penal português, Universidade católica editora, 2017。

在当答案为“是”的时候就由此产生的法律后果作出裁判。[①] 但在葡萄牙语中，刑事诉讼法究竟应是“Direito processual penal”，还是“Direito processual criminal”，这在学术界存在重要争议。[②] 迪亚士教授指出，“明显是一个形式上的问题，但在这表面问题之下，隐藏着实质问题：应当将诉讼程序（processo）视为一元（monista）的实体法律制度，还是应当将之视为同时关涉刑事处分的二元（dualista）”[③]。具体而言，有观点认为，“penal”的词源为“pena”，意为“刑罚”，“criminal”的词源为“crime”，意为“犯罪”，两者的外延存在明显的区别。依《刑事诉讼法典》第 1 条第 1 项的规定，“犯罪是对行为人判处刑罚或者保安处分措施所针对的所有前提（o conjunto de pressupostos）”。因此，犯罪不仅包括应科以刑罚的行为，还包括应适用保安处分措施的行为（“二元主义”）。倘若立足此逻辑，则刑事诉讼法应为“Direito processual criminal”，因为整部《刑事诉讼法典》适用于所有的“犯罪”，有相当部分的条款涉及保安处分，而不限于应适用“刑罚”的行为。[④]

但迪亚士教授并不赞同这一观点，而最核心的论据是在实体法层面（犯罪构成理论[⑤]）对保安处分与犯罪关系进行重新梳理[⑥]。迪亚士教授认为，“犯罪的构成既要求不法性要素的成立，也要求罪责要素的成立，因有关主体‘无承担罪责的能力’而不可对之归责，从而适用保安措施，不能说此

---

① 参见[葡]乔治·德·菲格雷多·迪亚士：《刑事诉讼法》，马哲、缴洁译，社会科学文献出版社 2019 年版，第 13 页。类似的观点 Ferreira, Manuel Cavaleiro de, Curso de Processo Penal, I, Lisboa, 1986, p. 9。

② 19 世纪前，葡萄牙学术界更普遍使用“Direito processual criminal”，但法典化运动后，学术界更普遍使用“Direito processual penal”。但在很长一段时间，葡萄牙学术界对这两个概念并无区分的理论自觉性。

③ [葡]乔治·德·菲格雷多·迪亚士：《刑事诉讼法》，马哲、缴洁译，社会科学文献出版社 2019 年版，第 14 页。

④ Eduardo Correia, Caso julgado e poderes de cognição do juiz, Coimbra: Atlântida, 1948, p. 1.

⑤ 葡萄牙的犯罪构成理论深受德国法的影响，适用阶层理论。

⑥ 迪亚士教授还提供了其他形式上的论据，例如新的立法称谓亦使用了“Direito processual penal”。但这些论据的说服力较为有限，且有循环论证之嫌。毕竟《刑事诉讼法典》亦使用了“Código de Processo Penal”的措辞，并不能自动证立“一元主义”，也可能立法者本身理解有误。

时所采取的措施与‘犯罪有关’(甚至连不法性要素是否真正成立也是存疑的)”①。因此,葡萄牙现行刑法中所规定的刑事处分,不仅包括刑罚,也包括广义上的保安处分,不过只以单纯的方式规定了不可归责时的保安处分,这体现了一元主义。因此,“刑事诉讼法(Direito processual penal)这一名称中找到一种象征性和纲领性的价值,这种价值使这一名称具有更优性,即使在纯粹的理论层面上亦是如此”②。

迪亚士教授的观点获得较普遍的支持,但也并非没有质疑之声,不乏存在一些较具说服力的论据。例如,葡萄牙《宪法》第 32 条(正当程序条款)的标题为“garantias de processo criminal”(刑事诉讼的保障),所使用的术语便为“criminal”,而非“penal”。③ 从法秩序的统一的角度,《宪法》的措辞应具有统摄功能。

也有学者认为,无论是“Direito processual penal”,还是“Direito processual criminal”,均无法反映葡萄牙刑事诉讼对抗式的诉讼结构(estrutura acusatória),可考虑新的表述,如“jurisdicionalidade”(刑事裁判学),凸显刑事裁判在刑事诉讼程序中的核心地位。④ 但这一观点无法完全涵盖侦查、起诉及预审阶段,且在一些特殊情况下,其他诉讼主体可以在未有裁判机构参与的情况下产生、推进及结束诉讼,因此,刑事裁判是刑事诉讼最根本的阶段,但不是唯一阶段,无法以偏概全取代刑事诉讼。不过,为了区分裁判权⑤存在与否,葡萄牙的很多学术作品在不同意义上使用“procedimento”和“processo”两个概念,前者指未有法院参与的诉讼程序,而后者则指有法院参与的诉讼程序。

---

① [葡]乔治·德·菲格雷多·迪亚士:《刑事诉讼法》,马哲、缴洁译,社会科学文献出版社 2019 年版,第 15 页。

② [葡]乔治·德·菲格雷多·迪亚士:《刑事诉讼法》,马哲、缴洁译,社会科学文献出版社 2019 年版,第 15 页。

③ Germano marques da silva, Direito processual penal português, Universida de católicaeditora, 2017, p. 13.

④ Cf. Lozano – Higuero Pinto, Manuel, Introducción al Derecho Procesal, Madrid, 1990, p. 15 e ss.

⑤ 这里的裁判权系广义的裁判权,既包括庭审阶段的裁判权,也包括审前程序由法官行使的裁决权。

当下，从绝大多数的权威教材及学术论文来看，“Direito processual penal”已然成为较普遍的用法，法学院的课程设置亦采用这一称谓。因此，在多数葡萄牙刑事诉讼法学者看来，“二元主义”并不排斥“penal”，《宪法》第32条的称谓更多仅是一种例外，或者是无心之错。

（二）刑事诉讼的范围（Âmbito do processo penal）

刑事诉讼的基本功能是确定犯罪是否已经发生，以及在发生犯罪的情况下分别查明犯罪事实、犯罪行为实施者及法律后果并予以执行。因此，刑事诉讼的范围始于犯罪信息，历经侦查、起诉、预审、庭审、上诉及再审等阶段，最终付诸执行。较具争议的是刑事执行是否属于刑事诉讼的范围。有观点认为，刑事执行并不属于刑事诉讼法的范围，而属于监狱法（direito penitenciário）、刑罚执行法（direito de execução das penas）或刑事处分法（direito de execução das reacções criminais）的范围，因为其涉及的问题并非司法问题。但这一观点显得过于狭隘，未区分刑罚及保安处分措施适用的实体内容和程序内容。① 涉及刑事处分具体执行内容的规范，例如如何执行监禁刑，自然不属于刑事诉讼的范围，但对于判决的执行效力、执行的预备件问题或执行的一般控制，这属于程序内容，应属刑事诉讼的范围。葡萄牙《刑事诉讼法典》第10卷“执行”（第467条及以下）便对各种刑罚方式及保安处分的程序性事项进行了详尽的规定。在传统的学术研究中，与刑罚执行及保安处分措施相关的刑事程序理论处于边缘领域，这是严重的误区。事实上，执行是极为重要的程序环节，甚至可以说发挥着关键性的作用，决定了整个刑事体系的结果②，因此，不仅属于刑事诉讼的范围，还应成为学术界关注的焦点问题。

除刑事事项外，因犯罪行为导致的损失或损害而提起的民事损害赔偿之诉，也属刑事诉讼的范围（葡萄牙《刑事诉讼法典》第72条）。葡萄牙原先奉行“依职权裁定赔偿的原则”（1929年葡萄牙《刑事诉讼法典》第34条

---

① Cf. Rocha, M. A. Lopes, «Execução das Penas e Medidas de Segurança Privativas da Liberdade», Jornadas de Direito Processual Penal/O Novo Código de Processo Penal, CEJ, 1998, p. 473 e ss; Albuquerque, Paulo Pinto de, Direito Prisional Português e Europeu, Coimbra, 2006.

② Rocha, M. A. Lopes, «Execução das Penas e Medidas de Segurança Privativas da Liberdade», Jornadas de Direito Processual Penal/O Novo Código de Processo Penal, CEJ, 1998, p. 477.

以及第 605/75 号行政法令):即便当事人未提出申请,法官亦可依职权直接宣判应进行损害赔偿的数额。但 1987 年葡萄牙《刑事诉讼法典》取消了“依职权裁定赔偿的原则”,规定附带的民事赔偿请求原则上应由利害关系人提出,仅在特殊情况下(对被害人的特殊保护),法官可依职权裁定赔偿(葡萄牙《刑事诉讼法典》第 82 条第 1 款)。

在 1929 年葡萄牙《刑事诉讼法典》中,违警罪(contravenções)和违反秩序罪(transgressões)亦属于刑事诉讼的范围(第 62 条、第 543 条及后续条款)。但在 1991 年,违反秩序罪案件由专门的法律(1991 年 1 月 10 日第 17/91 号行政法令)进行规定。[①] 2006 年 7 月 11 日第 30/2006 号法律废除了违警罪(contravenções)和违反秩序罪(transgressões),将在法律公布时还存在的违警罪或反秩序罪转化为违警或违反秩序的违法行为(contraordenações das contravenções e transgressões)。这意味着违警罪和违反秩序罪已进行“去罪化”处理,不再属于刑事诉讼的范围。但犯罪与行政违法之间的关系,依然是刑事诉讼研究的热点问题。

二、刑事诉讼法与刑法的关系(刑事一体化理论[②])

刑事诉讼法与实体刑法的关系,这是极为重要的理论问题,直接涉及刑事诉讼法的学科定位。在中国刑事诉讼的基本范畴中,刑事诉讼价值论便在很大程度上涉及这一问题。为克服传统上“重实体、轻程序”的理念,中国刑事诉讼法学界借鉴了欧美(尤其是美国)的正当程序理论,创设性地引入了刑事程序“独立价值”的概念,在很大程度上推进了中国刑事诉讼的正当化。但这套理论体系存在两个缺陷:一方面,所谓的“刑事诉讼价值论”,尽管在称谓上似乎更具理论性及抽象性,但与上位概念(哲学、伦理学中的)“价值论”关系不大,所论及的问题更多是“论刑事诉讼(之于实体刑法的)价值(或作用)”,而非客体与主体的需要关系或事物的伦理品质。另一方面,强调刑事程序的“独立性”本身并无问题,但应明白,“一体性”才是刑

① Cf. o nosso Direito Penal Português, I, 3. a ed., Verbo, Lisboa, 2010, n.° 29.

② 葡萄牙未有相同的术语,这里笔者借用了中国刑法学界较为通用的表述。

事诉讼法与刑法之间的本质关系。但中国特殊的刑事研究领域现状促使刑事诉讼法学界"矫枉过正",导致刑法与刑事诉讼法两个学科关联度不足,有悖刑事司法的实践逻辑。例如,葡萄牙学术界亦广泛探讨刑事诉讼法与刑法的关系问题,尽管未使用"刑事诉讼的独立价值"这一概念,但强调刑事程序独立性的立场毋庸置疑。而与中国不同的是,葡萄牙对刑事程序独立性的强调并未导致刑事诉讼法学与刑法学分立开来,刑事诉讼法学者必然是刑法学者,几乎未看到仅研究刑事诉讼法或刑法的学者。因此,探究葡萄牙学术界对刑事诉讼法与刑法关系的相关论述有助于我们对所谓的"刑事诉讼价值论"进行批判式或补充性的思考。

迪亚士教授在《刑事诉讼法》一书中开宗明义地指出,"刑事诉讼法也是刑法的一部分(uma parte do direito penal)……刑事诉讼法与刑事实体法构成了一个整体(unidade)"[①]:一方面,作为"整体"的刑法具有保护社会中一些最重要的利益的特殊功能;另一方面,刑法通过犯罪预防及犯罪刑罚(função repressiva)[②]实现这些功能,但对侵害的"刑罚"并非出于对行为及行为人的一种绝对道德价值判断,甚至根本不打算对他们进行道德价值判断。刑罚仅仅意味着使用一种必要的手段以便以公正的方式实现保护的功能:科处公正的刑罚并执行是一个群体为了维护社会安宁和社会秩序所必需的。因此,从作为整体的刑事法的功能出发,可以将之划分为"同一法律体制中的三个部门",即刑事实体法、刑事程序法以及刑罚执行法。[③]

(一)刑事实体法与刑事诉讼法之间存在必要的工具关系(instrumentalidade)

刑事实体法"以一般和抽象的方式规定哪些事实应当被视为犯罪以及对该等犯罪应科处怎样的刑罚"。它在"犯罪构成"(tipos)[④]部分对构成每

---

① [葡]乔治·德·菲格雷多·迪亚士:《刑事诉讼法》,马哲、缴洁译,社会科学文献出版社2019年版,第4页。

② 中译本将"função repressive"译为"镇压功能",但似乎译为"刑罚功能"更为妥当。

③ 参见[葡]乔治·德·菲格雷多·迪亚士:《刑事诉讼法》,马哲、缴洁译,社会科学文献出版社2019年版,第6页。事实上,在葡萄牙早期的律令中,如《曼奴埃尔律令汇编》、《阿方索律令汇编》及《菲利普律令汇编》,刑法与刑事诉讼法并未作区分。

④ 中译本译为"罪状",但似乎译为"犯罪构成"更为妥当。

一类犯罪的不法行为和罪过进行类型化(具体化)的描述,并在法律后果部分规定犯罪构成要件成立时将产生怎样的法律后果。但刑事实体法的落实需要补充性的法律规定(regulamentação complementar),由后者对具体犯罪的调查和查明作出规范,并使犯罪的法律后果得以被适用于行为符合犯罪构成要件之人。这里的"补充性的法律规定"指刑事诉讼法,规定了"诉讼活动的条件和方式,以便查明特定行为人是否实施了特定行为以及应当如何对其作出回应"。因此,从功能的角度可以将刑事诉讼法定义为:通过对因实施犯罪行为而被控诉者的行为进行调查和评价而使刑事实体法得以落实的法律规范。① 这集中反映在现行葡萄牙《刑事诉讼法典》第 2 条中,"仅得依本法典的规定适用刑罚和保安处分措施"。因此,刑法与刑事诉讼法之间存在必要的工具关系,刑事实体法的基本构造将对相应的刑事诉讼法产生巨大的影响。

(二)刑事诉讼法独立于刑事实体法

刑事诉讼法和刑事实体法又属于同一法律体制中的不同法律部门:刑事诉讼法独立(autónomo)于刑事实体法。② 刑事诉讼法的独立性并非否认工具性,在迪亚士教授看来,"在这个层面上讲,其实任何一个法律部门对于宪法而言都是'工具'"③。但功能上的工具性并不会动摇程序法之于实体法在目的的独立性(autonomia telelógica),这是由于二者在功能前提(pressupostos funcionais)及价值次序(categorias axiológicas)上存在差异。

首先是功能前提的差异。刑事实体法要求的是犯罪构成要件的实现,而刑事诉讼法仅需要有犯罪行为的初始嫌疑即可(葡萄牙《刑事诉讼法典》第 241 条及以下条款)。同样,刑罚时效④(prescrição da pena,葡萄牙《刑法典》第 122 条)与追诉时效(prescrição do procedimento criminal,葡萄牙《刑

---

① 参见[葡]乔治·德·菲格雷多·迪亚士:《刑事诉讼法》,马哲、缴洁译,社会科学文献出版社 2019 年版,第 7 页。

② 参见[葡]乔治·德·菲格雷多·迪亚士:《刑事诉讼法》,马哲、缴洁译,社会科学文献出版社 2019 年版,第 10 页。

③ [葡]乔治·德·菲格雷多·迪亚士:《刑事诉讼法》,马哲、缴洁译,社会科学文献出版社 2019 年版,第 10 页。

④ 国内学界一般称为"行刑时效"。

法典》第 118 条)的前提条件亦不相同。

其次是价值次序的差异。实体法中的决定,涉及社会空间(espaço social)中的生活关系,目的是在"合法—不法"的价值二分框架中对此关系进行评价;程序法中的决定涉及程序空间(espaço processual)中的行为("诉讼行为"),旨在将该等行为纳入"准许—不准许"或"产生效力—不产生效力"的价值二分框架中。[①] 对于程序法有别于实体法的特殊法律关系,葡萄牙学术界将其划入"诉讼的司法性质"(Natureza jurídica do processo)这一基本范畴进行探讨,笔者将在下文中介绍。

综上,刑事实体法和刑事诉讼法并非以不同的方式考察相同的对象,它们是相互独立的法律规定,因为它们所处理的是不同的对象(diversidade de objectos)。程序法的独立性意味着可能牺牲实体法所保护的价值。这尤其体现在证据禁止规则中(葡萄牙《宪法》第 32 条第 8 款[②]以及葡萄牙《刑事诉讼法典》第 126 条[③])。这些规则的目的是保护被告人的基本权利,而不是重构历史真相,或者保证刑事实体法规范得以准确及有效地适用。同样地,"禁止不利益变更"(reformatio in pejus)限制了再审(recurso de revisão)

---

① 参见[葡]乔治·德·菲格雷多·迪亚士:《刑事诉讼法》,马哲、缴洁译,社会科学文献出版社 2019 年版,第 17 页。

② 葡萄牙《宪法》第 32 条第 8 款规定,"通过酷刑、胁迫、侵犯精神与形体完整性、不适当地侵犯私人生活、住宅、通信或电讯而获得的任何证据,均属无效"。

③ 葡萄牙《刑事诉讼法典》第 126 条(证据上的禁用方式)规定:

"1. 通过酷刑或者胁迫,或者侵犯人的身体或者精神完整性而获得的证据,均为无效,并且不得使用。

2. 利用下列手段获得的证据,即使获得相关人员的同意,也属侵犯人的身体或者精神的完整性:

(1)通过虐待、身体伤害、任何性质的手段、催眠或者使用残忍的或欺骗性的手段,扰乱相关人员的意思自由或者作出决定的自由;

(2)以任何手段扰乱相关人员记忆能力或者评估能力;

(3)在法律允许的情况和限度以外使用武力;

(4)以法律不允许的措施作为威胁,以及以拒绝或者限制给予依法取得的利益作威胁;

(5)承诺给予法律不允许的利益。

3. 除法律另有规定的情况外,未经权利人的同意,通过干扰其私人生活、住所或者通信获得的证据也同样无效,并且不得使用。

4. 使用本条规定的方法获得证据,构成犯罪的,则此类证据仅可用于对该行为人进行追诉。"

的启动,其本质上是为了保护被告人的基本权利及司法稳定性,而非保证刑法准确适用。

(三)刑事实体法与刑事诉讼法的功能互补性

更确切而言,刑事实体法与刑事诉讼法之间是一种功能互补的相互关系(relação mútua de complementaridade funcional)。刑事实体法对刑事诉讼法的影响多数情况下不会引发争议,而刑事诉讼法对刑事实体法的影响却经常不被承认和接受。对此,迪亚士教授援引德国著名学者彼得斯(K. Peters)的经典论断:"刑事诉讼法对刑法的影响,其实并不少于刑法对刑事诉讼法的影响。"例如,刑法的谦抑性除源自刑法自身的性质外,还出于刑事诉讼法的考虑,否则法院将湮没于本应由社会道德加以规范的违法行为中。[①] 刑法中许多罪名犯罪构成要件的设定,也应考虑刑事程序法中的证明责任及证明难度,否则在司法实践中将难以适用。

(四)刑事实体法与刑事诉讼法的制度融合性

在司法实务中,刑事实体法与刑事诉讼法的很多制度具有融合性,很难清晰划出界限。例如,刑罚阻却的实体原因(causa substantiva de exclusão da pena)与诉讼要件(pressuposto processual),这本质上是同一问题的两面,具有融合性,很难清晰地切割。又如,追诉时效究竟应规定在《刑法典》中,还是应规定在《刑事诉讼法典》中,在葡萄牙学术界亦有争论。当下的主流学说倾向于认为诉讼时效更主要是刑事诉讼的问题,但立法者却将其规定在《刑法典》(第 118 条)中,可见对这一问题远未达成共识。

如果说前述两个例证的适用范围较为有限,那么另一极为普遍且极具理论挑战性的"混合式"难题便是:刑事实体法的犯罪竞合和刑事诉讼法的审判对象竞合,这里涉及实体法律关系与诉讼法律关系的复杂交织,直接影响管辖、诉讼效力及既判力的范围,很难对其孤立地进行思考。鉴于此问题的复杂性,笔者将单独撰文对"刑事诉讼对象"进行研究,此处不再赘述。

---

① 葡萄牙曾推动一场名为"刑法的伦理化和纯净化"的运动,主张仅在对社会基本价值造成难以忍受的侵犯的案件中,刑法方得介入。参见[葡]乔治·德·菲格雷多·迪亚士:《刑事诉讼法》,马哲、缴洁译,社会科学文献出版社 2019 年版,第 9 页。

刑事一体化在葡萄牙既是传统,也是共识,符合理论与实践的双重逻辑:在理论层面,学术研究无法脱离实体法而仅研究诉讼法,否则将失于片面,反之亦然。在实践层面,司法官必须同时遵循实体法及诉讼法的双重约束,通过正当程序实现实体正义。

三、刑事诉讼的目的(任务)

刑事诉讼的目的源于刑法与刑事诉讼法的关系厘定,即将"上述两个法律部门的功能性和目的性联系起来","使与诉讼对象相关的实体权利能够在一个有意保持中立和无色彩的程序中得以确认(实现)"。[①] 迪亚士教授认为,研究刑事诉讼的目的可提供合适的"价值标准"(critério de valor),"揭示这些独特的规范与程序法律问题以及作为整体的法律秩序之间在功能上的紧密联系(框架),即使这不能帮助法官找到对特定具体问题的解决方案,也有助于对前提条件的解释"。[②]

葡萄牙刑事诉讼目的的学说深受德国影响。例如,德国知名的诉讼法学者哥尔德斯密特(Goldschmidt)在其经典著作《作为法律状态的诉讼》(Der Prozess als Rechtslage)一书中便提出,"诉讼的目的便是获得有既判力的判决"。[③] 可见,哥尔德斯密特将"法律安定性"作为刑事诉讼(也包括民事诉讼)的唯一目的,这一学说曾对葡萄牙产生重大影响[④]。但正如迪亚士教授所言,哥尔德斯密特的学说不仅使实体法和程序法之间出现了一道令人难以接受的裂痕,还导致无法得到任何对程序规定和程序问题的评判标准。将既判力作为刑事诉讼的唯一目的,必然会彻底损害另一重要价值:公

---

① [葡]乔治·德·菲格雷多·迪亚士:《刑事诉讼法》,马哲、缴洁译,社会科学文献出版社2019年版,第16页。

② [葡]乔治·德·菲格雷多·迪亚士:《刑事诉讼法》,马哲、缴洁译,社会科学文献出版社2019年版,第16页。

③ Goldschmidt, J., Der Prozess ais Rechslage, Berlin, 1925, p. 212.

④ 哥尔德斯密特主张完全在程序内缔造诉讼程序,是坚定的程序主义者。他的学说对于理解诉讼的司法性质提供了一种全新的思路,笔者将在下文中论及。

正。[①] 罗科信教授的观点亦在葡萄牙产生重大影响。罗科信教授认为,"刑事诉讼的目的有三:一为实体事实之正确性,二为诉讼程序之合法性,三为为维护法和平而对被告为有罪之判决。……刑事诉讼法的重要任务之一,就是要在判决发生形式上或者内容上有瑕疵时,用上述所提之三项目的来加以权衡,并从中建立法律标准,即在实务个案处理时,应权衡以何目的为优先考量"[②]。与罗科信教授的观点类似,迪亚士教授认为,"正义必然是刑事诉讼程序的目的","发现真相是实现正义的一个前提条件","安定性也是刑事诉讼的目的",在探讨刑事诉讼的理想目的时,不应进行绝对化尝试,"没有什么比独特道德价值的绝对化更危险了",而应对"相冲突的价值进行权衡"。[③] 但与罗科信教授不同的是,迪亚士教授坚持认为有必要将刑事诉讼程序中相冲突的价值权衡结果置于一个程式(fórmula)中,以用于对程序独特的规范和问题进行评价。具体而言,"可将刑事诉讼程序的目的视为抵御在法律之前、在法律之外必然存在的法律的不安定性,对具体案件中的权利进行宣示"。[④] 这一较为抽象的论述可细化为三项彼此相互独立的特征:裁判以在程序上可接受且有效的方式作出;根据实体法该裁判是公正的;使所声明的权利安定和稳定。

迪亚士教授认为,这一程式至少具有三项重要功能:其一,克服刑法与刑事诉讼法的"二元论",从实体法和程序法一体化的角度思考刑事诉讼的目的;其二,推进法官创设判例;其三,克服在刑事诉讼程序中出现的矛盾,尤其是具有迫切性且频繁出现的问题。[⑤] 倘若在更宏大的视角下,刑事诉讼目的的程式则颠覆了传统对程序法的定性。诉讼法,尤其是刑事诉讼法,

---

① 参见[葡]乔治·德·菲格雷多·迪亚士:《刑事诉讼法》,马哲、缴洁译,社会科学文献出版社2019年版,第17页。

② [德]克劳思·罗科信:《刑事诉讼法》,吴丽琪译,法律出版社2003年版,第5页。

③ [葡]乔治·德·菲格雷多·迪亚士:《刑事诉讼法》,马哲、缴洁译,社会科学文献出版社2019年版,第17、18页。

④ [葡]乔治·德·菲格雷多·迪亚士:《刑事诉讼法》,马哲、缴洁译,社会科学文献出版社2019年版,第19页。

⑤ 参见[葡]乔治·德·菲格雷多·迪亚士:《刑事诉讼法》,马哲、缴洁译,社会科学文献出版社2019年版,第20、21页。

并非"技术法"(direito técnico),技术法的规范是围绕对"便宜性"(oportunidade)的考虑而设置,规定的只是"方法"(meio),目的是将法律简单、快速、经济地适用于预先规定的情形,而诉讼法(包括刑事诉讼法),是法律存在的一种特别的形式,是一种独特的法律存在方式。①

迪亚士关于刑事诉讼目的的学说具有明显的抽象性和开放性,"这一观点与牢牢僵化于一般的法学方法论传统和特别的诉讼法学教义的观点并不协调"②,因此,并未被传统的主流学说完全接纳。但刑事诉讼目的程式所蕴含的实体真实、程序公正和权利安定要素与传统的主流学说并无质的区别。笔者亦不完全认同凝练统一概念或程式的重要意义,尤其是刑事诉讼目的涉及多个相冲突的价值,统摄于同一概念或程式有时并无可能,也无必要。当下葡萄牙关于刑事诉讼目的的主流学说大体与罗科信教授的观点类似:实体真实、程序合法和秩序安定(法和平)。

中国主流学说将刑事诉讼的目的界定为打击犯罪和保护人权,这源自中国《刑事诉讼法》第2条:"中华人民共和国刑事诉讼法的任务,是保证准确、及时地查明犯罪事实,正确应用法律,惩罚犯罪分子,保障无罪的人不受刑事追究,教育公民自觉遵守法律,积极同犯罪行为作斗争,维护社会主义法制,尊重和保障人权,保护公民的人身权利、财产权利、民主权利和其他权利,保障社会主义建设事业的顺利进行。"但从法条文本上看,"打击犯罪"的概括显然不如"实体真实"("实质真实")准确,因为中国《刑事诉讼法》第2条不仅包括"惩罚犯罪分子",还包括"保障无罪的人不受刑事追究"。"保护人权"与"程序合法"或"程序公正"属于不同层面的概念。很多国家(如意大利、西班牙和葡萄牙)将"正当程序权"或"公正程序权"视为程序性的基本权利,以别于具有程序影响的实体性基本权利。从这个意义上讲,"保护人权"是更广义的概念,但也无法完全涵盖"程序合法"或"程序公正",因为刑事诉讼的很多程序设计并非为了"保护人权"。从这个意义上

① 参见[葡]乔治·德·菲格雷多·迪亚士:《刑事诉讼法》,马哲、缴洁译,社会科学文献出版社2019年版,第22页。

② [葡]乔治·德·菲格雷多·迪亚士:《刑事诉讼法》,马哲、缴洁译,社会科学文献出版社2019年版,第19页。

讲,“保护人权”无法很精准地概括刑事诉讼的目的,且不能凸显刑事程序的独特定位,因为从根本而论,无论是实体法,还是程序法,均有“保护人权”的功能。故笔者赞同将“程序合法”或“程序公正”作为刑事诉讼的目的。当然,这并不意味“保护人权”不重要,刑事诉讼往往将“保护人权”放在“诉讼行为”这一基本范畴中进行研究,将其作为程序制裁(侵犯基本权利的无效)或实体制裁(基本权利干预理论)的重要事由。

除实体真实(实质真实)与程序合法(程序公正)外,秩序安定亦应是刑事诉讼的重要目的。这对于中国刑事诉讼亦意义非凡。中国刑事诉讼长期奉行“客观真实”的理念,对程序安定性的考虑不足。诉讼框架内各种复杂的考量因素,如社会情势、民意诉求等均加剧了诉讼程序和结果的不确定性。笔者曾尝试在中国的刑事诉讼学说中引入刑事既判力理论①,目的便是强调秩序安定的诉讼目的观,避免刑事追诉的恣意化以及诉讼形态的虚化。

当然,无论是罗科信教授,还是迪亚士教授,均强调诉讼目的的权衡,避免道德价值的绝对化。刑事诉讼制度是复杂的法律和社会制度,必然反映了特定历史时期的文化价值和权力意识形态,而这些价值经常会发生冲突。② 因此,“刑事诉讼目的”这一理论范畴可为法官提供合适的“价值标准”分析框架,判例组将通过一个个具体的案件形成价值权衡标准,最终形成不同背景下价值位序的共识。

四、诉讼的司法性质(Natureza jurídica do processo)

从形式的视角看,刑事诉讼程序构成一个公法上的“程序”(procedimento),始于犯罪调查,终于有既判力的判决,甚至直至科以刑事处分措施。这一程序不仅针对嫌犯与由参与程序的机构所代表的惩罚性权力的持有者之间的关系,而且也牵涉一系列“第三人”——证人、声明人、鉴定人、翻译人员,在他们与诉讼主体之间形成了更为多样的法律关系,使他们在诉讼程

① 参见施鹏鹏:《刑事既判力理论及其中国化》,载《法学研究》2014 年第 1 期。

② Maier, Júlio B. J., Derecho Procesal Penal, I, p. 257 e ss.

序中处于不同的法律地位。① 如何解读程序法框架下有别于实体法的特殊法律关系，葡萄牙称这一理论命题为诉讼的司法性质。

（一）诉讼法律关系理论（Teoria da relação jurídica processual）

诉讼法律关系理论由德国学者奥斯卡·冯·比洛（Oskar von Bülow）创设②，后经科勒（Josef Kohler）拓展③，对现代程序法理论产生重大影响。但两位学者的思考均针对民事诉讼程序，“在民事诉讼程序中，在双方当事人和法院之间，存在着一个三角关系，而该关系——根据法学一般理论的主流观点——是相对于一方当事人的实体权利和作为其对方的一方（或几方）当事人的法律责任或义务的情况的一部分”。因此，“诉讼法律关系”与“诉”（acção）存在不可分割的关系。但刑事诉讼法学者很快意识到以民事诉讼为思考原型的诉讼法律关系理论不能直接套用于刑事诉讼：一方面，民事诉讼的当事人之间存在对立利益，地位平等，可在法官面前围绕案件为己方利益进行平等辩论，而刑事诉讼的检察官和被告人未有对立利益，检察官追求实质真实，负有客观义务，既要收集对被告人不利的证据，又要收集对被告人有利的证据，而最极端的一个例证便是，检察官甚至可专门为被告人的利益提起上诉。④ 检察官作为国家权力的行使者，地位亦与被告人存在根本的区别。因此，刑事诉讼法学者承认，如果说民事诉讼法律关系呈现三角或三边关系，则刑事诉讼法律关系则是角状或两边的，即在庭审阶段，检察官和被告人这两个诉讼主体仅能通过法官形成间接的法律关系，而未形成直接的联系。⑤ 另一方面，将刑事诉讼的法律关系这一概念与纯粹形式意义上的“诉”相兼容存在极大的难度，因为民事诉讼仅存在“庭审阶段”的

---

① 参见［葡］乔治·德·菲格雷多·迪亚士：《刑事诉讼法》，马哲、缴洁译，社会科学文献出版社2019年版，第176页。

② Oskar von Bülow, Die Lehre von den Prozeßeinreden und die Prozeßvoraussetzungen. Verlag von Emil Roth, 1868.

③ Josef Kohler, Der Prozess als Rechtsverhältnis：Prolegomena zu einem System des Civilprozesses, J. Bensheimer, 1888.

④ 葡萄牙《刑事诉讼法典》第401条第1款亦规定，“检察院，可以对任何裁判，即使专门为被告人的利益而提出上诉”。

⑤ 参见［葡］乔治·德·菲格雷多·迪亚士：《刑事诉讼法》，马哲、缴洁译，社会科学文献出版社2019年版，第178、179页。

法律关系,而刑事诉讼则涉及侦查、起诉和审判等多个阶段,法律关系更为复杂,很难找到一个“整体保持统一”的多重法律关系描述。如果在刑事诉讼中引入一个全新的概念仅是为了再次确认“刑事正义的管理和实现的义务”,则完全没有必要。①

迪亚士教授认为,诉讼法律关系理论在刑事诉讼中发挥的重用作用,自然无法与其在民事诉讼中发挥的作用相提并论,但这并不意味着刑事诉讼法律关系理论全无意义。如果从广义上理解诉讼主体的权利和义务,从诉讼法律关系理论的角度来看,刑事诉讼应被视为“法治国家的思想作为保障公民自由和限制国家干预的思想而出现和壮大的一个后果,其前提条件是国家应当承认个人的不受侵犯的权利”。②

(二)法律状态理论(Teoria da situação jurídica)

哥尔德斯密特认为,将诉讼法律关系理论视为静态的、形式的,不符合诉讼的基本样态,因为当事人为追求具有既判力的判决,必然通过一系列相联系的诉讼行为,朝着某一目标前进。因此,诉讼法律关系必然是动态的,是“一方当事人在诉讼中所有的期待、可能性、负担和负担解除的整体”,诉讼法律关系也必然是实质的,随着诉讼的推进,将涉及各方当事人的实质权利,因此,将会关系到法律保护的主张。③ 被告人将在诉讼中积极作为,争取获得有利或避免不利的判决,这将在各诉讼主体之间形成法律纽带,构成法律状态。

但法律状态理论并未获得广泛支持,因为在刑事诉讼中,法律状态理论与实体法律状况联系并不那么紧密,在具体的某个程序阶段,法律状态最终体现为诉讼法律关系,这极大地削减了法律状态理论的价值。后续也有一

---

① 参见[葡]乔治·德·菲格雷多·迪亚士:《刑事诉讼法》,马哲、缴洁译,社会科学文献出版社2019年版,第177页。

② [葡]乔治·德·菲格雷多·迪亚士:《刑事诉讼法》,马哲、缴洁译,社会科学文献出版社2019年版,第179页。

③ Goldschmidt, J., Der Prozess ais Rechslage, Berlin, 1925, p.259.

些诉讼法学者对法律状态理论进行了全新的拓展[①],使之更具解释力,但法律状态理论本质上并未颠覆诉讼法律关系理论,仅是思考的角度不同。

(三)法律制度理论(Teoria da instituição jurídica)

西班牙民事诉讼法学者海梅·古斯普(Jaime Guasp)认为诉讼是"法律制度",通过连接客观共同理念而进行的一系列相互联系的活动。[②] 诉讼不存在单一的法律关系,而是复杂法律关系的结合体,所有这些法律关系均服从于一项共同且一般性的理念:满足诉讼主张。法律制度理论的提出体现了诉讼法律关系的复杂性。

法律制度由两个基本要素构成:一是客观理念,位于主体意愿之外及之上,并转化为对权利请求的认可或否定;二是主体意志,不同诉讼主体遵循客观理念以保障意志实现的整体。客观理念在诉讼中设创了一系列具有法律性质的纽带。

法律制度理论同样以民事诉讼为分析对象,强调诉讼主体的层级性和法官的主导权,使其他诉讼主体依附于法官,导致诉讼的官僚行政性,其也因此受到诟病。但在刑事诉讼中,法官的主导地位远甚于民事诉讼,因此,法律制度理论恰恰为刑事诉讼目的和当事人的诉讼主张提供了新的分析框架。这有助于我们重新思考刑事诉讼中法官职权裁判与当事人诉讼主张之间的复杂关系。

(四)葡萄牙的主流学说

当下,葡萄牙的主流学说属于综合说。刑事诉讼具有双重性:(1)在功能上,刑事诉讼适用刑法的法律方法;(2)在结构上,三角形的公共法律关系在连续性的程序法律状态中发展。

具体而论:

当检察官决定启动刑事侦查时,刑事诉讼法律关系便已确立(葡萄牙《刑事诉讼法典》第48条和第53条)。但直至被告人确定后,诉讼法律关

---

① 例如,法律状态理论便在意大利产生了较广泛的影响。囿于篇幅,本文不再详细展开,但笔者将另行撰文对这一理论进行更详细的研究,包括后续的理论发展以及对欧陆诸国诉讼法所产生的影响。

② Jaime Guasp, Derecho Procesal Civil, Madrid, 1956, p. 24 e ss.

系的主体方完全确立(葡萄牙《刑事诉讼法典》第 57 条至第 59 条),并形成三角形的公共法律关系。在刑事诉讼法律关系中,法官、检察官、被告人等主体均有参与诉讼的权利(权力)和义务,呈现独立、复杂、发展和统一四个特性:

刑事诉讼法律关系是独立的,独立于实体法律关系。即便被告人无罪,实体事实并不存在,诉讼法律关系亦可能存在。刑事诉讼法律关系可以在未有任何实体法律关系的情况下有效地启动、发展和终止。

刑事诉讼法律关系是复杂的,因为它包括一系列源于主要法律关系的次要法律关系,包括随着主要法律关系的发展而产生的一系列权利、义务、职权、负担和权力。

刑事诉讼法律关系是发展的,经历连续的数个诉讼阶段(侦查、预审、判决等),直至形成有既判力的判决。

刑事诉讼法律关系是统一的,统摄于刑事诉讼的目的:诉讼的一切是为了实现诉讼目的。诉讼主体和诉讼对象也是统一的,在整个诉讼过程中均不会发生变化,否则构成另外的刑事诉讼法律关系。

诉讼法律关系延伸出了一系列重要的刑事诉讼范畴,包括诉讼要件、诉讼对象、诉讼行为等,这构成了欧陆刑事诉讼基础理论的重要组成部分。

在中国刑事诉讼的基础理论中,学者则曾对刑事诉讼法律关系在 20 世纪 90 年代作过一些讨论,但受限于语言,未能特别深入。奥斯卡·冯·比洛、哥尔德斯密特和海梅·古斯普等学者的一些权威作品并未被译为中文引入国内,多数大陆学者也仅通过我国台湾地区学者的介绍性作品进行了解,更多仅是了解部分核心观点,对论证的过程则是浅尝辄止,很难说得上是全面而深入理解。当然,刑事诉讼法律关系的各种理论也确实存在各种缺陷,因此,有学者认为,这一理论范畴过于抽象广博,涵盖刑事诉讼的方方面面。“既然将所有专门机关和诉讼参与人都视为刑事诉讼法律关系的主体,同时又将所有这些机关和个人之间发生的所有权利义务关系均视为刑事诉讼法律关系的内容,那么,这种研究究竟有什么意义呢? 这岂不是在暗示人们刑事诉讼程序的每一程序环节和步骤都是研究的主要对象吗? 既然如此,研究者将诸如刑事诉讼法律关系、刑事诉讼主体、刑事诉讼职能之类的理论范畴抽象出来,又能对刑事诉讼法学体系的构建有多大作用呢?”①因此,刑事诉讼法律关系这一理论范畴开始为中国刑事诉讼法学界所抛弃。

但如前所述,刑事诉讼法律关系的诸多理论富有洞见地描述了刑事诉讼的一些重要特征,尤其是与实体法律关系的独立性,也以此为基础提出了一些极有价值的新范畴,如奥斯卡·冯·比洛提出的诉讼要件②、贝灵和哥尔德斯密特提出的诉讼行为以及当下各国刑事诉讼普遍承认的诉讼主体与诉讼对象等,这些新范畴更精细地研究了刑事诉讼法律关系中的各个环节,已成为刑事诉讼法学理论体系的重要组成部分。

除刑事诉讼法律关系外,中国学术界借鉴了美国和日本的学说,建构了较具中国特色的诉讼构造理论,以描述控、辩、审在刑事诉讼中的地位和权力关系,如三角结构、线性结构、流水线结构、伞型结构、圈型结构等。诉讼构造理论因较简单且形象地描述了刑事诉讼控、辩、审三方的关系而受到了推崇,但理论渊源较为复杂,夹杂着诉讼模式(比较法)、诉讼法律关系(权利义务关系)甚至系统论(功能与结构)等论断。多数结论事实上未脱离当事人主义及其分析框架,也有部分结论可纳入刑事诉讼法律关系的范畴。尽管当下围绕诉讼构造的争议已较为少见,多数刑事诉讼教材将其作为较通行的理论范畴进行介绍,但事实上,这一理论体系所得出的很多结论也并不完全准确。③

五、诉讼要件

诉讼要件④,指在刑事诉讼中,为保证有效地构建程序,让法官对实质

---

① 观点及论证的过程,参见陈瑞华:《刑事诉讼的前沿问题》(上册)(第5版),中国人民大学出版社2016年版,第61－66页。

② 也译为“诉讼条件”。

③ 囿于主题及篇幅,本文不再深入展开,笔者将在《刑事诉讼的基本范畴》一书中详细阐明这些观点。

④ 又可直译为“诉讼前提”。但国内诉讼法学者(尤其是民事诉讼法学者)受德、日理论的影响往往译为“诉讼要件”,此处从通译。参见[德]克劳思·罗科信:《刑事诉讼法》,吴丽琪译,法律出版社2003年版,第186页。也有学者译为“诉讼条件”,参见徐静村主编:《刑事诉讼法学》(第3版)(上),法律出版社2004年版,第108页及以下。

性的法律冲突作出实体判决,则有必要让各诉讼主体遵守的某些要求。简言之,诉讼要件便是诉讼请求可受理(requisitos de admissibilidade)的前提条件。诉讼要件与诉讼法律关系联系非常紧密。诉讼要件理论的基本立论是,法院与当事人的诉讼法律关系并非因原告起诉而当然形成,而是需要满足一定的法定要件。如果法院与双方当事人的诉讼法律关系不成立,诉讼不再进行实体审理;如果诉讼具备该要件,诉讼法律关系随之形成,诉讼程序将进入实体审理阶段。诉讼要件理论将程序要件和实体要件区分开来,为诉讼法提供了全新的研究论域。因此,如果承认存在刑事诉讼法律关系,则如同其他任何法律关系一样,应遵守某些要件,这在葡萄牙刑事诉讼中体现为:有管辖权的机构、诉讼对象和当事人。同时,因为刑事诉讼法律关系是发展的,这些诉讼要件的要求并不必然在同一阶段同时出现。

诉讼要件不同于诉讼行为:诉讼行为未符合法定要求,仅构成诉讼行为违法或无效,但不影响整个诉讼请求的可受理。例如,未符合搜查要件,不得进行搜查,否则构成证据禁止。但诉讼要件未符合法定要求,则将阻止诉讼法律关系成立,法官不得审查相关请求,应作出"无罪判决"。

诉讼要件也不同于实体要件。法官因诉讼要件未符合法定要求而作出的"无罪判决"不具有"既判力的实质效力",当事人可以随后继续起诉以及提出相同的主张。而未符合刑事实体法构成要件的,法官应作出无罪判决,该无罪判决具有"既判力的实质效力",当事人不得就同一事实、同一对象再次提起诉讼。

诉讼要件涉及刑事诉讼的种种程序细则,较为烦琐,笔者将分不同主题另行撰文介绍,此处仅对诉讼要件理论作一简要评析。自德国民事诉讼法学者奥斯卡·冯·比洛在1866年提出诉讼法律关系和法律要件理论后[①],这套理论便在全世界范围内产生了极为广泛的影响。但在葡萄牙,尽管多数主流的教科书均涉及这一概念,对诉讼要件的内容也未有太多争议[②],但

---

① Oskar von Bülow, Die Lehre von den Prozeßeinreden und die Prozeßvoraussetzungen. Verlag von Emil Roth,1868.

② 尽管这一对诉讼要件内容的界定并不严谨,下文有详述。

理论界并未普遍接受将诉讼要件作为刑事诉讼的基本范畴。甚至有不少葡萄牙学者认为,诉讼要件这一概念复杂、具有争议、难以理解且模棱两可,尤其是用处不大,不宜作为严谨的理论范畴。① 笔者曾在《西班牙刑事诉讼与证据制度专论(第一卷)》中对这一问题作过较深入的分析,所得出的结论在葡萄牙的主流学说中得到了印证。② 这里笔者不揣浅陋结合葡萄牙的学说作一重复论述。

可否以及是否有必要将诉讼要件理论作为刑事诉讼的基本范畴?回答这一问题,至少需要在三个层面进行全面细致的研究:其一,诉讼要件理论是否为严谨的理论范畴?其二,诉讼要件理论是否具有不可替代性,或者有较之于其他理论范畴的优越性?其三,中国刑事诉讼的学术话语体系是否有必要以及如何引入诉讼要件这一概念?

首先,诉讼要件理论是否为严谨的理论范畴?应当说诉讼要件理论在刑事诉讼中具有重要价值,尤其是区分了程序要件和可罚性的实体要件,确立了诉讼关系之于实体诉求的独立性,也确立了程序抗辩和实体抗辩的二分。但总体而言,诉讼要件理论在刑事诉讼中的影响远不如民事诉讼,多数代表性成果主要还是民事诉讼法学者所为。这主要是因为刑事诉讼的启动在绝大多数情况下并非私人诉权的结果,而是公权力运行的结果,因此,诉讼法律关系形成的程序要件更具有法定性,争议较小,不似民事诉讼的处分性及灵活性。且至少现在看来,这套理论体系尚未成熟,甚至制度的内涵和外延也有较大的区别。仅以德国、西班牙和葡萄牙为例,西班牙将刑事诉讼的诉讼要件总结为管辖权要件、当事人要件和先决问题要件,葡萄牙总结为有管辖权的机构、诉讼对象和当事人,而德国则总结为法院的管辖权要件、具体案件的可追诉性(未过追诉时效、不违反“一事不再理”、有合法的起诉

① Mendes, João de Castro, Direito Processual Civil, p. 104 e ss. Cavaleiro de Ferreira, Manuel, ob. cit., pp. 9 e ss; Cavaleiro de Ferreira, Manuel, Curso de Processo Penal, II, 1986, p. 9 e ss; Varela, Antunes / Bezerra, J. Miguel / Nora, Sampaio e, Manual de Processo Civil, Coimbra, 1985, pp. 103 e ss.

② 参见施鹏鹏:《西班牙刑事诉讼与证据制度专论》(第 1 卷),中国政法大学出版社 2023 年版。

和开启主审程序的裁定等)和被告人的可追诉性(活着、具有就审能力、达到刑事责任年龄等)。[①] 三个国家对诉讼障碍因素的理解不尽一致。且有些要件是实体要件,还是程序要件,在理论逻辑上尚未自洽。以西班牙先决问题要件为例。尽管刑、民或刑、行的要素交叉,可能影响后续的管辖权问题(程序性事项),但法官对诉讼对象的合并或分离取决于犯罪类型要件的完整事实要素,应进行事先和独立的法律评估,而这一评估根本上是实体法层面的评估。德国追诉时效要件亦如此。德国旧的学说将时效消灭视为实体法上的免刑事由,但较新的学说及判例则认为时效消灭应只具纯粹诉讼法之性格。[②] 中国(《刑法》第 87 条)和西班牙(《刑法典》第 130 条)则将时效消灭视为实体法上的免刑事由。因此,将这些事由纳入诉讼要件,至少还存在一定的学术讨论空间,毕竟这些要件具有一定的混杂性,一方面对程序的后续启动具有重要的影响,另一方面又不完全独立于实体要件。葡萄牙的诉讼对象则是直接涉及对实体问题的认定,因此,严格意义上并不属于诉讼法律关系的构成要素,故西班牙和德国学说均未将诉讼对象纳入诉讼要件。

其次,诉讼要件理论较之其他理论范畴是否具有不可比拟的优势?从要素上看,诉讼要件所涵盖的诸多内容在刑事诉讼领域均具有较成熟的理论体系,如管辖权理论、诉讼主体理论、既判力理论等,均较简洁地解释了各诉讼要件的正当依据及制度内容。德国刑事诉讼的主流教材将“诉讼要件”置于总论篇和程序篇之间,对管辖权理论、诉讼主体理论、诉讼时效理论、既判力理论等作一简要罗列,指出这是启动刑事诉讼的基本前提,并未如民事诉讼法学者深入研究各诉讼要件对诉讼法律关系的影响。西班牙、葡萄牙和中国刑事诉讼的多数教材仅提及这一概念,但并未单独成篇章,诉

---

① Vgl. Roxin/Schünemann, Strafverfahrensrecht, 29. Auflage, Verlag C. H. Beck, München, 2017, S. 149ff. 伯尔克教授认为,诉讼要件是指一项实体判决(有罪或者无罪)依法允许作出的前提条件,分为积极的诉讼要件和消极的诉讼要件(也称为诉讼障碍)两类,但就具体的诉讼要件范围而言,与前述罗科信观点基本一致(Vgl. Beulke, Werner, Strafprozessrecht, 12. Auflage, Heidelberg 2012, S. 187ff.)。

② 参见[德]克劳思·罗科信:《刑事诉讼法》,吴丽琪译,法律出版社 2003 年版,第 188 页。

讼要件的内容散见于管辖制度、当事人制度、立案制度(中国、西班牙和葡萄牙未有立案程序)等。但值得一提的是,有两位权威学者进行了非常有益的学术尝试,将诉讼要件单独成篇,甚至进一步提炼为刑事诉讼的基础理论范畴。第一位权威学者是西班牙瓦伦西亚大学的维森特·吉梅诺·森德拉(Vicente Gimeno Sendra)教授。他在《刑事诉讼法》教科书中将“刑事诉讼与宪法”①、“诉讼要件”和“诉讼对象”作为刑事诉讼的总论,以较清晰的逻辑展现了西班牙刑事诉讼的学理体系。另一位权威学者则是我国西南政法大学的徐静村教授。在《刑事诉讼法学》这部经典的教科书中,徐教授将“刑事诉讼的基础理论”概括为“刑事诉讼目的与刑事诉讼结构”、“刑事诉讼主体与刑事诉讼职能”、“刑事诉讼状态与刑事诉讼法律关系”、“刑事诉讼行为与刑事诉讼条件”以及“刑事诉讼客体与裁判的效力”。② 其中“刑事诉讼条件”便是诉讼要件理论。这两位学者均不同程度受到德国学说(包括间接来自日本学说)的影响,但又结合各自国家刑事诉讼实际情况重新进行阐释,具有相当的理论解释力。毫无疑问,这种学术尝试值得进一步探索。

最后,中国刑事诉讼的学术话语体系是否有必要以及如何引入诉讼要件这一概念?总体而言,改革开放后的几代学人在学术资源极为贫瘠的情况下依然凭借无与伦比的创造力构建了独具中国特色的理论体系,并逐步接触、借鉴及融合主流国家的诉讼法理论。因此,在过去四十余年的发展过程中,中国刑事诉讼的学说体系既吸收了英美法系及大陆法系的部分基础理论,也保留了几代学人不少原创性且已形成通说的概念,尽管这些理论、学说和概念可能源自不同国家或者本土的创设,较为杂糅,理论的严谨性也略有欠缺,但在几十年的法学教育及司法实践中已达成共识,具有相当的解释力,此时盲目引入新的理论体系未必有益,甚至可能对既有的理论体系产生冲击,造成混乱。这一担忧并非杞人忧天,在多个部门法领域均有前

① 这可能是因为维森特·吉梅诺·森德拉曾任宪法法院的法官。
② 参见徐静村主编:《刑事诉讼法学》(第 3 版)(上),法律出版社 2004 年版。

例[①]。但笔者依然认为,中国刑事诉讼学术话语体系的建构应以严谨、周延及对实践问题具有解释力为唯一标准,当下已形成的"通说"可能仅是历史的产物,但不能成为阻碍理论创新乃至重塑新学术话语体系的理由。事实上,传统的诉讼价值、诉讼目的、诉讼构造、诉讼模式等通用的学术概念,不少是对他国学说(尤其是美国)的想象性嫁接,对中国刑事诉讼的理论解释力并不充分。因此,引入或创建更具说服力的新理论,是值得倡导的学术尝试。当然,如前所述,诉讼要件目前看来还未形成周密的理论体系,因此,引入这一概念依然需要作进一步的学术论证。在这一领域,德国、日本、葡萄牙和西班牙的学术成果尤其值得中国学术界关注。例如,有葡萄牙学者提出应区分诉讼要件与诉讼有效性(requisitos de validade),以应对刑事法律关系的动态性。[②]

六、诉讼主体与诉讼对象

在葡萄牙的权威教科书[③]中,诉讼主体和诉讼对象虽属于诉讼要件的构成要素,却放在"刑事诉讼基本结构"的章节中进行论述,这源于葡萄牙学说对刑事诉讼模式的独特看法,并对诉讼主体理论及诉讼对象理论产生了深刻的影响。

(一)控告式[④]的诉讼结构(estrutura acusatória)

葡萄牙1929年《刑事诉讼法典》受拿破仑《重罪法典》的深刻影响,设立了所谓的"混合式"诉讼结构:审前程序秘密进行,公权力主导,庭审程序则公开、对席,允许被告人独立发表辩护意见。但这部法典具有明显的程序结构性缺陷,未确立侦、控、审分离的原则,预审法官成为刑事诉讼的主导,对被告人的权利保护极为孱弱,因此出台后便饱受诟病。在当时,葡萄牙学

① 例如,刑法领域"三阶层"理论的引入及其对传统"四要件"学说的冲击,证据领域中新证据学诸多命题的引入及其对传统证据法的冲击。

② Germano marques da silva, Direito processual penal português, Universidade católica editora, 2017, p. 42.

③ 不仅包括迪亚士教授的《刑事诉讼法》,还包括其他一些较重要的教材,如Germano marques da silva, Direito processual penal português, Universidade católica editora, 2017。

④ 也有译为控诉式诉讼的诉讼结构或对抗式的诉讼结构。

术界较普遍地存在对当事人主义的期待,甚至在1987年颁布新法典时有部分观点主张效仿意大利采用激进的当事人主义变革。但以迪亚士教授为代表的权威学者很冷静地看到,"葡萄牙刑事诉讼程序目前的结构并不符合纯粹当事人诉讼程序[①]的模型"[②],原因如下[③]:

一方面,纯粹当事人刑事诉讼程序的一大特征便是作为当事人的检察官和被告人在法律上和事实上均处于相同的地位,即法律要求审判者以相同的方式评价当事人的地位,而当事人在实际的现实层面对诉讼对象的处置享受"机会平等",如同民事诉讼一般。但在葡萄牙(可扩及欧陆所有国家),检察官的法律地位高于被告人,这尤其体现在程序的权力和职能上。在审前阶段,检察官可以采取一系列限制和剥夺人身自由的强制措施。而被告人仅享有被动的辩护权。在庭审阶段,检察官与被告人也并非平等的当事人。检察官具有客观义务,既要向法庭提交对起诉有利的证明材料,也要向法庭提交对起诉不利的证明材料,甚至还可主动参与对被告人的辩护。检察官还可仅为被告人之利益提起上诉。

另一方面,纯粹当事人刑事诉讼程序的另一大特征便是对审判对象的支配权,即使不是全部,至少也是很大程度上属于当事人。这亦如同民事诉讼,奉行处分原则和辩论原则,以及根据从这些原则中得出的推论取得了效力。但刑事诉讼并非如此。检察官受制于起诉法定原则(又称为不可改变原则,imutabilidade),不得肆意撤回控诉。尽管在当下,起诉便宜原则有扩

---

① 迪亚士教授在概念上区分了"形式意义上的当事人诉讼程序"和"实质意义上的当事人诉讼程序"。"形式意义上的当事人诉讼程序"指检察官只能被视为形式意义上的当事人,具有客观义务,而被告人自然拥有辩护权,但绝没有辩护的义务,因此,检察官和被告人之间并不必然要求存在利益的对抗。而"实质意义上的当事人诉讼程序"则指在诉讼程序中所争论且真正牵涉的相对抗利益的持有人:控方和辩方是真正的竞争者,在他们的诉讼活动中存在相对抗的利益,而他们的程序性权利确实相互冲突。迪亚士教授指出,当我们论及当事人主义,应指"实质意义上的当事人诉讼程序",以避免"术语小把戏"误导对刑事诉讼程序内部结构的解释。参见[葡]乔治·德·菲格雷多·迪亚士:《刑事诉讼法》,马哲、缴洁译,社会科学文献出版社2019年版,第148页。

② [葡]乔治·德·菲格雷多·迪亚士:《刑事诉讼法》,马哲、缴洁译,社会科学文献出版社2019年版,第150页。

③ 参见[葡]乔治·德·菲格雷多·迪亚士:《刑事诉讼法》,马哲、缴洁译,社会科学文献出版社2019年版,第151-153页。

张趋势,但仅是例外。面对检察官的控诉,无论罪名还是量刑,法院均保有完全的自由,完全不受制于当事人的请求权,这与民事诉讼截然不同。此外,法院有职权查明的义务,即为查清真相,法院依职权应当将证据调查涵盖所有对裁判具有意义的事实和证据材料,而不受制于当事人的诉求及举证。

综上所述,迪亚士教授认为,"以纯粹的当事人的诉讼程序为目标、以英美法中的制度为榜样而对我们的刑事诉讼法进行一次全面的改革,不仅是不可能的,也是不值得被向往的。这主要是因为,这通常会导致应属调查原则范畴的且作为整体组成部分的职能被破坏,从而极大地有利于倾向于辩论原则和处分原则。因此此处所面对的就是'刑事诉讼程序的民事程序化'的问题,而这是贝林(Beling)早在其所属的时代就坚持地反对过的"①。

迪亚士教授的观点并非纯粹的逻辑推演,而是有实际的例证支撑。最典型的当属交叉询问制度在葡萄牙的引入及废除。1959 年 5 月 23 日,葡萄牙通过第 2096 号法律修改了 1929 年《刑事诉讼法典》第 435 条,引入了交叉询问制度(尤其是反询问制度)。但因为反询问允许暗示性和争论性的问题违反了"证据排除规则",且可能严重损及实质真实,第 36387 号法令第 2 条随即废除了交叉询问制度,恢复了传统的审问制。② 这一做法一直延续至今。

但迪亚士教授也不同意葡萄牙刑事诉讼是"混合式诉讼"。"葡萄牙刑事诉讼程序的基本结构原则上是典型的无当事人的诉讼程序……(但)如果有人根据此结论而认为我们的刑事诉讼程序是纠问式的,或者哪怕认为我们的刑事诉讼程序是混合了控告式和纠问式的结构的,那就大错特错了。我们的刑事诉讼程序基本上是控告式的"。③ 可以看出,迪亚士教授及绝大

---

① [葡]乔治·德·菲格雷多·迪亚士:《刑事诉讼法》,马哲、缴洁译,社会科学文献出版社 2019 年版,第 161 页。

② 更详细的过程,参见[葡]乔治·德·菲格雷多·迪亚士:《刑事诉讼法》,马哲、缴洁译,社会科学文献出版社 2019 年版,第 155 页及以下。

③ [葡]乔治·德·菲格雷多·迪亚士:《刑事诉讼法》,马哲、缴洁译,社会科学文献出版社 2019 年版,第 153 页。

多数的葡萄牙学者所理解的控告式诉讼介于“混合式诉讼”和“纯粹当事人刑事诉讼程序”之间，检察官和被告人尽可能处于平等的诉讼地位，但并不因此否认检察官的客观义务和法官的职权查明义务。从比较法的角度看，这其实是改良版的“混合式诉讼”，与欧陆诸国刑事诉讼的发展趋势基本一致。

控告式的诉讼结构当下已成为葡萄牙刑事诉讼的基本原则，既体现在葡萄牙《宪法》第 32 条第 5 款（“刑事诉讼具有对抗式结构，法律所确立的庭审及预审遵循对席原则”）中，也体现在 1987 年葡萄牙《刑事诉讼法典》的“序言”中。这决定了诉讼主体及诉讼对象理论的内容。

（二）诉讼主体理论

控告式的诉讼结构反映在诉讼主体理论上，首先便是实质的平等武装原则（Igualdade material de «armas»）。1986 年第 43/ 86 号“关于立法授权政府批准刑事诉讼法典的法律”规定，控辩双方在所有诉讼行为中法律地位平等，奉行实质的平等武装原则（第 2 条第 2 项第 3 款）。这里的实质的平等武装原则，主要指控辩双方的地位平等以及有效的对席权保障，允许控辩双方在相同的条件下参与诉讼，具有相同的可能性以支持己方的主张。

但控告式的诉讼结构保留了检察官的客观义务和法官的职权调查义务。检察官是司法行政机构（um órgão de administração da justiça），而非纯粹的当事人。因此，检察官的所有行动应秉承严格客观的态度，以保障法律的正确适用。检察官有义务寻求公正，而非仅对被告人科以刑罚或者施加其他义务。法官也应积极参与证据调查，而不局限于控辩双方已提交的材料。法官有独立查明案件事实的义务，作为控告式诉讼结构的补充。

葡萄牙《刑事诉讼法典》及各种组织法均以此为据构建各诉讼主体的权力、结构、权利、义务等。鉴于诉讼主体理论涉及警察、检察官、法官、律师、被告人等，内容非常庞杂，笔者将分主题另行撰文研究，但应指出的是，实质的平等武装原则与客观义务及职权调查义务并非可完全和谐共存，一些学者认为，原则和例外可能在具体的个案中发生反转。甚至有较极端的观点认为,在司法实践中,这种平等很少实现,甚至从未实现。[1]

(三)诉讼对象理论

诉讼对象有实体和程序两个面向:在实体意义上,诉讼对象,指诉讼所处理的案件和事项。[2] 而刑事诉讼所处理的事项便是犯罪,即葡萄牙《刑事诉讼法典》第1条第1款第1项所规定的,"对行为人判处刑罚或者保安处分措施所针对的所有前提(o conjunto de pressupostos)"。在程序意义上,诉讼对象由起诉书所称的事实和依据该事实所提出的诉讼请求构成。

控告式的诉讼结构决定了诉讼对象理论。如前所述,对抗式结构保障控辩双方的地位平等,法官不得依职权推进诉讼(ne procedat iudex ex officio),也不能在起诉书之外判刑(sententia debet esse conformis libello),因此,起诉对象决定了审判对象。从这个意义上讲,在控告式的诉讼结构中,正是通过起诉书在司法阶段确定了诉讼对象,审判程序旨在确定起诉书所提出的主张是否成立。

葡萄牙《刑事诉讼法典》第283条第3款规定了起诉书的形式要求,违反这些要求则构成程序无效。起诉书应包括如下内容:(1)指出可以识别被告人身份的信息;(2)叙述或者简要叙述能作为被告人被判处刑罚或者保安处分措施依据的事实,尽可能说明实施犯罪的地点、时间和动机,行为人对案件的参与程度以及任何对确定刑罚具有重要意义的情节;(3)指出应当适用的法律规定。在审判中,如果证明被告人实施了起诉书中所描述的事实,且被告人适用刑事措施的其他前提也符合(葡萄牙《刑事诉讼法典》第369条第2款),则法官应对被告人科以刑罚。葡萄牙《刑法典》第1编第4卷规定了法院在选择和确定对被告人适用刑罚的类型和幅度时必须遵守的规则(葡萄牙《刑法典》第71条及第79条)。起诉书中所载的事实及其法律定罪对法院认知权(poderes cognitivos)存在相当的限制,但也存在例外。囿于篇幅,围绕刑事诉讼对象的各种程序适用细则以及争议,笔者将

---

① Cf. Rodrigues, José Narciso da Cunha, «Sobre o Princípio da Igualdade de Armas», RPCC, Ano I, tomo 1,1991, p. 77 e ss.

② Mendes, João de Castro, *Direito Processual Civil*, Vol. I, p. 47; Sousa, Miguel Teixeira de, *Introdução ao Processo Civil*, Lisboa, 1993, p. 23.

另行撰文研究。

（四）中国相应的理论范畴

中国刑事诉讼法学界对诉讼主体理论多有涉及，围绕法官、检察官、律师、被告人等主题的学术著述可谓汗牛充栋。但在过去数十年，主流学者受纯粹当事人刑事诉讼程序的影响，更强调当事人的地位平等和法官的消极中立。尽管绝大多数的学者也注意到检察官的客观义务及法官的职权查明义务，但褒贬不一，这直接影响了对诉讼主体权力结构的判断。无论如何，诉讼主体理论在中国刑事诉讼的基本范畴中占据一席之地，仅是观点存在差异。

但诉讼对象理论则基本缺位，零星的研究集中于探讨诉审关系。事实上，诉讼对象理论具有重要的理论及实务价值，其主要解决两方面的问题：其一，确定法律程序的对象，约束调查和判决的范围；其二，确定既判力的效力范围（争点为确定效力）。笔者在几年前曾系统地研究过刑事既判力理论[①]，深感这套在欧陆已经极其成熟的理论却很难在中国的语境下论说，核心原因便是刑事诉讼学界并未严格区分诉讼对象，难以确定既判力的效力范围，导致一些貌似不言而喻的基础性问题缺乏体系性的梳理及分析，解决对策流于表面。因此，笔者认为，研究诉讼对象理论并非生搬硬套一堆貌似深奥实则空洞的理论话语，而应具有理论及实务的必要性，笔者也将在后续的学术研究中持续推进这套理论的中国化。

七、诉讼行为与诉讼行为无效[②]

葡萄牙并未将诉讼行为作为刑事诉讼的基本范畴，而仅是作为概括诉

① 参见施鹏鹏：《刑事既判力理论及其中国化》，载《法学研究》2014 年第 1 期。

② 有学者对澳门的诉讼行为无效制度进行过初步的介绍，进而推及葡萄牙，但相关介绍存在两个缺陷：一是澳门的诉讼行为无效制度源于葡萄牙 1929 年《刑事诉讼法典》，而葡萄牙现行的法典为 1987 年《刑事诉讼法典》，因此澳门地区的诉讼行为无效制度无法直接推及葡萄牙，澳门地区的诉讼行为无效制度也不宜直接称为"澳门—葡萄牙的诉讼行为无效制度"，尽管两者存在相当的类似之处；二是部分解读存在一定的偏差。参见陈瑞华：《大陆法中的诉讼行为无效制度——三个法律文本的考察》，载《政法论坛》2003 年第 5 期。另外，"诉讼行为无效"是意译，原意为"无效"（Das nulidades），但规定在"诉讼行为"卷中，故将其意译为"诉讼行为无效"。下文有详述。

讼主体行为样态的一般术语[①],这一点与德国极为类似。[②] 但诉讼行为无效却是葡萄牙刑事诉讼非常重要的范畴,是刑事诉讼各项规则得以适用的基本保障,甚至可扩及证据禁止及证据使用禁止。在这一问题上,葡萄牙的理论及实务提供了除实体制裁及程序制裁之外的第三种模式,但制度的严谨性也引发了一些争议。

诉讼行为无效规定在葡萄牙《刑事诉讼法典》第 2 卷"诉讼行为"(dos actos processuais)第 5 编"无效"(das nulidades)中。但究竟何为"无效",《刑事诉讼法典》第 1 条未将其作为专业术语进行解释,仅第 118 条在界定"合法性原则"(Princípio da legalidade)时进行了描述,"违反或者不遵守刑事诉讼法律的规定,只有在法律明文规定诉讼行为无效时,才导致有关诉讼行为无效","法律未规定诉讼行为无效的,则违反法律规定的诉讼行为属于不法行为或者不当行为(o acto ilegal é irregular)"。葡萄牙学术界围绕第 118 条及后续条款的解释产生了一定的争议。科里亚教授(Correia)指出,"无效应是一个统一的概念,指程序规定与所进行的活动之间存在偏差,可以据此提出请求,要求消除该诉讼活动所产生的法律效力。一定程度的无效与作为评价诉讼行为的模式是不可分割的。该行为融入案件中,或者有效,或者无效。因此,从行为与规范之间符合或不符合的角度来看,不可能区分几个层级程度的缺陷(imperfeição)。但这并不意味着其后果的一致性。相反,无效的刑事诉讼行为会产生多种处理方式,其处理方式视违法行为的严重性和性质而异。如果立法者仅确立一个普遍原则,统一处理刑事诉讼行为的所有缺陷,程序就会失去灵活性。最小程度的违法和最大程度的异常均作同一回应,这并不意味着会增加对个人的保障"。[③] 据此,似乎可对诉讼行为无效作一简要界定,即诉讼活动违反程序规定而导致的效力

---

① 葡萄牙主流教科书均未将诉讼行为作为专门的理论范畴进行介绍。葡萄牙《刑事诉讼法典》第 2 卷"诉讼行为"亦在一般意义上理解这一概念。

② 参见[德]克劳思·罗科信:《刑事诉讼法》,法律出版社 2003 年版,第 195 页及以下。更系统地介绍,参见 Bettina Grünst, Prozeßhandlungen im Strafprozeß, AKTIV DRUCK & VERLAG GMBH · EBELSBACH,2002,尤其是第 117 页以下的介绍。

③ Correia, João Conde, Contributo para a análise da inexistência e das nulidades processuais penais,Coimbra: Coimbra Editora, 1999, p. 102.

减损乃至没有效力。

因此,诉讼行为无效具有程度之分,葡萄牙《刑事诉讼法典》将违法行为分为三类:

1. 最严重的违法行为

最严重的违法行为,称为“不可补正的无效”(nulidade insanável),应在程序中的任何阶段内,由法官依其职权宣告,但不妨碍形成既判力(葡萄牙《刑事诉讼法典》第 119 条)。“不可补正的无效”的事由包括:(1)组成有关审判组织的法官或者法庭的陪审团成员数量不足,或者违反了有关组成方式的法律规定;(2)检察官未能依据该法典第 48 条的规定推动诉讼程序,以及在法律要求其到场的行为中缺席;(3)依法应当到场的被告人或者其辩护人缺席;(4)违反法律强制性规定,未进行侦查或者预审;(5)违反法院管辖权的相关规定,但是该法典第 32 条第 2 款规定的情形不在此限;(6)法律另有规定认定为“不可补正的无效”。

2. 中等程序的违法行为

中等程度的违法行为,称为“经辩论决定的无效”(nulidades dependentes de arguição),利害关系人应在“特定时间”内进行辩论,通过法律规定的“某些事项”进行补正(葡萄牙《刑事诉讼法典》第 120 条和第 121 条)。“经辩论决定的无效”的事由包括:(1)法律规定使用某一诉讼形式,但是诉讼中采用了另一诉讼形式,但是本项规定并不影响第 119 条第 6 项规定的适用;(2)法律要求辅助人或者附带民事诉讼当事人到场,但是由于未作出通知致使辅助人或者附带民事诉讼当事人缺席;(3)法律认为案件的审理有必要指定翻译人员而未指定;(4)侦查或者预审不充分,因其并未实施具有法律约束力的行为,并且其后未采取对发现事实真相具有必要性的措施;(5)法律另有规定认定为“经辩论决定的无效”。

辩论有特定的时间要求:有利害关系人在场的诉讼行为,提出无效的,应当在该行为完结前进行辩论;对第 120 条第 2 款第 2 项所指的诉讼行为提出无效的,应在指定庭审日的决定作出通知后 5 日内进行辩论。而补正的“某些事项”包括:(1)如有利害关系的诉讼参与人明确放弃就无效提出辩论,或者明确接受可撤销行为的效力,或者可撤销的行为是为行使其职权作出,而且该有关职权确已行使,则构成补正事由,诉讼行为有效,但法律另有规定的除外;(2)未通知或者未传唤而导致诉讼行为无效,或者因通知或者传唤有瑕疵而致无效,但是利害关系人在作出有关诉讼行为时到场或者放弃到场的,则构成补正事由,诉讼行为有效,但利害关系人到场的意图仅为就无效提出辩论的除外。

3. 最轻微的违法行为

最轻微的违法行为,称为"一般性的违法"(irregularidades)[①],只有利害关系人在出现一般性的违法时对行为的有效性提出辩论,一般性的违法才可使有关行为无效,并且使可能受一般性的违法影响的随后程序归于无效。但任何一般性的违法可能影响已作出行为的法律效力时,可以在知晓一般性的违法时由法官依其职权命令对相关一般性的违法作出修正(葡萄牙《刑事诉讼法典》第123条)。

无效使行为不发生效力,也使依附于该行为的各行为以及可能受该无效影响的各行为归于无效。在对诉讼行为宣告无效时,应当说明具体的无效行为,必要时,在可能范围内命令重新作出该行为,因此产生的费用由因过错而导致行为无效的被告人、辅助人或者附带民事诉讼当事人承担。诉讼行为无效的宣告不妨碍不受该宣告效力影响而仍能保留效力的行为的效力(葡萄牙《刑事诉讼法典》第122条)。

较为特殊的是,葡萄牙《刑事诉讼法典》第118条第3款规定,"本编中的规定不影响本法典关于证据的禁止性规定"。葡萄牙学界据此认为,取证行为违反程序规定而导致的证据禁止,属于特殊的诉讼行为无效,又称为系统外的无效(nulidades extra-sistemáticas,见图1)。而依前述理论,取证行为的无效亦可分为不可补正的无效、经辩论决定的无效和一般性的违法。这套非法证据排除的理论体系颇具特色,介于德国与意大利之间:一方面,葡萄牙的非法证据排除基本套用了德国证据禁止的理论体系,包括证据取得禁止和证据使用禁止。证据取得禁止包括禁止的证明对象、禁止的证据

① 澳门将这一概念意译为"不当情事",中文也有译为"情势变更",均不太符合葡文的原意,也不太符合中文读者的阅读习惯。

形式和禁止的取证方法。证据使用禁止则分为依附型(非自主型)的证据使用禁止和自主型的证据使用禁止。但另一方面,葡萄牙并未如德国一样设立基本权利干预体系,因此,违反基本权利的诉讼行为制裁均由普通法院的判例予以作出,视为不可补正的无效。从这个意义上讲,一方面,葡萄牙未有真正意义上面向基本权利的实体制裁,而是在程序制裁中纳入侵犯基本权利的诉讼行为无效事由。另一方面,葡萄牙的非法证据排除也未如意大利一样区分"程序无效"和"不可用"。[①] 在意大利的学说中,"程序无效"并非禁止既定主体完成某一类型的诉讼行为,而是禁止实施诉讼行为的方式违法。因此,"程序无效"是在行使合法权力时形成。"不可用"则相反,并不涉及诉讼行为本身,而是涉及其可否作为证明的依据。因此,"不可用"制裁的是诉讼主体行使了程序法所禁止的权力的行为。这一类型化划分非常清晰地将诉讼行为无效与证据禁止区分开来,而葡萄牙并未作出这一厘清,从而导致程序制裁理论的庞杂与无序,这与法国有些类似。[②] 鉴于非法证据排除所涉的问题极为繁多,这里仅就基础理论作简单论说,后续还将进行详细研究。

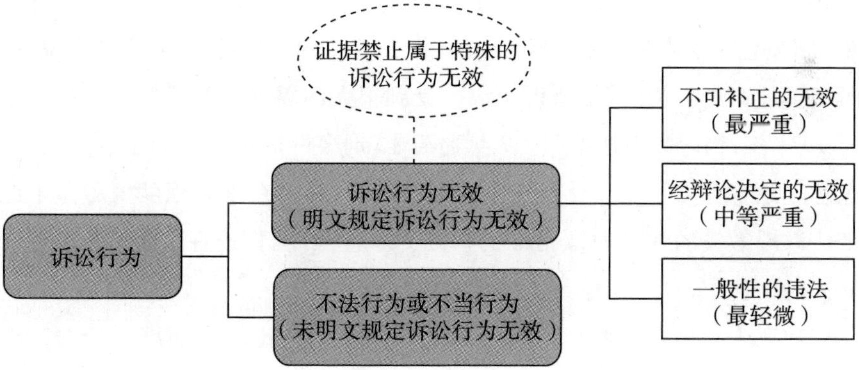

图 1　葡萄牙诉讼行为无效的类型

---

① 关于意大利的理论,参见施鹏鹏:《刑事诉讼中的诉讼行为理论研究》,载《比较法研究》2019 年第 4 期。

② 关于法国的理论,参见施鹏鹏:《法国刑事程序无效理论研究——兼谈中国如何建立"刚性"的程序》,载《中国法学》2010 年第 3 期。

诉讼行为及诉讼行为无效在中国亦获得较大的关注,这是因为我国的刑事诉讼时常因刚性不足、对公权力的违法行为缺乏有效的制裁手段而备受诟病。因此,许多中国学者希望从大陆法系的这套较为成熟的理论中获取灵感,构建有效制约公权力滥用的程序制裁机制,也取得了相当的学术成果。但如果从比较法的视角来看,则不难发现,中国学术界对所谓的诉讼行为制裁缺乏更广博的视野及更精细的探索,很多研究浅尝辄止,对各国的学说体系及制度特点也缺乏更深入的探究。仅就本部分而论,德国、意大利和葡萄牙对诉讼行为的制裁采取的做法完全不同,各有优劣。葡萄牙理论界及实务界对这套诉讼行为无效理论也有不同的见解,最令人遗憾的是,迪亚士教授在《刑事诉讼法》一书中未论及这一问题,诸多相关主题的学术论文也未进行系统阐述,因而无从得知这一睿智的学术权威对葡萄牙诉讼行为无效制度的思考与评价,否则或许会有更精深的结论。

八、小结——兼评迪亚士教授的《刑事诉讼法》

葡萄牙刑事诉讼之所以在中国学术界偶获关注,更主要是因为我国澳门这一较便利的观察窗口,而非其较独特的制度设计以及学说的广泛影响。事实上,笔者也是在研习西班牙刑事诉讼制度时偶然接触葡萄牙的学说,并拜读了迪亚士教授的《刑事诉讼法》,受到很大的震动。这部教科书虽完成于 1974 年,当时的新法典(1987 年葡萄牙《刑事诉讼法典》)尚未颁布,但强大的理论解释力丝毫未受新法律文本的影响,甚至在很大程度上彰显了迪亚士教授敏锐的观察力及精准的预判力。直至今日,迪亚士的《刑事诉讼法》依然是葡萄牙引用率最高的学术作品。

迪亚士教授在《刑事诉讼法》一书中较全面地论述了刑事诉讼的基本范畴。仅就研究视野而论,迪亚士教授的博学令人咂舌,所涉猎的学术文献不仅包括德国权威学者的主流作品,还包括法国、意大利及西班牙等国家权威学者的重要著述,娓娓道来,如数家珍。更难能可贵的是,迪亚士教授并未受限于欧陆邻国主流学说的影响,而是结合葡萄牙的历史传统及司法实践进行理论的提升,提出了诸多全新的命题。许多学术命题具有相当的普适性,完全可推及适用于具有类似文化及制度背景的国家或地区。我国澳门《刑事诉讼法典》的起草工作便吸收了迪亚士教授的许多学术观点,为我国澳门的刑事法治化做出了卓越的贡献。

《刑事诉讼法》一书也未采用一般的教科书体系,仅分两大部分:第一部分介绍了刑事诉讼法的一般原理,阐释了刑事诉讼法的含义和功能、葡萄牙刑事诉讼法的渊源以及刑事诉讼程序的一般原则等;第二部分介绍了葡萄牙刑事诉讼程序的基本结构,并相继介绍了法院、检察院、犯罪嫌疑人和辩护人以及被害人与受害人等各诉讼主体在诉讼程序中的法律地位和职能。这个体系更类似于诉讼原理论,几乎未涉及具体的程序环节,这在相当程度上可以解释为何 1987 年葡萄牙《刑事诉讼法典》颁布后《刑事诉讼法》这部教科书基本无须进行修订。唯一遗憾的是,迪亚士教授并未如愿完成《刑事诉讼法》第二卷乃至第三卷的撰写,大量的学术论文尽管亦可以展现迪亚士教授在部分问题上的观点,但毕竟缺乏体系性和完整性。尽管如此,迪亚士教授还是凭借着“半部教材”奠定了其在葡萄牙刑事诉讼学界不可比拟的学术地位,正如科斯塔·安德拉德教授(Prof. Costa Andrade)在序言中所写,“有些不该被遗忘的书却被人们遗忘,但没有哪一本被铭记的书是无缘无故被铭记的”。

葡萄牙刑事诉讼的基本范畴与欧陆邻国几乎类似,但在内容上则有所区别。基本范畴的背后,影响甚至决定着刑事诉讼的制度设计及运行机制,绝非某位学者灵光一闪的纯理论“创设”,也非对域外学说的简单移植。因此,立足中国的司法实践,广泛汲取各国先进学说体系的精髓,这是构建中国刑事诉讼基本范畴的必由之路。笔者也期待,更多中国学者,能以更开放的视野、更广博的认知,为建构中国刑事诉讼的基本范畴投入精力、做出贡献,这亦是本书写作的初衷。

刑事诉讼宪法化的葡萄牙模式

一、导论:刑事诉讼法的具体宪法构造

葡萄牙现行《宪法》制定于 1976 年,是“武装部队运动”的重要政治成果。“这场革命使葡萄牙人民重获基本权利与自由”,自此,“葡萄牙摆脱了独裁、压迫与殖民主义,这是葡萄牙社会一场革命性变革,一个历史转折点的开端”。[①] 因此,与 1933 年《宪法》相比,这部新宪法最大的特点便是确立了“权利、自由和保障”(direitos, liberdades e garantias)的根本遵循,设定了人权保护与正当程序的底色。如果说宪法所确立的基本保障可视为“纲领性的原则”,则刑事诉讼法便是将这些代表“国家意志”的基本原则转化为可适用的具体规范。从这个意义上讲,刑事诉讼法是一部真正的适用型宪法(verdadeiro direito constitucional aplicado),正如迪亚士教授所强调的,可从二维视角进行阐释:“作为刑事诉讼法基础的那些问题,同时也是国家的宪法根基,而那些针对程序法问题而产生的具体规范,其实也是根据宪法司法形成的”。[②]

因此,葡萄牙《宪法》对刑事诉讼的原则和内容设定了诸多要求,并通过违宪审查机制确保宪法的价值得以实现及规范得以落实。这些要求包括但不限于:“在程序进行过程中,如果涉及宪法所保护的公民权利,就必须就

---

① 参见葡萄牙《宪法》序言。

② Dias, Jorge de Figueiredo, Direito Processual Penal, 1, 1974, p. 74 e ss.

任何需要干预的事宜作出认真的且细致的法律规定;作为一般法的刑事诉讼法,永远都不得将该等权利的基础内核排除,即使宪法赋予该法以对该权利进行规范的自由亦然;须对所有国家机关的活动进行严格的司法控制,包括那些仅行使行政职能的机关,只要有关活动涉及受宪法保护的权利;禁止管辖权排除,即禁止通过法定裁判者或自然裁判者的保证,作出使犯罪嫌疑人被覆盖在任何可适用于司法程序的宪法的任何操作之下的安排;禁止通过侵犯人的道德自主而获得的证据,即使该人同意时亦然;等等。同样地,还产生了下列要求:对法律概念的理解和适用须从宪法的角度出发,法律概念的落实也要符合宪法的规定。"①

考虑到《宪法》中涉及刑事诉讼的条款数量极多、较为庞杂,笔者拟作一粗略的类型化划分,仅是为了便于条理说明,而非进行严谨的学术概括②:

1. 涉及刑事诉讼基本理念的宪法条款

最典型的如"民主法治条款",刑事诉讼必须"以人的尊严和人民意志为基础"(葡萄牙《宪法》第1条),"尊重并保障基本权利与自由的有效行使"(葡萄牙《宪法》第2条),"国家应服从宪法,并以民主法治为基础"(葡萄牙《宪法》第3条)。在功能上,民主法治条款类似于德国《基本法》的第1条(人的尊严条款和法治国条款),但葡萄牙宪法法院在违宪审查中较少援引这一条款,这与德国形成鲜明对比。

2. 涉及刑事诉讼基本原则的宪法条款

最典型的当属"正当程序"条款(葡萄牙《宪法》第32条),涵盖了辩护权(第1款)、无罪推定(第2款)、合理期限(第3款)、司法保留(第4款)、对抗式诉讼(第5款)、国家赔偿(第6款)等。此外,自然法官原则(葡萄牙《宪法》第32条第9款)、禁止双重危险原则(葡萄牙《宪法》第29条第5款)等,亦属于非常重要的刑事诉讼基本原则。这些基本原则尽管在葡萄牙

---

① [葡]乔治·德·菲格雷多·迪亚士:《刑事诉讼法》,马哲、缴洁译,社会科学文献出版社2019年版,第37-38页。

② 因为很多涉及刑事诉讼的宪法条款具有多重属性,几乎不可能进行严谨且周延的类型化划分。

《刑事诉讼法典》中亦有体现,但属于宪法保留,不允许立法者擅自进行修改。

3. 涉及刑事诉讼具体制度的宪法条款

葡萄牙《宪法》也对很多重要的刑事诉讼制度设定了较刚性的整体框架,如预先羁押(第 28 条)、人身保护令(第 31 条)、法庭审理(第 206 条)等,禁止立法者在立法时作出裁量。此外,涉及刑事诉讼中公权力机关身份、职能及权限的宪法条款,亦对刑事诉讼制度产生重要的影响,如涉及法官(葡萄牙《宪法》第 202 条第 1 款和第 2 款、第 203 条、第 215 条和第 216 条)、检察官(葡萄牙《宪法》第 219 条)和警察(葡萄牙《宪法》第 272 条第 1 款和第 2 款)的条款。

4. 涉及刑事诉讼中基本权利保护的宪法条款

严格意义上讲,所有涉及刑事诉讼的宪法条款,均直接或间接涉及公民的基本权利,但仍很有必要单列以作进一步的研究,这是因为受德国基本权理论的影响,葡萄牙宪法法院日益重视对刑事诉讼条款在个案中是否对个人基本权利构成不法或不当干预进行违宪审查,并形成了一系列重要判例,对葡萄牙刑事诉讼产生了深远的影响。基本权利保护机制的重要宪法依据为第 18 条,即“1. 宪法中有关权利、自由及保障的规定,应直接适用于并约束个人和公私组织。2. 只有在宪法有明确规定的情况下,法律才能对权利、自由及其保障进行限制。此种限制应基于保护其他受宪法保护的权益所必需。3. 限制权利、自由及其保障的法律,必须具有一般概括性,且不得具有追溯力,也不得缩小宪法规定的有关权利、自由及其保障的主要内容的范围与界限”。这一条款明确确立了基本权利干预中的立法保留原则、比例原则以及避免权利减损原则(该原则在功能上类似于德国《基本法》第 19 条第 2 款规定的“本质内容保障”[①]),为面向基本权利的具体违宪审查确立了权衡的标准。葡萄牙《宪法》设置了极为详尽的基本权利条款,如人身完整权(第 25 条)、其他人身权(第 26 条,包括身份权、发展权、民事能力、公民身份权、荣誉权、名誉权、肖像权、发表言论权、个人生活与家庭生活的隐私权,以

① 德国《基本法》第 19 条第 2 款规定,“任何情况下均不得侵害基本权利的实质内容”。

及有权针对任何形式的差别待遇获得法律保护)、自由权和安全权(第 27 条第 1 款)、住宅权和通信权(第 34 条第 1 款)等。

正如诸多葡萄牙学者(包括迪亚士教授)所观察到的,随着宪法监督制度的完善,宪法对刑事诉讼法产生了更具决定性的影响。[①] 这一趋势在欧陆诸国早已出现。例如,德国联邦宪法法院近几十年来通过基本权利教义学提供了权利实效化的理论支撑及实践路径,为刑事诉讼的传统理论带来全新的冲击甚至颠覆。意大利宪法法院在 1992 年作出了三个著名的判决(第 24 号、第 254 号和第 255 号),几乎废弃了 1988 年当事人主义法典所确立的以彻底"直接言词原则"为特征的审判中心体系。甚至已有学者批评,"(宪法)容易使刑事诉讼失去其特征,使其成为'宪法的殖民地'(colónia do direito constitucional)"[②]。但与这些欧陆邻国相比,葡萄牙有关刑事诉讼程序合宪性的司法判例却相对贫乏,这确实是一个难以解释的怪现象。[③] 不过近年来,葡萄牙违宪审查的判例数量有明显上升的趋势,尤其是涉及基本权利保护的具体违宪审查。

无论如何,宪法及宪法法院的判例是葡萄牙刑事诉讼最重要的法律渊源之一,宪法法院有权最终判定刑事诉讼的相关规定是否合宪,并确认或阐明宪法规范所承载的价值,以及解释这些价值的内容。[④] 倘若立足宏观的比较法[⑤],葡萄牙刑事诉讼宪法化的模式介于德国和法国之间,并日趋向德

---

① Germano marques da silva, Direito processual penal português, Universidade católica editora, 2019, p. 27.

② Sobre isto, PETER RIESS, "Derecho constitucional y proceso penal", in Constitución y sistema acusatório. Un estudio de derecho comparado (Kai Ambos/Eduardo Montealegre Lynett, comps.), Universidad Externado de Colombia, 2005, p. 126 e ss.

③ 参见[葡]乔治·德·菲格雷多·迪亚士:《刑事诉讼法》,马哲、缴洁译,社会科学文献出版社 2019 年版,第 39 页。

④ Sobre as relações das decisões do Tribunal Constitucional e dos Tribunais Judiciais, cf. Marques, António Rocha, «0 Tribunal Constitucional e os Outros Tribunais: a Execução das Decisões do TC», Estudos Sobre a Jurisprudência do Tribunal Constitucional, Lisboa, 1993, p. 453 e ss.

⑤ 参见[法]米歇尔·弗罗蒙:《欧洲宪法司法的多样性——兼及法国之例外》,金邦贵、施鹏鹏译,载《厦门大学法律评论》2010 年第 1 期;[法] 路易·法沃赫:《欧美宪法司法模式比较研究》,金邦贵、施鹏鹏译,载《厦门大学法律评论》2006 年第 2 期。

国靠拢,还是具有相当的特色。鉴于葡萄牙的违宪审查机制在国内学术界未有广泛的认知,笔者拟先作一背景性的制度介绍,然后围绕近年来葡萄牙宪法法院在刑事诉讼领域所作出的若干重要判例,阐明刑事诉讼宪法化的内容及其产生的深刻影响。尽管葡萄牙刑事诉讼的诸多制度及学说并不如美国、德国或法国等在全世界范围产生极为广泛的影响,但“对同一天空下的不同经验、体验或生活方式的旁观与尊重,偶尔也可能因灵光一闪而备受启发”①。笔者一直深信,学术研究并无“冷门”与“热门”之分,一些貌似“非主流”的基础性研究,可能也会提供全新的思路。

二、两种违宪审查模式

一般认为,宪法司法存在两种模式,即以“司法审查”为特点的美国模式以及以“宪法审查”为特点的欧洲模式。② 欧洲模式通常具有两个特征:一是宪法审查权由专门的法院(如宪法法院、宪法委员会等)所有;二是违宪审查主要是对规范性法律文件甚至是法律的抽象审查。③ 但这一观点并不完全适用于葡萄牙。具体而论,葡萄牙不仅设有发达的抽象违宪审查制度,也设有非常发达的具体违宪审查制度,且后者的适用率日益上升。宪法审查权也不独为宪法法院所有,普通法院也可以进行宪法审查。从这个意义上讲,葡萄牙的宪法司法属于混合模式,介于美国模式和欧洲模式之间。

(一)抽象违宪审查

抽象违宪审查规定在葡萄牙《宪法》第 4 编(“宪法的保障与修改”)第 1 章(“合宪性审查”)中。以启动时间为标准,抽象违宪审查可区分为事前违宪审查(又称为预防性违宪审查)和事后违宪审查。事前违宪审查针对

① [葡]乔治·德·菲格雷多·迪亚士:《刑事诉讼法》,马哲、缴洁译,社会科学文献出版社 2019 年版,“总序”第 2 页。

② 参见[法]路易·法沃赫:《欧美宪法司法模式比较研究》,金邦贵、施鹏鹏译,载《厦门大学法律评论》2006 年第 2 期。

③ L. Favoreu, Les Cours constitutionnelles, Que sais – je?, 3ᵉ éd, 1996, p. 5; D. Rousseau, La justice constitutionnelle en Europe, Montchrestien, coll. Clefs, 1998, p. 13.

的是尚未正式通过的国际条约或法律草案，而事后违宪审查则针对的是已正式生效的国际条约或法律。而以违宪的形态为标准，抽象违宪审查又可区分为积极违宪和消极违宪(又称为不作为违宪)。所谓积极违宪，指国际条约、法律草案或法律违反了宪法条款或宪法规定的原则。而消极违宪，则指因未采取必要的立法措施而导致宪法规定未得到施行。

事前违宪审查主要包括三种情况(葡萄牙《宪法》第 278 条)：(1)对于提交共和国总统批准的国际条约、呈送总统签署颁布的法律草案或执行性法律草案，以及任何国际协定，共和国总统可以要求宪法法院对其中任何规定的合宪性进行事前审查；(2)对于呈送共和国代表签署的地区立法性法令草案，共和国代表可以要求宪法法院对其中任何规定的合宪性进行事前审查；(3)总理和五分之一的共和国议会在职议员，可以要求宪法法院对呈送总统签署颁布的组织法草案中任何规定的合宪性进行事前审查。

事后违宪审查则比较复杂，主要包括两种情况：第一种情况涉及具体违宪审查的形态转化，即如果对法院具体违宪审查判决不服，可以向宪法法院提起上诉，宪法法院将对相关规范(并不限于争议条款)进行一般性的抽象违宪审查(葡萄牙《宪法》第 280 条)；第二种情况则是宪法法院可依职权或依请求宣告任何规定合宪或者违宪(葡萄牙《宪法》第 281 条)。

在事前违宪审查中，如果宪法法院判定某一法律草案或国际条约中的任何条款违宪，则应重新拟定或删除相关违宪条款，直至符合《宪法》的要求(葡萄牙《宪法》第 281 条)。在事后违宪审查中，具有普遍约束力的违宪宣告在被宣告为违宪的条款开始生效时产生效力，而原先被该规范废止的规定应重新恢复效力。但以违反后来颁布的宪法为理由作出的先前条款违宪的宣告，应在后来颁布的宪法规定开始生效时产生效力。已经审理并作出裁判的案件仍然有效。但是宪法法院对有关刑事、纪律或行政违法的，且内容不利于被告的条款，作出相反裁判的除外。出于维护法律确定性、公平及重大公共利益的需要，宪法法院可以作出效力更受限制的违宪宣告(葡萄牙《宪法》第 282 条)。

无论是事前的违宪审查，还是事后的违宪审查，绝大多数情况下属于积极违宪,但也有可能构成消极违宪。应共和国总统、申诉专员的请求,或在自治区权利受到侵犯时应自治区立法议会议长的请求,宪法法院应审查并证实是否存在因没有采取使宪法规定得到施行的必要的立法措施,而导致对宪法的不作为违宪(葡萄牙《宪法》第283条)。如宪法法院确认存在因不作为造成的违宪,应告知对相关事项有立法权限的立法机关。

(二)具体违宪审查

葡萄牙的具体违宪审查制度源自19世纪末。1976年葡萄牙《宪法》第204条对该制度进行了确认,“法院在进行审判时,不得适用违反本宪法之规定或本宪法所包含之原则的规范”。这意味着所有的法院在对争议案件适用相关法律和条例时,均有权对该法律和条例进行违宪审查。但如果法院以违宪为理由拒绝适用某一条款,或者在诉讼程序中适用了被提出属于违宪的规范,则当事人可提起上诉,宪法法院具有最终的裁决权(葡萄牙《宪法》第280条)。此外,对于适用宪法法院已确认为违宪的条款作出的法院判决,检察院必须向宪法法院提起上诉。从这个意义上讲,葡萄牙并非适用集中的违宪审查制度,而是适用层级化的违宪审查制度。

尽管葡萄牙的具体违宪审查制度并不涉及个人的权利保护之诉,即当事人不得以公权力行为对宪法所保护的基本权利形成干预而提起违宪审查之诉,这与德国的宪法诉愿(Verfassungsbeschwerde)或者西班牙的保护之诉(recurso de amparo)存在较大的区别,但葡萄牙宪法法院时常结合《宪法》第18条第2款将宪法中的各种权利自由条款作为违宪审查的依据,这在很大程度上强化了对基本权利的保护。

无论何种违宪审查模式,均将宪法与刑事诉讼法紧密联系在一起,因为刑事诉讼与国家的权力结构及公民个人的权利保护关系极为密切,是违宪审查议题较为集中的场域。宪法法院也通过各种判例贯彻宪法价值,指引着刑事诉讼的发展方向。

三、刑事诉讼规则的抽象违宪审查

在1987年《刑事诉讼法典》颁布前,葡萄牙时任总统马里奥·苏亚雷斯

(Mário Soares)便提起了预先的抽象违宪审查请求①,请求宪法法院对法典草案(以下简称草案)的下列条款②进行违宪审查,包括第108条第2款第2项,第135条第2款、第3款,第143条第4款(连同第61条第1款第5项),第174条第3款、第4款,第177条第2款,第178条第3款,第187条第1款,第190条,第199条第1款、第2款,第200条,第250条第3款,第251条第1款,第252条第3款,第263条,第270条第1款,第281条,第286条第2款以及第337条第1款及第3款。宪法法院据此作出了非常著名的第7/87号判决③,涉及刑事诉讼中的权力结构、记者的职业秘密、辩护权保障、隐私权保障等重要命题。这一宪法判例可谓葡萄牙抽象违宪审查的经典之作,既有助于我们深入理解刑事诉讼规则与宪法规则之间的密切关系,也为细致观察葡萄牙抽象违宪审查机制的运行机理提供了极佳的范本。为此,笔者将较翔实细致地解读第7/87号判决的主要内容④,力图呈现宪法对刑事诉讼法的统摄功能,并将一并介绍葡萄牙宪法法院判决的特色之处。

草案除前言声明⑤、总则⑥外,分为两部分:第一部分包括5卷,第1卷为"诉讼当事人"(第8条至第84条);第2卷为"诉讼行为"(第85条至第123条);第3卷为"证据"(第124条至第190条);第4卷为"强制措施和财产担保措施"(第191条至第228条);第5卷为"与外国政府和国际司法机关之间的关系"(第229条至第240条)。第二部分包括6卷,第6卷为"初

① Publicado no Diário da República, I Série, n.9 33 (Suplemento) de 9 de fevereiro de 1987. Tambémpublicado no BMJ 363,113.

② 本部分以1987年《刑事诉讼法典》草案的最初条、款及项进行介绍。这是因为法典经宪法法院的判决以及后续的多次立法修改,一些条款的条、款与项已经发生变动(包括内容及条款数)。

③ 判决全文,请参见 https://dre.tretas.org/dre/42671/acordao-7-87-de-9-de-fevereiro。

④ 宪法法院围绕《刑事诉讼法典》所进行的预先抽象违宪审查并不局限于这一判例,但考虑到典型性且囿于篇幅,本部分仅对第7/87号判决进行详细介绍。涉及其余立法的抽象违宪审查,散见于本书的其他章节。

⑤ 前言声明共设七个条款,主要涉及新旧法律的衔接。

⑥ 总则共设七个条款,包括"法律概念"(第1条)、"诉讼程序的合法性"(第2条)、"补充适用"(第3条)、"漏洞填补"(第4条)、"刑事诉讼法的时间效力"(第5条)、"刑事诉讼法的空间效力"(第6条)和"刑事诉讼的充分性"(第7条)。

步阶段”(第241条至第310条);第7卷为“审判”(第311条至第380条);第8卷为“特别程序”(第381条至第398条);第9卷为“上诉”(第399条至第466条);第10卷为“执行”(第467条至第512条);第11卷为“关于诉讼费用的义务”(第513条至第524条)。所涉争议条款位于第2卷、第3卷、第4卷、第6卷和第7卷:(1)第108条属于第2卷第3编“行为的时间和程序的加速”。(2)第135条和第143条属于第3卷“证据”第2编“证据形式”第1章“证人”和第2章“被告人、辅助人和附带民事诉讼当事人的陈述”;第174条、第177条、第178条、第187条和第190条分别属于第3卷“证据”第3编“获得证据的方法”,前两条属于第2章“搜查和搜索”,第178条属于“扣押”,后两条属于“电话监听”。(3)第199条及第200条规定在第4卷“强制措施和财产担保措施”第2编“强制措施”第1章“可采取的措施”中。(4)第250条、第251条、第252条、第263条、第270条、第281条和第286条均被包含在第6卷“初步阶段”中,前三条在第1编“一般规定”第2章“保全措施和警察措施”中,接下来三条在第2编“侦查”第1章“一般规定”、第2章“侦查行为”以及第3章“侦查的终结”中。最后一条(第286条)规定在第3编“预审”第1章“一般规定”中。(5)《刑事诉讼法典》第337条规定在第7卷“审判”第2编“庭审”第2章“前期行为”中。可以看到,争议条款分布在草案诸多部分,但并非全无关联。例如,草案第263条第1款(“检察院领导侦查”)和第286条第2款(“预审的可选性”)本质上便涉及诉讼权利的配置,宪法法院在这一问题上的基本立场将对其他许多相关条款产生影响。

宪法法院在逐条分析争议条款是否符合葡萄牙宪法的原则和精神前,援引了权威学者的论断以对刑事诉讼的目的进行学理解读,这是较具特色的判决风格,即将权威学说作为宪法判例立场的重要依据,并贯穿整个判决主文,引用严谨,如一部学术著述。

在第7/87号判决主文的开端,宪法法院首先援引了卡斯塔涅拉·内维斯(Castanheira Neves)教授对刑事诉讼目的与功能的精辟论述:“刑事诉讼存在三个决定性的时刻:(1)刑事诉讼的目标对象是行为,是根据统一目的而动态发展的活动过程,是对特定法律(刑法)的具体适用和实现;(2)法律的具体适用,应遵循法治国原则,并通过法律共同体的有机组织结构即司法机构进行;(3)应以可获得真相及实现正义的方式进行法律的适用及实现。"这构成了裁判权原则(princípio da jurisdição)的功能性要件、组织性要件和实现方式。据此,刑事诉讼为两个具体的目的所引导:一方面,"可以有效地调查有罪的人,并予以定罪,也可保障和保护无辜人免受迫害和不公正的定罪";另一方面,"以有效调和道德原则和法律原则为指导:重申道德和法律社区的防卫以及重新融入的原则……并在刑事实体法中找到规范性保护,以及尊重和保障公民自由和尊严的原则,这是个人不可减损的权利"。①

迪亚士教授关于刑事诉讼功能及其与宪法密切关系的精彩论述亦为宪法法院重点援引。迪亚士教授认为,"刑事诉讼程序处于一种绝佳的地位,在此能够就社会要求与实现人格自由之间的冲突找到解决方案。社会要求事实上可能构成对实现个人人格之自由的'侵犯';这往往是通过强制手段(羁押、检查、搜索、扣押)实现的,而这样的侵犯越来越难有依据和难获支持,因为这些强制手段并非被适用于已被定罪的罪犯,而是适用于单纯的'嫌疑人'(他们其实往往是无辜的),甚至'第三人'(如声明人、证人以及完全没有参与诉讼程序之人)"。因此,"预防和惩处犯罪的社会利益必须有所限制,而且,如果该利益涉及人格尊严,哪怕是最残暴的罪犯的人格尊严,则该等限制必须是不可逾越的。如果前述利益与某人的正当利益相冲突,但后者的人身自由并不会受到影响,且前述社会利益的实现必须采用此手段时,则经过仔细权衡,前述限制是可以逾越的。通过这样的权衡以及对冲突的公正裁判,排除国家或其附属机关滥用权力的可能性,并使社会的力量服务于法律并处于法律的控制之下。这最终使人们能否自由实现其道德人格并以此来对国家权力进行限制成为判断一个国家是否为真正的法治国家的最不容置疑的标准"。②

宪法法院不惜笔墨地援引这些重要论述,根本原因便是论证刑事诉讼

---

① Castanheira Neves, Sumários de Processo Criminal, Coimbra, 1967 – 1968, I, n. °1.

② 此处参考了中译本,个别表述按中国读者的阅读习惯进行了必要的修改,参见[葡]乔治·德·菲格雷多·迪亚士:《刑事诉讼法》,马哲、缴洁译,社会科学文献出版社 2019 年版,第 28 页。

的重要性及其与宪法密切而复杂的关系。从根本而论,苏亚雷斯总统提出的违宪审查请求,更多涉及诸多利益的权衡,宪法法院必须审慎地进行判断,既要确保刑事诉讼的目的与功能得以实现,也要“排除国家或其附属机关滥用权力的可能性”,以保证公民可以“自由实现其道德人格”。以此为前提,宪法法院对争议条款进行了逐条分析。

(一)草案第 108 条第 2 款第 2 项

草案第 108 条第 1 款规定,“任何诉讼阶段的期间超过了法律规定的期间,检察官、被告人、辅助人或者附带民事诉讼当事人有权申请诉讼程序的加速”。第 108 条第 2 款补充到,“对该申请的决定适用以下规定:(1)如果该程序由检察机关办理,则由共和国总检察长决定;(2)如果该程序由法院或者法官审理则由最高法官委员会决定”。据此,“最高法官委员会在收到程序加速请求时可以:驳回申请;要求补充资料;下令调查程序延迟及其发生的条件;建议或者决定由纪律措施实施机关采取为管理、组织或证明逾期正当性的说理所需的纪律措施”(草案第 109 条第 5 款第 1 项至第 4 项)。

对于第 108 条第 2 款第 2 项,共和国总统认为,这与葡萄牙《宪法》第 208 条(现为第 203 条,“法院是独立的,只服从法律”)规定相冲突,因为最高法官委员会可能通过加速诉讼程序进程的决定干预法官的独立办案。

宪法法院首先援引卡斯特罗·门德斯(Castro Mendes)教授的观点,阐释了何为法院独立。[①] “法院的独立在现实中便转化为法官的独立,即法官在做出判决时,仅得考虑与判决合法性及公正性相关的要素”,因此,“法官独立于他们的同行,不能受到来自上级管理及纪律惩戒机构的压力,即最高法官委员会”。

但宪法法院认为,这一条款并未侵犯法官的独立,因为最高法官委员会仅要求法官及时履职以保障当事人的合法权利,而不得以令状的形式代替法官作出实质裁判,因此,并不存在干预法官独立裁判的可能。

---

① Castro Mendes, Estudos sobre a Constituição, 3. ° vol. , Lisboa: Petrony, 1979, p. 653.

（二）草案第 263 条、第 270 条第 1 款以及第 286 条第 2 款

这是本次违宪审查的重点条款，涉及侦查权与预审权的界定、归属及行使问题。

首先是侦查权与预审权的界定。所谓侦查，“是指为调查犯罪行为是否存在，确定其行为人及其应当承担的责任，以及发现和收集证据，以便就是否提出起诉作出决定而采取的一切措施”（草案第 262 条第 1 款）。而预审，则“旨在对提出的起诉或者将侦查归档不诉的决定作出司法核实，以决定是否将案件提交审判”。这是厘定侦查权及预审权归属的基本前提。

其次则是侦查权和预审权的归属及行使。一方面是侦查权的归属及行使。“侦查行为由检察官领导，刑事警察机关予以协助”（草案第 263 条第 1 款）。“为达到前条第 1 款规定的目的，刑事警察机关在检察院直接指引下开展行动，并且在职能上从属于检察院”（草案第 263 条第 2 款）。“检察院可以授权刑事警察机关进行侦查活动和与侦查有关的措施和调查”（草案第 270 条第 1 款）。另一方面则是预审权的归属及行使。预审权由法官行使，但“预审并非强制性的诉讼程序，不适用于特别程序（即简易程序和最简易程序）”（草案第 286 条第 1 款）。

总统认为，尽管冠之以“侦查”之名，但这些程序行为在本质上具有预审的含义，因此，应由法官负责行使（葡萄牙《宪法》第 32 条第 4 款）。此外，葡萄牙《宪法》第 224 条第 1 款（现为第 219 条第 1 款）规定了检察院的职权，即“检察院有权代表国家和保护法定权益，依照下款和相关法律的规定，参与实施由国家主权机关制定的刑事政策，依据合法性原则提起刑事诉讼，保护民主法治”，并未包括领导侦查的权力。据此，总统认为，草案第 263 条及第 286 条第 2 款已然构成违宪。

对于这一问题，宪法法院立足预审的发展史来阐明立场。依 1929 年 2 月 15 日第 16489 号立法法令批准的葡萄牙《刑事诉讼法典》的规定，预审的目的是“调查是否存在犯罪行为，对涉案人员进行调查并确定其责任”，其中调查必须“尽可能查明犯罪的事由和情节，犯罪行为实施者的前科、心理状态及其相关原因，以及对被害人造成的损害、被害人与加害人的经济状况和社会状况，以确定损害赔偿金”（第 158 条）。“法官负责指挥案件的预

审,检察官仅限于推进预审的调查”(第159条)。所有的刑事案件,除适用简易程序和违法行为程序外,应被告人的要求,均会有对席的预审程序(第170条和第326条)。但1945年10月13日第35.007号立法法令重塑了刑事诉讼的一些基本原则,导致预审权发生了深刻的变化,主要体现为一些原来应由法官独享的预审权逐渐转变为由检察官领导的侦查权。依该立法法令第12条第2款之规定,“除本立法法令第21条的规定外,程序现阶段赋予法官的所有权力和职能均由检察官行使”(包括审前羁押)。在控告程序中对席预审是强制性的(第34条),检察官必须在提出控告的同时提出要求(第24条)。但预审仍然以“核实犯罪行为的存在、确定涉案人员并确定其责任”为目标,并“尽可能了解犯罪的动机和情节、涉案人员的前科和心理状态,以及为了确定损害赔偿必须了解的事实”(第10条)。此外,预审“不仅应采取可证明被告人有罪的措施,还包括那些可能有助于证明他们无罪和免责的措施”(第12条第10项)。

1974年4月25日“武装部队运动”后,刑事诉讼法层面延续了第35.007号立法法令的基本理念。略有区别的是,1975年11月3日第605/75号立法法令创设了“侦查警察”(inquérito policial),负责调查轻刑案件。但如果被告人被羁押,则依然由检察官领导警察进行预审预备程序。而与之相反的是,新的民主宪法(1976年葡萄牙《宪法》)第32条第4款明确规定,“所有犯罪的预审均由法官负责”。由此,“侦查”的合宪性便受到了质疑,或者更准确地说,侦查指挥权交由检察官(草案第263条第1款)以及预审是可选的(草案第286条第2款第一部分),是否符合葡萄牙《宪法》第32条第4款的规定受到质疑。

宪法法院认为,葡萄牙《宪法》第32条第4款最初的版本规定,“所有的预审均由法官负责,法律规定了应采取对席预审的情况”。但最新的规定则分为两款,原第32条第4款第1部分依然为第4款,内容则进行了重大变更,即“预审应完全由法官主持进行,法官可以依法委托其他个人或组织进行与基本权利无直接关系的预审”。原第32条第4款第2部分则转移至第5款第2部分,不过争点主要在前半部分。通过对比,不难看出,依葡萄牙《宪法》现行第32条第4款的规定,尽管预审权原则上仍属于法官,但允许法官依法委托其他个人或组织进行与基本权利无直接关系的预审。

草案基本沿袭这一理念来进行设计：一方面，根据草案第268条和第269条之规定，有些诉讼行为仅得由预审法官实施，如对被拘留的被告人进行首次司法讯问；继续适用担保（第197条）、定期报到的义务（第198条）、禁止停留、缺席和联系（第199条）、中止履行职能、从事执业以及行使权利（第200条）、留在家中的义务（第201条）和临时羁押（第202条）等规定；在律师事务所、医疗机构或银行机构进行搜查和扣押；了解被扣押信件的内容；命令或授权进行房屋搜查、没收信件、截取或录音谈话或电话通讯，以及“法律明确规定应由预审法官命令和授权的任何行为”。另一方面，与基本权利无直接关系的预审行为，可由检察官领导。而对侦查进行领导的权力属于葡萄牙《宪法》第224条第1款（现为第219条）所界定的“提起刑事诉讼的权力”，并不违宪。基于同一学理逻辑，草案第270条第1款规定的“检察院可以授权刑事警察机关进行侦查活动和与侦查有关的措施和调查”在“结果上”也不违宪。

可以看到，宪法法院以“与基本权利有无直接关系”将“侦查”与“预审”区分开来，简言之，在侦查阶段与基本权利无涉的调查性诉讼行为，可归为“侦查”，而涉及公民权利、自由和保障的侦查行为均属预审法官专职权限内的预审行为。

此外，预审虽然并非必需的，但被告人总是可以“对由检察院提起诉讼的事实或在自诉案件中对辅助人进行起诉的事实，申请进行预审”（草案第287条第1款第1项），这也与葡萄牙《宪法》第32条第4款的规定并不冲突。

（三）草案第135条第2款及第3款

草案第135条规定了作证豁免权及其例外。特定职业人员（争议事项仅涉及记者，但享有作证豁免权的职业还包括宗教或者接受宗教忏悔的神父、律师、医生、记者、信贷机构人员和法律允许保密或者规定应当保密的其他人员）可以免除其对保密事项涉及的事实作证的义务（第1款）。如果对免除作证事由的合法性有充分的怀疑，则涉及这一附带事项的司法机关将进行必要的调查。如果经调查认为免除作证事由系非法，则法院应下令提供证词(第 2 款)。附带事项的直接上级法院(如果附带事项发生在最高法院,则为最高法院刑事庭全体会议),如果因履行显著更高的法律义务或以正当的公共或私人利益为目的时,在权衡利益冲突和信息义务的情况下①,则可依职权或依请求,在听取代表所涉保密职业的专业机构的意见后,决定违反职业秘密进行作证(第 3 款)。总统据此认为,草案第 135 条第 2 款及第 3 款违反了葡萄牙《宪法》第 38 条第 3 款关于保护记者独立性和职业秘密的规定。

宪法法院认为,争议条款事实上涉及两个层面的问题:

其一,如果记者以职业秘密为由拒绝作证,司法机关是否仅能消极作为,即毫不犹豫地接受该记者所援引的抗辩事由,或者允许司法机关有所作为,调查这一免除作证事由的合法性。草案第 135 条第 2 款选择了第二种立场。

其二,即便确定有关事实已属于职业秘密,司法机关能否依然下令提供证词。草案第 135 条第 3 款持肯定立场,并设定了四项要件:附带事项的管辖权属于上一级法院,或者最高法院刑事庭全体会议;法院可依职权或依请求进行干预;应事先听取代表所涉保密职业的专业机构的意见;应为履行显著更高的法律义务或以正当的公共或私人利益为目的时,在权衡利益冲突和信息义务的情况下。

葡萄牙《宪法》第 38 条第 3 款系由 1982 年 9 月 30 日第 1/82 号宪法性法律引入,规定了新闻工作者的四项权利,包括获取信息来源的权利、保护职业独立的权利、保护职业秘密的权利和知情权以及选举编辑委员会的权利,均属于新闻自由(liberdade de imprensa)的范畴。争议条款仅涉及保护职业秘密的权利,宪法交由普通法律进行规定,包括权利的范围及行使方式。因此,核心的争议问题便是草案所确立的限制是否构成对记者职业保密"不成比例的侵害"。宪法法院认为,基于对牺牲记者职业保密权的价值权衡以及围绕违反保密规定所建立的预防措施,答案是否定的。

---

① 《刑法典》第 185 条(Exclusão de ilicitude, Decreto - Lei n° 400/82 de 23 - 09 - 1982)。

(四)草案第143条第4款

草案第143条第4款规定,"属恐怖主义、暴力犯罪或者高度有组织的犯罪的情况,检察官可以命令被拘留人在进行首次司法讯问前,不得与任何人进行联络"。与此相对应,草案第61条规定,在诉讼程序的所有阶段,"在其参加的任何诉讼行为中获得辩护人的援助;被告人已被拘留的,有权与辩护人联系,包括没有其他人在场的联系"(第1款第6项),但本项不适用于第143条第4款所规定的情况。

宪法法院援引了迪亚士教授的大段经典论断[①],"使辩护权保持稳固的基石,归根结底在于辩护人以口头或者书面方式与被告人进行联系的权利","显然,只有当辩护人在讯问中在场的唯一目的是防止或阻止针对犯罪嫌疑人使用虐待或其他非法的讯问手段时,这样的矛盾才会不存在。但我们已经知道事实并非如此,而这一援助的目的也是为了尽可能地保证卷宗的真实性,避免因模棱两可、困惑、恐惧或无知而作出的声明,最后使未来对辩护权的充分认识成为可能。然而很显然,如果不允许犯罪嫌疑人咨询和事先联络其辩护人,这一切都无法实现","葡萄牙立法中的错误不仅在于规范不可联络的方式,而且在于将此不可联络的要求延伸适用于作为辩护人之人。甚至可以毫无冒险地断言……仅当《刑事诉讼法典》第311条第1款及第2款中所包含的教义不被延伸适用于辩护人时,才具有合宪性"。

据此,宪法法院判定草案第143条第4款违宪,违反了葡萄牙《宪法》第32条第3款关于辩护权保障的条款。

(五)草案第174条第3款、第4款以及第177条第2款

草案第174条及第177条规定了搜查和搜索,争议条款主要涉及例外性规定。具体而言,草案第174条第3款规定,"搜查和搜索由有权限的司法机关以决定或者命令的形式作出,并且应当尽可能由该司法机关主持该

---

① 囿于篇幅,本部分仅选择最重要的部分进行介绍,更详细的论述,参见 Figueiredo Dias, citado Direito Processual Penal, 1974, § 14, IV, 5,中文版参见[葡]乔治·德·菲格雷多·迪亚士:《刑事诉讼法》,马哲、缴洁译,社会科学文献出版社2019年版,第304页及以下。

搜查和搜索”,但第4款规定,“在以下情况中,本条第3款规定的搜查和搜索可以由刑事警察机关进行:(1)恐怖主义、暴力犯罪或者高度有组织的犯罪,以及当存在有依据的迹象表明对任何人的生命安全和健康完整性构成紧迫威胁时;(2)获得搜查和搜索所针对的人的同意,但是该同意应当记录于案卷中;或者(3)作为现行犯被拘留的,并且其实施的行为可以被判处监禁刑”。草案第177条第1款规定,“只有在法院的命令或许可下才能对住所或其封闭的附属部分进行搜索”,但第2款规定,“在本法典第174条第4款所规定的情况下,也可由检察官下令或由刑事警察机构进行房屋搜索”。

据此,草案建立了如下的搜查或搜索制度:(1)住所外搜查和搜索。在一般情况下,由有管辖权的司法机关授权或下令,应尽可能主持调查(第174条第3款);但在第174条第4款规定的情况下,无论司法机关是否授权,均由刑事警察机构执行。(2)住所搜索。在一般情况下,只能由法官下令或授权(第177条第1款);但在第174条第4款所规定的情况下,可由检察院命令并由刑事警察机构执行(第177条第2款)。

总统认为,草案第174条第3款及第4款允许未经法官事先授权便进行搜查和搜索,符合葡萄牙《宪法》第32条第6款(现为第8款),即“不适当地侵犯私人生活而获得的任何证据,均属无效”。此外,草案第174条第4款以及第177条第2款允许未经事先司法授权进行房屋搜索,违反了葡萄牙《宪法》第34条第2款,即“非因法定情况和经法定程序,并经有管辖权的司法机关批准,不得进入公民住宅”。

宪法法院认为,葡萄牙《宪法》第32条第6款规定“不适当地侵犯私人生活而获得的任何证据,均属无效”,但住宅外搜查和搜索属于侦查行为,可由检察院授权或命令,且考虑到第174条详细规定了可以接受的条件,因此,这里并不存在任何对私生活的侵犯。此外,住宅外搜查和搜索也未违反葡萄牙《宪法》第34条第2款,因为这里不存在“进入公民住宅”的情况。

而对于草案第177条第2款规定的住所搜索是否违反了葡萄牙《宪法》第34条第2款,宪法法院认为,葡萄牙《宪法》第34条第2款规定了“进入公民住宅”的条件,即“因法定情况和经法定程序”,“并经有管辖权的司法机关批准”。草案第177条第2款援引了第174条第4款的3种情况:

(1)案件涉及恐怖主义、暴力犯罪或者高度有组织的犯罪,以及如果存在充分的证据表明对任何人的生命安全和健康完整性构成紧迫威胁;(2)获得同意,且记录在案;(3)在实施犯罪行为时被抓获,并且所实施的行为可被判处剥夺自由刑。宪法法院认为,草案第174条第4款第1项规定的"住所搜索"旨在捍卫《宪法》第24条及第25条规定的生命权和人身完整权,因此,基于价值权衡,可对住宅不受侵犯的权利进行限制。草案第174条第4款第2项设定了"获得同意"的条件,因此,进入住所并非"违背意愿"进行,不构成对住宅权的侵犯。但草案第174条第4款第3项并未规定任何可以凌驾于法官保留原则之上的更高价值,因此,已然违宪,侵犯了宪法规定的住宅权。

(六)草案第178条第3款

草案第178条第1款规定,"应当进行扣押的物品包括:曾用于或者准备用于实施犯罪的物品,构成犯罪的产品、利润、成本或者酬劳,以及行为人在案件现场遗留下的所有物品或者其他可作为证据的物品"。第178条第3款规定,"扣押由司法机关授权或者命令的方式进行,除非在搜查与搜索期间进行,在这种情况下,适用本法典关于搜查与搜索的规定"。总统认为,第178条第3款允许由检察院甚至刑事警察机构授权或下令进行扣押,违反了葡萄牙《宪法》第32条第4款("预审权的配置")及第62条第1款("私有财产权不受侵犯")。

宪法法院认为,草案第178条第3款并不违宪,因为扣押措施"并不构成实质性的预审行为",在这种情况下检察院可领导侦查,这在前文中已有论及。此外,"私有财产权"并非完全不受限制,"程序性扣押从未否认财产性的民事法律关系",因此,扣押物品并不侵害葡萄牙《宪法》第62条第1款所规定的"私有财产权"。

(七)草案第187条第1款及第190条

草案第187条第1款规定如下:"如果有理由相信电话监听对查明事实真相或者在证据方面有极大利益,则可对电话交谈或者通信截取和录音,但只能根据法官的命令或授权,且仅适用于以下罪名:(1)可能处以最高刑3年以上监禁刑的案件;(2)关于贩卖麻醉品的犯罪;(3)与武器、装置、爆炸物和类似物质有关的;(4)走私案件;(5)通过电话实施的伤害、威胁、胁迫和侵犯私人生活。"第190条规定,"第187条、第188条和第189条的规定,相应地适用于以电话以外的其他技术手段传输的谈话或者通讯"。

总统认为,这两个条款违反了葡萄牙《宪法》第26条第1款的规定,即"任何人均享有身份权、民事能力、公民身份权、荣誉权、名誉权、肖像权和个人生活与家庭生活的隐私权",因此,也违反了葡萄牙《宪法》第18条第2款("只有在宪法有明确规定的情况下,法律才能对权利、自由及其保障进行限制。此种限制应基于保护其他受宪法保护的权益所必需")和第3款("限制权利、自由及其保障的法律,必须具有一般概括性,且不得具有追溯力,也不得缩小宪法规定的有关权利、自由及其保障的主要内容的范围与界限")的规定。

宪法法院认为,依据葡萄牙《宪法》第34条第4款的规定,"禁止国家机关以任何方式干涉通信、电讯及其他通讯工具,但法律规定的涉及刑事诉讼的情况不在此限"。因此,刑事诉讼中对"通信、电讯及其他通讯工具"的干涉,构成了例外,并未违反宪法所设定的"隐私权"条款。此外,关于草案第187条第1款及第190条是否遵循了葡萄牙《宪法》第18条第2款及第3款所规定的必要性原则及比例性原则,宪法法院认为,考虑到所涉罪名的性质及严重性,命令或授权干涉通信、电讯及其他通讯工具亦不构成对隐私权的不当限制。

(八)草案第199条第1款及第2款

草案第199条第1款规定,"如果被指控的罪行最高可判处一年以上监禁刑,则法官可以一并或分别对被告人施加以下义务:1.不得停留或者未经许可不得停留被指控行为实施地,或被害人及其家人以及其他可能受到新犯罪伤害的人员居住的居民区、社区或者市区;2.不得或者未经批准不得出境;3.不得或者未经批准不得离开所居住的居民区、社区或者市区,但是前往预先指定地点,尤其是去工作地点的除外;4.不得以任何方式联系特定人员或者不得以任何方式常至特定的地点或特定的场所"。第199条第2款规定,"法官可以下令由检察院或特定刑事警察机构授予前项授权,在紧急情况下,前款规定的措施可以通过口头申请和允许,但须在卷宗中注明"。

总统认为，草案第199条第1款违反了葡萄牙《宪法》第44条，即“迁徙权”，或者至少违反了葡萄牙《宪法》第18条第2款及第3款，即对“迁徙权”构成了不成比例的限制。草案第199条第2款也违反了葡萄牙《宪法》第32条第4款（“预审权的配置”）。

宪法法院认为，草案第199条第1款涉及葡萄牙《宪法》第27条所规定的“自由权的原则和例外”。这里涉及对“限制行动自由”的理解。在最初的版本中，葡萄牙《宪法》第27条第2款规定，“任何人的自由均不得被剥夺，但因触犯刑法由法院判处监禁或依法适用保安处分措施的除外”。[①] 后经1982年9月30日第1/82号宪法性法律的修改，第27条第2款改为“任何人的自由均不得被全部或部分剥夺，但因触犯刑法由法院判处监禁或依法适用保安处分措施的除外”。宪法法院认为，增加“部分剥夺”自由的表述，旨在涵盖“限制行动自由”的情形。结合葡萄牙《宪法》第27条第3款的规定，“下列剥夺自由情况不受上述原则的限制，其剥夺自由的期限和条件应由法律作出规定”。核心的争点便在于：草案第199条第1款“被指控的罪行最高可判处一年以上监禁刑”是否构成了葡萄牙《宪法》第27条第3款所规定的例外？宪法法院认为，这既不属于“现行犯的临时羁押”，也不属于“有明显证据证明可科处重刑的故意犯罪”，因此，已然不属于“部分剥夺”自由的例外，构成了违宪。

基于此逻辑，草案第199条第2款属于“与基本权利直接相关的预审行为”，因此，仅得由预审法官行使，不得进行委托。是以，草案第199条第2款构成了违宪。

（九）草案第200条

草案第200条规定，“1.被告人可能被判处的最高刑为2年以上监禁刑的，法官可以对被告人采用下列中止措施，如有需要，法官可以一并对其采取依法允许采取的其他措施：（1）命令被告人中止担任公共职务；或（2）命令被告人中止从事取决于公共职衔或者须由公共机构核准或授权的职业或

① J. J. Gomes e CanotilhoVital Moreira, Constituição da República Portuguesa Anotada, Coimbra, 1978, n. V ao artigo 27.°

活动;(3)命令被告人中止行使亲权、监护权、保育权、管理财产权或者发行证券的权利。应当根据被指控行为所产生的效果决定是否作出中止活动的命令。2. 中止措施应当告知正常有权限作出中止或禁止的行政机关、民事或者司法机构"。

总统认为,前述条款违反了葡萄牙《宪法》第 59 条第 1 款("工作的权利")和第 26 条第 1 款("民事能力的权利"),或者至少违反了葡萄牙《宪法》第 18 条第 2 款及第 3 款("对权利、自由及其保障不成比例的限制")。

宪法法院认为,葡萄牙《宪法》第 26 条第 3 款(现为第 4 款)规定,"剥夺公民权和限制法律行为能力仅在法定情形及法定条件下有效,即便基于政治原因亦然"。草案第 200 条便属于"剥夺公民权和限制法律行为能力"的法定情形,因此并不存在侵犯"工作的权利"或者"民事能力的权利",唯一的问题是是否会对这两项宪法权利构成不必要或不成比例的限制。宪法法院认为,中止权利行使的措施既要符合强制措施的一般条件,如"应当与对案件所需的预防确有必要",并且"还应当与被指控行为的严重性和可能判处的刑罚相适应"(草案第 193 条),或者"有扰乱诉讼程序的危险,尤其是可能影响证据的收集、保存或者真实性",或者"有继续实施犯罪活动或者严重扰乱公共秩序和安全的危险"(草案第 204 条第 2 款及第 3 款),又要符合草案第 200 条规定的特别条件,即被告人可能被判处的最高刑为 2 年以上监禁刑的,可以根据被指控行为所产生的效果决定是否作出中止活动的命令,因此,较严格的适用条件排除了不必要或不成比例限制宪法权利的可能。

(十)草案第 250 条第 3 款

草案第 250 条第 1 款赋予刑事警察机构在犯罪分子经常出没的公共场所、向公众开放或者受警察监视的区域进行身份识别的权力。在此基础上,草案第 250 条第 3 款规定,"如果存在嫌疑理由,无法或拒绝向刑事警察机构表明身份的,则刑事警察机构可将其带往最近的警察局,并且可以在识别身份所必需的时间内扣留于警察局,但是在任何情况下均不得超过 6 小时"。

总统认为,这违反了葡萄牙《宪法》第 27 条第 2 款,即"任何人的自由均不得被全部或部分剥夺，但因触犯刑法由法院判处监禁或依法适用保安处分措施的除外”。

宪法法院认为，刑事警察机构扣留“存在嫌疑理由，无法或拒绝向刑事警察机构表明身份”的人员，既不属于“判处监禁或依法适用保安处分措施”的情形，也不符合葡萄牙《宪法》第27条第3款规定的例外情形，因此构成了违宪。

（十一）草案第251条第1款

草案第251条第1款规定，“除第174条第4款所规定的情形外，刑事警察机关还可以在没有取得司法机关预先许可而进行下列行为：如果被告人存在逃逸或者被实施拘留的可能的，有权对被告人进行搜查和对其所在的地方进行搜索。该检查应当基于有依据的理由认为，在被告人身上或某地方藏有与犯罪有关的可以用作证据的物品，并且不进行搜查或搜索将可能无法获得该物品”。

总统认为，此条违反了葡萄牙《宪法》第32条第4款（“预审权的配置”）及第26条第1款（“私生活的隐私权”）。

宪法法院认为，草案第251条第1款规定的“行为”属于与基本权利无直接关系的预审行为，可由检察官侦查，这在前文中已多次论及，不再赘述。但对于其余部分，与前文所论及的第174条第3款和第4款相同，已然构成违宪。

（十二）草案第252条第3款

草案第252条规定了“函件的扣押”，设于“保全措施和警察措施”一章中：首先，应当对函件进行扣押的，刑事警察机关应当将准备扣押的函件原封不动移交至许可进行扣押或者下令进行扣押的法官（第1款）；其次，被扣押物为密封的包裹或者物品，则只要基于有依据的理由相信该包裹或者物品可能包含对调查犯罪有用的资料，或者可能有助于发现罪行，并且如有延误可能无法获得此包裹或者物品，刑事警察机关应当使用最快的途径将此事通知法官，法官可以许可由刑事警察机关立即开启此包裹或者物品（第2款）；最后，“前款所指的理由成立的，刑事警察机关可以命令在邮政和电信机构内中止任何相关函件的寄发。如果经48小时，法官未以附说明理由的决定认定该扣押有效的,则该函件应当寄送至其收件人”(第3款)。

总统认为,草案第252条第3款允许“刑事警察机关可以命令在邮政和电信机构中中止任何相关函件的寄发”,因此违反了葡萄牙《宪法》第32条第4款(“预审权的配置”)。

宪法法院认为,草案第252条所涉及的基本权利是葡萄牙《宪法》第34条第1款规定的通信秘密权。但葡萄牙《宪法》第34条第4款规定,“禁止国家机关以任何方式干涉通信、电讯及其他通讯工具,但法律规定的涉及刑事诉讼的情况不在此限”。因此,刑事诉讼允许采用“干涉通信、电讯及其他通讯工具”的调查手段。但“中止任何相关函件的寄发”属于与基本权利无直接关系的预审行为,因为刑事警察机关仅是延迟寄发函件,且应“基于有依据的理由相信该包裹或者物品可能包含对调查犯罪有用的资料,或者可能有助于发现罪行,并且如有延误可能无法获得此包裹或者物品”。在未有法官干预的情况下,“中止任何相关函件的寄发”只能持续48小时。故草案第252条第3款并不违反葡萄牙《宪法》第34条第4款。

(十三)草案第281条

草案第281条规定,“1.被告人可能被判处的最高刑为不超过3年的监禁刑或者被判处非监禁刑的刑罚,并且满足以下条件的,检察院可以决定通过对被告人作出强制命令和行为规则的方式,中止原诉讼程序:(1)经被告人和辅助人同意;(2)被告人未有犯罪记录;(3)不能对其处以收容的保安处分措施;(4)罪责轻微;以及(5)可以预见被告人应当遵守强制命令和行为规则,足以满足有关案件预防犯罪的要求。2.可以对被告人适用下列强制命令和行为规则:(1)对被害人作出损害赔偿;(2)给予被害人足够的精神慰藉;(3)向国家或者社会互助机构捐助一定款项;(4)不得从事某些职业;(5)不得常去某些场合或者地点;(6)不得居于某些地点或者区域;(7)不得与某些人员交往,或者收留、接待某些人员;(8)不得持有便于实施犯罪行为的物体;(9)根据案件性质特别要求的其他行为。3.不可以对被告人作出有辱其尊严的强制命令或者行为规则。4.在中止程序前,强制命令或者行为规则可进行修改,只要发生相关情况或后来才了解这些情况。5.为适用前款规定,或者在一般意义上使强制命令或者行为规则得以遵守,检察院可以要求重返社会部门提供协助”。

总统认为,该条款违反了葡萄牙《宪法》第 32 条第 4 款(“预审权的配置”)以及第 224 条第 1 款(现为第 219 条第 1 款,“检察院的职能”)。

宪法法院认为,草案第 281 条事实上涉及检察院的两项权力:一是在侦查结束后中止诉讼的权力;二是下令适用强制命令和行为规则的权力。对于第一项权力,宪法法院认为,检察官有权领导侦查,自然可以在侦查结束后中止诉讼,该权力没有任何宪法障碍。这也是起诉便宜主义的宪法依据。而对于第二项权力,宪法法院进行了分别对待:(1)第 281 条第 1 款及第 2 款在未有法官(预审法官)参与的情况下将适用强制命令和行为规则的权力赋予检察官,违反了葡萄牙《宪法》第 32 条第 4 款及第 206 条;(2)第 281 条第 3 款“不可以对被告人作出有辱其尊严的强制命令或者行为规则”不违宪;(3)第 281 条第 4 款“在中止程序前,强制命令或者行为规则可进行修改,只要发生相关情况或后来才了解这些情况”的规定亦构成违宪,侵犯了葡萄牙《宪法》第 27 条第 1 款规定的安全权;(4)第 281 条第 5 款允许检察院可以要求重返社会部门提供协助。以监督强制命令或者行为规则得以遵守,这并不违宪,但涉及第 281 条第 4 款规定的强制命令或者行为规则,则构成违宪。

(十四)草案第 337 条第 1 款及第 3 款

草案第 332 条及后续条款规定了被告人出席庭审制度。依第 335 条第 1 款之规定,“除非因严重疾病无法到庭,如果在采取了必要的措施后仍无法通知被告人在指定日期到庭,或者不可能对被告人实施本法典第 116 条第 2 款和第 254 条规定拘留或者预防性羁押的,或者随后逃逸的,法院作出告示通知被告人于 30 日内到庭,否则视为拒不到庭”。而第 337 条第 1 款规定了拒不到庭的效力:“对于被告人而言,认定被告人拒不到庭即意味着对宣告拒不到庭后实施的财产性法律行为进行撤销(第 1 项),以及禁止被告人获取公共机构的相关文件、证书、记录(第 2 项)。”第 337 条第 3 款规定,“如果有必要采取措施以解决缺席的情况,法院可以下令扣押被告的全部或部分资产”。

总统认为,草案第 337 条第 1 款和第 3 款违反了葡萄牙《宪法》第 26 条第1款("民事能力的权利")和第62条第1款("私有财产权不受侵犯"),或者至少违反了葡萄牙《宪法》第18条第2款及第3款("对权利、自由及其保障不成比例的限制")。

宪法法院在这一问题上援引了爱德华多·科雷亚(Eduardo Correia)教授的研究。[①] 爱德华多·科雷亚教授认为,"被告人亲自且自始至终参加庭审,以进行辩论和裁判,这是刑事诉讼的基本要求,也是庭审对席原则的必然结果。从被告人的角度来看,这一原则旨在实现辩护权,因此,这是保护被告人利益的原则。从这个意义上说,格言'兼听则明'(audiatur et altera pars)或者'避免在缺席时定罪'(ne absens damnetur)正是对席原则的表达","但我们所讨论的问题不止于此,事实上,(缺席审判)同时也将违反证据的即时性原则[②]以及此后的实质真实查明,而只有在被告人出席庭审的情况下才能真正实现这些原则"。在爱德华多·科雷亚教授看来,"可以承认宪法所保障的被告人出席辩论及庭审原则存在一些限制,但不得削弱这一存在于或体现为宪法精神之基本权利的本质、领域和范围",因此,"被告人未出席或未自始至终出席庭审的情况仅限于未有刑事处罚的违反社会秩序的行为、轻微刑事犯罪(bagatelas)或者判处监禁刑以下的轻罪",或者诸如"被告人出席庭审可能损害健康"或"被告人已经接受过讯问(如在拘留期间)但此后逃逸"等特殊情况。

据此,宪法法院认为,应尽量保障被告人出席庭审。但草案第337条第1款第2项设置的限制举措违反了比例原则,因为"禁止被告人获取公共机构的相关文件、证书、记录"意味着"将民事权利、职业权利或政治权利的丧失作为刑罚的必然结果"(葡萄牙《宪法》第30条第4款)。

(十五)结论

综上,宪法法院判定:

---

① Eduardo Correia, «Breves reflexões sobre a necessidade de reforma do Código de Processo Penal, relativamente a réus presentes, ausentes e contumazes» (na Revista de Legislação e de Jurisprudência, ano 110°, p. 99, 131, 162, 178, 195 e 210, ano 114. °, p. 104 e364, e ano 115°, p. 293.

② 证据的即时性原则又可称为亲历性原则,是直接原则的核心内容。

(1)草案第108条第2款第2项不违宪。

(2)草案第263条、第270条第1款和第286条不违宪。

(3)草案第135条第2款和第3款不违宪。

(4)草案第143条第4款在其涉及辩护人的部分违宪,违反葡萄牙《宪法》第32条第3款。

(5)草案第174条第3款及第4款不违宪。

(6)草案第177条第2款援引第174条第4款第1项及第2项不违宪,但第177条第2款援引第174条第4款第3项违宪,违反葡萄牙《宪法》第34条第2款。

(7)草案第178条第3款不违宪。

(8)草案第187条第1款和第190条不违宪。

(9)草案第199条第1款违宪,涉及葡萄牙《宪法》第27条第3款规定的不得剥夺自由的情况。第199条第2款违宪,违反葡萄牙《宪法》第32条第4款。

(10)草案第200条不违宪。

(11)草案第250条第3款违宪。

(12)草案第251条第1款违宪。

(13)草案第252条第3款不违宪。

(14)草案第281条第3款不违宪。第281条第1款和第2款违宪,因为未规定法官的任何参与,违反了葡萄牙《宪法》第32条第4款和第206条。第281条第4款违宪,违反了葡萄牙《宪法》第27条第1款规定的安全权;第281条第5款不违宪,但涉及第4款的部分除外。

(15)草案第337条第1款第1项和第3款不违宪;但第337条第1款第2项违宪,涉及缺席宣告后的权利,在涉及行使民事、职业和政治权利所必需的文件、证书或记录的范围内,违反葡萄牙《宪法》第30条第4款。

第7/87号判决为我们提供了观察葡萄牙抽象违宪审查机制的一个经典样本,也较为全面地反映了葡萄牙宪法法院对一些宪法条款以及刑事诉讼规则的教义解读。尤其是葡萄牙宪法法院在判决中时常援引权威学者的观点作为论证依据,实务与理论的完美契合令人印象深刻。1987年《刑事诉讼法典》生效后,葡萄牙刑事诉讼法典又经历了三十余次的修改,涉及各种程序环节,改革的动因较为多元,有内部学说与实践的推动(如特别程序),有外部欧洲人权法院的压力(如被告人的保护),有新科学技术的应用(如新的侦查手段)等,宪法法院均通过抽象违宪审查机制深入参与,捍卫民主法治国家"人的尊严和人民意志"(葡萄牙《宪法》第1条),"尊重并保障基本权利与自由的有效行使,确保权力的分立与制衡"(葡萄牙《宪法》第2条)。

四、刑事诉讼规则的具体违宪审查

在具体的刑事个案中,所有的法院均有权对所适用的刑事诉讼规则进行违宪审查,这称之为"刑事诉讼规则的具体违宪审查"。但如果法院以违宪为由拒绝适用某一刑事诉讼条款,则当事人可提起上诉,宪法法院具有最终的决定权。近年来,大概25%的违宪审查属于具体的违宪审查。

与抽象违宪审查不同,具体违宪审查具有分散性、偶发性及即时性的特点,所涉争议往往仅针对某一程序性问题,因此,很难仅就某一违宪审查案例全面展开。为此,笔者拟遴选几个较具典型性的具体违宪审查案例,既可洞窥葡萄牙具体违宪制度的运行机制(与抽象违宪制度进行参照),也可深入了解宪法法院在刑事诉讼许多重要领域的基本立场。

(一)"政治公职人员"的界定(《刑事诉讼法典》第199条第1款第1项,可对比本文第三部分第八点围绕同一条款的抽象违宪审查)

葡萄牙《刑事诉讼法典》第199条第1款第1项规定,"被告人可能被判处的最高刑为2年以上监禁刑的,法官可以对被告人采用下列中止措施,如有需要,法官可以一并对其采取依法允许采取的其他措施:(1)命令被告人中止担任公共或者私人职业或职务"。这里涉及对"公共职务"的理解。葡萄牙《宪法》明确区分了公务员与政治公职人员,而第199条第1款第1项规定的"公共职务"仅包括"公务员",还是涵盖了"政治公职人员"?宪法法院通过第41/2000号及第444/2003号判决指出,葡萄牙《刑事诉讼法典》规定的"公共职务",不包括"政治公职人员",因为涉及"政治公职人员"的事务属于共和国议会的专属立法权(葡萄牙《宪法》第164条),不得委托政府进行立法。因此，葡萄牙《刑事诉讼法典》无权对“政治公职人员”的相关事项作出规定。

（二）“缺席审判”的日期计算（葡萄牙《刑事诉讼法典》第441条，可对比本文第三部分第十四点围绕第337条第1款及第3款的抽象违宪审查）

宪法法院在第274/2003号、第278/2003号、第503/2003号和第312/2005号判决中明确了“对缺席判决提出上诉的截止日期”以及“要求重新审判的截止日期”自通知个人之日起计算，以遵守葡萄牙《宪法》第32条第1款和第6款关于辩护权和上诉权的保障。

需要指出的是，在1997年《宪法》修改前，宪法法院并不允许缺席审判，被告人有出庭接受审理的权利和义务。在第394/89号判决中，宪法法院判定葡萄牙《军事司法法典》第394条第3款规定违宪，因为违反了辩护权、上诉权（葡萄牙《宪法》第32条第1款和第6款）、证据即时原则以及实质真实（葡萄牙《宪法》第1条，民主法治理念）。

（三）被告人的犯罪记录（葡萄牙《刑事诉讼法典》第342条第2款）

在第695/95号判决中，宪法法院判定，葡萄牙《刑事诉讼法典》第342条第2款关于“从庭审一开始便询问被告人犯罪记录问题”的规定违反了葡萄牙《宪法》第32条关于辩护权的保障。宪法法院认为，葡萄牙《刑事诉讼法典》第342条仅应规定被告人回答有关其身份问题的义务，而不应涉及犯罪记录，否则可能导致庭审前的偏见，损害辩护权。但对于葡萄牙《刑事诉讼法典》第141条第3款关于在首次司法讯问时涉及犯罪记录的，宪法法院并未认定这一规定违宪（第372/98号判决以及第127/2007号判决）。这表明宪法法院承认庭前程序与庭审程序在辩护权保障方面存在差异，但这一立场存在学术争议。

（四）事实的实质变更（葡萄牙《刑事诉讼法典》第1条第1款第6项和第358条第3款）

在第445/97号判决中，宪法法院指出，葡萄牙《刑事诉讼法典》第1条第1款第6项及其他条款违宪，因为该条款将“事实的实质变更”解释为可能导致“加重法定最高刑的事实变更”,这违反了葡萄牙《宪法》第 32 条第 1 款规定的辩护权保障原则,导致被告人对于此类的事实变更没有机会进行辩护。为此,葡萄牙《刑事诉讼法典》第 358 条第 3 款进行了修改,规定“当法院变更在起诉书或者起诉决定中所描述事实的法律定性时,则审判长依其职权或者应当事人申请将该变更告知被告人。当被告人申请给予其必要时间以准备辩护时,对该申请应当予以许可”。

(五)预审法官的履职障碍(葡萄牙《刑事诉讼法典》第 40 条)

在第 186/98 号判决中,宪法法院宣布葡萄牙《刑事诉讼法典》第 40 条的规定违宪,因为该条款允许在预审程序中下令并维持预防性羁押的法官参与后续的庭审程序,这违反了葡萄牙《宪法》第 32 条第 5 款规定的“庭审对席原则”。因此,立法者对葡萄牙《刑事诉讼法典》第 40 条进行了修改,新法规定“在侦查阶段或预审阶段适用或维持预防性羁押的法官不得参与庭审”。

(六)被告人在接受讯问时的知情权(葡萄牙《刑事诉讼法典》第 141 条第 4 款)

在第 416/2003 号判决中,宪法法院判定葡萄牙《刑事诉讼法典》第 141 条第 4 款违宪,因为在审讯被拘留的被告人期间,“对可归咎于被告人事实的说明”具有一般性和抽象性,未具体指明这些犯罪事实发生的时间、方式和地点,也未说明支持这些指控的证据,因而侵犯了葡萄牙《宪法》第 28 条第 1 款和第 32 条第 1 款规定的辩护权。因此,立法者对葡萄牙《刑事诉讼法典》第 141 条第 4 款进行了修改,新法规定,“随后,由法官告知被告人以下信息:……(5)说明被指控事实的诉讼资料。只要告知被告人该资料不破坏调查、不增加发现真相的难度,以及不对诉讼参与人和被害人的生命及身体、心理的完整性或者自由造成损害,除本款第 1 项规定之外所有的信息,均应当记入讯问记录”。此外,葡萄牙《刑事诉讼法典》第 61 条第 1 款中将“对可归咎于被告人事实的知情权”纳入被告人在刑事诉讼任何阶段都享有的诉讼权利。葡萄牙《刑事诉讼法典》第 194 条第 6 款第 1 项和第 2 项规定,“适用强制性措施或者财产担保措施的理由应当包括以下内容,否则无效,但身份资料和住所的登记除外:(1)对可归咎于被告人的事实的具体描述,包括时间、地点和方式,只要知悉这些情况;(2)列明指明归责事实的案件材料,只要该报告不对调查引发严重问题、使发现真相变得不可能,或者威胁诉讼程序参与人或者受害者的生命以及身体和心理的完整”。

(七)预审权的配置(葡萄牙《刑事诉讼法典》第172条第1款,可主要参照本文第三部分第二点围绕第263条、第270条第1款以及第286条第2款的抽象违宪审查)

在第155/2007号和第228/2007号判决中,宪法法院判定葡萄牙《刑事诉讼法典》第172条第1款违宪,因为该条款规定“在被告人明确拒绝配合或者拒绝接受生物取样时,可在未经法官授权的情况下进行强制性的生物取样”。强制性的生物取样属于预审行为,仅得由预审法官下令或适用,因此,葡萄牙《刑事诉讼法典》第172条第1款违反了葡萄牙《宪法》第25条、第26条以及第32条第4款。葡萄牙《刑事诉讼法典》第154条第3款以及第172条第2款规定,当涉及人的生理或者心理特征的鉴定时,如果鉴定未获得被鉴定人的同意,前款规定的决定由法官综合考虑实施鉴定的必要性、被鉴定人的人身完整性和内心私密性后作出。

(八)上诉(葡萄牙《刑事诉讼法典》第213条第1款)

在第418/2003号判决中,宪法法院判定葡萄牙《刑事诉讼法典》第213条第1款违宪,因为该条款规定“在期限届满前由预审法官作出新决定,维持预防性羁押的,则对第一个羁押决定的上诉归于无效”,这侵犯了葡萄牙《宪法》第32条第1款规定的上诉权。因此,立法者进行了修改,葡萄牙《刑事诉讼法典》第213条第5款规定,“对维持羁押或者监视居住的决定,一般条件下可提出上诉,提出上诉之后不对之前适用或维持措施的决定产生无效后果”。

(九)再审(葡萄牙《刑事诉讼法典》第465条)

在第301/2006号判决中,宪法法院判定葡萄牙《刑事诉讼法典》第465条违宪,因为该条款规定,“如果共和国总检察长不同意,则不能以此前未援引过的新事实理由提出第二次再审请求”,这违反了葡萄牙《宪法》第29条第6款请求再审的权利。因此,立法者进行了修改,葡萄牙《刑事诉讼法典》第465条规定,“再审申请不予受理,或者再审维持原有裁判的,则不得以同样的理由再次提出再审申请”。

(十)结论

可以看出,刑事诉讼规则的具体违宪审查可谓“遍地开花”,这是刑事审判中裁判主体[①]对所适用刑事诉讼规则的宪法评价,既可能涉及较具争议性的重大程序问题,又可能仅是针对某一程序细则的理解。具体违宪审查并不必然导致法律的修改,因此,也不如抽象违宪审查一样具有一般性的规范效力。但总体而言,宪法法院对具体个案所作出的违宪审查判决,往往会导致立法者作出调整。从适用率看,刑事诉讼规则的具体违宪审查数量呈明显上升之势,已然成为抽象违宪审查的有益补充。

五、面向基本权利保护的违宪审查——兼与德国基本权利“三阶审查模式”的比较

从学理逻辑的严谨性上讲,“面向基本权利保护的违宪审查”不应单列,因为无论是抽象违宪审查,还是具体违宪审查,均可能涉及基本权利条款,三者的区分并非基于同一标准。在前文所论及的违宪审查诸多判例中,宪法法院事实上并未刻意区分基本权利条款和其他宪法条款(尤其是正当程序条款和诉讼制度条款),基本权利条款似乎也未展现其特殊性。但笔者之所以将“面向基本权利保护的违宪审查”单列,主要是尝试与德国的基本权利的“三阶审查模式”进行对比,探索一种相对温和且折中的中间模式,为中国面对基本权利的刑事诉讼违宪审查提供阶梯式的选项(或者说近景目标与远景目标)。

基本权利条款集中被规定在葡萄牙《宪法》第2章“权利、自由及其保障”中。宪法法院在进行合宪审查时经常将这些条款作为评价基准,依据是葡萄牙《宪法》第18条第2款的规定,即“只有在宪法有明确规定的情况下,法律才能对权利、自由及其保障进行限制。此种限制应基于保护其他受

① 尽管本部分仅论及宪法法院,但理论上,所有刑事法官均具有此权力。

宪法保护的权益所必需”。据此,如果拟对《宪法》中的“权利、自由及其保障”进行限制,必须符合如下五个条件:(1)宪法明确授权(《宪法》第 18 条第 2 款第 1 句);(2)共和国议会法律或授权法令充分授权(《宪法》第 18 条第 2 款第 1 句和第 165 条第 1 款第 2 项);(3)基于保护其他受宪法保护权益的目的;(4)限制是必要的,且与拟达到的目的成比例(《宪法》第 18 条第 2 款第 2 句);(5)如果限制具有一般性和抽象性,则不具有追溯力,并且不会减少《宪法》所规定基本内容的范围和效力(第 18 条第 3 款,宪法法院第 155/2007 号判决)。我们可在宪法法院涉及基本权利条款的诸多判例中清晰地看到这一思路。

(一)强制取样(葡萄牙《刑事诉讼法典》第 172 条第 1 款,可参照本文第四部分第七点)

如前所述,葡萄牙《刑事诉讼法典》第 172 条第 1 款规定,“在被告人明确拒绝配合或者拒绝接受生物取样时,可进行强制性的生物取样”。宪法法院首先判定,这一条款涉及葡萄牙《宪法》第 25 条所保护的“人身完整权”、第 26 条第 1 款所保护的“作为行动自由的人格自由发展权”和“私生活隐私权”以及第 35 条所保护的“信息自决权”(葡萄牙《宪法》第 26 条及第 35 条)。进一步的问题是:宪法授权限制这些基本权利,以追求刑事诉讼的特定目的,是否必需,以及是否未有明显的过度或不成比例。宪法法院认为,强制收集生物材料,并与犯罪现场收集的生物痕迹进行比较对于查明犯罪绝对必要、充分和必不可少,但检查的范围受到严格限制,不得超过预期的目的(如与犯罪现场以外的生物痕迹进行比对),2004 年 8 月 19 日第 45/2004 号法律(《关于法医和法庭科学鉴定的法律》)第 6 条和葡萄牙《刑事诉讼法典》第 172 条已有足够的规范密度(densidade normativa suficiente),以保障强制取样合乎比例原则的要求。因此,葡萄牙《刑事诉讼法典》第 172 条并未因侵犯基本权利而违宪(但违反了预审权的配置条款,参见本文第四部分第七点)。

(二)通信数据采取

葡萄牙《刑事诉讼法典》第 187 条第 3 款规定,允许预审法官应检察院的申请,授权访问用户的计费数据和蜂窝位置数据。宪法法院在第 486/

2009号判决中认为,访问移动设备计费数据和蜂窝位置数据涉及葡萄牙《宪法》第34条第4款规定的通信秘密权,因此,应考虑宪法授权限制这一基本权利以追求刑事诉讼的特定目的是否必需,以及是否未有明显的过度或不成比例。对此,宪法法院作出了肯定的回答,认为葡萄牙《刑事诉讼法典》第187条规定的电话监听,不仅包括监听通信的内容,也包括截取与通信相关的所有数据,且这一侦查手段仅适用于特定的严重犯罪,采取通信数据对于侦破这些犯罪实有必要。

(三)搜查住所

葡萄牙《刑事诉讼法典》第251条及后续条款规定了住所的搜查,涉及《宪法》第32条第8款以及第34条第1款、第2款和第3款规定的住所不受侵犯的权利。但在刑事司法实践中,司法机关对于何为"住所"产生了重大的分歧。宪法法院通过大量的判例进行了概念外延的界定,如游牧民族群体和大篷车的住房部分,无论是过境还是驻扎,都构成了宪法意义上的住宅,不受侵犯(第452/89号判决),对这些场所进行搜查应获得同意或者严格遵循葡萄牙《刑事诉讼法典》规定的程序要件和实体要件。对于多人共同居住的场所,获得所有人同意才可进入这一空间(第507/94号判决)。但在公共空间,如迪斯科舞厅的房间,即便从事私密或隐秘行为(如发生性关系),亦不构成"住所"(第364/2006号判决)。需要特别指出的是,宪法法院在判例(第593/2008号判决和第596/2008号判决)中指出,法人的注册办事处或工作、营业场所不属于葡萄牙《宪法》第34条规定的"住所",不适用法官保留原则。在判决理由中,宪法法院认为,"住所不受侵犯权利所保护的财产以及与之相关的价值旨在将他人的目光移离,禁止进入个人家庭和家庭生活的空间领域,他谦逊地处在一个对外界封闭的空间,可以自由地表达他最真实的存在和行为方式(……)。原则上,将隐私保护扩大到法人的私生活保护(《宪法》第12条第2款)并不意味着(……)它在该领域受到相同范围及相同的程度的保护。这种保护必然会排除立足于私人亲密关系的核心维度,后者以身体人格为前提"。这与德国联邦宪法法院的立场刚好相反。①

（四）证据评价（日记案）②

葡萄牙《刑事诉讼法典》第126条、第127条及后续条款对非法证据及证据评价进行了规定。从文本上看，葡萄牙《刑事诉讼法典》并未区分证据取得禁止和证据使用禁止，证据只要是合法获得的，法院便可以自由进行评价而不受任何限制，涵盖所有内容，无论性质如何。在日记案中，宪法法院认为，这不属于《宪法》设定的私生活隐私权保护范围（葡萄牙《宪法》第1条、第26条第1款以及第32条第8款）。在判决理由中，宪法法院指出，在本案中，住宅搜查行为的合法性，并不必然推定对搜查所获日记的评价合法化，有必要评价日记内容是否属于作者内心的绝对领域（domínio absolutamente interno do seu autor）。如果属于，则日记内容呈现了纯粹的个人经验性质，不得作为证据进行评价。相反，如果日记内容不属于内心的绝对领域，则可以进行评价。但宪法法院同样承认"内心绝对领域"的相对化，"应考虑日记文本对调查犯罪或者作出具体判决是否必要、充分以及合乎比例。应考虑不同的程序阶段以及程序行为的不同性质、假设和目的，如日记在适用强制措施（预防性羁押）或确定审判的刑事责任时所遵循的宪法可接受标准便不一致"。

（五）图像辨认

宪法法院在第81/2007号判决中对葡萄牙《民法典》第79条进行了违宪审查。葡萄牙《民法典》第79条又称"肖像权条款"（Direito à imagem），授权在刑事侦查中，将未被指控为犯罪嫌疑人的第三人的图像在未经相关

---

① 仅就文本的通常理解而论，"住所"肯定不包括工作或营业场所，几乎不会有人将工作或营业场所作为私人生活的隐私领域。但德国联邦宪法法院认为，"这一领域具有频繁受到公权力机关侵害的历史经历"，因此主张对住宅权的保护范围进行扩张解释。因此，根据通说，私法法人可以根据《基本法》第19条第3款享有住宅权。同样地，由于住宅权不独为德国法人的基本权利，因此，在德国设有办事处的外国人协会也享有住宅权。

② 一位中学老师被指控与多名未成年学生有性行为，犯罪行为自1998年起，持续多年，涉及许多已毕业的中学生。犯罪嫌疑人起初坚决否认这一指控，后法官颁布搜查令，在犯罪嫌疑人家中搜到日记本，日记本详细描述了犯罪嫌疑人与未成年人性交的细节。在庭审，控辩双方对日记作为指控证据的合法性产生争议，引发了合宪性审查。

人员同意的情况下交由被害人辨认。这一条款涉及葡萄牙《宪法》第26条第1款所规定的肖像权保护。核心争点在于:是否允许为实现宪法其他合法权益(如被告人的辩护权,葡萄牙《宪法》第32条第1款)而限制肖像权。宪法法院持肯定立场,认为被告人或者因违法刑事侦查行为而受到伤害的人员,在很多情况下不得不求助于相关照片来为自己辩护,因此,不会对肖像权构成不成比例的损害。

(六)结论——与德国基本权利"三阶审查模式"的比较

笔者在《德国刑事诉讼与证据制度专论(第一卷)》中对德国基本权利体系及其在刑事诉讼中的适用进行了非常详尽的研究。可以毫不夸张地讲,德国的基本权利体系无论在学理上还是在实务中均呈现出无与伦比的生命力,甚至可以认为,这是将人权保护具象化的最优秀的一套理论体系。但这并不意味着其他国家的违宪审查制度一文不值,因为"最优秀"不一定"最适合"。制度改革所涉及的不仅是各国不同的政治、司法及文化环境,还涉及改革的程度及接受度,激进的变革往往惊世骇俗,具有"毕其功于一役"的理想主义情怀,但结果未必尽如人意,激情消退之后的钟摆式现象值得关注。相较之下,渐进式的改革则带有更明显的实用主义色彩,稳步推进,风险较小。因此,关注不同的基本权利保护模式,可为中国提供可能的阶梯式选项,至少带来更多元的启发。

葡萄牙面向基本权利保护的违宪审查模式受德国学说的深刻影响,但又呈现自己的特点。笔者尝试作如下结论:

其一,葡萄牙基本权利的理论体系并不严谨、周延,但较为简单实用,对刑事诉讼的基本理论体系不具颠覆性。这是一个非常奇特的学术现象。德国刑事诉讼中的基本权利体系相当严谨,各种概念学说体系环环相扣,巧妙的说理及逻辑令人叹服,时常令域外研究者陷入浩瀚的判例及学说中无法自拔。但复杂的学说体系所得出的结论可能是极其简单的,笔者在撰写《德国刑事诉讼与证据制度专论(第一卷)》时便经常陷入复杂的"学术智力游戏",但看到最终的结论时颇感"小题大做",似乎用更简单通用的理论体系亦能较简洁地解决所涉问题。此外,基本权利的理论体系经常对刑事诉讼的传统学说造成相当大甚至颠覆式的冲击,导致原先形成的一些理论共识被破坏,但新的理论体系却尚未形成,由此造成司法实务的混乱。以"图像辨认"案为例。葡萄牙宪法法院的立场是简洁而明了的:刑事诉讼为确认被告人身份而进行的"图像辨认"可能涉及未经同意而使用第三人的图像,但这是基于保护其他受葡萄牙《宪法》保护权益(辩护权)的目的,且限制是必要的,与拟达到的目的成比例(葡萄牙《宪法》第18条第2款)。而德国联邦宪法法院在回应这一问题时首先论及宪法的第三人效力问题,即基本权是否对私法产生效力,如果回答是肯定的,那么如何产生效力并且产生哪些效力。对此,德国联邦宪法法院的观点和学说之间存在极大的争议,构建了一套非常复杂的学说体系,所得出的结论与葡萄牙基本类似,即允许为辨认使用第三人的图像。笔者并非质疑严谨学说的必要性,但过于繁复的体系是否有助于指导司法实践,这是需要深入思考的。

其二,葡萄牙的基本权利条款涵盖了具有程序影响的实体性基本权利和程序性基本权利(葡萄牙《宪法》第32条),这与意大利和西班牙更为类似,而德国的基本权利条款则仅限于前者。在功能上,具有程序影响的实体性基本权利主要涉及实体制裁,尤其是证据的使用禁止,而程序性基本权利则主要涉及程序制裁,涵盖证据取得禁止和使用禁止。因此,葡萄牙"面向基本权利保护的违宪审查模式"综合了实体制裁和程序制裁,更为全面,也更符合中国的现状。相较之下,德国的实体制裁模式更为局限,权利保护的广度和深度取决于德国宪法法院在判例中的扩大化解释。例如,在葡萄牙,辩护权、无罪推定权等属于基本权利,可直接援引进行违宪审查。而在德国,德国联邦宪法法院通过解释一般人格权、人身自由权等来解释功能类似的权利(如沉默权、免受不当羁押的权利等),这也容易导致刑事诉讼问题泛宪法化、泛抽象化。这一问题上,中国与葡萄牙极为类似,理论界和实务界更多从无罪推定权论及被告人的沉默权及在媒体上的形象权,而不会立足一般人格权中的个人自我表现权证立被告人有权保持沉默以及有权在媒体上不被污名化。

其三,葡萄牙对许多基本权利的解读也不同于德国,按国家的价值取向提供了截然不同的论证思路。例如,葡萄牙宪法法院不承认将法人的注册办事处或工作、营业场所列入"住所",因为工作或营业场所显然已不属于传统住宅。而德国联邦宪法法院为应对日益膨胀的刑事侦查权,对住宅权的保护范围进行扩张解释,承认诸如公司营业地、律师事务所、会计师事务所等场域亦在住宅权的保护范围之列。在"日记案"中,葡萄牙宪法法院的立场接近于德国"大监听案"中的"否定性核心领域预测"学说,但德国新近的立场更倾向于通过"情况的叠加"来确定何为"高度人格化"标准。总体而言,葡萄牙宪法法院在基本权利出现冲突的时候更倾向于刑事诉讼所保护的法益,即实质真实,而德国则大体相反,更倾向于保护实体性的基本权利。

总体而论,葡萄牙面向基本权利保护的违宪审查模式对实体性基本权利的保护力度较弱,对程序性基本权利更为着重,这与中国刑事诉讼的现状更为契合,似乎也可作为改革的重要参照模板。但葡萄牙学术界对刑事诉讼中的基本权利体系研究较为薄弱,远未如德国严谨,宪法法院的判决说理也较为简洁,这给域外研究者的研究带来了更大的困难。笔者不得不在较为繁杂的判例文献(所幸不算浩如烟海)中整理出一些较具代表性的判例,并尝试在判决理由中总结出宪法法院的基本立场及背后的法理,难免挂万漏一,有些学术论断或许还带有个人的臆断,失之严谨。近年来,葡萄牙的经济社会发展远无法与德国、法国等欧陆邻国相比,这影响了相关理论与制度的说服力。但正如笔者在前文中所言,学术研究并无"冷门"与"热门"之分,期待这项"非主流"的基础性研究能提供一些启发性的思路。

葡萄牙刑事诉讼的基本原则

——基于实定法及超实定法的体系性研究

一、刑事诉讼的基本原则体系：概念与类型

迪亚士教授认为，刑事裁判呈现出三个彼此间相互独立的特征：以在程序上可接受且有效的方式作出；根据实体法该裁判是公正的；使所声明的权利安定和稳定。但这与刑事诉讼程序的具体构造完全无关：刑事诉讼程序的构造仍然取决于司法经验和立法意愿。① 但司法经验和立法意愿建立在一堆乱七八糟的生活规则、价值标准和相互对立利益的基础之上，因此，受到一定数量的框架性原则的指引，这些原则体现了在特定时刻、在某一社会中具有优先性的价值和占主导地位的利益。② 此即刑事诉讼基本原则体系的核心功能所在：使大量的规范被赋予含义，给立法者提供指引，使法学理论不仅能够被“解释”，而且能够帮助研习者真正理解刑事诉讼法中的问题，并找到解决方案。③

因此，葡萄牙刑事诉讼的基本原则体系主要但并不完全局限于实定法。

在实定法层面，国际公约（如《世界人权宣言》和《欧洲人权公约》）和葡

---

① 参见［葡］乔治·德·菲格雷多·迪亚士：《刑事诉讼法》，马哲、缴洁译，社会科学文献出版社 2019 年版，第 21 页。

② 参见［葡］乔治·德·菲格雷多·迪亚士：《刑事诉讼法》，马哲、缴洁译，社会科学文献出版社 2019 年版，第 64 页。

③ 参见［葡］乔治·德·菲格雷多·迪亚士：《刑事诉讼法》，马哲、缴洁译，社会科学文献出版社 2019 年版，第 64 页。

萄牙《宪法》设定了许多重要的刑事诉讼原则,例如《欧洲人权公约》第 6 条以及葡萄牙《宪法》第 32 条规定了“公正程序”或“正当程序”的标准。葡萄牙《宪法》第 18 条规定了基本权利不受肆意限制的原则。葡萄牙《刑事诉讼法典》则最为集中地体现了立法者预先设定的框架性原则,反映了刑事诉讼制度的基本价值,可作为立法政策的工具,并据此对诉讼制度与主导的社会政治价值观进行对照。① 而需要特别指出的是,葡萄牙《刑事诉讼法典》第 4 条设立了非常特殊的“漏洞填补”条款,规定“出现本法典未规定的情况,又无法类推适用本法典时,可参照适用与刑事诉讼程序协调一致的《民事诉讼法典》的有关规定;《民事诉讼法典》也无相关规定的,适用刑事诉讼程序的一般原则”。这意味着葡萄牙《民事诉讼法典》所确立的一些基本原则,如果“与刑事诉讼程序协调一致”,也可直接适用。

一些超实定法的原则(亦可称为自然法原则)在葡萄牙刑事诉讼中亦发挥重要作用。法官在适用刑事诉讼法时不得背离这些原则,这并非对实定法的不尊重,而是考虑了社会的优先价值或主导利益,将新出现的奇异元素和谐地整合到整个系统中。② 在葡萄牙的学说及判例中,一些刑事诉讼的基本原则虽未被任何条款援引,但往往用于解释规范或填补漏洞,为判决提供指引。

葡萄牙学说通常将刑事诉讼的基本原则分为五类,分别为:(1)诉讼结构的内在原则;(2)与推进程序有关的原则;(3)与程序发展有关的原则;(4)与证明有关的原则;(5)与形式有关的原则。每类基本原则均包含着若干重要的子原则,内涵极为丰富。很多子原则在国际范围内已达成共识,但在葡萄牙刑事诉讼中可能有不同体现,笔者本着删繁就简的原则,更多介绍葡萄牙理论及实务的特殊理解,而不过多纠缠于具有普遍性且众所周知的内容。还需要指出的是,有些基本原则可能横跨多个主题,仅是观察的角度不同,例如无罪推定在程序上是诉讼结构的内在原则,但在证明上则是与刑

---

① Goldschmidt, J., Princípios generales del proceso: problemas jurídicos y políticos del processo penal, Buenos Aires, 1971, p. 110 e ss.

② Ferreira, Manuel Cavaleiro de, Noções Gerais de Direito, policopiado, UCP, 1973; Machado, J. Baptista, Introdução ao Direito e ao Discurso Legitimador, Coimbra, 1985, p. 305.

事证明有关的原则。本文从不同角度分开阐述,但对于重复的内容不再赘述。

二、诉讼结构的内在原则

诉讼结构的内在原则是指影响刑事诉讼权力结构的基本原则,主要包括无罪推定原则、裁判权原则、对抗式诉讼原则以及正当性原则。

(一)无罪推定原则

无罪推定原则是现代法治国家刑事诉讼普遍承认的基本原则,并包含在许多国际条约之中,如《世界人权宣言》第 11 条、《欧洲人权公约》第 6 条和《公民权利和政治权利国际公约》第 14 条第 2 款。葡萄牙《宪法》第 32 条第 2 款亦作了明确规定,“任何被告人在证明其有罪以前应被推定为无罪”。这一条款通常被认为涵盖四项主要内容:(1)被告人应被视为可能的无罪者;(2)如果未提供足够的证据证明被告人有罪,则应将其无罪释放;(3)被告人应有权以他们认为合适的方式为自己辩护,即对可归咎于他们的事实发表评论;(4)被告人的荣誉和名誉应受到保护。无罪推定原则与人民主权、自由等构成了葡萄牙民主的基本要素。①

葡萄牙学说认为,无罪推定原则源于对历史上②滥权行为及有罪推定的深刻反思,代表着道德价值的信仰,是整个自由社会的特征。③ 因此,无罪推定并非法律技术意义上的推定(如葡萄牙《刑法典》第 39 条规定的“推

---

① Gomes, D. António Ferreira, «A sociedade e o Trabalho: Democracia, Sindicalismo, Justiça e Paz», Direito e Justiça, Vol. Ⅰ, n. °1,1980, p.7.

② 中世纪,有罪推定原则被奉为圭臬。神学理论的解释为:自亚当、夏娃偷食禁果后,无罪的纯洁状态便被打破,且永远无法恢复。参见巴西学者普拉多·杰拉尔多(Prado Geraldo)颇为有趣的研究,Prado Geraldo, Em Torno da Jurisdição, Lumen Juris, 1ª edição, 2010 p.219。1789 年,法国在《人权宣言》中写入无罪推定原则,对欧陆诸国乃至全世界的刑事诉讼产生了深远的影响。但该原则并未完全确立,甚至在纳粹时代还被彻底颠覆。例如,曼齐尼教授(Manzini,20 世纪意大利著名的刑法权威)便认为,无罪推定原则“源于法国的经验主义,奇怪而荒谬”。即便在今日,甚至在一些民主国家中,政府也经常以维护国家安全、打击有组织犯罪或者被认为是更严重或更反道德的犯罪为由拒绝遵守无罪推定原则。

③ Castanheira Neves, Sumários de Processo Criminal, Coimbra, 1967 - 1968, p.26.

定同意"),而是时代的文化原则[①]和普遍的法律原则。这一"政治—司法"立场对整个刑事诉讼的结构产生了深远的影响:刑事诉讼必须为无辜者的辩护提供必要的保障,未通过公开、严肃的庭审即不得认定被告人为有罪。

无罪推定原则延伸出了许多具体的刑事诉讼制度,包括:禁止指控联合或集体的罪名(culpabilidade por associação ou coletiva),被告人有权要求检察官承担证明责任;适用预防性羁押应严格遵循合法性、辅助性和例外性的要求;检察官有义务及时将收集到的所有不利证据移送被告人,以便其能够有效地准备辩护;检察官有义务向法庭出示所掌握的所有证据,既包括有罪或罪重的证据,也包括无罪或罪轻的证据;被告人有权保持沉默,不得强迫自证其罪;所有公权力机构及人员对被告人的罪责承担保留义务(dever de reserva),不得就调查的目的及对象发表公开声明,以防止影响公共舆论及损害名誉;等等。可以看到,无罪推定原则尽管属于刑事诉讼的基本原则,但其效力却扩及刑事诉讼之外,尤其是避免社会舆论未决先断以及对被告人声誉造成损害。

葡萄牙《宪法》第 32 条第 2 款将无罪推定原则设定为对待被告人的义务。这意味着无罪推定的权利源于有罪的程序嫌疑,更具体而言,只有依证据可能涉嫌实施犯罪行为的人才享有无罪推定的权利。[②] 这一貌似矛盾[③]的论断产生两种"截然相反"的程序效力:一方面,被告人在程序中必须容忍各种可能的义务,如接受取证手段、财产担保以及临时羁押等(葡萄牙《刑事诉讼法典》第 196 条及以下),被告人在法庭上的席位也与其他诉讼当事人不同,铁网将其与律师本人隔离开来;另一方面,被告人必须在程序

---

① Koering - Joulin, Renée, «La Présomption d' Innocence, un Droit Fondamental? Rapport Introductif», Centre Français de Droit Comparé, La Présomption d' innocence en Droit Comparé, Société de Législation Comparée, Paris, 1998, p. 20.

② Cf. Andrade, José Carlos Vieira de, Os Direitos Fundamentais na Constituição Portuguesa de 1976, Coimbra, 1983, p. 220 e ss.

③ 也有观点认为,无罪推定是纯粹的虚构(ficção),是法律对法律本身的谎言,因为在推定被告人为有罪的同时,也要求被告人承担大量限制其自由及权利的义务,几乎这一切都可以证明推定为无罪的人实际上是有罪的。Germano marques da silva, Direito processual penal português, Universidade católica editora, 2019, p. 54.

上被认为可能是无辜的,因为他实际上可能是无辜的。这一“矛盾”关系恰如贝卡利亚所精辟解释的,“在法官判决前,一个人是不能被称为罪犯的。只要还不能断定他已经侵犯了给予他公共保护的契约,社会就不能取消对他的公共保护”。随着各种特别严重的犯罪、有组织犯罪尤其是恐怖主义犯罪的猖獗及其对社会造成的损害越发严重时,有观点认为无罪推定原则的重要性被夸大了,甚至主张无罪者承担证明责任,这是现代法治国家所无法接受的,否则刑事处罚可能沦为简单的恐吓工具,颠覆以人的道德价值为基础的刑事法律秩序。

无罪推定经常与葡萄牙《宪法》规定的其他基本权利和自由发生冲突,尤其是“表达自由和信息自由”(葡萄牙《宪法》第 37 条)和“新闻出版自由与媒体自由”(葡萄牙《宪法》第 38 条):无罪推定原则上要求被告人应受到审慎对待,而“表达自由和信息自由”以及“新闻出版自由与媒体自由”则要求记者有言论及信息表达自由,以满足公众的知情权。[①] 葡萄牙宪法法院并未对这一权利冲突有统一明确的立场,立法和学说多数也反对对相关基本权利进行优先排序,这意味着仅得由法院在具体的个案中进行价值权衡。

(二)裁判权原则(Princípio da jurisdição)

裁判权原则,是指法官对刑事诉讼涉及基本权利的重大事项有独立、专属的决定权,主要包括三项子原则,即独立裁判原则、专属裁判原则和自然法官原则。

1. 独立裁判原则

葡萄牙奉行“三权分立”原则,司法权独立于立法权和行政权(葡萄牙《宪法》第 203 条)。法院独立地解释及适用法律,不受当事人或第三方的压力,法官是法律的代言人,对可能侵犯公共自由的国家强制性行为进行司法审查。

独立裁判原则是公正刑事诉讼的基石:一方面,独立的法官可有效保障被告人的基本权利不受公权力的侵害。从 1933 年至 1974 年,葡萄牙处于

---

① Cf. também Simões, Euclides Dâmaso, «A liberdade de expressão na jurisprudência do Tribunal Europeu dos Direitos do Homem», RMP, n.° 113, Jan./Mar. de 2008.

独裁政府的统治时期,国家威权主义导致的刑事诉讼工具化现象并不罕见。主流学说认为,独立的法官保障机制远比纸面上的基本权利更为重要,因为无论法律文本如何详尽列明各项基本权利,如果未有独立的法官予以保障,则近乎虚设。另一方面,独立的法官亦是实现刑事诉讼过程中权力平衡的关键所在,是“对抗式诉讼”这一民主法治国程序结构的支点。尽管控辩双方在刑事诉讼中发挥重要作用,是推动刑事诉讼发展并确定裁判权范围的根本所在,但唯有独立的裁判权可最终实现程序正义及实体正义。

2. 专属裁判原则

葡萄牙《宪法》明确规定了专属裁判原则,即“法院是以人民的名义行使审判权的国家主权机关”(第 202 条第 1 款),仅法院有权最终且强制性地适用刑法(第 29 条)。专属裁判原则以独立、公正裁判原则为前提,不仅涉及刑事司法权力的配置,更可在根本上实现基本权利。① 通常而论,专属裁判原则主要包括以下三个方面的内容:(1)判决权,这是最典型的专属裁判权,不再赘述;(2)司法审查权,所有与基本权利有直接关系的预审均属法官的权限(第 32 条第 4 款);(3)司法救济权,“遭受不公正定罪的公民,有权依法请求对其裁判进行再审,并有权就其损害要求赔偿”(第 29 条第 6 款)。

但专属裁判原则也存在例外,且这些例外有扩大化的趋势,主要是基于诉讼效率的考虑。例如,随着轻罪数量的剧增,起诉便宜主义的适用范围日益扩大,检察官拥有更大的权力进行案件分流。许多案件将不再需要经过法官的实质审理,而更多仅是确认。此外,检察官在审前程序中的权力亦日益扩大,“法官可以依法委托其他个人或组织进行与基本权利无直接关系的预审”(第 32 条第 4 款),这意味着很多未涉及基本权利的侦查行为并不需要经过法官的司法审查。

3. 自然法官原则

自然法官原则,又称为法定法官原则,指“对于先前法律所确定的管辖

---

① Perfecto Ibánez, Andrés, «Grantismo y Proceso Penal», Revista de la Facultad de Derecho de la Universidad de Granada, n.° 2,1999, p.49.

法院不得依任何理由予以排除”。自然法官原则最早的思想渊源来自法国1790年8月关于司法组织的法律,最初的功能旨在防止国王干预司法事务,保证公民可由公正的法庭进行审判。而更现代的表述则为1947年的意大利《宪法》(第25条,“任何人不得被剥夺由法律预先确定的自然法官进行审理的权利”)和1949年的德国《基本法》(第101条,“非常法院不得设置。不得禁止任何人受其法定法官之审理”)。第二次世界大战后,各主要法治国家的立宪者之所以设立自然法官原则,根本目的在于避免设立所谓的特殊法院或特别法庭,这在纳粹时代已然成为痛苦的记忆。①

在葡萄牙,自然法官原则主要包括以下四个方面的内容:(1)管辖权条款仅得由法律确定;(2)管辖权应预先确立,可清晰地根据客观标准确定案件的管辖权归属,禁止任意指定法院或法官参与案件的审理;(3)一旦依法确定裁判者,除存在法定的回避事由或变更管辖事由,否则不得进行人员及法院的变更;(4)禁止设立对某些犯罪具有专属管辖权的法院(葡萄牙《宪法》第209条第4款),但战争状态期间的军事法院除外(葡萄牙《宪法》第213条)。②

(三)对抗式诉讼原则

对抗式诉讼原则是葡萄牙较为特殊的一项刑事诉讼原则。葡萄牙《宪法》第32条第5款明确规定,“刑事诉讼具有对抗式结构,法律所确立的庭审及预审遵循对席原则”。在比较法上,尽管也有部分职权主义国家宣称,刑事诉讼奉行对抗式诉讼的原则(称谓可能略有区别,例如法国直接称为“对席原则”),但很少有国家在宪法中明确列明,这主要是因为对抗式诉讼的内涵并不明确。从制度的内容上看,很多学说所理解的“对抗式诉讼”更类似于吸收当事人主义合理要素的“现代职权主义”,而所批判的“职权主

① 关于纳粹时代特别法庭的斑斑罪行,可参见[德]英戈·穆勒:《恐怖的法官——纳粹时期的司法》,王勇译,中国政法大学出版社2000年版。

② 在这一问题上,葡萄牙受到意大利学说的强烈影响,可参见施鹏鹏:《意大利刑事诉讼与证据制度专论》(第1卷),中国政法大学出版社2020年版,第79页。

义"则为中世纪的"传统职权主义"。[①] 因此,在研读"对抗式诉讼原则"时不应望文生义,不宜与当事人主义的各项诉讼原则混为一谈。

葡萄牙《宪法》所确立的对抗式诉讼原则对葡萄牙《刑事诉讼法典》产生了非常直接的影响,这体现在1986年议会授权政府颁布葡萄牙《刑事诉讼法典》的法律(1986年9月26日第43号法律[②])的第2条中:在所有诉讼行为中,控方和辩方的法律地位平等,诉讼奉行实质的平等武装(第2款和第3款);确立刑事诉讼最大限度的对抗式诉讼性质,并结合职权调查原则(第4款);严格界定获得被告人身份的时间和方法(第8款);在所有诉讼行为中有效保障被告人的行动自由(第9款)。1987年《刑事诉讼法典》严格遵循授权法令进行转化,主要在以下三个方面确立了对抗式诉讼原则:

1. 控告原则与平等武装原则

控告原则指控告是启动审判的诉讼要件,控告书确定并界定诉讼对象(审判对象),仅与控告书所载事实相关的被告人方可被定罪。控告原则体现在葡萄牙《刑事诉讼法典》第309条及第379条中,即"对检察院或者辅助人提起的控告书和启动预审的请求书中描述的事实发生实质变更的,预审裁决无效","对不同于控告书或起诉书的事实作出的判决亦无效"。控告原则要求检察官在制定控告书时应独立于法官,法官不得依职权主动或者下令检察官减少指控或者改变所援引的条款。起诉机构与审判机构之间的区别应为实质性的,而非形式性的。法官还应保障实质的平等武装原则和诉讼机会平等原则(Princípio da igualdade de oportunidades – isonomia processual),严格奉行无罪推定原则,确保被告人平等的诉讼地位和广泛的辩护权,庭审应公开、平等、对席,捍卫被告人作为人的尊严。

---

① Ferreira, Manuel Cavaleiro de, Curso de Processo Penal, I, 1986, p. 21 e ss; Barreiros, José António, Processo Penal, I, Coimbra, 1981, p. 11 e ss; Pagliaro, Antonio / Tranchina, Giovanni, Istituzioni di Diritto e Procedura Penale, 2. a ed., Milão, 1988, p. 195 e ss; Gimeno Sendra, José Vicente, Fundamentos del Derecho Procesal, Madrid, 1981, p. 188 e ss.

② Lei 43/86 de 26 de Setembro, Autorização legislativa em matéria de processo penal, https://dre. tretas. org/dre/35008/lei – 43 – 86 – de – 26 – de – setembro.

2. 被告人身份的确立及权利体系

葡萄牙《刑事诉讼法典》第 57 条规定,“刑事诉讼程序中,任何被起诉的对象以及被申请预审程序的对象,都被确定为被告人”。可以看出,葡萄牙奉行被告人身份的客观主义,仅在成为起诉对象或者预审对象时,方具备被告人的身份,享有刑事诉讼法所赋予的各项权利。但更具保护强度的是客观主义与主观主义并行的保护模式,即只要侦控机关主观上或客观上将普通公民作为被告人进行讯问,该公民便应具有被告人的身份,享受刑事诉讼法所赋予的各项权利。①

葡萄牙《刑事诉讼法典》第 60 条及后续条款规定了公民获得被告人身份之后所享有的各项诉讼权利,包括在场权、陈述权、知情权、辩护权、诉讼参与权、上诉权等。

3. 实质辩护权(充分辩护权)

在职权主义传统的国家中,刑事诉讼仍主要以国家公权力为主导。因此,强化辩护权是改变传统诉讼结构、贯彻对抗式诉讼原则的重要内容。葡萄牙《宪法》第 32 条第 3 款规定,“被告人有权选择辩护人,并有权在所有诉讼行为中得到辩护人的帮助。法律应规定必须受到律师帮助的案件和诉讼阶段”。葡萄牙《刑事诉讼法典》第 62 条亦相应地规定,“被告人可以在诉讼的任何阶段委托律师。在法律规定应当由辩护人协助的情况下,被告人未指定律师的,则应为其指定一名律师”。被告人自然亦可以自行行使辩护权。葡萄牙将律师的辩护称为技术辩护,以区别于被告人本人的自行辩护。但有些辩护行为仅得由律师实施,例如在预审辩论结束前提出结论的权利(葡萄牙《刑事诉讼法典》第 302 条)、在庭审开始前作出介绍性阐述(exposição introdutória)的权利(葡萄牙《刑事诉讼法典》第 339 条)、在一审(葡萄牙《刑事诉讼法典》第 360 条)及上诉审(葡萄牙《刑事诉讼法典》第 423 条)中发表口头陈述的权利等。这主要是考虑到所涉辩护的事项重大,

---

① Klaus Rogall, Die Beschuldigtenstellung im Strafverfahren, Objektivismus und Subjektivismus bei der Statusbegründung, in: Georg Freund, Uwe Murmann, René Bloy und Walter Perron, Grundlagen und Dogmatik des gesamten Strafrechtssystems, Festschrift für Wolfgang Frisch zum 70. Geburtstag, Duncker & Humblot · Berlin, 2013, 1199ff.

且往往具有专业性,应由律师积极参与,以确保控辩双方实质上的力量均衡。

但对抗式诉讼原则与职权调查原则(princípio da investigação)存在一定的冲突。葡萄牙主流学说①在解读这两项基本原则共存的学术逻辑时沿袭了拿破仑《重罪法典》的"混合说"思路,即1987年葡萄牙《刑事诉讼法典》并未确立纯粹的对抗式诉讼结构,而构建了对抗式诉讼原则与职权调查原则并存的混合式诉讼结构。更具体而言,正式的预审和庭审阶段适用对抗式诉讼原则,由法官主导,控辩平等,而侦查阶段则奉行职权调查原则,由检察官主导,被告人权利受限。因此,在多数刑事案件中,检察官在审前程序中还是处于主导的地位,检察官享有最广泛的侦查权(葡萄牙《刑事诉讼法典》第267条),侦查一般秘密进行(葡萄牙《刑事诉讼法典》第86条第2款和第3款),以书面形式进行(葡萄牙《刑事诉讼法典》第276条)。检察官可仅依本方所收集的证据限制或剥夺被告人的自由。直至2007年8月29日第48/2007号法律颁布后,侦查才适用公开规则(葡萄牙《刑事诉讼法典》第86条第1款,"除法律另有明确规定的情况外,刑事程序一律公开"),但检察官可以以侦查利益为由主张进行秘密侦查(这在司法实践中是常态),可以在整个侦查的法定期限内保持秘密,甚至在超过法定期限后保持秘密(葡萄牙《刑事诉讼法典》第89条第6款)。为了矫正审前阶段控辩之间的过度不平衡,葡萄牙《刑事诉讼法典》确立了检察官的客观义务以及法官查明真相的义务,以保证诉讼程序和结果的公正性。

可以看出,葡萄牙所谓的对抗式诉讼原则,与英美法系纯粹的当事人主义诉讼有着根本的区别,充其量仅是吸收了后者的一些优点。事实上,包括迪亚士教授在内的主流学者对纯粹的当事人主义亦持反对态度,"纯粹当事人主义模式所宣称的控辩平等只是理论上的,事实上并不存在平等,因为被告人很少有与控方可媲美的技术和经济手段来进行辩方调查。……大约85%的案件适用辩诉交易,可避免在审判中出示证据,这意味着控方不必通

---

① Germano marques da silva, Direito processual penal português, Universidade católica editora, 2019, p. 68 - 69.

过深入侦查来展示其证据……这容易让无辜者定罪。庭审中的交叉询问也不再构成对平等武装的有效保证,……因为它在很大程度上取决于询问者的素质和受询问者的情绪”①。因此,“以纯粹的当事人主义的诉讼程序为目标、以英美法中的制度为榜样而对我们的刑事诉讼法进行一次全面的改革,不仅是不可能的,也是不值得被向往的。这主要是因为,这通常会导致应属调查原则范畴的且作为整体组成部分的职能被破坏,从而极大地有利于倾向于辩论原则和处分原则。因此,此处所面对的就是‘刑事诉讼程序的民事程序化’的问题,而这是贝林(Beling)早在其所属的时代就坚持地反对过的”。②

(四)正当性原则(Princípio da lealdade)

正当性原则源自法国学说③,并非纯粹的法律原则,在本质上涉及职业伦理规则。法国学说认为,“所谓正当性,系证据调查所应秉承的方式,即尊重个人权利、合乎司法尊严”。④ 因此,法国主要将正当性原则作为取证的限制,仅适用于侦查机关。但葡萄牙学说进行了拓展,将正当性原则适用于所有诉讼主体以及所有诉讼行为。

1. 正当性原则首先且主要适用于取证行为

葡萄牙《宪法》第 32 条第 8 款规定,“通过酷刑,胁迫,侵犯精神与形体完整性,不适当地侵犯私人生活、住宅、通信或电讯而获得的任何证据,均属无效”,这是取证正当性的宪法依据。葡萄牙《刑事诉讼法典》第 126 条很详细地规定了“取证方法禁止”,“通过酷刑或者胁迫,或者侵犯人的身体或者精神完整性而获得的证据,均为无效,并且不得使用”(第 1 款),“利用下

---

① Germano marques da silva, Direito processual penal português, Universidade católica editora, 2019, p.66.

② [葡]乔治·德·菲格雷多·迪亚士:《刑事诉讼法》,马哲、缴洁译,社会科学文献出版社 2019 年版,第 161 页。

③ Bouzat, Pierre, «La loyauté dans la recherche des preuves», Problèmes Contemporains de Procédure Pénale, Paris, 1964, p. 172; Cf. também Santos, Manuel Simas / Leal – Henriques, Manuel / Santos, João Simas, Noções de Processo Penal, Letras e Conceitos, 2010, p. 37 e ss.

④ Pierre Bouzat, *La loyauté dans la recherche des preuves*, in Problèmes contemporains de procédure pénale. Recueil d'études en hommage à Louis Hugueney, Paris, Sirey, p. 172(1964).

列手段获得的证据,即使获得相关人员的同意,也属侵犯人的身体或者精神的完整性:(1)通过虐待等任何身体伤害性质的手段、催眠或者使用残忍的或欺骗性的手段,扰乱相关人员的意思自由或者作出决定的自由;(2)以任何手段扰乱相关人员记忆能力或者评估能力;(3)在法律允许的情况和限度以外使用武力;(4)以法律不允许的措施作为威胁,以及以拒绝或者限制给予依法取得的利益作威胁;(5)承诺给予法律不允许的利益”(第 2 款),“除法律另有规定的情况外,未经权利人的同意,通过干扰其私人生活、住所或者通信获得的证据也同样无效,并且不得使用”(第 3 款)。违反正当性的取证行为除将导致证据禁止外,也将导致侦查人员被追究责任,甚至被追究刑事责任。仅在这种情况下,违反正当性原则所获取的证据可以使用(第 4 款)。

2. 正当性原则还适用于警察和司法官的其他诉讼行为

可能违反正当性原则的诉讼行为类型繁多,涉及各诉讼主体,可能发生在诉讼各阶段,很难一一详细列明,但可枚举数例。例如,司法官和警察在诉讼过程中发表有损被告人尊严的评论或进行暗示,更有甚者在事先安排的视听媒体现场采取强制措施。又如,警察在履行职责时对被告人的尊严进行不必要的攻击,或者对被拘留者进行身心折磨或者妨碍其权利行使。比较常见的做法包括在下午对被告人适用拘留,如此只能在第二天将被拘留者交给法官,被告人只得在拘留所过夜。警察也时常在办公时间以外进行拘留,并以此为借口阻止被拘留者联系律师。此外,检察官不提交或拒绝向辩方披露无罪或罪轻的证据,法官在庭审中对被告人一方态度恶劣、有明显倾向性或者发表臆测言论等,均属于违反正当性原则的行为。

3. 正当性原则同样适用于律师及其他诉讼参与人

律师不得恐吓被害人或证人,不得对被害人发表侮辱性的言论,可以解释但不得歪曲或限制证人在庭审中的证言。律师更不得损害委托人(被告人)的利益(不常见但亦有发生,如律师在媒体上披露案情导致被告人声誉受损)。证人亦应遵循正当性原则,葡萄牙并不存在所谓的“控方证人”和“辩方证人”,证人作证不能预设立场,应如实说出事实真相,否则将构成伪证罪(葡萄牙《刑法典》第 359 条)。[①]

三、与推进程序有关的原则

刑事诉讼始于国家职权追诉,奉行起诉法定原则,控告内容决定着审判的内容。因此,与推进程序有关的原则包括职权追诉原则、起诉法定原则及控告原则。但职权追诉原则及起诉法定原则均存在例外。

(一)职权追诉原则(Princípio da oficialidade)

职权追诉原则,又称为国家追诉原则,指刑事诉讼的启动及推动属于国家的专属权力。国家不仅可提出实体的诉讼请求,也有权利和义务对被告人进行刑事起诉,而无须考虑被害人的意愿,国家依职权介入所有应受惩罚的行为。职权追诉原则在欧洲大陆的兴盛,源于"国家理论和相应的审判职能国家垄断思想在政治法律领域获得突出地位,也是由于教会法的影响不减"[②],社会控制权日趋集中于中央集权机构,刑法成为国家对社会管控的利器。尽管 18 世纪的自由主义对刑法理念产生了重大影响,但职权追诉原则一直保留了下来。

在葡萄牙,检察院是职权追诉的主体,依葡萄牙《刑事诉讼法典》第 48 条的规定,"检察院具有推进刑事诉讼程序的正当性"。"检察院自行获取案件消息,或者通过刑事警察机关或通过检举获得案件消息"(葡萄牙《刑事诉讼法典》第 241 条),"获得犯罪信息的,应当展开侦查"(葡萄牙《刑事诉讼法典》第 262 条)。

但职权追诉原则也存在若干例外。葡萄牙《刑事诉讼法典》设有自诉罪及半公诉罪。立法者认为,有些罪名不适合国家公权力干预,否则可能加剧伤害而非修复社会关系。在自诉罪中,"自诉人应当控告、成为辅助人并且提出自诉",检察院才可以启动侦查,并推动刑事诉讼进入下一阶段(葡萄牙《刑事诉讼法典》第 50 条)。在半公诉罪中,"根据法律规定提出控告

---

① 在葡萄牙,证人说谎是导致刑事错案的重要原因。因此,谚语称,"法官因犯下司法错案应下地狱,但他们却要驮着证人,因为证人是造成司法错案的共同原因"。

② 更详尽的研究,参见[葡]乔治·德·菲格雷多·迪亚士:《刑事诉讼法》,马哲、缴洁译,社会科学文献出版社 2019 年版,第 67 页。

的人应当将事实告知检察院,以便检察院促进诉讼程序”(葡萄牙《刑事诉讼法典》第49条)。自诉罪案件在特定条件下也可转成公诉罪案件(葡萄牙《刑法典》第113条第5款),囿于主题和篇幅,笔者将另行撰文研究。

(二)起诉法定原则

起诉法定原则与职权追诉原则紧密相关,如果说职权追诉原则可理解为检察官垄断启动刑事诉讼的权力,则起诉法定原则则可理解为检察官在任何时候均必须依指控的事实和证据决定是否启动刑事起诉。起诉法定原则体现在葡萄牙《刑事诉讼法典》第262条第2款及第283条中,即“获得犯罪信息的,应当展开侦查”,“侦查期间收集到充分证据证明犯罪行为的确发生,并且确定犯罪行为人的,检察院应当在10日内对该人起诉”。起诉法定原则旨在取消检察院在启动刑事起诉时的裁量权,应符合法定条件。检察官在获得犯罪消息时便应对是否构成犯罪、证据是否充分、谁是犯罪行为实施者以及是否具备其他诉讼要件进行判断。葡萄牙《刑事诉讼法典》第283条第2款对“充分证据”进行了确定,即“能合理(possibilidade razoável)显示出被告人可能会在审判中被判处刑罚或者保安处分措施的证据”。

如果符合法定条件,检察官却未提起公诉,则将构成失职、违法甚至犯罪(拒绝裁判罪,葡萄牙《刑法典》第369条)。法律还规定了两种监督方式:一是上级检察院的监督。葡萄牙检察院奉行科层制原则,上级检察院可依职权或依请求对不起诉行为进行监督(葡萄牙《刑事诉讼法典》第278条及第279条)。二是预审法官的监督。在非经自诉才能进行的刑事诉讼程序中,对于检察院未起诉的事实,辅助人有权申请进行预审(葡萄牙《刑事诉讼法典》第286条及第287条)。

但随着诉讼案件数量的剧增以及正当程序理念的强化,司法机关面临案件多、效率低的双重压力,立法者不得不考虑设立各种程序分流机制,以应对危机。起诉便宜原则便成为起诉法定原则的重要例外,也是有益补充。葡萄牙主流学说认为,在某些情况下,可以通过刑事处罚外的措施或者审判外的方式实现对刑事法益的保护以及罪犯的重新社会化,甚至是在符合检察官起诉前提的条件下。① 例如科斯塔·安德拉德教授便认为,“我们应明白,如果出发点应该是起诉法定原则,那么该原则应该理解为向某些起诉便宜主义的做法开放,因为后者可以更好地实现刑法本身的目的”,“刑法转向了人的事务,为了这个世界,为了这个世俗的生活,为了这个世俗的社会,而不是为了任何超然的社会”②。

宪法法院也逐渐接受起诉便宜原则。葡萄牙《宪法》第219条第1款规定,“检察院有权依据合法性原则提起刑事诉讼”。宪法法院认为,起诉法定原则是“法律面前人人平等”原则(葡萄牙《宪法》第13条)的延伸,检察官应依平等的标准启动诉讼。③ 但起诉法定原则并非一项绝对的原则。在具体案件中,为了更好地实现正义,法律可以赋予负责适用法律的机构选择法律可接受的最佳措施的权力。④ 当然,自由裁量权不等同于肆意决定,自由裁量权的目的在于实现正义。⑤

时下,起诉便宜原则似乎已被广为接受,较典型的公诉替代程序便是诉讼程序的暂时中止(葡萄牙《刑事诉讼法典》第281条)以及最简易程序(葡萄牙《刑事诉讼法典》第392条)。但围绕这些具体程序机制的争议依然存在,这里涉及许多程序细则,无法在“基本原则”的主题中详细列明,笔者将

---

① Andrade, Manuel da Costa, «Consenso e oportunidade», JDP / NCP Penal, p. 319 e ss; Andrade, Manuel da Costa, «Oportunidade e consenso no Código de Processo Penal», Código de Processo Penal, Vol. II – T. II, Assembleia da República, 1999, p. 42 e ss; Torres, Mário, «O princípio da oportunidade no exercício da ação penal», Jornadas de Processo Penal, RMP / Cadernos, 2.°, p. 221 e ss; Teixeira, Carlos Adérito, Princípio da Oportunidade – Manifestações em sede processual penal e sua conformação jurídico – constitucional, Almedina, Coimbra, 2000. 中文的介绍,参见[葡]乔治·德·菲格雷多·迪亚士:《刑事诉讼法》,马哲、缴洁译,社会科学文献出版社2019年版,第72页及以下。

② Andrade, Manuel da Costa, «Oportunidade e consenso no Código de Processo Penal», Código de Processo Penal, Vol. II – T. II, Assembleia da República, 1999, p. 47.

③ Declaração de voto no Acórdão do TC, n. ° 7/87, DR, I Série, Suplemento de 9 de fevereiro de 1987. Cf. também Miguel, João Manuel da Silva, «Princípio da Oportunidade», RMP – Cadernos – 4, p. 71 e ss.

④ Germano marques da silva, Direito processual penal português, Universidade católica editora, 2019, p. 84 – 85.

⑤ Larenz, Karl, Metodologia da Ciência do Direito, trad. de José de Sousa Brito e José António Veloso, Fundação Calouste Gulbenkian, Lisboa, s/d, p. 325 e ss.

另行撰文研究。

(三)控告原则(Princípio da acusação)

控告原则亦是对抗式诉讼原则的重要内容,是指未有控告,法院不得介入诉讼(nemo iudex sine actore,没有原告,即无法官),也不得将审判权扩及指控之外的人或事实(sententia debet esse conformis libello,判决应当与诉讼请求相对应)。控告原则决定了审判对象和诉讼主体,是对被告人辩护权的充分保障,可避免突袭指控所造成的审判不公正。

四、与程序发展有关的原则(Princípios relativos à prossecução processual)

刑事诉讼启动后,即进入一系列正式的程序环节,亦应遵循若干基本原则,包括对席原则、职权调查原则、充分性原则、诉讼快捷原则和诉讼经济原则。

(一)对席原则(Princípio do contraditório)

对席原则,是指控辩双方均有权提供证据以证明各自的诉讼论点,并对其中任何一方的指控、动议、行为或任何程序立场发表意见。[①] 依葡萄牙《宪法》第 32 条第 5 款的规定,"刑事诉讼具有对抗式结构,法律所确立的庭审及预审遵循对席原则"。

严格意义上讲,预审阶段并非完全对席,仅在预审辩论阶段及在该阶段提交证据时才遵循对席原则(葡萄牙《刑事诉讼法典》第 298 条和第 301 条第 2 款),而非在预审辩论阶段所提交的证据并不遵循对席原则(葡萄牙《刑事诉讼法典》第 290 条及第 291 条),这与 1929 年葡萄牙《刑事诉讼法典》的规定刚好相反。即便在预审辩论阶段,举证也不完全对席,被告人、辅助人和检察官可能要求在预审阶段提供新证据,但法官未有义务采纳所请求提交的证据。现行法典之所以弱化预审程序的对席性,目的在于推进庭审在诉讼中的核心地位,预审的主要功能在于对检察官所提出的控诉、归档

① Asencio Mellado, José Maria, Principio Acusatório y Defensa en el Proceso Penal, Madrid, 1991, p. 95 e ss.

不诉的决定(arquivar o inquérito)或者辅助人所提出的控告进行合法性的审查。

庭审阶段则完全对席。“在庭审过程中提出证据的,即使该证据是法官依其职权作出调查后取得的,仍然应当始终遵从法庭对席辩论的原则”(葡萄牙《刑事诉讼法典》第327条第2款),“未在庭审中调查或者审查的任何证据,在审判中均不产生效力,尤其是不得因该证据影响法院形成心证”(葡萄牙《刑事诉讼法典》第355条第1款)。“调查证据结束后,主审法官依次让检察院、辅助人的律师、附带民事诉讼原告人的律师和辩护人发言,通过口头陈述阐明从已调查的证据中得出的事实和法律结论”,“对于每位当事人的口头陈述,仅可作一次反驳,辩护人要求进行反驳的,则辩护人应当作出最后发言,否则无效。反驳应当仅限于在确实必需的范围,驳斥先前未经讨论的相反论据”(葡萄牙《刑事诉讼法典》第360条第1款及第2款)。

(二)职权调查原则(Princípio da investigação)

职权调查原则,是指法院有独立于控辩双方之外独立查明及审理案件事实的权力和义务,即法院可自行为判决创设必要的依据。[①] 职权调查原则在葡萄牙受到一定的批评,认为这违反了对抗式诉讼原则[②],法院参与取证损害了“当事人”的平等和法官的公正性。但迪亚士教授认为,对抗式的刑事诉讼应与职权调查原则相结合,这是理想的程序结构,亦是实质真实的必然要求。法院可依职权调查提交审判的事实,这并不妨碍或限制检察官、辅助人和被告人的取证活动以及法院对这些证据的采纳,法院在寻求真相方面不受其他程序主体的限制。迪亚士教授举了一例:A被控故意杀人罪,A可能作出辩解,指杀人行为系被害人挑衅,或者可能只提供应作的笔录,或者不辩护直接认罪。但无论何种情况,法院不能因此拒绝查明被告人正

---

① 参见[葡]乔治·德·菲格雷多·迪亚士:《刑事诉讼法》,马哲、缴洁译,社会科学文献出版社2019年版,第84、109页及以下。

② Cf. Mesquita, Paulo Dá, Processo Penal, Prova e Sistema Judiciário, Coimbra, 2010, p. 56 e ss.

当防卫的事实。① 因此,迪亚士教授认为,职权调查原则有助于保障被告人的有效辩护,尤其是处于弱势地位的被告人。

应当说,职权调查原则是职权主义国家区别于当事人主义国家的重要特征,职权主义国家拒绝将庭审的真相交由当事人处分,法官有查明实质真实的义务。因此,尽管许多职权主义国家号称构建了对抗式的刑事诉讼,但与纯粹当事人主义的刑事诉讼仍然存在重大区别。葡萄牙也是如此,职权调查原则在侦查阶段主要体现在葡萄牙《刑事诉讼法典》第290条("为实现本法典第286条第1款规定的目的,预审法官应当作出一切必要的行为"),在庭审阶段则主要体现在第323条、第327条和第340条("法官为查明真相,可以采取一切必要的调查行为,如讯问、询问、检查和作出其他调查证据的行为……")。当然,法官的职权调查也并非无限制,立法者应在"对抗式诉讼原则"与"法官职权调查权"之间建立某种平衡。

(三)充分性原则(Princípio da suficiência)

刑事诉讼的充分性原则规定在葡萄牙《刑事诉讼法典》第7条第1款中,"刑事诉讼程序的进行不取决于任何其他程序,一切有利于对案件作出判决的问题,均在刑事诉讼程序中予以解决"。因此,充分性原则解决的是先决问题,即在刑事诉讼中,如果在作出刑事判决前必须事先解决另一个前提性案件(如民事案件、劳动案件或税收案件等),则刑事法院应附带作出裁决,但仅用于刑事判决的目的。先决问题依类型及性质不同,法律所规定的解决方案不完全相同,所产生的效力亦不同。鉴于所涉问题较为重要且复杂,笔者将另行撰文单独进行研究。

(四)诉讼快捷原则(Princípio da celeridade)和诉讼经济原则

诉讼快捷原则,又称为合理期限原则,是指刑事诉讼应在尽可能短的期限内结束,不得无故拖延或者长期处于未决状态(葡萄牙《宪法》第32条第2款,《欧洲人权公约》第6条)。诉讼快捷原则是保护被告人利益的重要原则。在司法实践中,如果刑事诉讼持续的时间过长,超出了查明事实及确保

---

① 参见[葡]乔治·德·菲格雷多·迪亚士:《刑事诉讼法》,马哲、缴洁译,社会科学文献出版社2019年版,第113页。

被告人准备辩护所必需的时间,则会给被告人带来额外的痛苦。人身自由可能处于被剥夺或被限制的状态,判决的不确定性及刑罚的威胁亦给心理上带来极大的痛苦,社会的污名化、个人及家庭生活的开支及辩护费用的负担、职业生涯所面临的威胁等,均可能成为压垮被告人的要素。如贝卡利亚所言:“诉讼本身应该在尽可能短的时间内结束。法官懒懒散散,而犯人却凄苦不堪;这里,行若无事的司法官员享受着安逸和快乐,那里,伤心落泪的囚徒忍受着痛苦,还有比这更残酷的对比吗?!”同时,诉讼快捷原则亦符合被害人及社会的利益,可尽快实现正义、修复关系,让社会生活回归常态。

葡萄牙《刑事诉讼法典》为每个程序阶段规定了一个期限,但仅作为一般的命令(meramente ordenadores)。违反这些期限,并不构成程序无效。这意味着对于超期限的诉讼行为缺乏强有力的制裁手段,容易助长司法机构和刑事警察机构超期办案的风气。葡萄牙《刑事诉讼法典》第 105 条规定了必要的督促制度,例如“为法官本人或检察官实施行为设定的时期届满后满 3 个月,该行为仍未作出,则法官或检察官须对逾期作出具体解释”(第 3 款),“法院书记员秘书处应当按月将法官或检察官应当实施的行为在指定期限届满后已逾期 3 个月的情况进行列表,并且将该表提交地区法院院长和检察院,并附随导致延误的理由的陈述。法院院长和检察院自收到该表之日起 10 日内,应当将该表连同导致延误的理由的陈述送交有纪律惩戒权的机关。即使有关诉讼行为在送交前已经作出的,也适用上述规定”。葡萄牙《刑事诉讼法典》第 108 条规定了“延迟程序的加速”,即“任何诉讼阶段的期间超过了法律规定的期间,检察官、被告人、辅助人或者附带民事诉讼当事人有权申请诉讼程序的加速”。但这些举措已为司法实践证明效用不大。近年来,葡萄牙立法者开始要求延长期限应有正式、明确的裁决,而非将加速程序的责任交由当事人。

诉讼经济原则,是指刑事诉讼应以尽可能少的资源(人力、财力、物力等)完成既定任务,实现刑事诉讼的基本价值。一般而言,诉讼经济原则包括两方面的内容:一方面,诉讼应解决尽可能多的争议(诉讼的经济性);另一方面,诉讼仅包括必不可少或有用的行为和程序(诉讼行为的经济性和程序的经济性)。[1] 例如在侦查程序中,侦查人员只应实施与发现真相有关的侦查行为。在预审程序中,相关当事人只应实施可证明指控或预审请求前提的必要行为,“预审法官认为所申请的行为对预审不重要或者仅造成拖延诉讼进度的,应当作出不予批准的决定”(葡萄牙《刑事诉讼法典》第290条及第291条)。在庭审程序中,法院仅应调查对查明事实真相及公正裁判所必需的证据。对于所申请的证据不重要或者不必要,或者证据属不适当、不可能获得或者非常怀疑其能否获得,或者提出申请的目的仅为拖延时间,法院应驳回关于证据的申请(葡萄牙《刑事诉讼法典》第340条第4款)。

诉讼经济原则还推动了刑事诉讼的简约化运动。近几十年来,葡萄牙开始尝试设立各种特别的程序机制,以实现轻、重罪处理程序的繁简分流,如简易程序(process sumário)、最简易程序(Processo sumaríssimo)和简捷程序(processo abreviado)。但诉讼经济原则应让步于实质真实原则,不能仅为提高诉讼效率而牺牲实体公正和程序公正。

五、与证明有关的原则

与证明有关的原则主要包括职权调查原则、自由心证原则和存疑有利被告人原则。职权调查原则在前文中已作为“与程序发展有关的原则”作过介绍,此处不再赘述。

(一)自由心证原则(princípio da prova livre)

葡萄牙学说认为,近代欧陆诸国之所以在刑事裁判中引入自由心证的概念,源自1789年法国大革命后英国的陪审团制度经由法国传播至欧洲大陆其他国家。中世纪盛行的法定证据制度无法与陪审团制度兼容,一方面,在政治理念层面,陪审团源于个人理性和人民主权,这是司法真理最终且无误的标准,而法定证据制度则被认为是法官专权的标志,纵容酷刑、侵害人权,无法与现代的刑事诉讼理念契合。另一方面,在司法技术层面,对于陪

---

① Andrade, Manuel A. Domingues de, Noções Elementares de Processo Civil, Ⅰ,Coimbra, 1956, p.371.

审员,“法律并不要求他们必须追求充分和足够的证据;法律只要求他们心平气和、精神集中、凭自己的诚实和良心,依靠自己的理智,根据有罪证据和辩护理由,形成印象,作出判断。法律只向他们提出一个问题:你们是否形成内心确信?这是他们的全部职责所在”(法国《重罪法典》原第 343 条),法定证据规则亦无法适用。但在葡萄牙,并非所有刑事案件均适用陪审团审判,因此,迪亚士教授补充到,自由心证的盛行,还源于“证据的科学方法出现并广为传播”,使法官在评价证据时出现错误的可能性降低。①

葡萄牙《刑事诉讼法典》第 127 条规定,“除法律另有规定外,有管辖权的机关根据经验法则(regras da experiência)以及自由心证原则(livre convicção)对证据的效力进行评价”。可见,葡萄牙对自由心证有较独特的理解②,总体将其理解为“证据评价”的方式,与经验法则并列,这与欧陆主流国家的理解有明显的不同,理论的严谨性亦成疑。迪亚士教授对“自由心证”的解读较为模糊,“(自由心证原则)在消极方面的含义是指,在评价证据时没有预先设定的法定准则。那么它在积极方面的含义为何呢?首先可以肯定的是:绝对不能将此原则理解为对已调查的证据的无须说明理由的且不受控制的——因而是任意的——评价。即使对证据的评价实际上是自由裁量的,显然这一自由裁量权(如前所述,一切司法上的自由裁量权都有)也有不可逾越的限制:评价证据的自由本质上是一种建立在义务上的自由——追寻所谓‘实质真相’的义务——故此,在进行具体的评价时,必须遵循客观标准,且通常应说明理由及受到监管(尽管法律不要求说明理由或受到监管)”③。可见,迪亚士教授亦主要在“证据自由评价”意义上理解自由心证原则,且将“自由裁量”等同于“自由评价”,存在一定的概念混同,导致理论的解释力不强。但迪亚士教授强调“自由心证原则亦应遵循客观标准”,而非法官或陪审员的主观臆测,且“应体现在判决理由中,并应受

① 参见[葡]乔治·德·菲格雷多·迪亚士:《刑事诉讼法》,马哲、缴洁译,社会科学文献出版社 2019 年版,第 117 页。

② 关于葡萄牙自由心证的各种理论学说,笔者将另行撰文研究。

③ [葡]乔治·德·菲格雷多·迪亚士:《刑事诉讼法》,马哲、缴洁译,社会科学文献出版社 2019 年版,第 118-119 页。

到监管”,这些论断无论在葡萄牙,还是在欧陆邻国,均广为接受。

需要指出的是,自由心证原则并未禁止某些设定证明力的证据规则。例如,“对于公文书或经认证的文书,只要对文书的真确性或内容的真实性不提出有依据的质疑,则将该文书所载的实质事实视为已经经过证明”(葡萄牙《刑事诉讼法典》第169条)。

(二)存疑有利被告人原则

存疑有利被告人原则是无罪推定原则的必然延伸,即如果没有充分的有罪证据能够排除合理怀疑,或者真相处于真伪不明的状态时,则“疑点利益”(benefício da dúvida)归于被告人(又称为被告人的无罪权,direito à inocência)。但与无罪推定原则不同的是,存疑有利被告人原则更多是证明的原则,而非诉讼结构的内在原则。

但迪亚士教授认为,不应从证明责任配置的角度来理解存疑有利被告人原则。刑事诉讼与民事诉讼不同,不存在所谓形式上的举证责任,法官应依职权查明案件事实。迪亚士教授亦不赞同所谓的“实质举证责任说”,认为“如果法庭——即使通过其证明活动——未能获得对事实的确信,而该等事实仍然存有疑问,则原则上应当作出不利于控方的裁判,因证据不足而宣告嫌犯无罪”①。迪亚士教授进一步指出,“但笔者并不认为,为正确理解其在法律上的意义,有必要或者值得提倡在刑事诉讼程序中构建‘举证责任’,完全由控方承担。……原因在于,将刑事诉讼程序中因证据不足而作出的无罪判决说成是不利于控方的裁判是不正确的,因为控方通常是指公诉方(原则上由检察院代表)。实际上,检察院的职能并不是‘不遗余力地’维护其针对嫌犯的控诉,而是辅助法官发现事实真相;可以这样说,检察院所承担的并非‘控诉的义务’,而是‘客观的义务’。检察院不是一方当事人,这至少是因为其并不拥有必然与嫌犯的利益对立的利益。因此,实质举证责任由检察官承担的说法,不仅是令人怀疑的,而且是错误的。在法庭仍存有怀疑的一切情况下,因证据不足而作出的无罪判决绝对不是举证责任

① [葡]乔治·德·菲格雷多·迪亚士:《刑事诉讼法》,马哲、缴洁译,社会科学文献出版社2019年版,第125页。

的后果,而是因为存疑无罪原则的适用"[①]。这一观点可谓正本清源,清晰地区分了刑事诉讼与民事诉讼在证明责任问题上的根本区别,对中国刑事证明责任理论亦有启发。

存疑有利被告人原则仅适用于事实问题。如果法律问题存疑,则不应作出对被告人有利的解释,而应寻求在法律上最为正确的解释。而所谓的存疑"事实",则包括构成要件事实、量刑事实、阻却不法性事实(如正当防卫)、阻却罪过事实(如紧急避险)和免除刑罚事实。无论何种事实,在证据调查之后仍然存在合理的怀疑,则必须作有利于被告人的含义理解。但诉讼要件事实不属于前述事实之列,因为这涉及诉讼程序的可受理性问题,结果可能有利于被告人,但不能以存疑有利被告人原则进行解释。[②]

六、与形式有关的原则

诉讼行为形式(forma dos atos processuais)是不太严谨的学术概念,时下并未有特别精确的界定。学说仅是指出,诉讼行为的形式要素,是法律规定的工具性要求,是产生诉讼行为效力的前提。[③] 刑事诉讼中与形式有关的原则主要包括公开原则、直接言词原则和集中原则。

(一)公开原则

程序公开,不仅是刑事诉讼的基本原则,还具有重要的政治意涵。公开透明的诉讼程序,是防止政府操纵司法的工具,亦是强化司法公信力的必然要求。在刑事诉讼领域,程序公开则是保障诉讼参与人权利、防止黑箱司法的重要原则,被规定在葡萄牙《刑事诉讼法典》第86条及后续条款中。

依葡萄牙《刑事诉讼法典》第86条第6款的规定,程序公开原则包含三项重要权利:(1)公众公开参与预审和庭审阶段各项诉讼行为的权利;

① [葡]乔治·德·菲格雷多·迪亚士:《刑事诉讼法》,马哲、缴洁译,社会科学文献出版社2019年版,第125页。

② 更详细的介绍参见[葡]乔治·德·菲格雷多·迪亚士:《刑事诉讼法》,马哲、缴洁译,社会科学文献出版社2019年版,第127页及以下。

③ Germano marques da silva, Direito processual penal português, Universidade católica editora, 2019, p.96.

(2)由社会媒体报道或者录制诉讼活动的权利;(3)查阅笔录及对笔录的任何部分进行复印、摘录和取得证明。但第86条第2款及第3款规定了侦查阶段司法保密的例外,"根据被告人、辅助人或者被害人的请求,以及听取检察官的陈述后,预审法官认为程序公开会影响其他诉讼参与人的权利的,可以对侦查期间的程序作出司法保密的决定","检察院认为调查的利益或者诉讼主体的权利具有正当性的,可以决定在侦查期间使用司法保密措施(segredo de justica)。这一决定应当由预审法官在72小时内批准"。司法保密适用于所有诉讼主体和诉讼参与人,以及以任何名义曾接触诉讼程序或得知诉讼资料的个人。司法保密意味着:(1)禁止对无权利或无义务在场参与诉讼活动的人,在诉讼行为实施时在场或者向其告知诉讼程序的内容;(2)禁止为他人提供诉讼进展及相关信息,无论透露信息的目的为何(葡萄牙《刑事诉讼法典》第86条第8款)。

较具争议的是媒体公开(publicidade mediata)。社会媒体有权报道或者录制诉讼活动,这在客观上有助于推动程序公开,也有利于普法教育。但媒体与司法各自承载的社会功能既相互补充,又相互竞争。司法旨在实现国家对"言说事实"和"裁断是非"上的终极决断权,营造权威、长效、有序的社会环境。而媒体则试图通过公民参与、舆论监督等形式介入、分享甚至主宰司法权的行使。因此,司法实践中,媒体时常通过片面的叙述、蒙太奇式的剪辑,有意识地融入自身的价值判断,结合社会痛点及公众的关注点进行新闻炒作,结果非但无助于程序公开,还扭曲了案件事实,有意或无意对被告人或被害人造成极大的损害,也干预了法官的独立裁判权。因此,近年来媒体公开与司法公正之间的竞争张力引发了葡萄牙理论界及实务界的关注,尤其是在较敏感的刑事案件中。

(二)直接言词原则

直接言词原则事实上是紧密联系的两项原则:直接原则和言词原则。但这两项原则不应混为一谈,存在根本的区别。

直接原则指法庭必须直接接触参与举证及案件辩论的控辩双方并作出判决(直接审理原则),并在证据评价中优先考虑与待证事实有更直接联系的证据形式(如当庭作证的证人证言优先于书面证言,书证原件优于复印件，又称为直接采证原则），且应在庭审结束后尽快作出判决（迅速判决原则）。也有学说将直接原则分为主观的（形式的）直接原则和客观的（实质的）直接原则：主观的（形式的）直接原则指法官应如何使用证据形式，并指出了法官与证据形式之间的关系；而客观的（实质的）直接原则，则指法官必须使用哪些证据形式，并指出了证据形式与证据问题之间的关系。[①] 直接原则存在一些例外，例如，2013 年 2 月 21 日第 20/2013 号法律在修改葡萄牙《刑事诉讼法典》第 356 条和第 357 条时对直接原则作出了重大的限制，允许在特定情况下由检察官或庭审法官阅读早期阶段的陈述。[②]

言词原则指庭审应以言词的方式进行质证和辩论。自 19 世纪起，葡萄牙刑事诉讼便奉行言词原则，这是对中世纪法定证据制度下书面审的全面检讨。依葡萄牙《刑事诉讼法典》第 96 条第 1 款的规定，“除法律另有规定外，任何声明均应当以言词方式作出”。一般认为，言词原则有助于发现真相、增强司法透明度及公信力。但言词原则并不排斥书面记录。这里应以裁判依据为标准进行严格区分：“如果法官以书面作出的诉讼行为（会议纪要、档案，等等）为基础作出裁判时，支配程序的是书面原则；反之，如果裁判是以围绕所要探讨的事宜的一次言词的辩论听证为基础作出时，支配程序的则是言词原则。这正是——这才是——言词原则所要表达的含义。”[③]因此，将以言词形式进行的诉讼行为记录在案，以在上诉程序中监督举证的合法性，这并不违反言词原则。

直接原则和言词原则之所以经常被统称为直接言词原则，是因为两者的适用范围在很大程度上是重叠的，或者说在功能上具有极大的趋同性，但不可混为一谈。例如，被告人或证人所作的声明，同时适用这两项原则，但对物证或书证的展示，则只适用直接原则，而不适用言词原则。

---

① 哥尔德斯密特（Goldschmidt）的观点，参见［葡］乔治·德·菲格雷多·迪亚士：《刑事诉讼法》，马哲、缴洁译，社会科学文献出版社 2019 年版，第 137 页。

② Cf. Germano Marques da Silva, «Notas avulsas sobre as propostas de reforma das leis penais», Revista da Ordem dos Advogados, ano 72, Abr./Set. 2012, p. 521 e ss.

③ ［葡］乔治·德·菲格雷多·迪亚士：《刑事诉讼法》，马哲、缴洁译，社会科学文献出版社 2019 年版，第 137 页。

“诉讼行为,不论以书面或者言词形式作出,均应当使用葡萄牙语,否则无效”(葡萄牙《刑事诉讼法典》第 92 条第 1 款)。如果诉讼参与人不懂或者不掌握葡萄牙语,则即便主持该诉讼行为的机构或者其他诉讼参与人也懂该人所使用的语言,也会指定合适的翻译。如果是听力残障的人,应当根据其自身状况,指定会手语、会读唇语或者是能读懂其书写内容的合适的翻译人员(葡萄牙《刑事诉讼法典》第 93 条第 1 款)。文件不一定进行翻译。“仅在必要时”,对于未附认证翻译的外文文件可指定译者进行翻译。必要性的判断,自然属于法院的权限。法院应考虑文件的证明相关性以及被要求就其内容提供陈述的人对语言的掌握情况(葡萄牙《刑事诉讼法典》第 166 条第 1 款)。

(三)集中原则

迪亚士教授认为,集中原则,指“一切诉讼步骤和诉讼行为尽可能统一和连续地进行,这些步骤和行为作为一个整体,不论在诉讼程序中的任何阶段,都应尽可能集中地发展,不论是空间上的还是时间上的集中”①。通常而言,我们主要在时间维度上理解集中原则,即尽可能在一次庭审或多次相邻庭审后作出判决,以保证法官或陪审员的庭审记忆鲜活。葡萄牙《刑事诉讼法典》第 328 条明确规定,“庭审应当连续进行,不得受到中断或者延期,直至庭审全部结束”。葡萄牙《刑事诉讼法典》第 365 条第 1 款规定,“庭审终结后应当立即进行合议,但是法官以决定的形式宣告绝对不能立即进行合议的除外”。但在司法实践中,由于案件复杂,或者待审案件的数量委实太多,庭审往往会导致延迟数天或数周。② 葡萄牙《刑事诉讼法典》第 328 条第 6 款规定,“延期不能超过 30 天”。但 2015 年 4 月 14 日第 27/2015 号法律对该条款进行了修改,增加了许多例外情形,例如“由于法院的障碍,或被委托之辩护人由于参与具有紧急性和优先性的其他诉讼服务产生的障碍,而不能在此期间内再开庭审,则相应的原因须记载于笔录中,且须明确

---

① [葡]乔治·德·菲格雷多·迪亚士:《刑事诉讼法》,马哲、缴洁译,社会科学文献出版社 2019 年版,第 106 页。

② 有些国家则奉行非常严格的集中原则,例如在巴西,对于陪审团参与审判的刑事案件,庭审应连续进行,仅允许因饮食和休息而产生必要的中断。

指明应遵守的措施和程序”。

但迪亚士教授进一步指出,“与集中原则在空间上的表现有关的问题看似无关紧要,实则不应被轻视,如今,很多与可以称作听证室的结构或法庭分区的结构相关的问题,被一些国家提上日程……例如,在一个英国法院的听证室与一个欧洲大陆法院的听证室之间有明显的差别——在前者中,控方和辩方具有完全平等的地位,而在后者中,通过各种不同的形式,检察院被赋予明显的优势地位——这种差别并非出于美学上或功能上的考虑而偶然产生的,而是每一刑事诉讼法各自不同的精神和原则的产物。此外,值得注意的有趣现象是,近年来,在联邦德国,一些舆论运动要求刑事诉讼程序应当是所有参与人之间真正的‘对话’的指导思想下,对听证室的结构进行彻底的修改。不难理解的是, 在一个看似平和的外表之下,这可能在刑事诉讼程序理论甚至法社会学等方面引发严重的问题”。①

将集中原则扩及适用于法庭空间布局,这一观点具有相当的新意,但似乎与集中原则的初始功能并不契合。法庭布局应更尊重控辩平等,允许被告人与辩护人的席位更为对等,甚至允许被告人与辩护人相邻而坐,这固然有助于推动平等对抗和强化无罪推定,但似乎与连续审判有助于准确心证的功能无涉。何况,法庭布局的改变也未有“集中”的意涵,更多的还是凸显“平等”。

七、结语

总体而言,葡萄牙刑事诉讼的基本原则体系呈现一定的混杂性:一方面,多数基本原则仅作为某一程序阶段或某一领域的指导性准则,并未贯穿于刑事诉讼全过程;另一方面,也正因如此,不同程序阶段或不同领域,可能存在共同的基本原则,仅是角度各有侧重,但功能基本类似。这给严谨的学术分类带来很大的困难。当下葡萄牙主流教科书对刑事诉讼基本原则的类型划分基本沿袭了迪亚士教授的观点,同时结合立法修改进行了必要的

---

① [葡]乔治·德·菲格雷多·迪亚士:《刑事诉讼法》,马哲、缴洁译,社会科学文献出版社 2019 年版,第 107 - 108 页。

调整。

如前所述,基本原则的核心功能便是给立法者提供指引,使法学理论不仅能够“解释”,而且能够真正理解刑事诉讼法中的问题,并找到解决方案。因此,许多刑事诉讼的疑难问题,可能无法在实定法中找到依据,但依然可借由对基本原则的解释得到解答。从这个意义上讲,刑事诉讼的基本原则保持了一定的开放性,并不拘泥于本国的实定法,其思想渊源可能源于国际条约和欧洲人权法院的判决,也可能源于学说或者比较法上的启发。

在后续对葡萄牙刑事诉讼各项具体制度进行研究时,我们将频繁论及这些基本原则,以阐释制度背后的基本法理,足见基本原则在葡萄牙刑事诉讼学说体系中的重要地位。迪亚士教授在《刑事诉讼法》教科书中用了近十万字的篇幅阐释这一主题①,许多核心观点颇具前瞻性和启发性,笔者将在后续的研究中结合具体制度进行评析。

---

① 参见[葡]乔治·德·菲格雷多·迪亚士:《刑事诉讼法》,马哲、缴洁译,社会科学文献出版社 2019 年版,第 64 – 142 页。

论充分性原则与刑事诉讼的先决问题

葡萄牙《刑事诉讼法典》第 7 条第 1 款规定,“刑事诉讼程序的进行不取决于任何其他程序,一切有利于对案件作出判决的问题,均在刑事诉讼程序中予以解决”。学说称之为刑事诉讼的充分性原则(Suficiência do processo penal),意即刑事诉讼程序本身已然足够充分,可自给自足。[①] 充分性原则本质上涉及先决问题(questões prejudiciais),即为确定某一既定事实是否构成犯罪,则有必要事先对另一问题作出判断。例如,在盗窃罪案件(葡萄牙《刑法典》第 203 条、第 204 条)中,被告人主张对赃物享有民事所有权,如果在民事法律关系中可确认此点,则不存在盗窃罪问题。这里便涉及民事先决问题。又如,在受贿实施不法行为罪案件(葡萄牙《刑法典》第 372 条)中,被告人主张自己并非“公务员”,如果在行政法律关系中可确认此点,则不存在受贿实施不法行为罪的问题。这里便涉及行政先决问题。可见,充分性原则提供了解决刑事诉讼先决问题的统一方法(但存在例外,葡萄牙《刑事诉讼法典》第 7 条第 2 款、第 3 款及第 4 款),即“一切有利于对案件作出判决的问题,均在刑事诉讼程序中予以解决”,这是葡萄牙刑事诉讼较具特色的设置。充分性原则的优点便在于诉讼效率,可避免因移送审理而导致刑事诉讼中断,但缺点也相当明显,刑事法官不得不介入各种类型的案件,有些案件的法律关系可能较为复杂,刑事法官未必可以准确认定。充分

---

① 参见[葡]乔治·德·菲格雷多·迪亚士:《刑事诉讼法》,马哲、缴洁译,社会科学文献出版社 2019 年版,第 94 页。

性原则还涉及诉讼对象和既判力问题,刑事法官对先决问题的认定是否具有既判力,以及与后续裁判可能存在的冲突及处理方式,均值得作一理论厘清。有些学术结论对于我们进一步思考刑民、刑行、刑刑等交叉案件的处置极有助益。这也是为何笔者将充分性原则单列作为研究主题,期待通过对葡萄牙理论及实务的研究,获得较具一般性的结论,或者至少提供可参照的样本。

一、刑事诉讼中先决问题的界定及类型化

(一)刑事诉讼中先决问题的界定、特征及其与相邻概念的区别

在一般意义上,先决问题指与诉讼对象相关但又独立的具体司法问题,可能成为另外诉讼的对象,且这一问题的解决是解决主要诉讼对象的前提条件。① 更具体而言,在刑事诉讼中,先决问题是解决后决问题(questão prejudicada)的逻辑前提,而后决问题则构成刑事诉讼诉讼对象的实体内容。因此,先决问题具有三项重要特征:一是优先性(antecedência)或先决性(prejudicialidade)。先决问题的判决结果在逻辑上限定了后决问题的判决,因为先决问题构成了后决问题三段论的一部分,应优先解决。但需要指出的是,刑事诉讼中的先决问题并不总是涉及犯罪的基本构成要件,还可能涉及附带情节,例如先决问题是判定犯罪严重性以及刑罚金额的逻辑前提。二是独立性。先决问题构成了独立诉讼程序的对象,离开了本案亦可成为独立裁判的对象。三是必要性。先决问题的解决,对于解决后决问题至关重要。如果某一问题可能导致诉讼对象在某一点上的不确定性,则不构成必要性,而仅是讨论的可能性。②

先决问题不同于预先问题:先决问题涉及实体问题,而预先问题则涉及程序问题。先决问题以案件的受理(conhecimento do mérito)为前提,构成对后决问题进行逻辑判断的一部分。而预先问题则直接涉及案件的受理,

---

① Ferreira, Manuel Cavaleiro de, Curso de Processo Penal, I, 1986, p. 120; Castanheira Neves, Sumários de Processo Criminal, Coimbra, 1967 – 1968, p. 90 e ss.

② Cf. também Leone, Giovanni, Manuale di Diritto Processuale Penale, 13. a ed., Nápoles, 1988, p. 152.

解决诉讼构成及开展的有效性问题，如法院的管辖权、指控的合法性、刑事诉讼时效以及其他诉讼有效及诉讼要件等。

葡萄牙的先决问题也不同于法国的先决问题抗辩（l' exception préjudicielle）。依法国《刑事诉讼法典》第384条及第386条之规定，先决问题应通过当事人的声明或法官的决定而引入诉讼程序，受理公诉的法院对审理、裁判被告人为进行辩护而提出的任何抗辩有管辖权。如果抗辩被接受，则产生移审效力（devolução），法院规定被告人向有管辖权的法院提出诉讼请求的期限。而葡萄牙的先决问题并非通过当事人的声明或法官的决定而进入刑事诉讼，仅是因为与本案主要问题的实质联系而自然出现在程序中，且先决问题的解决不依赖于移审。

（二）刑事诉讼先决问题的类型

依先决问题与后决问题的性质，可将刑事诉讼的先决问题分为三种类型：(1)刑事诉讼中的非刑事先决事项（先决问题涉及民事案件、行政案件等，后决问题为刑事案件）；(2)刑事诉讼中的刑事先决事项（先决问题与后决问题均涉及刑事案件）；(3)非刑事诉讼中的刑事先决事项（先决问题涉及刑事案件，后决问题涉及民事案件、行政案件等）。充分性原则仅涉及前两种情形，尤其是第一种情形，笔者将重点研究。但第三种情形本质上亦涉及刑民、刑行交叉的问题，在法理上具有同源性，亦可对照进行研究。

第一种类型的先决问题属于刑民交叉或刑行交叉，除前文所论及的盗窃罪中的财产问题、受贿实施不法行为罪案件中的公务员身份问题，还包括家庭暴力罪（葡萄牙《刑法典》第152条）中的家庭成员身份问题、重婚罪（葡萄牙《刑法典》第247条）中的婚姻关系问题以及虐待下属罪中的雇用关系问题（葡萄牙《刑法典》第152a条第1款）。家庭成员身份、婚姻关系以及雇佣关系得以确认，刑事犯罪才可能构成。第二种类型的先决问题属于刑刑交叉，例如，葡萄牙《刑法典》第367条规定的“袒护他人罪”，犯罪行为存在，才存在构成袒护他人罪的可能。第三种类型的先决问题亦属于刑民交叉或刑行交叉，例如，因犯罪而导致的无权继承（葡萄牙《民法典》第2034条、第2166条和葡萄牙《刑事诉讼法典》第97条）。犯罪行为存在，才会导致民事失权。

需要特别指出的是,刑事诉讼也可能存在宪法性质的先决问题。葡萄牙《宪法》允许具体违宪审查,即在具体的刑事个案中,所有的法院均有权对所适用的刑事诉讼规则进行违宪审查。当事人可提起上诉,宪法法院具有最终的裁决权(葡萄牙《宪法》第 280 条)。但宪法性质的先决问题并非实体问题,而是所适用法律的合宪性以及有效性,与本书论及的先决问题性质完全不同,不可混为一谈。①

此外,也可依先决问题的程序适用将刑事诉讼中的先决问题分为专属的先决问题和非专属的先决问题(Questões prejudiciais próprias e impróprias)。如果先决问题应由专门的法院进行判决,主审程序暂时中止以等待判决结果,则此类先决问题称为专属的先决问题。反之,如果先决问题不需要移送专门的法院进行判决,而与后决问题由同一法院进行裁判,则称为非专属的先决问题。专属的先决问题和非专属的先决问题除适用程序完全不同外,还存在判决效力上的差异,因此,先决问题是否需要移审(devolução),并非纯粹的程序问题,而具有本质的区别。

二、先决问题的不同处置模式及争论

先决问题大概存在以下三种不同的处置模式:(1)合并审理模式。对后决问题有管辖权的法院将管辖权扩及先决问题;(2)移送审理模式。先决问题移送有管辖权的法院,由该法院作出裁判后再进入后决问题的审理;(3)混合审理模式。仅法定的先决问题移送有管辖权的法院,或者由对后决问题有管辖权的法院逐案考虑是否移送。这三种处置模式各有利弊,葡萄牙学说对模式选择存在争论,各国立法例亦有明显差别。

(一)合并审理模式及其利弊

如果充分性原则未设例外,则先决问题属于“非专属的先决问题”,应适用合并审理模式,刑事法庭有权对所有先决问题进行强制审查。合并审理原则源于古老法谚“审理诉讼的法官应当是审理抗辩的法官”(o juiz da acção deve ser o juiz da excepção)。其法理依据主要包括两个方面:首先是

① 参见本书《刑事诉讼宪法化的葡萄牙模式》一文。

集中原则和诉讼快捷原则。刑事法庭合并处理先决问题,可保证“一切诉讼步骤和诉讼行为尽可能统一和连续地进行”,避免诉讼拖延而损及裁判者鲜活的庭审记忆,也有利于保护被告人、被害人及社会的利益,尽快实现正义、修复关系,让社会生活回归常态。其次则是实质真实原则。刑事诉讼将实质真实作为首要目标,这与其他类型的诉讼程序截然不同。唯一的限制是“当已经由对先决问题有专门的管辖权的法院对其作出裁判时,对裁判已确定的案件的既判力进行尊重的必要性”①。但合并审理模式最大的缺点是专业性问题。如果先决问题涉及非常复杂的民事、劳动、行政案件时,刑事法官未必可准确进行裁断,由此也将导致刑事判决的不稳定性。

较接近合并审理模式的代表性国家为德国。德国《刑事诉讼法典》第262条(民法先决问题)第1款规定,“行为的可罚性取决于民法法律关系的评断时,对此关系刑事法院依照对本案程序和刑事案件证明所适用的规定,亦作出裁判”。但第262条第2款作了例外性规定,“法院有权中断调查并对其中一名参与人指定提起民事诉讼的期限,或者等待民事法院作出判决”。从条款的设置上看,德国似乎更接近混合模式。但正如罗科信教授指出,“自由心证原则依刑诉法第262条第1项之规定,其亦适用于与该刑事诉讼相关的其他法领域的前提问题(例如有关一物之所有权),在此同时,由刑诉法第154d条可看出,刑诉法第262条从意义上而言,亦适用于公法的前提问题(例如有关国籍的问题)。法院在此并无义务,但有权利暂缓一调查行为,以予诉讼参与者(自诉人或被告)期限,使其在此期限内向普通法院或行政法院提起一告诉,或者在一期限内等待该已受理进行的程序的判决。在此种诉讼案中,刑事法官原则上并不受其他法院的判决的拘束(BGHSt5,106)”②。因此,“在德国几乎不能有依据地将刑事诉讼程序中的

① [葡]乔治·德·菲格雷多·迪亚士:《刑事诉讼法》,马哲、缴洁译,社会科学文献出版社2019年版,第97页。

② [德]克劳思·罗科信:《刑事诉讼法》,吴丽琪译,法律出版社2003年版,第124-125页。

先决问题说成一个特殊的问题”①。

(二)移送审理模式及其利弊

与合并审理模式相对立的是移送审理模式。移送审理模式的优点自然是专业性及稳定性。由有管辖权的专门法院作出的判决往往更为精准,且仅在先决问题得到彻底解决的情况下才启动后决问题的裁判,自然不会出现判决冲突的问题,刑事判决的稳定性较强。但绝大多数的国家均未采用移送审理模式,原因是这将极大降低诉讼效率,导致刑事庭审拖沓,且往往将先决问题的重要性提升到与后决问题相同的高度,这在刑事司法实践中事实上并不常见,因为先决问题在主审程序中虽具有优先性、独立性和必要性,但重要性却与后决问题不可相提并论,往往并不需要独立的裁判。正如迪亚士教授所言,“如果可以因为每一种诉讼程序在功能上适应于其专有的对象、每一法庭在功能上适应于其正常的管辖权的问题而认为该论点具有正当性,则必然使得作为充足原则的基础的所有理由失效;除了尤其会忘记这些原因之外,还会忘记,以一种将对之的裁判降低到相对于一个非刑事的法律分支的此等层面这样特有的角度审视,这些非刑事问题出现在刑事诉讼程序中的次数并不少见”②。例如,在盗窃罪案件中,被告人主张自己对动产享有所有权,则没必要进行独立的民事裁判,全面讨论该动产的所有权问题。类似的逻辑亦适用于受贿实施不法行为罪中“公务员”身份的认定。因此,先决问题可以在后决问题主导的视角下进行完美解释,“这不会使正义的威严受损——而是在于将案件移送审理却无法补偿因刑事诉讼程序不连续而产生的不便时所产生的无效用”③。

(三)混合审理模式及其利弊

合并审理模式和移送审理模式的利弊是相对的,所权衡的要素主要包

---

① 但德国学说亦存在一定的争议,可参见[葡]乔治·德·菲格雷多·迪亚士:《刑事诉讼法》,马哲、缴洁译,社会科学文献出版社 2019 年版,第 97 页,脚注 48。

② [葡]乔治·德·菲格雷多·迪亚士:《刑事诉讼法》,马哲、缴洁译,社会科学文献出版社 2019 年版,第 97 页。

③ [葡]乔治·德·菲格雷多·迪亚士:《刑事诉讼法》,马哲、缴洁译,社会科学文献出版社 2019 年版,第 98 页。

括诉讼效率、集中审理与先决问题的复杂性。这产生了一种在多种价值要素之间寻求折中的论点,即混合审理模式:以充分性原则主导的合并审理模式为主,移送审理模式为辅,这也是各国较普遍采取的模式。但不同国家的混合审理模式又存在一些区别,主要涉及什么情况下需要适用移送审理模式,以及是绝对移送审理还是相对移送审理。

意大利是较典型的混合审理模式。[①] 原则上,刑事诉讼中的先决问题适用刑事裁判自给原则(Il principio di autosufficienza della giurisdizione penale),即刑事法官有权附带解决作出判决所依赖的任何先决问题。具体而言,如果刑事判决的先决问题涉及民事诉讼领域或行政诉讼领域,则刑事法官通常不受民事证据规则或行政证据规则的限制。但在涉及家庭状况和公民身份状况的先决问题时,刑事法官必须遵守《民法典》规定的“证据限制”(意大利《刑事诉讼法典》第 193 条)。在这类案件中,法律关系的确定性原则(Il principio della certezza dei rapporti giuridici)占据主导地位,完全由民事法律确定,并对刑事法庭具有约束力。对此,意大利《刑事诉讼法典》第 3 条第 4 款规定,“民事法官就家庭状况或公民资格等争议问题所作出的生效裁决,在刑事诉讼中具有已决案的效力”。但移送审理不一定中止刑事审判,由法官裁量决定。依意大利《刑事诉讼法典》第 3 条第 1 款之规定,“如果裁决的作出有赖于对家庭状况或公民资格等争议问题的解决时,如果这类问题是重要的并且依据民事法律的诉讼正在进行,刑事法官可以暂缓刑事程序,直至就上述问题作出的裁决发生法律效力”。反之,则法官可以不中止审判。

法国亦属于混合审理模式,但与意大利略有不同。法国《刑事诉讼法典》将先决问题分为刑事诉讼的先决问题(questions préjudicielles à l'action)和刑事判决的先决问题(les exceptions préjudicielles)。刑事诉讼的先决问题可以阻止公诉启动,主要涉及公民的身份状况事由(法国《民法典》第 327 条及以下,如亲子关系、婚姻效力)。刑事诉讼的先决问题构成诉讼

---

① 关于意大利刑事诉讼中先决问题的处理模式,参见施鹏鹏:《意大利刑事诉讼与证据制度专论》(第 1 卷),中国政法大学出版社 2020 年版,第 82 页及以下、第 207 页及以下。

障碍事由,仅得由民事法院作出判决,刑事法院不得介入其中。而刑事判决的先决问题则意味着刑事法院已经有效受理诉讼,仅是强制刑事法院延期审理裁判,直至对先决问题有管辖权的民事法院或者行政法院对该问题作出裁判,主要涉及不动产物权的抗辩(法国《刑事诉讼法典》第384条及第386条)。刑事法院有权决定是否接受抗辩。在接受抗辩的时候,刑事法院可规定被告人向有管辖权的法院提出诉讼请求的期限。如果被告人在此期限内未提起诉讼,并且不能证明其已经为此作出努力,刑事法院则对其提出的先决问题抗辩不予理睬。如果抗辩未被接受,则法庭审理继续进行。

三、葡萄牙的立法选择及评析

葡萄牙现行《刑事诉讼法典》沿袭了1929年《刑事诉讼法典》的混合审理模式,和意大利模式较为类似①,但仍存在一些非常明显的差异。

依葡萄牙《刑事诉讼法典》第7条②第1款之规定,“刑事诉讼程序的进行不取决于任何其他程序,一切有利于对案件作出判决的问题,均在刑事诉讼程序中予以解决”。这意味着充分性原则在葡萄牙占据主导地位,并不存在绝对的移送审理事由。但刑事法官在主审程序中对先决问题的裁决,在刑事诉讼外不会产生任何效力。

葡萄牙《刑事诉讼法典》同样设置了例外,“为审理是否存在犯罪而有需要判定另一非刑事问题,而该问题无法在刑事诉讼程序中得到适当解决时,法官可以中止该程序,以便在非刑事诉讼程序中就另一问题作出裁决”(第7条第2款)。可见,移送审理应符合两项重要的前提条件:一是先决问题应涉及犯罪的基本构成要件,也包括罪状的消极要件。葡萄牙学说认为,移送审理的先决问题不得仅是对单纯的加重或减轻的一般情节的审理,因为“如果中断刑事诉讼程序以便澄清的情况对判有罪还是判无罪并不起决定作用,甚至也不决定法定量刑,而只是决定具体量刑,那么,中断刑事诉讼

① 事实上,1929年的葡萄牙《刑事诉讼法典》在这一问题上的做法便参照了意大利和西班牙模式,并影响到1987年《刑事诉讼法典》。参见[葡]乔治·德·菲格雷多·迪亚士:《刑事诉讼法》,马哲、缴洁译,社会科学文献出版社2019年版,第99页。

② 该条款源自1929年葡萄牙《刑事诉讼法典》第3条。

程序的做法显然过于夸张(所引起的损害大于带来的好处)"[①]。二是该先决问题无法在刑事诉讼程序中得到适当解决。刑事法官应综合案件的性质、复杂程度、刑事诉讼结构对于有效解决先决问题适当与否,判决在将来可能存在冲突的概率等要素进行评估。[②] 依葡萄牙最高法院的通用表述,"一旦有关问题被评价为具有复杂性、专业性和重要性,则刑事法官应下令将该问题移送审理,除非'(刑事)诉讼程序可提供证明违法行为的一切要件的可靠证据'时"[③]。至于原因,如路易斯·奥索里奥(Luís Osório)在评述1929年葡萄牙《刑事诉讼法典》第3条时所写,"法律没有说明更适宜在另一个法院作出判决的原因,因此应交由法官进行审慎裁量。影响这种适宜性的因素主要是诉讼的形式。在民事诉讼中,原则上,争议事项的所有利益相关方均可以参与"[④]。路易斯·奥索里奥还援引了马萨里(Massari)的论断:"将先决问题交由另一法院进行裁判并非源于假定的管辖权多样性……,而是基于严格的程序原因,因为在非刑事法院中,所有利害当事人均可参与对抗式的系统,而由于刑事诉讼的特殊结构,无法适用这一系统。这可以解释了为何移送审理是可选的,以及为何刑事法院可以不移送非刑事程序而直接对先决问题予以裁判。"[⑤]当然,除了诉讼结构差异,法官的专业背景及职业经验亦是重要因素。

提出控诉或者提出启动预审的申请后,检察院、辅助人或者犯罪嫌疑人可以申请中止刑事诉讼程序,法官也可依其职权命令中止刑事诉讼程序。但是中止刑事诉讼程序不得妨碍紧急情况下进行取证措施(葡萄牙《刑事诉讼法典》第7条第3款)。在1929年葡萄牙《刑事诉讼法典》第3条中,对

---

① [葡]乔治·德·菲格雷多·迪亚士:《刑事诉讼法》,马哲、缴洁译,社会科学文献出版社2019年版,第103页。

② Castanheira Neves, Sumários de Processo Criminal, Coimbra, 1967 – 1968, p. 101.

③ [葡]乔治·德·菲格雷多·迪亚士:《刑事诉讼法》,马哲、缴洁译,社会科学文献出版社2019年版,第104页。本段的中译本过于晦涩,容易产生误解,笔者进行了重译。

④ Luís Osório, Comentário ao Código de Processo Penal Português, I, Coimbra, 1932, p. 119.

⑤ Luís Osório, Comentário ao Código de Processo Penal Português, I, Coimbra, 1932, p. 115.

先决问题的移送审理应在“预审结束”后,但第35.007号法令修改为“提出控诉”,1987年的葡萄牙《刑事诉讼法典》则修改为“提出控诉或者提出启动预审的申请后”。迪亚士教授认为,这种修改完全没有理由,“显然,依职权中止诉讼程序只可能发生在对席预审之后,因为根据第35.007号法令,直到这一时刻起,法官才接触到诉讼程序,从而具备条件就移送审理作出裁判。但是,仅仅因为一个这样的裁判并非依职权作出,而是应申请作出的这样的事实,事物就在表面上发生了改变了吗?笔者认为非也。因为包括在这种情况下,那些导致不建议移送审理继续遵循对席预审的目的的实质理由仍然发挥作用,尤其是基于不损害对犯罪及其行为人的完整的和完全的调查的理由,这些原因并没有因为第3条中宣告‘但中止刑事诉讼程序不得妨碍紧急情况下进行取证措施’这一事实而消失。这些原因也会停止,是的,相对于对席预审以及诉讼程序之后的步骤而言——此外还要强调的是,对先决问题的解决可能与对嫌犯的起诉具有更高的相关性”①。迪亚士教授的质疑有相当道理,因为法官在“提出控诉或者提出启动预审申请”这一时间点上未必能对先决问题的性质、复杂性、专业性和重要性进行精准的判断。从这个意义上讲,葡萄牙《刑事诉讼法典》第7条第3款似乎混淆了“刑事判决的先决问题”和“刑事诉讼的先决问题”(法国法意义上的)。

“法官有权决定中止刑事诉讼程序的期间,如果因不可归责于辅助人或者犯罪嫌疑人的原因延误作出有关裁决的,则该期间最多可以延长至1年。检察院可以随时参与非刑事诉讼程序,以促使该程序迅速进行并通知刑事法院。如果期间届满,上述问题仍未解决,或者诉讼并未在最多一个月的期间内提起,则应当在刑事诉讼程序中就该问题作出裁决。”(葡萄牙《刑事诉讼法典》第7条第4款)立法者之所以限定中止诉讼的期间,目的在于避免刑事庭审过度拖延,这可能还涉及预防性羁押、监视居住等强制措施的适用问题。

前文论及的均是刑事诉讼中的非刑事先决事项,这亦是充分性原则最

① [葡]乔治·德·菲格雷多·迪亚士:《刑事诉讼法》,马哲、缴洁译,社会科学文献出版社2019年版,第105页。

典型的情况。但如前所述,先决问题还包括刑事诉讼中的刑事先决问题以及非刑事诉讼中的刑事先决事项,这里亦作简单介绍。

刑事诉讼中的刑事先决问题并未规定在葡萄牙《刑事诉讼法典》第 7 条中,通常可分为两种情况:第一种情况是先决问题和后决问题属于牵连案件,适用牵连管辖规则。关于牵连管辖规则,笔者将在诉讼主体的司法管辖权的部分中进行详细介绍。第二种情况是先决问题和后决问题不属于牵连案件,不能适用牵连管辖规则。但葡萄牙《刑事诉讼法典》并未规定应中止后决问题的刑事诉讼,直至先决问题作出裁判。学说认为,在这种情况下,可类推适用葡萄牙《刑事诉讼法典》第 7 条关于刑事诉讼中非刑事先决问题的规定,即原则上不中止后决问题的审判,但如果刑事先决问题无法在主审程序中得到适当解决时,则可以分开审理。

非刑事诉讼中的刑事先决事项则规定在葡萄牙《民事诉讼法典》中。依葡萄牙《民事诉讼法典》第 92 条第 1 款的规定,"法官可以中止裁判,直至有管辖权的法院作出判决"。第 92 条第 2 款规定,"如果刑事诉讼在一个月的期限内未启动,或者因为因当事人的疏忽相应的诉讼已终止,则中止归于无效。在这种情形下,庭审法官将对先决问题作出裁决,但这一裁决不会在原诉讼之外产生任何影响"。

此外,还应论及先决问题判决的价值和效力。如前所述,在合并审理的情况下,刑事法官对先决问题所作出的裁决效力仅及于本案。如果先决问题随后在专属的诉讼程序中进行审查,且最终作出的判决与在原刑事诉讼中所作出裁决不一致,有理由严重怀疑原裁判的公正性,则可以作为再审的依据(葡萄牙《刑事诉讼法典》第 449 条第 1 款第 3 项)。而在移送审理的情况下,现行的葡萄牙《刑事诉讼法典》对此未作规定,大体可分为以下三种情况:一是对于刑事诉讼中的刑事先决问题,有管辖权的刑事法院对先决问题的裁判构成了对后决问题刑事诉讼的既判力,后决问题的刑事法院必须遵循该判决。这在 1929 年葡萄牙《刑事诉讼法典》(第 152 条)中作了规定,学说认为现行的做法与之并无不同。二是对于刑事诉讼中的非刑事先决问题,有管辖权的法院对先决问题的裁判仅在涉及后决问题的刑事部分产生效力。例如,在一起民事损害赔偿的案件中,被告人被判处承担或不承担民事责任。这一案件的既判力适用于刑事诉讼,排除了对被告人刑事责任的实际评估,但不会产生民事效力。[①] 三是对于非刑事诉讼中的刑事先决问题,刑事法院对先决问题的普通有罪判决仅在涉及后决问题的相关事实认定部分产生效力。例如,刑事法院判决伤害罪成立,则民事法院不再认定伤害行为是否存在,而仅对于赔偿的责任进行认定。但刑事法院所作出的无罪判决或者通过简易程序所作出的判决对民事法院不具有既判力。

四、后续思考

刑事诉讼的先决问题事实上已部分涉及(但远未覆盖)刑刑交叉、刑民交叉、刑行交叉问题的处理。这是非常棘手的问题,涉及裁判权的性质、"交叉"案件的界定、诉讼效率、既判力及范围等问题,很难在"充分性原则"的专题研究中进行深刻的研究。在比较法层面,各国的做法并不相同。有些国家倾向于认为刑事裁判具有优先效力,可中止民事裁判或行政裁判。有些国家则认为刑事裁判与民事裁判、行政裁判应是相互独立的,有管辖权的法院可各自独立作出判决,如果存在相互矛盾,可启动再审程序。有些国家则认为刑事裁判和民事裁判、行政裁判在某些交叉部分互相具有既判力,但也设有例外。

总体而言,刑事判决具有优先效力的立法模式更为常见,但往往设有诸多例外,以法国最为典型。法国较严格地适用"刑事裁判暂时中止民事裁判"原则(Le criminel tient le civil en l' état),凸显了刑事裁判的优先效力。所谓"刑事裁判暂时中止民事裁判"原则,是指在某一刑事案件同时引发刑事诉讼和民事诉讼的情况下,如果该刑事案件的公诉已启动,则在民事法院提起的民事诉讼应延迟裁判,直至最终的刑事判决作出为止。法国判例对该原则进行了相当宽泛的解释[②]:不管刑事判决是否为民事判决的基础,也不管刑事判决是否将对民事判决造成直接影响,只要两种诉讼与同一刑事案件关联,即适用这一原则。但在司法实践中,"刑事裁判暂时中止民事裁

① Castanheira Neves, Sumários de Processo Criminal, Coimbra, 1967 - 1968, p. 116.

② L. Cadiet et E. Jeuland., Droit judiciaire privé, Litec, 4e éd., 2004, n°1143.

判”原则已严重降低了诉讼的效率。例如,在劳资纠纷案件中,职员因被解雇而向劳资协调委员会提起诉讼,但如果雇主向预审法官提出雇工涉嫌偷盗的事由,则民事诉讼将暂时中止;又如,在离婚案件中,如果提出离婚请求的一方当事人指出配偶有暴力虐待行为,则该案件的民事审理也将暂时中止。类似的案例还有很多。众所周知,刑事案件的侦查期限相对较长,可能两年后才宣告侦查终结,甚至最终作出不予起诉的决定。因此,民事案件的预审法官极可能浪费大量的时间在判决等待上,进而在许多情况下造成民事支付的延迟,极大降低了诉讼的效率。因此,2000 年的立法改革对“刑事裁判暂时中止民事裁判”原则的适用情况进行了区分:对于法国《刑事诉讼法典》第 2 条规定的因犯罪而引起损害赔偿的民事诉讼,适用“刑事裁判暂时中止民事裁判”原则。即如果刑事案件的公诉已启动,只要最终的刑事判决未作出,民事判决便应暂缓作出;对于“在民事法院所提起的其他诉讼,不管其性质如何”,公诉的启动都不必然要求中止民事诉讼。换言之,立法者将决定权交给法官。民事法官可立即作出民事判决,也可暂时中止民事诉讼,直至最终的刑事判决作出。即便在“刑事判决可能对民事判决的最终结果产生直接或间接影响”的情况下,民事法官也可基于各种目的的考量(如立即给付)立即作出民事判决。葡萄牙和中国的做法与法国较为类似。

尤感遗憾的是,迪亚士教授在《刑事诉讼法》的相关部分并未展开,“为使对有关先决问题这一特别主题的探讨更加完整,还应研究的是,就先决问题作出的裁判,相对于关于主要问题的诉讼程序,被赋予了怎样的价值和效力。但这一部分内容已经不再是关于此处所探讨的问题的角度——充足原则的限制的角度——的了,而是主要涉及裁判已确定的案件和诉讼标的的范围的问题,因此笔者将不在本部分对此进行阐述”①。迪亚士教授在这段话的引注中标明“参见本书的第二卷”,但迪亚士教授穷其一生也未完成第二卷,笔者查阅了迪亚士教授生平的相关著述,目前也未看到对这一问题的

---

① [葡]乔治·德·菲格雷多·迪亚士:《刑事诉讼法》,马哲、缴洁译,社会科学文献出版社 2019 年版,第 106 页。

深入探讨,因而也无从了解这位睿智的学术权威如何深入思考这一难题。考虑到“交叉”案件的复杂性,笔者将在既判力[1]的相关专题中对这一问题深入展开研究。

① 部分观点,亦可参见施鹏鹏:《刑事既判力理论及其中国化》,载《法学研究》2014 年第 1 期。

论司法裁判权:法院、法官与管辖

在葡萄牙语中,“jurisdição”是多义词:一是司法裁判权,或者审判权。司法裁判权有广义和狭义之分,狭义的司法裁判权指“阐述法律”(dizer o direito)的权力,规定在葡萄牙《宪法》第202条中。① 广义的司法裁判权则还包括执行判决的权力。二是负责行使司法裁判权的国家机构,即法院。三是管辖权。但这里的管辖权指的是管理权限或管理职能,不能与司法管辖权(competência)混淆。例如葡萄牙足球协会(Federação Portuguesa de Futebol,FPF)对足球运动俱乐部具有管辖权(管理权)。而司法管辖权则指狭义的司法裁判权(jurisdição)在各司法裁判机关的分配。这三项词义在法律语境下均较为常见,容易混同。本文仅研究第一种词义上的司法裁判权,或者更具体而言,仅研究刑事诉讼中的司法裁判权,主要涉及刑事裁判权的主体及刑事裁判权的分配规则,而刑事裁判权的运行规则将在具体的庭审程序中进行研究。

一、刑事诉讼中的司法裁判权:界定、特征及主体

在葡萄牙的学说中,司法裁判权是国家主权的重要组成部分,是权力功

---

① 葡萄牙《宪法》第202条规定:“1. 法院是以人民的名义行使审判权的国家主权机关。2. 法院在行使审判权时,应为公民受法律保护的权益提供保障,遏制对民主法治的破坏,解决公私利益的冲突。3. 法院在履行其职能时,有权获得其他机关的协助。4. 法院可以制定非司法性的争议解决制度和方法。”

能分化和独立的结果。[①] 法治国的基本原则将司法裁判职能赋予法院且仅赋予法院。法院仅服从于法律,独立于政治机构,法官的独立性通过不可罢免及免受追责而得到保障,法院的判决对其他任何机构具有强制性和优先性。[②] 在刑事诉讼中,司法裁判权主要体现为宣告犯罪事实、判定被告人应承担刑事责任、确定拟适用的刑罚和执行,以及核实保安处分措施的刑法前提和执行的权力。法官对程序性事实的裁判权以及司法审查权,亦属于广义的刑事司法裁判权。

司法裁判权具有"职能单一性"和"机构多样性"的双重特征,两者并不矛盾:所谓的职能单一性,源自葡萄牙《宪法》第 202 条,即法院是唯一可以行使司法裁判权的国家主要机关。职能单一性并不意味着裁判机构的单一性。在刑事司法领域,依所适用的实体法不同,可行使司法裁判权的法院包括宪法法院、战时军事法院和普通法院(葡萄牙《宪法》第 209 条、第 211 条、第 213 条和第 280 条)。其他类型的法院不得进行刑事裁判,且依自然法官原则,禁止设立对某些犯罪具有专属管辖权的法院(葡萄牙《宪法》第 209 条第 4 款)。

(一)宪法法院(Tribunal Constitucional)

刑事诉讼法是一部真正的适用型宪法(verdadeiro direito constitucional aplicado),葡萄牙《宪法》对刑事诉讼的原则和内容设定了诸多要求,因此,宪法法院时常通过违宪审查机制介入刑事诉讼,确保宪法的价值及规范得以落实。[③]

(二)军事法院和具有专门军事管辖权的普通法院

在 1997 年 9 月 20 日第 1/97 号宪法性法律颁布前,葡萄牙《宪法》第 215 条规定,军事法院负责审判主要军事犯罪。而关于主要军事犯罪的界定、负责裁判的军事司法机构和所适用的军事刑事诉讼程序,均由葡萄牙《军事司法法典》(Código de Justiça Militar,由 1977 年 4 月 9 日第 141/77 号

---

① Cf. Miranda, Jorge, «Tribunais, Juízes e Constituição», ROA, Ano 59, 1999, p. 5 e ss.

② Miranda, Jorge, Constituição e Democracia, Lisboa, 1976, p. 308 e ss.

③ 关于宪法法院在刑事诉讼中的重要作用,参见本书《刑事诉讼宪法化的葡萄牙模式》一文,此处不再重复。

法律法令所批准)予以规定。改革后,葡萄牙《宪法》严格区分了战争时期与和平时期:在战争时期,应设立对严格军事性质犯罪案件有管辖权的军事法庭(葡萄牙《宪法》第 213 条)。依宪法条款的授权,2003 年 11 月 15 日第 100/2003 号法律规定,只有在战争状态期间才有可能设立军事法庭来审判具有严格军事性质的犯罪案件。[①] 在和平时期,普通法院有权受理具有严格军事性质的犯罪案件,但应有军事法官参与(葡萄牙《宪法》第 211 条第 3 款[②],葡萄牙《军事司法法典》第 109 条)。

战时的普通军事法庭是(葡萄牙《军事司法法典》第 130 条):最高军事法院法庭,由最高法院军事法官和最高法院的 1 名法官(juiz auditor, conselheiro)组成;里斯本和波尔图的二审军事法院法庭,分别由上诉法院军事法官(juízes militares das Relações)和里斯本上诉法院或波尔图上诉法院的 1 名法官组成;里斯本和波尔图的一审军事法院法庭,由各自刑事法院的军事法官和 1 名法官组成。另外,在战争时期,可以成立特别军事法庭。

在和平时期,具有严格军事性质犯罪案件的管辖权归最高法院、里斯本和波尔图上诉法院、里斯本第一和第二刑事法院和波尔图第一刑事法院(葡萄牙《军事司法法典》第 109 条和第 110 条)。最高法院法庭应包括 2 名军事法官,上诉法院和刑事法院应包括 1 名军事法官(葡萄牙《军事司法法典》第 115 条和第 116 条)。

(三)普通法院

除前述两类法院外,绝大多数刑事案件的管辖权均属普通法院(葡萄牙《宪法》第 211 条和葡萄牙《刑事诉讼法典》第 8 条和第 9 条)。最高法院是普通法院等级体系中的最高机关(葡萄牙《宪法》第 210 条第 1 款),最高法院在刑事领域的判决往往具有事实上的拘束力,因此,下级法院与之立场相悖的判决极有可能(但非必然)被撤销。一审法院通常是地区法院和特

---

① 依 2003 年 11 月 15 日第 100/2003 号法律所批准的葡萄牙《军事司法法典》第 1 条第 2 款之规定,"严格军事性质的犯罪指损害国防军事利益或者宪法赋予武装部队及法律所规定的其他利益的事实"。

② 参见葡萄牙《宪法》第 211 条第 3 款的规定,"审理严格军事性质犯罪案件的任何一级法院应依法设有一名或多名军事法官"。

定管辖法院或审判特定事项的专门法院具有相同的地位(葡萄牙《宪法》第210条第3款和第211条第2款)。这里需要说明的是,自然法官原则"禁止设立审判特定犯罪种类的专属管辖法院"(葡萄牙《宪法》第209条第4款),但不禁止"一审法院可以设立特定管辖法院或审判特定事项的专门法院"。因此,"特定犯罪种类的专属管辖"应作更精确的理解,往往针对特定人种(如犹太人)或特定政治信仰的罪名,且适用非正当的程序规则(如快速审判、拒绝辩护等),与"特定管辖"和"特定事项"有着本质的区别。二审法院则通常是上诉法院(葡萄牙《宪法》第210条第4款)。

二、普通刑事法院的管辖权规则

刑事领域的司法裁判权主要由普通刑事法院行使。而普通刑事法院按案由、职能和地域等设置司法裁判权的配置,这里便涉及管辖权规则(competência),主要包括实质管辖权规则、职能管辖权规则、地域管辖权规则和牵连管辖权规则。此外,较特殊的无管辖权和管辖权冲突亦是管辖权规则必不可少的组成部分。而在介绍各种复杂的管辖权规则前,还要特别说明的是,葡萄牙涉及管辖权的诸多专有术语与中国的含义并不相同,不能望文生义,否则容易造成混淆。如前所述,葡萄牙的管辖权与司法裁判权的概念紧密联系,因此,葡萄牙仅有审判管辖,未有中国刑事诉讼法意义上的立案管辖或职能管辖。从严格意义上讲,葡萄牙的职能管辖和实质管辖在中国刑事诉讼中均未有严格对应的概念,但在功能上涵盖了中国的立案管辖、级别管辖、法庭组成等,且更为复杂,因为中国的司法裁判权仅存在于庭审中,未涉及审前程序。

(一)实质管辖权规则和职能管辖权规则

1. 实质管辖权规则和职能管辖权规则(competência material e funcional)的区分

在葡萄牙刑事诉讼中,实质管辖[①]权规则指一审刑事法院对不同类型

① 一般认为,实质管辖(competência material)又可意译为事物管辖。但葡萄牙学说强调刑事法院对案件实质对象的管辖权,故译为实质管辖更为妥帖。

刑事案件的司法管辖权配置规则,所有可以参与特定案件的刑事法院,均对该案件实质对象有管辖权。例如,对于5年以下监禁刑的犯罪案件,刑事预审法官、地区独任法庭、上诉法院、刑罚执行法院通常拥有实质管辖权,但合议法庭和陪审法庭对于此类案件并无实质管辖权。上诉法院、最高法院和判决执行法院对法官被指控犯罪的刑事案件有实质管辖权,但预审法官和地区法院则没有实质管辖权。而职能管辖权规则指不同阶段的诉讼移送或者在同一阶段不同司法机构之间的权限分配规则。例如,预审法官有权行使预审职能,就是否起诉作出裁决,并且行使所有其具有权限的司法职能,直至案件移送审判程序进行审理(葡萄牙《刑事诉讼法典》第17条);独任庭对一审案件有职能管辖权(葡萄牙《刑事诉讼法典》第16条第1款);上诉法院对上诉案件有管辖权(葡萄牙《刑事诉讼法典》第12条第1款);等等。可以看出,实质管辖权规则与职能管辖权规则并不相同,实质管辖规则解决的是一审法院对不同类型刑事案件的分配规则,而职能管辖规则解决的是不同阶段或同一阶段不同职能法院的案件分配。但两者紧密联系、密不可分,共同确定了法院的司法裁判权分配,因此,葡萄牙《刑事诉讼法典》对这两套管辖权规则未作明确区分,第10条至第18条共同规定了法院的实质管辖权和职能管辖权。葡萄牙学说认为[①],这一套源自葡萄牙《民事诉讼法典》的管辖权规则在教学上最为适合,且最符合葡萄牙《刑事诉讼法典》的导向。但应注意的是,这套管辖权规则不仅不同于中国,也不同于欧陆邻国[②],仅是称谓上有些类似,不可混为一谈。

2. 实质管辖权的标准

实质管辖权遵循定量和定性的标准:定量标准为量刑标准,即犯罪可能判处的刑罚;而定性标准则为案件性质的标准,即所涉嫌罪名的类型或者某些犯罪要件的性质。

---

① Germano marques da silva, Direito processual penal português, Universidade católica editora, 2017, p. 174.

② 例如意大利。参见施鹏鹏:《意大利刑事诉讼与证据制度专论》(第1卷),中国政法大学出版社2020年版,第70页及以下。

(1)定量标准。

葡萄牙《刑事诉讼法典》第 15 条规定了“刑罚”的计算方法,“在确定抽象上可科处的刑罚时,应当在诉讼程序中考虑可能提高可适用的法定最高刑的所有情节”。这意味着在选择管辖法院时应考虑可能的加重情节,例如,葡萄牙《刑法典》第 78 条的犯罪竞合、第 83 条的犯罪倾向以及第 86 条的酗酒者及类似人员。这里涉及对抽象量刑的计算方法,包含“可能提高可适用的法定最高刑的所有情节”。这里并不必然要求达到可适用于罪名的法定刑罚上限,而是在本案中可能适用于被告人的法定刑罚上限。这是因为同一诉讼中可能存在多个罪名,而竞合导致适用于被告人的刑罚高于每个竞合罪名的刑罚。依葡萄牙《刑法典》第 78 条第 1 款及第 2 款之规定,“在判决生效之后,如果证明该行为人在被判刑前还实施了一个或者数个其他犯罪,适用前条的规则,在对犯罪竞合所确定适用的并罚后的刑罚中扣除其此前已服的刑期”。因此在犯罪竞合的情况下,所适用的最高刑罚为每项罪名的最高刑罚总和。这一规则明确规定在葡萄牙《刑事诉讼法典》第 14 条第 2 款第 2 项中。

需要指出的是,葡萄牙《刑事诉讼法典》第 15 条仅考虑了常见的加重处罚情节,并未规定在犯罪类型适用刑罚范围之外具有法定加重刑罚效力的情形,也未规定具有特殊法定减刑效力的减轻刑罚情形,这些未考虑在列是因为它们取决于法院的具体评价,不属于抽象量刑的范畴。但检察官经常使用葡萄牙《刑事诉讼法典》第 16 条第 3 款①赋予的权力考虑减刑情节。

(2)定性标准。

有些罪名仅得由特定的法院进行管辖。例如,葡萄牙《刑事诉讼法典》第 13 条规定,“陪审法庭有权管辖根据检察院、辩护人或者被告人的请求,审理葡萄牙《刑法典》第 2 卷第 3 编和第 4 编第 1 章规定的犯罪,以及《国际人道主义法》所规定的犯罪的诉讼”。

---

① 检察院在起诉书中或随后才得知竞合的情况的,在申请书中认为对该竞合行为具体应判罚不超过 5 年监禁刑时,可以由独任法庭进行审判。

3. 职能管辖权的标准

职能管辖遵循各司法机关的职能分工标准,例如刑事预审法院(预审法官)负责行使预审职能,决定起诉并行使与调查有关的司法权(葡萄牙《刑事诉讼法典》第 17 条和葡萄牙《司法系统组织法》第 119 条)。刑罚执行法院的管辖权由专门的法律进行规定(葡萄牙《刑事诉讼法典》第 18 条),包括执行监禁刑、相对不定期刑(pena relativamente indeterminada)和对不可归责人员的收容处分(medida de segurança de internamento de inimputáveis)(葡萄牙《司法系统组织法》第 114 条)。

但葡萄牙《刑事诉讼法典》第 10 条至第 18 条未具体到每位法官的职能,法官的职能主要体现在具体的刑事诉讼规则及葡萄牙《司法系统组织法》中。例如"预审法官负责预审辩论的纪律、领导和组织……"(葡萄牙《刑事诉讼法典》第 301 条),"主审法官应当通过作出决定指定庭审的日期、时间和地点……"(葡萄牙《刑事诉讼法典》第 312 条),"主审法官作出与维持庭审纪律和领导庭审有关工作有关的决定……"(葡萄牙《刑事诉讼法典》第 322 条第 2 款),"任一审理案件的法官或者陪审团成员均可就被控的事实问题向被告人提问……"(葡萄牙《刑事诉讼法典》第 345 条),"经过评议和表决,由审判长撰写判决……"(葡萄牙《刑事诉讼法典》第 372 条第 1 款),"判决由审判长、其他法官和陪审员作出……"(葡萄牙《刑事诉讼法典》第 372 条第 2 款),等等。葡萄牙《司法系统组织法》则规定了最高法院院长、副院长及庭长的权限(第 62 条至第 65 条),上诉法院院长、副院长及庭长的权限(第 75 条至第 78 条)以及合议庭审判长的权限(第 135 条及第 139 条)。违反法官及陪审员职能权限规则的,适用与违反法院管辖权相同的规定。

4. 实质管辖权和职能管辖权的适用细则

葡萄牙《刑事诉讼法典》对这两套管辖权规则未作明确区分,优点在于立法的简洁性及实操性,实务人员无须刻意区别实质管辖和职能管辖便能较精准地适用,但缺点便是容易将实质管辖和职能管辖混为一谈,两者的法理逻辑完全不同。在上文中,笔者已经对实质管辖和职能管辖进行了较清晰的区分,因此,下文将主要按立法的逻辑进行论述。

(1)刑事预审法庭(刑事预审法官)的管辖权。

刑事预审法庭是具有专门管辖权的一审独任法庭。因为是独任法庭,区分法庭和法官的管辖权并无必要。因此,葡萄牙《司法系统组织法》第119条规定的刑事预审法庭的权力,与葡萄牙《刑事诉讼法典》第17条规定的刑事预审法官的权力,两者并无实质区别。具体而言,刑事预审法庭(刑事预审法官)负责行使预审职能,决定起诉并行使与调查有关的司法权(葡萄牙《刑事诉讼法典》第17条和葡萄牙《司法系统组织法》第119条)。

刑事预审法庭(刑事预审法官)也设有特殊的管辖权规则:

a. 涉及司法人员犯罪的情况(葡萄牙《刑事诉讼法典》第11条第7款和第12条第6款)。

· 上诉法院的法官负责对法院法官、检察官及助理检察官犯罪行为的预审。

· 最高法院的法官负责对共和国总统、国会主席或者总理在行使职务时所实施犯罪的预审,以及负责对最高法院、上诉法院的法官以及与上述法院或者法官同级的共同行使职能的检察官所实施犯罪的预审。

b. 涉及特定罪名预审的情况(葡萄牙《司法系统组织法》第120条)。

· 对于如下罪名,如果犯罪活动发生在不同上诉法院管辖区,则由中央预审法庭进行管辖:危害和平及反人类罪;恐怖组织和恐怖主义犯罪;危害国家安全犯罪,但选举犯罪除外;贩卖麻醉品、精神药物和前体罪,但直接向消费者销售的情况除外,以及组成贩卖犯罪团伙;洗钱罪;腐败、贪污和分享经济利益罪;故意破产罪;公共部门或者合作社的经济单位的错误管理罪;欺诈获取或挪用津贴、补贴或者奖励(subsídio, subvenção ou crédito)罪;国际或跨国的经济和金融犯罪。

· 对于前述罪名,如果犯罪活动发生在同一上诉法院管辖的不同地区时,则上诉法院刑事预审法庭对前述罪名行使管辖权。

c. 法院程序推进可证明合理并设立刑事调查和公诉部(departamentos de investigação e ação penal,DIAP)的地区,可设立刑事预审法院,但管辖权仅限于所涉地区。

d. 对于严格军事性质的犯罪,由里斯本和波尔图刑事预审法院的军事预审组织在葡萄牙《军事法典》规定的领域中享有管辖权。

e. 前述规定并不影响预审法官在紧急情况下对必须执行与预审有关的司法行为的区域行使管辖权。

(2)独任法庭的管辖权。

独任法庭由 1 名法官组成(葡萄牙《司法系统组织法》第 132 条)。依葡萄牙《刑事诉讼法典》第 16 条之规定,独任法庭有权审理:①法律规定的非由其他类型的法院行使管辖权的刑事案件(第 1 款第 1 项);②葡萄牙《刑法典》第 2 卷第 5 编第 2 章所规定的犯罪(第 2 款第 1 项);③抽象上可判处的最高刑罚为 5 年或不高于 5 年监禁刑的犯罪(第 2 款第 2 项);④必须适用简易程序的案件(第 2 款第 3 项);⑤依拟适用的量刑正常应由合议法庭或者陪审法庭审理的案件,但检察院认为具体应判罚不超过 5 年监禁刑,尤其是在竞合的情况下(第 3 款)。

第 16 条第 1 款第 1 项为"纯粹的保留管辖权标准"(um critério meramente residual)。"法律规定的非由其他类型的法院行使管辖权的刑事案件",均由独任法庭管辖,即意味着独任法庭负责裁判所有可判处监禁刑以外刑罚或保安处分措施的刑事案件。

第 16 条第 2 款第 1 项采用定性的标准,这里主要是考虑到所涉罪名的取证难度一般不大。但这一标准相当危险,因为不可能先验地确定某类犯罪案件的取证难度不大,且这些罪名可能科以极高的量刑。例如,妨害公共当局罪的,可处量刑超过 5 年以上,竞合后最高可达 25 年。

第 16 条第 2 款第 2 项和第 3 项将独任法庭的管辖权主要限定在事实清楚及量刑轻微的案件,这符合"从简从快"的司法效率要求。

最具争议的是第 16 条第 3 款,"即使在犯罪竞合的情况下,检察院在起诉书中或随后才得知竞合的情况的,在申请书中认为对该竞合行为具体应判罚不超过 5 年监禁刑时",独任法庭也可以审理本法典第 14 条第 2 款第 2 项规定的案件。而第 16 条第 4 款规定,"在前款规定的情况下,独任法庭不可以判处超过 5 年的监禁刑"。这意味着检察官可能因"预断"限制法官的管辖权及可能的量刑权,甚至有违宪的嫌疑。

在最初的法律草案中,第 16 条第 4 款规定,"如果法院在任何时候均可有充分的依据认定本案应处高于第3款所规定之刑罚(即3年),则将以载明理由之决定,下令将卷宗材料移送有管辖权的合议法庭进行判决"①。但1986年9月26日第43/86号的授权立法②规定,"检察官认为可能判处的监禁刑或者保安处分措施不高于第16条第3款所规定之刑罚(5年)时,可以由独任法庭进行审判"。政府将这一立法授权解释为赋予检察官最终确定独任法庭管辖权的可能(如果检察官认为不应适用5年以上的监禁刑)。可以看到,最初的法律草案和立法授权及政府的解释完全不同:最初的法律草案采用了"具体确定的方法"(método da determinação concreta)③并要求移送管辖,因而并不存在检察官限制法官管辖权及量刑权的可能,但政府的解释远远超出了一般的"管辖权不确定",直接限制了法院在案件中确定刑罚措施的权力。因此,有学者认为,葡萄牙《刑事诉讼法典》第16条第3款和第4款违反了自然法官原则、司法裁判权原则、合法性原则和平等原则,但宪法法院认为,这一规定完全符合葡萄牙《宪法》的规定④:一方面,第16条第3款及第4款是起诉便宜原则的重要体现,允许检察官在未经司法审查的情况下决定在特定案件适用低于法律抽象规定的刑罚。在这种情况下,法院不得适用高于检察官所请求的量刑,这充分体现了刑罚适用的控告原则。另一方面,对于重要的争点问题,即"独任法庭是否可以对检察院依第16条第3款之规定所作出的决定进行审查"。如果管辖权是依定性标准所确定,则答案是可以,对此法律的规定是相当明确的。但如果管辖权是依定量标准所确定,则仅在检察官违反第16条第3款规定的前提下("在起诉书中或随后才得知竞合的情况的"),独任法院可宣告无管辖权。总之,法院有权力也有义务对检察官决定的程序合法性进行监督,但不得对决定的实质合法性进行监督。检察官在行使第16条第3款赋予的权力时,辅助人

---

① Art. 16.°, n.° 4, do Código de Processo Penal (projeto), 1986 (suplemento do Boletim do Ministério da Justiça).

② 该法律授权政府批准葡萄牙《刑事诉讼法典》。

③ Dias, Jorge de Figueiredo, «Sobre os sujeitos processuais no novo Código de Processo Penal», JDPP/NCPP, p. 20.

④ Cf. Dias, Jorge de Figueiredo, «Sobre os sujeitos processuais no novo Código de Processo Penal», JDPP/NCPP, p. 19 e ss.

不得在法庭上对该决定提出异议,除非程序非法。但辅助人可以向上级检察院提出异议,上级检察院可以在法庭收到卷宗材料之前撤销该决定。

(3)合议法庭的管辖权。

合议法庭由3名法官组成(葡萄牙《司法系统组织法》第133条)。一审的合议法庭可以是具有一般管辖权的法院(地区法院),也可以是具有专门管辖权的法院(具有专门管辖权的中央法院)。依葡萄牙《刑事诉讼法典》第14条之规定,对于《刑法典》第2卷第3编(第239条至第246条,反和平及反人类罪)和第5编第1章规定的犯罪(第308条至第346条,危害国家安全罪),以及《国际人道主义法》规定的犯罪[①],不由陪审团审理的,由合议法庭根据法定程序审理。合议法庭还有权审理独任法庭无权审理的下列犯罪:以致人死亡为犯罪构成要件的故意犯罪或者结果加重犯,且不应适用简易程序的;抽象上最高可判处5年以上监禁刑的犯罪,(即使在犯罪竞合的情况下,每项犯罪的法定最高刑均低于5年),且不应适用简易程序的。

(4)陪审法庭的管辖权。

陪审法庭则由合议法庭法官和4名常任陪审员和4名候补陪审员组成(葡萄牙《司法系统组织法》第136条和1987年12月29日第387-A/87号法律法令)。与独任法庭及合议法庭不同,陪审法庭仅在检察官、辩护人或者被告人提出请求的情况下方裁判案件(葡萄牙《刑事诉讼法典》第13条)。请求陪审法庭审判案件的,该请求不得撤回(葡萄牙《刑事诉讼法典》第13条第4款)。检察院和辅助人的申请应在提出控诉的期间与控诉一并提出,犯罪嫌疑人的申请应在提出开启预审申请的期间一并提出。如有预审,犯罪嫌疑人的申请和未提出控诉的辅助人的申请应在自获得起诉通知起8日内提出(葡萄牙《刑事诉讼法典》第13条第3款)。[②] 在必须采取简

---

① 关于违反国际人道主义法的刑法,由2006年7月22日第31/2006号法律批准,并经2007年9月4日第59/2007号法律修改。

② Sobre o Tribunal do Júri é de muito útil consulta a monografia de António Manuel Morais, O Júri no Tribunal, Lisboa, 2000. Cf. sobre a dimensão política do júri criminal em Portugal, cf. Mesquita, Paulo Dá, Processo Penal, Prova e Sistema Judiciário, Coimbra, 2010, p. 187 e ss (Capítulo com o título «A Dimensão Política do Júri Criminal em Portugal – Nótula Histórica e Prospectiva).

易程序的案件里,要求陪审团参与的请求必须:由检察官或犯罪嫌疑人提出,只要其行使了第382条第2款和第3款的权利,直到庭审开始;由辅助人在庭审开始时提出。

依《刑事诉讼法典》第13条之规定,陪审法庭有权管辖检察院、辩护人或者被告人请求的《刑法典》第2卷第3编(第239条至第246条,反和平及反人类罪)和第5编第1章所规定的犯罪(第308条至第346条,危害国家安全罪),以及《国际人道主义法》所规定的犯罪。陪审法庭亦有权应检察院、辩护人或者被告人的请求管辖不应由独任庭审理的,抽象上最高可判处8年以上监禁刑的犯罪案件。恐怖主义犯罪和涉及高度组织性的犯罪不在陪审团法院的管辖范围之列(葡萄牙《司法系统组织法》第137条)。[①]

第13条第2款存在例外,即前文所论及的第16条第3款,"即使在犯罪竞合的情况下,检察院在起诉书中或随后才得知竞合的情况的,在申请书中认为对该竞合行为具体应判罚不超过5年监禁刑时",独任法庭也可以审理本法典第14条第2款第2项规定的案件。

(5)上诉法院的管辖权。

上诉法院在刑事方面,享有法律(葡萄牙《司法系统组织法》第72条)所赋予的管辖权(葡萄牙《刑事诉讼法典》第12条第1款)。上诉法院院长对下列刑事事项行使管辖权(葡萄牙《刑事诉讼法典》第12条第2款):①受理各审判庭之间管辖权的冲突;②法律规定的其他事项。上诉法院的刑事庭对下列事项行使管辖权(葡萄牙《刑事诉讼法典》第12条第3款):①审理法院法官、检察官及助理检察官的犯罪行为;②审理上诉;③审理司法引渡案件;④审理外国刑事判决的审查和确认;⑤法律规定的其他事项。上诉法院刑事庭法官在刑事方面,有权对于葡萄牙《刑事诉讼法典》第12条第3款第1项所规定的案件("审理法院法官、检察官及助理检察官的犯罪行为"),实施与侦查有关的司法行为,指挥预审,主持预审辩论,并且作出起诉或者不予起诉的决定(葡萄牙《刑事诉讼法典》第12条第6款)。

---

① 葡萄牙《刑事诉讼法典》第1条第2项。

(6)最高法院的管辖权。

最高法院全体会议享有法律(葡萄牙《司法法院组织和运行法》第 41 条)赋予的管辖权(葡萄牙《刑事诉讼法典》第 11 条第 1 款):裁判对(最高法院)刑事法庭全体会议所作出判决的上诉,并行使法律所赋予的其他权力。最高法院院长对下列刑事事项行使管辖权(葡萄牙《刑事诉讼法典》第 11 条第 2 款):①审理(最高法院)不同法庭之间的管辖权冲突;②根据本法典第 187 条至第 190 条的规定,批准对共和国总统、国会主席以及总理的谈话或通讯进行监听、录音以及转录,并且有权作出对其销毁的决定;③法律赋予的其他职责。最高法院刑事法庭全体会议对下列刑事事项行使管辖权(葡萄牙《刑事诉讼法典》第 11 条第 3 款):①审理共和国总统、国会主席或者总理在行使职务时实施的犯罪;②审理对其刑事庭一审裁决提出的上诉;③根据本法典第 437 条及以下的规定,统一判例(jurisprudência)。最高法院刑事法庭对下列刑事事项行使管辖权(葡萄牙《刑事诉讼法典》第 11 条第 4 款):①审理针对最高法院、上诉法院的法官以及与上述法院或者法官同级的共同行使职能的检察官所实施的被指控行为的诉讼案件;②审理不由刑事法庭全体会议管辖的上诉;③审理由于非法羁押而提出的人身保护令的请求;④审理再审的请求;⑤有管辖权的其他法院行使审判权遇到阻碍时,裁定将管辖权授予另一同类型和同一级别的法院的请求;⑥法律规定的其他事项。最高法院刑事庭庭长对下列刑事事项行使管辖权(葡萄牙《刑事诉讼法典》第 11 条第 6 款):①处理上诉法院间的管辖权冲突、上诉法院与初审法院间的管辖权冲突,或者不同司法区的初审法院间的管辖权冲突;②法律规定的其他刑事事项。最高法院刑事法庭的每一位法官对于最高法院刑事法庭或者全体会议有权管辖的案件,均有权实施与侦查有关的司法行为,指挥预审,主持预审辩论,并且作出起诉或者不予起诉的决定。

(7)刑罚执行法院的管辖权。

依葡萄牙《刑事诉讼法典》第 18 条之规定,刑事执行法院的实质管辖和职能管辖由专门的法律进行规定。葡萄牙《司法系统组织法》第 114 条将这一管辖权界定为执行监禁刑、相对不定期刑(pena relativamente indeterminada)和对不可归责人员的收容处分(medida de segurança de internamento de inimputáveis)(葡萄牙《司法系统组织法》第117条)。

刑罚执行法院专门负责如下事务(葡萄牙《司法系统组织法》第117条):①批准个人重新适应社会计划,批准患精神病的非责任人和责任人在非责任人专用机构住院进行治疗以及重新适应社会的计划,以及相应的变化;②批准及撤销司法外出许可证(licenças de saída jurisdicionais);③批准及撤销假释、假释适应(adaptação à liberdade condicional)及考验性释放(liberdade para prova);④批准重返社会及狱政总局局长关于对囚犯适用对外界开放制度(regime aberto no exterior)的决定;⑤决定驱逐出境附加刑(pena acessória de expulsão)的执行,宣告刑罚消灭,以及决定提前执行出境附加刑;⑥在认为必要或者法律规定的情况下传唤技术咨询(Convocar o conselho técnico);⑦对狱政决定的异议诉讼作出裁决;⑧确定扣押邮件的目的地(destino a dar à correspondência retida);⑨申报遗失并处理从囚犯身上缴获的物品或货币;⑩对于患有严重、渐进且不可逆转疾病或者严重及永久性残疾或者高龄囚犯,决定修改监禁刑的执行;⑪对于周末监禁或半监禁的囚犯未有正当理由未进入监狱服刑的,下令执行连续监禁制度(prisão em regime contínuo);⑫对不可归责人员收容处分的修改和扩大;⑬在连续执行收容处分及剥夺自由刑的情况下,决定适用社区服务或者予以撤销;⑭罪犯在执行监禁刑时出现精神异常,决定予以住院治疗(internamento)或者中止监禁刑执行,并进行审查;⑮对连续执行收容处分或者剥夺自由刑的罪犯,决定是否执行剩余的刑期或者维持相同期限的关押;⑯在犯罪嫌疑人假装精神错乱(simulação de anomalia psíquica)的情况下,宣布对正常刑罚执行制度的更改归于无效;⑰在拒绝或驳回假释时,对相对不定期刑的罪犯依犯罪的刑事责任宣布有效的监禁刑;⑱宣布有效监禁刑、相对不定期刑以及收容处分归于消灭;⑲发布拘留令、羁押令和释放令;⑳在《刑罚及剥夺自由措施执行法典》(Código de Execução das Penas e Medidas Privativas da Liberdade)第23条及第97条规定的情况下将囚犯获释或逃逸的情况告知被害人;㉑在授予和撤销特赦程序中进行预审,并处理相应的请求;㉒对恶意全部或部分免予执行监禁刑或收容处分的罪犯作出藐视法庭(contumácia)的声明,并下令扣押财产(arresto de bens);㉓决定暂时取消犯罪记录中记录的事实或决定;㉔对转录犯罪记录证明(transcrição nos certificados do registo criminal)的合法性提起诉讼;㉕刑罚执行法院还有责任保障囚犯的权利,依法律规定的情形以及法定的条件,对狱政部门决定的合法性作出裁决。

(二)地域管辖权规则

1. 地域管辖权的界定

地域管辖,是指依在领土内的位置来确定同一性质法院的管辖权。法院在所划分的领土区域内行使司法裁判权。一般而言,同一性质的法院在各自地区内拥有相同的管辖权。但在同一地区里,不同的法院可以行使不同的管辖权,包括一般管辖法院和特定管辖法院或审判特定事项的专门法院。例如,小型刑事法院便是特定管辖法院,在其所管辖地区,相应区法院便不具有管辖权。

2. 地域管辖权的适用细则

(1)一般规则。

①依葡萄牙《刑事诉讼法典》第 19 条第 1 款之规定,法院对在其管辖区内完成的犯罪具有管辖权。因此,“犯罪完成地”是地域管辖权的一般规则。这主要是基于取证便利以及恢复秩序的考虑。对于绝大多数的犯罪而言,“犯罪完成地”是最易获取证据的场所,且在犯罪行为侵害法益的地方进行裁判,有助于恢复秩序并重申权利保护。但司法实践中很常见的一种情况是:“犯罪完成地”与“犯罪实施地”并非同一地方甚至相差很远,例如在谋杀案件中,被害人在医院里去世(犯罪完成地),但谋杀行为可能在很远的地方实施。因此,“犯罪完成地”有必要作更符合管辖权设置的界定。葡萄牙区分了形式犯罪和实质犯罪(crimes formais e materiais)。实质犯罪以发生自然结果而告终,如谋杀罪,而形式犯罪则未必会发生自然结果,如威胁罪。对于实质犯罪,“犯罪完成地”指犯罪结果发生地,而对于形式犯罪,“犯罪完成地”指犯罪行为实施地。因此,2007 年 8 月 29 日第 48/2007 号法修改了葡萄牙《刑事诉讼法典》第 19 条第 2 款,规定“以致人死亡为构成要件的被指控行为,由行为人实施行为的所在地法院管辖,或在不作为案件中,由本应作为的行为所在地法院管辖”。

②单一犯罪行为持续一段时间,由犯罪行为终止地法院管辖(葡萄牙

《刑事诉讼法典》第 19 条第 3 款)。这是持续犯(crimes permanentes)的地域管辖权规则。所谓持续犯,指犯罪行为的实施及完成持续一段时间,在这段时间内持续侵犯刑法所保护的法益。持续犯的实施可以以作为的形式,也可以以不作为的形式,仅在行为人停止作为或者不作为的情况下,犯罪行为方宣告结束。[①] 较典型的罪名为绑架罪(葡萄牙《刑法典》第 158 条),管辖的法院为绑架行为终止地的法院。

③连续行为或者重复行为的犯罪,由最终犯罪行为发生地法院管辖(葡萄牙《刑事诉讼法典》第 19 条第 3 款)。连续行为或重复行为的犯罪不应与同一行为人实施多项犯罪混淆。无论是连续行为的犯罪,还是重复行为的犯罪,均属于单一的犯罪,实施方式为一系列行为(连续行为)组成,或者每个行为构成了犯罪实施的一部分或者产生了部分的法律后果(重复行为),如公务员袒护他人罪(葡萄牙《刑法典》第 368 条)和性骚扰罪(葡萄牙《刑法典》第 170 条),由最终犯罪行为发生地法院管辖。

④在连续犯(crime continuado)的情况下,由连续实施的最后一个犯罪行为的所在地法院管辖。连续犯是由几种"犯罪"或者几种行为组合起来的一个"犯罪",基于相同的刑罚效力。出于程序效力,连续犯应视为通过连续行为完成的犯罪,因此适用葡萄牙《刑事诉讼法典》第 19 条第 3 款的规定。

⑤如果犯罪尚未完成,由犯罪最后行为实施地的法院管辖,或者可判处刑罚的预备行为,由最后预备行为实施地的法院管辖(葡萄牙《刑事诉讼法典》第 19 条第 4 款)。

如果犯罪未遂亦应判处刑罚,则在犯罪行为已经实施但尚未完成的情况下,由最后执行行为地的法院管辖。

如果未实施犯罪行为,但实施了犯罪预备行为,且该预备行为亦应判处刑罚(葡萄牙《刑法典》第 21 条),则由最后预备行为实施地的法院管辖。

(2)附属规则。

a. 在船舶或航空器上实施犯罪:

葡萄牙《刑法典》第 4 条第 2 款规定,葡萄牙刑法适用于在葡萄牙船舶

---

① Ferreira, Manuel Cavaleiro de, Curso de Processo Penal, 1,1986, p.90.

或航空器上所实施的犯罪。葡萄牙《刑事诉讼法典》第 20 条规定了“在船舶或者航空器上的犯罪”:①被指控行为发生于从葡萄牙各海港驶入或者从葡萄牙各海港驶出的船舶上的,由海港区的法院管辖;发生于非驶入或者驶出葡萄牙的船舶上的,或者涉及船员的,由船舶注册地法院管辖。②被指控行为在航空器上实施的,其管辖参照适用前述规定。③前述未规定的情况,由最先收到犯罪信息的法院管辖。

b. 犯罪地不确定或者不明的犯罪:

如果确定地域管辖权的相关构成要件发生的地点未知,法律规定了两种确定管辖权的方式(葡萄牙《刑事诉讼法典》第 21 条):被指控行为涉及多个地点,且确定属地管辖权相关的构成要件的发生地有疑问的,则所有有关地区的法院均有管辖权,但是最先收到犯罪信息的法院具有优先管辖权;相关构成要件的发生地不明确的,由最先收到犯罪信息的法院管辖。

c. 在国外犯罪:

依葡萄牙《刑法典》第 5 条,葡萄牙刑法同样适用于在葡萄牙境外所实施的犯罪。葡萄牙《刑事诉讼法典》第 22 条第 1 款规定:①通常情况下,如果被指控行为发生在国外,由犯罪行为人的所在地法院管辖;②如果在葡萄牙未找到犯罪行为人,则由其住所地法院管辖;③如果依前述规定无法确认管辖法院,由最先收到犯罪信息的法院管辖。应结合葡萄牙《刑事诉讼法典》第 21 条来解释最后一项标准,即如果犯罪行为人在葡萄牙有两个及以上的住所,则可以依据葡萄牙《民法典》之规定(第 82 条及后续条款),住所地法院均有管辖权,优先由最先收到犯罪信息的法院管辖。在葡萄牙没有或者住所未知的情况下,由最先收到犯罪信息的法院管辖。

d. 部分在葡萄牙和部分在国外实施的犯罪:

如果被指控行为部分发生在葡萄牙,部分发生在国外,则由在国内的最后相关行为发生地的法院管辖(葡萄牙《刑事诉讼法典》第 22 条第 2 款)。依葡萄牙《刑法典》第 7 条之规定,“行为人实施全部或部分行为之地、实施任何形式的共同犯罪行为之地,在不作为的情况下行为人应当实施行为之地,均视为行为地;发生构成要件结果或者非构成要件结果之地,也视为行为地”。因此,完全在国外实施但在葡萄牙境内完成的犯罪行为应视为在葡萄牙实施,可以适用葡萄牙刑法(葡萄牙《刑法典》第4条第2款),并适用地域管辖的一般规则(葡萄牙《刑事诉讼法典》第19条第1款),葡萄牙法院对在其管辖区内完成的犯罪具有管辖权。如果犯罪并非在葡萄牙完成,但仍应受葡萄牙法律的惩罚,则适用葡萄牙《刑事诉讼法典》第19条第3款及第4款的规定。以致人死亡为构成要件的被指控行为,由行为人实施最后行为的所在地法院管辖(葡萄牙《刑事诉讼法典》第19条第2款)。

需要最后指出的是,依葡萄牙《刑法典》第7条之规定,在葡萄牙实施的犯罪预备行为不属于犯罪实施行为,但如果这一犯罪预备行为在葡萄牙应受到刑罚,则应适用葡萄牙《刑事诉讼法典》第19条第4款,由最后预备行为实施地的法院管辖。

e. 涉及司法官的诉讼:

上诉法院负责审理法院法官、共和国检察官及助理检察官的犯罪行为(葡萄牙《刑事诉讼法典》第12条第3款),上诉法院的地域管辖权适用葡萄牙《刑事诉讼法典》第19条至第22条的规定。最高法院的刑事庭负责审理针对最高法院、上诉法院的法官以及与上述法院或者法官同级的共同行使职能的检察官所实施的被指控行为的诉讼案件(葡萄牙《刑事诉讼法典》第11条第4款)。

葡萄牙《刑事诉讼法典》第23条规定了确定地域管辖权的例外规则。如果诉讼程序中被害人、有权成为辅助人或者附带民事诉讼当事人的人是法官,并且根据前述规定,该法官履职时所在的法院本应对程序行使管辖权的,则案件由同级法院或者同类的最近法院进行管辖。此规定不适用于最高法院。如何理解“法官履职时所在的法院”?上诉法院按法庭运行,一审法院可以分为若干法官。可按照上诉法院的各法庭以及一审法院的各法官理解葡萄牙《刑事诉讼法典》第23条规定的“履职时所在的法院”。

(三)牵连管辖权规则

1. 牵连管辖的界定

所谓牵连管辖,是指如果多个犯罪存在某种牵连关系,每个犯罪均适用不同的实质管辖权规则、职能管辖权规则和地域管辖权规则,但合并审理会更好地实现正义,则可以改变原先的管辖权规则,将多个犯罪合并在一起进行审理。因为犯罪行为之间存在牵连关系,所以合并审理将更容易或更完整地查明案件事实,避免判决中可能出现的矛盾。对于同一行为人实施多项犯罪的,合并审理有助于更容易以及更好地对共同犯罪进行刑事处罚(葡萄牙《刑法典》第77条)。[①]

法律规定了三种类型的诉讼牵连关系(葡萄牙《刑事诉讼法典》第24条和第25条):(1)同一行为人实施多项犯罪(主体牵连);(2)多个行为人参与实施了同一犯罪;(3)多个犯罪之间存在特殊的关系。(后两者属于客观牵连)

(1)主体牵连。

主体牵连规定在葡萄牙《刑事诉讼法典》第24条第1款第1项及第2项以及第25条中。同一行为人实施多项犯罪,在符合下列条件的情况下,构成牵连案件:同一行为人以作为或者不作为的方式实施数项犯罪(第24条第1款第1项),如行为人通过炸弹爆炸犯下了几起谋杀罪;同一行为人在同一时间或者同一地点实施数项犯罪(第24条第1款第2项),如同一行为人在同一时间或地点伤害了几个人;数项犯罪之间具有因果关系(第24条第1款第2项),如行为人因被害人检举抢劫而实施抢劫和谋杀罪;某项犯罪是为继续其他犯罪或者隐瞒犯罪的(第24条第1款第2项),如行为人杀人后实施藏匿尸体罪;同一行为人实施不同的犯罪行为,同一地区不同法院都有管辖权的(第25条)。

葡萄牙《刑事诉讼法典》第24条源于意大利《刑事诉讼法典》法律草案[②],立法理由的讨论亦类似。即仅由同一行为人实施不同犯罪行为是不够的,这些犯罪行为之间还应有密切的联系,并案审理可以更好地对证据进行评价以及优化诉讼经济效益,因为如果犯罪行为之间存在密切联系,则证据之间亦必然存在密切联系。此外,葡萄牙《刑事诉讼法典》第25条规定的牵连管辖,除了优化诉讼经济效益的考虑,还因为对行为人不同犯罪进行

---

① Sobre a competência por conexão é de muito útil consulta a monografia de Moutinho, José Lobo, A Competência por Conexão no Novo Código de Processo Penal, Suplemento da revista Direito e Justiça, 1992.

② 现为意大利《刑事诉讼法典》第12条。

并案审判可以在数罪并罚中适用单一的量刑(葡萄牙《刑法典》第 77 条)。

这里还应区分主体牵连和犯罪竞合。主体牵连均与犯罪竞合相关,但并非所有的犯罪竞合均应并案审理。葡萄牙《刑法典》第 77 条规定,"如果行为人实施了数个犯罪,且这些犯罪均实施于其中任何一个犯罪的判刑生效前的,则只判处一个刑罚"。但葡萄牙《刑法典》并未要求所有的犯罪均在同一程序中进行审判。1929 年葡萄牙《刑事诉讼法典》将同一行为人的多项犯罪视为牵连案件,并规定通常应在同一诉讼程序中对所有犯罪行为进行审判(第 55 条)。但现行《刑事诉讼法典》对主体牵连作了更严格的限定,仅在前述的法定情形下才进行并案审理,否则应分别进行审查,再进行犯罪竞合的量刑计算(葡萄牙《刑法典》第 77 条和第 78 条①)。

(2)客观牵连。

a. 客观牵连主要包括如下情况:

多个行为人共同实施一项犯罪(葡萄牙《刑事诉讼法典》第 24 条第 1 款第 3 项)。

"共同实施"(comparticipação),是指"多个行为人在同一犯罪中进行合作"。因为行为人之间存在共同的目标,即"犯罪",因此,法律上自然而然将各行为人的犯罪活动联系起来,构成牵连管辖。

b. 多个行为人在同一时间或者同一地点共同实施数项犯罪,数项犯罪之间具有因果关系或者某项犯罪是为继续其他犯罪或为隐瞒其他犯罪的手段(葡萄牙《刑事诉讼法典》第 24 条第 1 款第 4 项)。

多个行为人共同实施数项犯罪,如果仅是主体联系,尚不足以构成牵连管辖。1929 年葡萄牙《刑事诉讼法典》借鉴了 1930 年意大利《刑事诉讼法典》的规定,对客观牵连管辖作了极其广义的规定,"多个行为人同时实施数个犯罪,甚至在不同时间和地点……",构成牵连管辖,但新法典抛弃了这一立法方向,因为牵连程度较低的并案审理,非但无助于提高诉讼效率,反

---

① 葡萄牙《刑法典》第 78 条规定,"在判决生效之后,如果能证明该行为人在被判刑前还实施了一个或者数个其他犯罪,适用前条的规则,在对犯罪竞合所确定适用的并罚后的刑罚中扣除其此前已服的刑期"。

而导致庭审过于冗长复杂。多个行为人在同一时间或同一地点实施数项犯罪,但各犯罪之间可能没有其他联系,只是同一时间或同一地点,亦不构成牵连管辖,如多个行为人在没有任何约定的情况下进行抢劫。因此,“数项犯罪之间具有因果关系”或者“某项犯罪是为继续其他犯罪或为隐瞒其他犯罪的手段”,亦是构成客观牵连管辖的重要条件。例如,多名囚犯引发骚乱而导致其他囚犯逃逸,或者帮毒贩洗钱。

c. 多个行为人在同一时间或者同一地点相互实施数项犯罪。所谓“相互实施的犯罪”(Crimes cometidos reciprocamente),指多个行为人相互之间实施犯罪行为,如帮派斗殴。仅有“相互实施的犯罪”并不足够,还应在同一时间或者同一地点实施。

2. 牵连管辖的确定

在预审和审判阶段,分别由预审法官和审判长确定是否存在牵连管辖,但上诉阶段不得进行案件的牵连管辖。侦查阶段也可能构成案件牵连,在案件未移送预审法官前,由检察官予以确定。

3. 牵连管辖的限制和分案(Limites à conexão e separação de processos)

(1)牵连管辖的限制。

即便符合葡萄牙《刑事诉讼法典》第 24 条第 1 款及第 25 条规定的条件,未成年人法庭有管辖权的案件与未成年人法庭无管辖权的案件之间亦不产生牵连(葡萄牙《刑事诉讼法典》第 26 条)。一些特别立法也规定了牵连管辖的限制规则,例如“对于政治职务负责人在履行职责时的责任犯罪案件,因快捷性的原因,其预审和审判与其他未有政治职务的人员独立开来”(1987 年 7 月 16 日第 34/87 号法律第 42 条);“《刑事诉讼法典》所规定的牵连管辖规则仅适用于同一性质的税收犯罪程序”(2001 年 6 月 5 日第 15/2001 号法律所批准的《税收犯罪一般制度》第 46 条);“严格意义上的军事程序与非军事程序之间不存在关联管辖”(2003 年 11 月 15 日第 100/2003 号法律批准的《军事司法法典》第 113 条)。

(2)分案(Separação de processos)。

对于所有适用牵连管辖的犯罪案件,仅适用一个诉讼程序,但如果对牵连案件已经启动了不同诉讼程序,则各案件的牵连关系一经认定,应当将所有的诉讼程序合并,所有牵连案件应当在引发牵连的案件的诉讼程序中一并审理(葡萄牙《刑事诉讼法典》第29条),此即为并案规则。但并案规则存在例外,"属于下列情况的,法院可以依其职权或者应检察院、犯罪嫌疑人辅助人或者被害人的申请,终止案件的牵连审理,对相关的诉讼程序进行分离:①将被告人进行分离审理具有重大及敏感的利益,尤其是不致延长预防性羁押的时间;②该牵连审理可能产生损害国家刑罚请求、被害人(狭义)或被害人(广义)利益的严重风险;③该牵连审理可能导致对任一被告人的审判过度延误;④在其中一名或者多名被告人未出席或者对其进行缺席申明的情况下进行审判,并且法官认为将诉讼程序进行分离处理较为适当"(葡萄牙《刑事诉讼法典》第30条第1款)。如前所述,对牵连管辖案件进行并案审理的目的是更好地实现正义,但如果并案不能实现这一目的或者可能损及更高的利益,则应进行分案审理。而需要指出的是,法院因牵连管辖而具有管辖权的,并不会因程序分离而终止牵连管辖法院的管辖权(葡萄牙《刑事诉讼法典》第31条第2款)。这一规定的目的在于消除肆意选择法院的风险,并可能因此而违反自然法官原则。

第51/2007号法律第16条以及第38/2009号法律第22条规定了共和国总检察长可通过一般指令及指示推动程序分离,即"如果诉讼的合并将导致庞大的被告人数量或者案件数量,或者由于程序的复杂性,可能影响诉讼速度及司法行政效率,甚至不合比例地伤害诉讼参与人",则应进行分案。此一法律机制的目的是避免出现所谓的"怪物诉讼"(processos monstruosos)。

此外,如果其中一名或数名犯罪嫌疑人已申请由陪审团进行审理(应在法官作出允许陪审团进行审理的决定通知后8日内提出相关申请),其他人未作申请,则法院亦应进行程序分离(葡萄牙《刑事诉讼法典》第30条第2款和第3款)。这是因为陪审团审判不应强制适用于未作申请的被告人(葡萄牙《刑事诉讼法典》第13条)。同样地,辅助人仅对牵连案件中的一个案件请求适用陪审团审判的,亦应进行分案处理。最后,依2007年8月31日第51/2007号法律(《刑事政策框架法》,Lei Quadro da Política Criminal)第16条之规定,在葡萄牙《刑事诉讼法典》规定的一般条件下,依共和国总检察长所批准的一般指令及指示，检察官可要求进行程序分离，尤其是在如下情况下：如果合并或者附带处理无法在预计的调查截止日期完成；如果合并或者附带处理可能导致诉讼时效逾期。

根据诉讼所处的阶段，对牵连案件的程序分离权限属于预审法官或庭审法官。如果案件在侦查阶段，则如葡萄牙《刑事诉讼法典》第 264 条第 5 款之规定，由检察官决定牵连案件的分离。[①]

4. 由牵连确定的管辖权

（1）由牵连确定的实质管辖权和职能管辖权。

依葡萄牙《刑事诉讼法典》第 27 条之规定，"如果不同级别或不同类型的法院对牵连的案件都具有管辖权，则案件由上述法院的共同在级别上或类型上的上级法院进行管辖"。这里需要指出，合议法庭和陪审法庭比独任法庭更高级，但合议法庭和陪审法庭之间通常并无高低之分。不过如果牵连诉讼有部分案件属于合议法庭的管辖范围，也有部分案件属于陪审法庭的管辖范围，则应由陪审法庭进行管辖，但这并非依据葡萄牙《刑事诉讼法典》第 27 条，而是葡萄牙《刑事诉讼法典》第 30 条第 2 款。也有观点据此认为，陪审法庭事实上比合议法庭更为高级，提供了更高程度的保障。[②]

（2）由牵连确定的地域管辖权和附属规则。

如果葡萄牙《刑事诉讼法典》第 27 条规定的牵连管辖规则并不充分，以致无法确定不同司法区的法院或者同一司法区不同法院的管辖权（或者说不同司法区的法院或者设在同一司法区的不同法院对案件都具有管辖权），则按照下列规定确定有管辖权的法院（葡萄牙《刑事诉讼法典》第 28 条）：牵连案件中有权审理应判处最重刑罚犯罪的法院，对所有牵连的案件具有管辖权；[③]犯罪的严重性相当，按规定已将被告人进行羁押或在有多名被告人的情况下，羁押被告人人数最多的法院具有管辖权；无法院羁押被告

① Cf. ac. do Tribunal Constitucional n. ° 20/2012, DR, II Série de 27 de fevereiro.

② Albuquerque, Paulo Pinto de, Comentário do Código de Processo Penal, 2. a ed, Lisboa, 2010, anot. ao art. 27. °

③ Ac. do TRP, de 5.5.93, CJ, XVIII, t. 3, p. 241："如果量刑的最高限制是相同的，则为了确定哪个犯罪更为严重，可对比最低量刑限制。"

人,或者各法院羁押的人数相同,最先收到犯罪信息的法院具有管辖权。

5. 管辖权的延伸(Prorrogação da competência)

葡萄牙《刑事诉讼法典》第 31 条规定了“司法管辖权的延伸”以解决特殊情况下法院的管辖权问题。“前述因牵连审理而确定管辖权的规定也适用于下列情况:(1)对于牵连案件管辖权所基于的犯罪,法院宣告无罪或者在审判之前犯罪嫌疑人刑事责任消灭的;(2)为审理依据本法典第 30 条第 1 款规定而分离的诉讼程序。”这意味着法院因牵连案件而获得管辖权的,即便其中某项牵连案件的刑事责任先于其他案件解决,依然具有管辖权,这避免了案件的来回移送影响诉讼效率。同样地,如果法院依据葡萄牙《刑事诉讼法典》第 30 条第 1 款的规定而进行程序分离,也对分离的案件享有管辖权。这里存在一个解释上的难题:如果对牵连案件有管辖权的法院已不再可能行使管辖权,例如程序分离的原因正是将部分案件交给陪审法庭审判,则应如何确定管辖法院?学说认为,这应由陪审法庭内的合议法庭享有管辖权。①

(四)无管辖权宣告

1. “无管辖权”的界定

这里应严格区分“无管辖权”和“违反管辖权”。依葡萄牙《刑事诉讼法典》第 119 条第 5 款之规定,“违反法院管辖权规则构成了不可补正的无效(nulidade insanável)”。无效使行为不发生效力,也使依附于该行为的各行为以及可能受该无效影响的各行为归于无效(葡萄牙《刑事诉讼法典》第 122 条第 1 款)。但“无管辖权”并不导致程序无效。依葡萄牙《刑事诉讼法典》第 33 条第 1 款规定,“一旦法院宣布无管辖权,则将案件移送有管辖权法院,接受移送的法院应当对原审法院已经进行的诉讼程序进行审查,撤销假设由有管辖权的法院审理时不会作出的行为,并命令重新作出审理案件所需要的行为”。

被宣告无管辖权的法院,如果发现必须采取紧急诉讼行为以防止给证

① Germano marques da silva, Direito processual penal português, Universidade católica editora, 2017, p. 203.

据的获取、保存以及真相的发现带来危险,则应立即采取(葡萄牙《刑事诉讼法典》第 33 条第 2 款、第 320 条)。被宣告无管辖权的法院所作出的强制措施或者财产担保措施,即使在宣告无管辖权后,仍具有法律效力,但是受移送法院应当尽快确认或者撤销前述措施(葡萄牙《刑事诉讼法典》第 33 条第 3 款)。

如果葡萄牙法院对某一案件不具有管辖权,则应当将案件进行归档不诉(葡萄牙《刑事诉讼法典》第 33 条第 4 款)。但这并不属于严格意义上的"无管辖权",而是"缺乏管辖权",后果自然是程序消灭,与"无管辖权"的情况并不相同。

2. 无管辖权的提出、审理和宣告

检察院、被告人或者辅助人可以在法院对案件作出裁决前提出法院无管辖权,法院依其职权审理及宣告其无管辖权(葡萄牙《刑事诉讼法典》第 32 条第 1 款)。但仅可以在以下期限内提出和宣告法院无属地管辖权:(1)对于无实质管辖权或者职能管辖权的,在最终判决成为终局判决前;(2)对于预审法官无属地管辖权的,可以在预审期间进行的辩论开始前提出;对于审判法院无属地管辖权的,可以在审判开始前提出(葡萄牙《刑事诉讼法典》第 32 条第 2 款)。可以看到,提出及审理法院无管辖权的程序时间节点并不相同:涉及属地管辖权的,法院是同一种类及等级,可提出的程序时间节点较为提前,而涉及实质管辖权或者职能管辖权的,法院是不同种类及等级,可提出的程序时间节点极为靠后,只要尚未成为终局判决均可以提出。

葡萄牙《刑事诉讼法典》仅规定了法院的无管辖权,但法官也可能出现无职能管辖权的问题。例如,葡萄牙《刑事诉讼法典》第 372 条规定,"审判长……根据多数表决意见,制作判决书"。如果判决书并非由审判长制作,则可能出现法官不具备职能管辖权的问题。学说认为,这仅构成程序非法(irregularidade),而非无效。[1] 司法实践中还可能出现一名或多名法官因对

---

① Albuquerque, Paulo Pinto de, Comentário do Código de Processo Penal, 2. a ed, Lisboa, 2010, anot. ao art. 14.°

刑期(termos da sentença)有不同的意见而拒绝在判决书上签名。葡萄牙《刑事诉讼法典》第 374 条第 3 款第 5 项规定,“判决应由所有的法官签名”。法官拒绝签名的,则无法以合法的形式宣告判决,庭审行为应归于无效。因为参与评议和表决的裁判者,不得透露其在评议和表决中的立场(葡萄牙《刑事诉讼法典》第 367 条),因此无法类推适用管辖权冲突的法律规定,不得肆意变更裁判者的组成(自然法官原则)。

(五)管辖权的冲突和撤销

1. 管辖权的冲突与终止

管辖权的冲突包括积极冲突和消极冲突两种,即两个或多个法院宣布对案件完全有管辖权或者完全无管辖权。依葡萄牙《刑事诉讼法典》第 34 条第 2 款之规定,“管辖权的积极冲突中涉及冲突的法院宣告自己无管辖权的,或者管辖权的消极冲突中涉及冲突的法院宣告自己具有管辖权的,则即使该宣告是法院依其职权作出的,管辖权的冲突立即终止”。这条规定存在疏漏。对于管辖权消极冲突的情况,只要其中一个法院认为自己有管辖权,则管辖权的冲突立即终止。但对于管辖权积极冲突的情况,则必须是所有其他法院均宣告自己无管辖权,管辖权的冲突才会立即终止,仅有一个或多个法院宣告自己无管辖权,则仍然可能有多个法院存在管辖权的积极冲突。

2. 管辖权冲突的检举和解决

管辖权冲突可由卷入冲突的法院通过裁决自行解决,包括主动放弃或主动行使管辖权。仅在无法自行解决的情况下,方交由另一个具有管辖权的法院介入。检察院、犯罪嫌疑人或辅助人可以通过向有权解决管辖冲突的法院提出申请的方式提出管辖权冲突,法院一旦知悉管辖权的冲突,也可依职权向对案件具有管辖权的法院提出该情况。在这两种情况下,应将所有诉讼活动相关文件副本和诉讼程序开展所需的所有资料移送至有管辖权的法院,同时告知检察院、犯罪嫌疑人、辅助人以及各相应律师(葡萄牙《刑事诉讼法典》第 35 条第 1 款)。

最高法院院长负责审理最高法院不同法庭之间的管辖权冲突(葡萄牙《刑事诉讼法典》第 11 条第 1 款第 2 项)。最高法院刑事庭庭长负责审理上诉法院间的管辖权冲突、上诉法院与初审法院间的管辖权冲突,或者不同司法区的初审法院间的管辖权冲突(葡萄牙《刑事诉讼法典》第 11 条第 6 款第 1 项)。上诉法院院长负责受理各审判庭之间管辖权的冲突(葡萄牙《刑事诉讼法典》第 12 条第 2 款第 1 项)。上诉法院刑事庭庭长负责审理司法区初审法院的管辖权冲突(葡萄牙《刑事诉讼法典》第 12 条第 5 款第 1 项)。

在收到检举后,有权解决管辖权冲突的法院应当向检察院移送诉讼程序的笔录,并且通知未提出管辖权冲突的诉讼主体,以便其能在 5 日内作出陈述,随后在收集材料和必要证据以后解决管辖权冲突(葡萄牙《刑事诉讼法典》第 36 条第 1 款)。对管辖权冲突作出的裁决不可上诉(葡萄牙《刑事诉讼法典》第 36 条第 2 款)。这里需要区分另一个重要问题,即未有管辖权冲突,但存在管辖权争议。较典型的情况包括被告人认为法院无地域管辖权,构成葡萄牙《刑事诉讼法典》第 119 条第 5 款规定的"不可补正的无效",但法院作出驳回裁决。这种情况并不属于"管辖权冲突的裁决",被告人可以依一般原则提起上诉(葡萄牙《刑事诉讼法典》第 399 条)。

3. 管辖权的取消(Da remoção da competência)

有管辖权的法院,可能因出现严重阻碍程序正常开展的情况而无法行使管辖权,而必须交由其他未有阻碍事由的法院,这被称为"管辖权的取消"(葡萄牙《刑事诉讼法典》第 426 – A 条和第 457 条)。因为阻碍事由的性质多种多样(可能是自然原因、社会原因或其他),难以一一列明,葡萄牙《刑事诉讼法典》仅界定了可能导致的后果,包括:(1)可能阻止或严重阻碍司法裁判权的行使(葡萄牙《刑事诉讼法典》第 37 条第 1 款)。(2)可能严重危害公共安全和稳定(葡萄牙《刑事诉讼法典》第 37 条第 2 款)。(3)可能严重损及诉讼参与人决定自由(葡萄牙《刑事诉讼法典》第 37 条第 3 款)。在这些情况下,管辖权由与原本确立的应当审理案件的法院最近的同类型、同审级的,且可以预见无障碍地行使管辖权的其他法院行使。

取消管辖权的请求可以由管辖权行使受阻的法院、检察院、犯罪嫌疑人、辅助人以及附带民事诉讼当事人提出。最高法院刑事庭应负责作出指定管辖的决定。为便于及时作出决定,请求应当附必要资料(葡萄牙《刑事诉讼法典》第 38 条第 1 款)。但禁止从依据先前法律已取得管辖权的法院撤回诉讼(葡萄牙《宪法》第 32 条第 9 款),宪法法院在判例中重申,“1. 宪法旨在避免设立特别法院,并将管辖权交由依先前法律并未有管辖权的法院,以保持判决的公正性,并满足对司法管理的信任要求;2. 对于后续事件及可信的信息,担心自然法院行使管辖权会严重危害公共安全和稳定,则应将裁判管辖权分配给其他最近的、同类型、同审级的,且可以预见无障碍地行使管辖权的其他法院行使”①。

(六)管辖权的其他特殊问题

1. 国际管辖权

葡萄牙法院的国际管辖权规定在葡萄牙《司法系统组织法》第 37 条第 2 款中,葡萄牙法院可以对在国外犯下的犯罪依葡萄牙法律进行审判。但从严格意义上讲,这并不属于法院的管辖权问题,而是适用国别法的问题。如果应适用葡萄牙的法律,则遵循国内法关于管辖权一般规则和特殊规则的规定。此外,依据国际公约,葡萄牙法院可能会对一些本不属于葡萄牙管辖的严重犯罪案件进行审判,也可能失去对部分国内刑事案件的管辖权。这些均属于国际刑法的范畴,此处不再赘述。

2. 外国刑事判决的审查和承认

葡萄牙《刑事诉讼法典》第 234 条第 1 款规定,“基于法律、国际条约或者国际公约,由外国作出的刑事判决应当在葡萄牙产生效力的,则应当根据预先审查和承认,明确其执行效力”。因此,只要经过审查和承认,外国判决可在葡萄牙生效,但援引外国刑事判决作为证据的,不在此列(葡萄牙《刑事诉讼法典》第 234 条第 3 款)。葡萄牙刑事诉讼遵循与民事诉讼相同的指导原则(葡萄牙《民事诉讼法典》第 974 条)。不同的是,在刑事诉讼中,判决只有“基于法律、国际条约或者国际公约”,方可以在葡萄牙产生执行效力。外国刑事判决的审查程序遵循民事诉讼的程序,但应受《刑事诉讼法典》第 234 条至第 240 条的限制。对于外国作出的刑事判决的审查和承认的请求,可由检察院、犯罪嫌疑人、辅助人和附带民事诉讼当事人提出(葡萄牙《刑事诉讼法典》第 236 条)。

---

① Ac. do STJ, de 19.2.92, CJ, XVII, t. 1, p.39.

三、刑事法官[①]的履职规则

(一)法官的民主正当性

司法裁判权是国家主权的重要组成部分,而法院是以人民的名义行使审判权的国家主权机关(葡萄牙《宪法》第202条第1款)。其他主权机关的成员均由人民通过直接选举(共和国总统和议员)或间接选举(政府成员)产生并授权,而法官并非由选举产生,也并非由完全民选的机构所任命,这导致法官的民主合法性经常受到质疑。[②] 为了强化法官的民主合法性,1982年修订的葡萄牙《宪法》规定,在最高法官委员会的组成人员中,由直接选举产生的主权机构任命的成员占主导地位(成员总数16名,选举产生9名),其中2名由共和国总统任命,7名由共和国议会选举产生。[③]

但学说认为,主权机关主体的民主合法性不一定完全来自他们与人民选举的组织关系[④],主权人民通过制宪权和修改宪法的权力,可以合法地将主权权力的行使赋予非选举产生的机构,从而使这些机构主体的合法性建立在遵守所赋予职能的身份上。[⑤] 对此,巴普蒂斯塔·马查多(Prof. Baptista Machado)教授作过精辟的论述,法官的正当性来自葡萄牙《司法系统组织法》所赋予权力的行使,"这种正当性通过遵守法律得以调节","这里正当性的基础不在于机构成员的选举,而在于遵守法律,因此,接受对代表

---

① 在葡萄牙的刑事诉讼中,陪审员亦行使重要的司法裁判权,但履职规则与法官并不相同。笔者将单独撰文研究葡萄牙的陪审制度。

② Machado, J. Baptista, Introdução ao Direito e ao Discurso Legitimador, Coimbra, 1985, p. 139 e ss. 这种争议在很多国家均存在。例如,法国便不再将法院视为宪法意义上的"权力"机构(pouvoir),而是公共司法服务机构。Cf. Vincent, Jean, La justice et ses institutions, Paris, 1982, p. 59 et s.

③ 在之前的说明中,修宪议会还强调了由共和国议会以2/3的代表多数票选出7名成员(葡萄牙《宪法》第163条第1款),"这通常需要党派间的协议,防止政府多数派完全掌握任命权","并根据比例原则选举司法机构成员","保证法官能充分代表各种政治思潮"。

④ Souza, Marnoco e, Constituição Política da República Portuguesa / Comentário, Coimbra, 1913, p. 575.

⑤ Machado, J. Baptista, Introdução ao Direito e ao Discurso Legitimador, Coimbra, 1985, p. 142.

利益(和指令)的约束"①,"在民主制度下,行使职能的人必须满足全体人民的利益","法官在公正作出判决时履行代表全体人民的职能"。②因此,在民主法治国下,法官的正当性并非政治性的,而是宪法性的,体现在保护每一个人基本权利的职能上。法官必须在法律标准而非政治标准的指导下履行职责,不应考虑任何特权的存在,可采取与多数派意见相反的立场(葡萄牙《宪法》第202条第2款)。如果没有充分及合法的证据时,他必须保护个人,修复不公正行为,并宣告无罪。法官应通过充分、清晰、合理的判决理由展现权力的正当性,向利害关系人及社会公众公开,接受一般意义上的监督。

(二)法官的独立性

法官的民主正当性决定了法官的独立性,这是公正裁判、权利保护及良好司法的基本前提。法官的独立性,并非指法官的个人素质,而是指制度所创造的结构性客观条件,以确保他们在履职时仅服从法律。因此,法官的独立性具有明确的内涵及相应的制度保障。

1.外部独立和内部独立:法官只服从法律

法官的独立首先体现为外部独立(independência externa)。任何国家机关均不得干预司法活动。这在宪法文本中有直接的体现(葡萄牙《宪法》第203条)。法官的独立还体现为内部独立(independência interna),指法官在履职时不受其他司法机构的干扰,不得服从任何内部的命令或指示,除非有义务遵守上级法院所作出的上诉判决。这在宪法文本中未有直接体现,但获得普遍的认同。③ 一言以蔽之,法官仅服从于法律,这是法官独立的本质所在,不得因关注其他法律或社会价值(如秩序、和平和公共舆论)或者特定个人和社会的正义观念而拒绝遵从法律。

---

① Machado, J. Baptista, Introdução ao Direito e ao Discurso Legitimador, Coimbra, 1985, p.142.

② Machado, J. Baptista, Introdução ao Direito e ao Discurso Legitimador, Coimbra, 1985, p.142.

③ 葡萄牙《法官规程》第4条(法官的独立性)规定,"1.法官依宪法和法律进行裁判,不受任何命令或指示的约束,但下级法院有义务遵守上级法院在上诉时所作出的判决"。

2. 法官独立的制度性保障

法官独立需要完善的制度保障,否则将沦为某种虚设的政治口号:

首先,法官享有不受罢免的权利(inamovibilidade)。除法律有明确规定的情况外,法官不得退休或被调任、停职、免职(葡萄牙《宪法》第216条第1款)。最高法官委员会负责法院内法官的任命、工作安排、调任与晋升(葡萄牙《宪法》第217条和第218条),但同样不得干预司法活动,不得就法院受理案件发布任何命令或指示,即便是一般性的命令或指示。

其次,法官在履职时不受追责。除法律另有规定的情况外,法官个人不因其作出的判决而受到追责(葡萄牙《宪法》第216条第2款)。同时,依葡萄牙《法官规程》第5条第2款之规定,"只有在法律具体规定的情况下,法官才能因履行职责而承担民事、刑事或纪律惩戒责任"。这意味着法官在履职时无须承担政治责任,无须对任何政治机构或实体的政治诉求进行回应。在刑事责任方面,葡萄牙《刑法典》规定了几种法官在履职时应承担刑事责任的罪名,即第369条的司法不公及渎职罪(渎职、拒绝裁判、非法羁押行为)以及第372条至第374条的腐败犯罪。在民事责任方面,依葡萄牙《宪法》第22条之规定,"国家或其他公共团体及其主管人员、工作人员或代理人,应对其履行职能时的作为或不作为行为所导致的侵犯他人权利、自由及其保障或造成的损失,承担民事责任"。具体到刑事裁判领域,民事责任主要包括"违反宪法或法律剥夺公民自由,国家必须依法给予受害人赔偿"(葡萄牙《宪法》第27条第5款)以及"遭受不当处罚的公民,有权依法请求对其裁判进行再审,并有权就其损害要求赔偿"(葡萄牙《宪法》第29条第6款)。但除了过错构成犯罪外,民事责任仅得由国家对相应法官提起追索之诉(ação de regresso)(葡萄牙《法官规程》第5条第3款)。纪律惩戒责任主要涉及法官违反职业义务[①]所实施的一般犯罪行为,以及在公共生活中与其职业尊严不相容的作为、不作为及其影响(葡萄牙《法官规程》第82条)。

最后,检察官负责在其职权范围内保障法官的独立性,确保司法裁判权的运行遵循宪法和法律的规定(葡萄牙《法官规程》第3条第1款第6项)。

---

① 最常见的为职业伦理义务(葡萄牙《法官规程》第32条)。

检察官可以通过推动程序进行、提起上诉等确保法官独立公正地进行裁判。在必要的时候,检察官还可对违反民主法律的法官提起刑事诉讼以及纪律惩戒诉讼。[①]

(三)法官的履职障碍、请求回避及自行回避(Dos impedimentos, recusas e escusas)[②]

法官的独立可最大限度地保障司法裁判的客观公正。但如果法官与案件存在某种联系,或者法官已经以其他身份参与诉讼,或者他与诉讼参与者存在其他关系足以怀疑其公正性时,便存在履职障碍、请求回避及自行回避的问题。

1. 履职障碍

履职障碍指在法定事由下,法官不得履行本案的裁判职责(不适格的法官,judex inhabis)。葡萄牙《刑事诉讼法典》第 39 条及第 40 条枚举了导致法官履职障碍的四类事实:

(1)法官与被告人、被害人、辅助人或者有权成为辅助人或者附带民事诉讼当事人的人员存在个人关系:

· 法官本人现为或者曾经为犯罪嫌疑人或者被害人的配偶或者其法定代理人,或者现为或者曾为有权成为辅助人或者附带民事诉讼当事人的配偶或者其法定代理人,以及现与或者曾与上述之人中任一人在类似配偶的状况下共同生活(葡萄牙《刑事诉讼法典》第 39 条第 1 款第 1 项)。

· 法官本人、其配偶或者与其在类似配偶状况下共同生活之人与犯罪嫌疑人、被害人、有权成为辅助人或者有权成为附带民事诉讼当事人构成直系血亲尊卑亲属、三亲等内的血亲、监护人或被监护人、领养人和被领养人或者三亲等以内的姻亲,或者类似层级的关系(ou for afim destes até àquele grau)(葡萄牙《刑事诉讼法典》第 39 条第 1 款第 2 项)。

---

① Silva, Germano Marques da, «Reflexões sobre as atribuições do Ministério Público na defesa da legalidade democrática e na execução da política crimi¬ nal», Procuradoria – Geral da República, Ministério Público: que futuro?, Imprensa Nacional – Casa da Moeda, 2012, p. 103 ss.

② 澳门译为"必须回避"(impedimentos)、"自行回避"(escusas)和拒却(recusas),似乎不太符合中国内地学者的惯常表述。

（2）法官在诉讼中兼任其他职责：

· 法官本人曾以检察院代表，刑事警察机关，辩护人、辅助人的律师，附带民事诉讼当事人的律师或者鉴定人的身份参与诉讼程序（葡萄牙《刑事诉讼法典》第39条第1款第3项）。

· 法官本人在诉讼程序中曾以或者应当以证人身份作证言（葡萄牙《刑事诉讼法典》第39条第1款第4项）。

为避免诉讼欺诈，葡萄牙《刑事诉讼法典》第39条第2款进一步规定，"法官被提出作为证人的，则该法官应当在卷宗内作出决定，以其名誉进行承诺声明其是否知晓可能对该案件的裁决有所影响的事实；声明其知晓该案件事实的，该法官应当回避；声明其不知晓该犯罪事实的，则不得作为案件的证人"。

（3）法官之间存在家庭关系或者配偶关系（葡萄牙《刑事诉讼法典》第39条第3款）。

法官之间互为配偶、三亲等内的血亲或者姻亲，或者在类似配偶状况下共同生活的，则不得以任何名义在同一诉讼程序中共同审理案件。

需要指出的是，在这种情况下，履职障碍与诉讼参与并非一定同时发生，而是在诉讼的任何阶段。因此，如果法官参与预审，则作为配偶、三亲等内的血亲或者姻亲，或者在类似配偶状况下共同生活的法官不得参与庭审或上诉。此外，葡萄牙《刑事诉讼法典》第39条第3款仅涉及法官之间的家庭关系。但如果这一家庭关系存在于法官和检察官或律师之间，则不存在履职障碍，而构成了主动请求回避及自行回避的事由。①

---

① 1977年12月13日第85/77号法律所批准的《法官规程》第9条规定："法官不得：（……）2. 如果在法院里与其他法官、检察官或司法公务人员之间存在婚姻关系、任何直系的血亲或者姻亲，或者二等内的旁系的血亲或者姻亲，则不得在该法院里履行职责。"这种不兼容的目的在于为法官的独立裁判创造条件，因此，这可能成为请求回避和自行回避的理由。检察官的身份也规定在《法官规程》第83条中，"如果在法院内与其他法官、检察官或司法公务人员之间存在婚姻关系、任何直系的血亲或者姻亲，或者二等内的旁系的血亲或者姻亲，则不得在该法院履行职责"。甚至是"如果过去5年内在律师事务所里任职，则检察官不得在同一司法区的法院或司法部门履职"。

(4)法官参与诉讼。

曾实施以下行为的,任何法官均不得参与原由其审理案件的审判、上诉以及再审申请(葡萄牙《刑事诉讼法典》第 40 条):

· 适用本法典第 200 条至第 202 条规定的强制措施;

· 已经主持预审的辩论;

· 已经参与之前的审判;

· 对于以预审裁判为对象或以第 1 项所指的裁判为对象的上诉申请或者再审申请,作出或者参与作出决定;

· 拒绝对免除刑罚的案件予以归档不诉的,或拒绝临时中止,或因不同意所建议的量刑而拒绝适用最简易诉讼程序的判罚。

如果存在前述法定事由,则应进行履职障碍宣告,"履职障碍可由法官依职权或者依检察院、犯罪嫌疑人以及被允许参与诉讼程序的辅助人或附带民事诉讼当事人的请求,在卷宗中作出决定"(葡萄牙《刑事诉讼法典》第 41 条第 1 款和第 2 款)。法官依职权宣告履职障碍的决定不可上诉。法官被申请履职障碍,而他在决定中不承认有履职障碍的,则可以向该法院的直接上级法院对该决定提出上诉(葡萄牙《刑事诉讼法典》第 42 条第 1 款)。上诉具有中止效力,但是不妨碍在必要情况下实施紧急诉讼行为,即使该行为是由争议所在的法官在不可避免的情况下作出的(葡萄牙《刑事诉讼法典》第 42 条第 3 款)。有履职障碍的法官已经进行的诉讼行为均归于无效,但是无法再次作出上述诉讼行为并且之前的行为未对该诉讼程序裁判的公正性造成任何损害的除外(葡萄牙《刑事诉讼法典》第 41 条第 3 款)。最后需要指出的是,履职障碍仅导致法官个人无审判资格,并不涉及法院的管辖权问题,因此,仅需将案件的司法裁判权移送法定的候补法官即可(葡萄牙《刑事诉讼法典》第 46 条)。

2. 请求回避和自行回避

请求回避和自行回避则涉及对法官公正性的怀疑(不受信任的法官:judex guessus)。与履职障碍以及 1929 年葡萄牙《刑事诉讼法典》的规定不同,现行法典并未详细罗列请求回避和自行回避的原因,而采用了极其宽泛的表述,涵盖了足以引发对法官公正性不信任的所有理由(葡萄牙《刑事诉讼法典》第 43 条第 1 款)。

在司法实践中,导致对法官公正性产生怀疑的原因有很多。例如,1929 年葡萄牙《刑事诉讼法典》第 112 条便详细罗列了部分理由:

(1)法官或其配偶与控告方、被告方或被害人之间存在四等内的血亲或者姻亲。

(2)存在利害关系:

· 如果法官、配偶或直系亲属或二代以内的旁系亲属,是或曾经是他作为法官参与案件的当事人、被害人、检举者或者被告人,或者与诉讼任何一方、被害人、辅助人或被告人,或者直系血亲尊卑亲属或配偶在所涉诉讼中有直接利害关系;

· 如果法官是诉讼中作为被害人或者辅助人的任何协会或社团领导或管理层人员,或者领导或管理层的其他人员因涉及社团的事实成为被害人、辅助人或者被告人;

· 如果法官在程序启动之前或之后因此而收到捐赠;

· 如果法官、配偶、任何直系亲属或者类似的人在诉讼过程中是被告人、被害人或辅助人的债权人或债务人;

· 如果法官、配偶或其中一方的直系血亲尊卑亲属是诉讼中被害人、被告人或辅助人的推定继承人。

(3)存在敌意关系:如果有重大理由可证明在诉讼中法官与被害人、被告人或辅助人之间存在严重的敌意。

现行的葡萄牙《刑事诉讼法典》则采用完全不同的立法技术,规定"基于有依据的、严重的并且足以使人对法官的公正无私不予信任的原因,使法官是否应当参加诉讼程序受到怀疑的,可以请求法官回避,拒绝其参与诉讼程序"(第 43 条第 1 款)。从涵盖的回避事由看,现行葡萄牙《刑事诉讼法典》规定得更为宽泛,例如,法官对被告人是否有罪存在偏见,可能体现在诉讼程序中(如法官告诉被告人或证人他们在说谎,或者对辩方或控方的行为表现出不耐烦),也可能体现在诉讼程序外(如法官向媒体发表了被告人可能有罪的声明)。

此外,1998 年 8 月 25 日第 59/98 号法律在葡萄牙《刑事诉讼法典》中增设了第43条第2款,明确规定法官参加其他诉讼程序或同一诉讼程序之前的阶段,“如果基于有依据的、严重的并且足以使人对法官的公正无私不予信任的原因,使得法官是否应当参加诉讼程序受到怀疑的”,则也可以成为请求回避的依据,而不是构成履职障碍。

请求回避的申请可以由检察院、被告人、辅助人或者附带民事诉讼当事人提出。自行回避的申请则由法官提出。请求回避和自行回避可向直接上一级法院提出。法官属于最高法院刑事庭的,应当向其所属刑事庭提出。但请求经常在本诉中提出。申请回避和自行回避的请求应当在庭审开始前、在上诉的评议会(conferência dos recursos)开会前或者在预审辩论开始前提出。只有所提出作为依据的事实,在庭审开始后或辩论开始后发生或者被提出该事实之人所知晓的,才可以在此之后提出;但仍应当在作出判决或者预审裁决前提出(葡萄牙《刑事诉讼法典》第44条)。被申请回避的法官应当在5日内以书面形式就该申请表明其立场,并立即附上证明其立场的资料,随同回避请求、回应及其他要素,一起交给有管辖权的法院。与履职障碍不同,回避并非由本案的法官而是由直接上一级法院进行宣告。法官属于最高法院刑事庭的,应当由该庭在无该法官参与下作出裁判(葡萄牙《刑事诉讼法典》第43条第3款及第45条第1款)。

被请求回避或者自行回避的法官,在其被请求回避或者要求自行回避前所作的诉讼行为,只有在对诉讼程序裁判的公正性造成损害时,才应当进行撤销;该法官在被请求回避或者要求自行回避后作出的行为,只有无法被再次进行并且之前的行为未对该诉讼程序裁判的公正性造成任何损害时,方为有效(葡萄牙《刑事诉讼法典》第43条第5款)。

依《刑事诉讼法典》第45条第2款之规定,申请回避的请求或自行回避的要求会对法官所管辖的案件产生程序中止效力。对请求回避和自行回避所作出的裁决不可上诉(葡萄牙《刑事诉讼法典》第45条第6款)。

(四)履职障碍、请求回避及自行回避的扩展适用

履职障碍、请求回避及自行回避扩展适用于检察官、鉴定人、翻译和司法公务人员。

法官和检察官在履职障碍、请求回避及自行回避的事由及程序方面基

本相同,这是因为对法官和检察官在公正履职方面的要求是相同的。[①] 依葡萄牙《刑事诉讼法典》第 54 条之规定,第 1 编第 6 章的条款经必要的调整后适用于检察院。这些调整首先始于第 39 条第 1 款第 3 项及第 40 条,这两项规定不适用于检察官参与同一或不同案件的诉讼行为。第 39 条第 1 款第 3 项及第 40 条仅适用于法官。葡萄牙《刑事诉讼法典》第 54 条第 2 款和第 3 款依第 1 款所规定的调整适用于检察官,即"履职障碍的宣告和申请、请求回避的申请和自行回避的请求,应当向有关检察官的上级检察官提出,并且由该上级进行审查并作出确定性决定。如果涉及共和国总检察长,则该权限由最高法院刑事庭行使"(葡萄牙《刑事诉讼法典》第 54 条第 2 款),"根据前款规定,有权作出决定的机关应当另行指定一名检察官,替代履职障碍、自行回避及请求回避的检察官"(葡萄牙《刑事诉讼法典》第 54 条第 3 款)。不过,侦查是秘密的,被告人和辅助人往往无法知道指挥或参与侦查的检察官的身份,因此,基本上无法提出任何履职障碍和回避的事由,这是较为特殊的地方。

最后还需稍作解读的是其他诉讼参与人。依葡萄牙《刑事诉讼法典》第 47 条之规定,"与法官履职障碍及回避有关的法律规定,经必要的调整后,适用于鉴定人、翻译和司法公务人员"。近年来,随着法庭科学技术的发展,鉴定人因独特的知识结构,对法官产生越来越大的影响,因此,鉴定人的履职障碍及回避问题变得越发重要。对于这些人员的履职障碍、请求回避以及自行回避的申请,应当提交至审理该案附随问题的法院或者预审法官,法院或者预审法官无须特别手续,应当迅速作出确定性的裁定(葡萄牙《刑事诉讼法典》第 47 条第 2 款)。该裁定不可上诉。

---

① Ferreira, Manuel Cavaleiro de, Curso de Processo Penal, 1,1981, p. 96.

论“职能依附型”的检警关系

——葡萄牙模式及其启发

一、检警关系问题的源起及其在葡萄牙的特殊背景

刑事诉讼始于发现犯罪信息。鉴于犯罪可能对社会秩序造成持续恐慌、犯罪证据往往稍纵即逝、凶手可能正在潜逃等,刑事侦查应精准、高效,在较短的时间内收集证据并查明犯罪嫌疑人,及时采取强制措施以防范产生新的犯罪行为。为此,在传统职权主义①下,法律往往赋予侦查主体极其广泛的权力,从搜查、扣押甚至允许科以酷刑以获取口供。且侦查、起诉、预审乃至审判的权力并未分离或者未完全分离,由预审法官或类似的侦查机构身兼数权,目的亦是提高侦破犯罪的效率。大革命后,法国的《重罪法典》构建了所谓的“混合式”刑事程序结构:审前程序由预审法官或检察官负责,依然强调国家权力主导,适用秘密、职权原则,而庭审程序则由法官负责,强调当事人之间的平等对抗,适用公开、对席原则。这一程序结构通过

---

① 笔者以法国大革命为界限将职权主义的历史发展一分为二:法国大革命前的职权主义,称为“传统的职权主义”,主要以教会法、1670 年《刑事法令》等为代表性的法律文本,强调实质真实,赋予公权力机关强大的侦查权、公诉权、预审权以及裁判权,被告人总体处于较弱势的地位;法国大革命后的职权主义,则称为“新职权主义”,以拿破仑的《重罪法典》为经典法律文本,仍以实质真实为导向,但有意识地构建更具“透明”、“对抗”及“人权保障”色彩的程序机制。参见施鹏鹏:《“新职权主义”与中国刑事诉讼改革的基本路径》,载《比较法研究》2020 年第 2 期。国内学术界也时常将“传统的职权主义”称为“纠问式诉讼”,这是对日语的错误转译。

拿破仑战争迅速推及欧陆诸国乃至全世界，适用至今。一些欧陆学者甚至认为，这种“混合式”诉讼也可称为对抗式诉讼①，较好地解决了实质真实与程序正当之间的矛盾。检警关系问题正是在这一现代刑事程序结构的转型中产生，同时也因各国固有的司法传统、特殊的权力结构及程序设计差异等而呈现出了复杂的样态。

在法国《重罪法典》所构建的刑事程序中，检察官和预审法官是侦查程序的主导者和指挥者，具有汇集犯罪信息、确立侦查方向、形成公诉意见并请求法院作出判决的重要职能。司法警察（或刑事警察）则是检察官和预审法官的助手，受检察官和预审法官的委托与授权协助履行部分侦查职责，并接受检察官和预审法官的监督。此后，随着预审法官职能的限缩（尤其是不再享有侦查权）乃至在许多国家的废除，检察官开始主导审前程序，检警之间的紧密协作关系遂成为刑事公诉成功与否的关键。近现代以来，随着犯罪形态的不断复杂化，尤其是日趋专业且行事严密的经济犯罪、有组织犯罪及恐怖主义犯罪的兴起，司法警察也日趋技术化和专业化，与检察官的职能互补性越发明显。简言之，司法警察侧重取证的有效性，侦查策略及技术手段的应用日益升级，从传统以口供为中心的讯问取证，早已发展成包括指纹鉴定、DNA 技术、微量物证、声纹鉴定、法医毒物学等复杂手段的科技取证，侦查的科技含量及有效性大大提升。各国也均普遍建立警察实验室，为警察的侦查能力提供技术支持。而检察官则侧重取证的合法性及合乎比例。为避免警察肆意取证侵犯基本人权，检察官必须严格依刑事诉讼法的规定审查取证主体、证据形式、取证方式及调查程序的合法性，同时，还必须确保侦查措施的强度应与案件的严重程度成比例，以及侦查措施的程序约束应与措施的强度成比例。因此，“检警一体化”在刑事程序中主要体现

① Jean Pradel, Défense du système inquisitoire, Regards sur l'actualité, n° 300, 2004, p. 57 –62. 葡萄牙《宪法》第 32 条第 5 款甚至规定，“刑事诉讼具有对抗式结构，法律所确立的庭审及预审遵循对席原则”。关于葡萄牙刑事诉讼的对抗式结构，参见 Jorge de Figueiredo Dias, Direito Processual Penal, I, Coimbra, 1974, p. 136。但当事人主义国家的学者（尤其是美国学者）普遍认为，所谓“混合式”的刑事诉讼还是职权主义，根本未能学习到所谓对抗式诉讼的精髓。更详细的讨论，参见施鹏鹏主编：《现代刑事诉讼模式：对话与冲突》，中国政法大学出版社 2021 年版。

为配合与监督。司法警察应在获得犯罪信息或情报后进行有效的侦查,确定犯罪事实及犯罪行为实施者,并及时将案件处理结果及卷宗材料移送检察官。检察官在侦查程序中为警察提供法律咨询和建议,对侦查行为的合法性及必要性提供指导。对于一般的侦查行为及强制措施,或者案件存在紧急情形,检察官可以进行授权,但对于一些特殊的侦查行为及剥夺人身自由的强制措施,检察官应向法官提出令状请求。

尽管"检警一体化"关系模式是各国刑事诉讼审前程序的普遍设置模式,但在葡萄牙,这一问题的讨论却具有特殊的历史背景,也由此建立了极具葡萄牙特色的"检警一体化"模式,即职能依附模式。笔者在此对这一历史背景作一简要论述,可以更深刻地理解葡萄牙进行程序构建的基本学理逻辑,以避免因所谓的学术"常识"而穿凿附会、张冠李戴。

葡萄牙刑事诉讼的法典化进程最早可追溯至1852年,但最初起草的几部法律草案均以失败告终。[①] 直至1929年,葡萄牙才颁布了第一部本国的刑事诉讼法典。这部法典深受法国1808年法国《重罪法典》的影响,构建的诉讼权力结构也基本类似。依1929年葡萄牙《刑事诉讼法典》[②]第159条之规定,"预审是法官的权力,检察院只负责推动预审的具体措施"。因此,在整个审前阶段,预审法官是绝对的主导者,检察官和警察均对其负责,受其指挥。1929年葡萄牙《刑事诉讼法典》的第一次重大改革始于1945年第35.007号立法法令,由时任的葡萄牙司法部部长卡瓦莱罗·代·费雷拉主导。而围绕审前程序的权力结构是此次立法改革的争议焦点。法国传统的预审制至少具有两大弊端:一是预审法官权力过大,既是审前程序的绝对主导者,又参与了后续的审判程序,容易先入为主,对被告人严重不利;二是预审法官办案数量过多,严重影响了诉讼效率。围绕这两大弊端,葡萄牙学术

---

① 关于1929年前葡萄牙刑事诉讼权力结构的变迁,参见 Dias, João Paulo, Fernando, Paula e Lima, Teresa Maneca, O papel do MinistérioPúblico, p. 27. Publicadopelocentro do centro de estudossociais, Março 2007。

② 我国澳门地区的《刑事诉讼法典》主要源于葡萄牙1929年《刑事诉讼法典》,感兴趣的读者可以参阅我国澳门地区现行的《刑事诉讼法典》,可较完整地了解葡萄牙1929年《刑事诉讼法典》的基本轮廓和大体内容。

界大体形成了两种改革思路:一是废除预审制,法官职能完全司法化(judicialização integral)。法官不再承担侦查职责,而回归行使司法权的职能定位,仅负责司法审查(如对预防性羁押和强制性的侦查行为的审查)和审判,审前程序由检察官主导,领导警察进行侦查和起诉。[①] 二是改革预审制,分设“预审预备”阶段(umafase de instruçãopreparatória)和“对席预审”阶段(umafase de instruçãocontraditória)。“预审预备”阶段,由检察官负责,检察官领导警察查明犯罪事实及其实施者。“对席预审”阶段,则由法官负责,控辩双方围绕是否提起公诉展开辩论,预审法官最终作出是否提起公诉的决定。无论何种改革思路,检察官均取代了预审法官,获得了侦查程序的领导权。最终,1945 年第 35.007 号立法法令采纳了第二种改革思路,“检警一体化”的模式初步确立。

但 1945 年第 35.007 号立法法令所构建的诉讼权力结构从一开始便受到了诸多质疑,尤其是检察官取代预审法官领导侦查,能否做到不偏不倚?葡萄牙的学说认为,检察权依附于政治权,容易受制于政府的意志,这与司法权存在明显的差异。尤其是在 1933 年至 1974 年葡萄牙独裁政府的统治时期,将刑事诉讼作为打压政治异端工具的现象并不罕见。萨尔加多·泽尼亚(Salgado Zenha)直言,“当然,可以说,也许有办法让检察院在独立于政府的条件下始终保持不带政治迫害的精神行事。但它几乎永远不会发生,在我们国家从未发生过”[②]。甚至有学者暗示,卡瓦莱罗·代·费雷拉

---

① Zenha, Francisco Salgado, Notassobre a instrução criminal, Universidade do Minho, 2002 (1. a ed. , 1968). Salgado Zenha, 1968, p. 34.

② Zenha, Francisco Salgado, Notassobre a instrução criminal, Universidade do Minho, 2002 (1. a ed. , 1968). Salgado Zenha, 1968, p. 34 –35.

与德国纳粹法学家关系甚笃①,曾确立了领袖原则(Fuhrerprinzip),并试图通过类推弥补刑法的漏洞,因此,1945 年第 35.007 号立法法令对程序制度的改革或多或少带有纳粹色彩。

1974 年 4 月 25 日,葡萄牙爆发了"武装部队运动"(Movimento das Forças Armadas,MFA,即"四·二五革命"),推翻了法西斯政权,确立了民主政体,刑事诉讼的改革成为新政府短期内的优先事项之一,因为刑事诉讼对于政权更迭的反应极为敏感。但在权力结构的改革方向上,争议继续存在,且上升至宪法的层面:一方面,刑事诉讼法层面延续了 1945 年第 35.007 号立法法令的基本理念。略有区别的是,1975 年 11 月 3 日第 605/75 号立法法令创设了"侦查警察"(inquéritopolicial),负责调查轻刑案件。但如果被告人被羁押,则依然由检察官领导警察进行预审预备程序。另一方面,新的民主宪法(1976 年葡萄牙《宪法》)第 32 条第 4 款明确规定,"所有犯罪的预审均由法官负责",制宪者似乎又回到了 1929 年葡萄牙《刑事诉讼法典》的老路。由此引发的一个争议便是:刑事诉讼法所构建的权力结构(尤其是侦查警察)是否符合葡萄牙《宪法》第 32 条第 4 款的规定?②

1987 年,葡萄牙颁布了新的《刑事诉讼法典》,确立了时下审前程序的基本权力结构:侦查阶段由检察官领导刑事警察机关进行,刑事警察机关在侦查阶段有进行调查及采取措施的权力(第 270 条第 1 款)。预审阶段由预审法官负责,但并非强制性的程序,"旨在对提出的起诉或者将侦查归档不诉的决定作出司法核实,以决定是否将案件提交审判"(第 286 条第 2 款)。

---

① 卡瓦莱罗·代·费雷拉于 1935 年在德国慕尼黑求学,并在第二次世界大战期间应纳粹当局的邀请与路易斯·卡布拉尔·德·蒙卡达(Luís Cabral de Moncada)、贝莱扎·多斯桑托斯(Beleza dos Santos)和卡洛斯·莫雷拉(Carlos Moreira)等重返德国。1941 年春天,亲德法学家在柏林召开了一次秘密会议。关于这段经历,参见 Flunser Pimentel, 2011:478 – 479。但也有不少学者认为,这一联系过于牵强。在法学领域,德国是葡萄牙第一留学国,很多自由派人士也曾在纳粹时期赴德国留学,例如葡萄牙第一临时政府教育和文化部部长和第四立宪政府司法部部长爱德华多·科雷亚(Eduardo Correia)便是德国的法学博士,并不影响他反纳粹的立场。Pimentel, Irene Flunser, A história da PIDE, Lisboa: Temas e Debates / Círculo de Leitores, 2011, p. 478 – 479.

② Marques da Silva, Da inconstitucionalidade do inquéritopreliminar, in Direito e Justiça, Vol. 1, 1980, p. 179. Do processo penal preliminar, Lisboa: Minerva, 1990, p. 46 – 51.

诉讼的暂时中止由检察官决定，而非由预审法官决定。但围绕这些审前程序的职权配置是否符合葡萄牙《宪法》第 32 条第 4 款的规定依然备受争议。对此，葡萄牙时任的总统马里奥·苏亚雷斯对 1987 年《刑事诉讼法典》提出了预先的抽象违宪审查请求[①]，宪法法院全体会议于 1987 年 1 月 9 日作出了第 7/87 号判决，在根本上回答了这一问题。

总统认为，“‘侦查’（inquérito）这一称谓下的诉讼措施在实质上具有预审[②]的意涵，因此应属于法官的职权范围（葡萄牙《宪法》第 32 条第 4 款）”。

宪法法院全体会议在第 7/87 号判决理由书中围绕总统的这一观点作出了四点重要澄清：(1) 依葡萄牙《宪法》第 224 条（现为第 219 条第 1 款[③]）之规定，检察院负责提起刑事诉讼，这意味着只能由检察院领导侦查；(2) 尽管侦查由检察院领导，但在侦查阶段涉及公民权利、自由和保障范围内的侦查行为均属预审法官的专职权限；(3) 如果决定起诉，则被告人总是有权请求启动预审，从而保证对检察院的起诉决定进行司法审查；(4) 刑事警察机关实施侦查行为，仅是检察院的权力委托（delegação de competências），并未剥夺检察院对侦查本身的监督权。但宪法法院也认为，诉讼的暂时中止，即意味着在没有法官参与的情况下实施禁令或者确立强制性的行为规则，在实践中相当于刑罚，例如禁止被告人到访某些场所便意味着限制被告人的行走自由，因此，诉讼的暂时中止不得由检察官自行决定，而应交由法官。[④]

但值得注意的是，宪法法院全体会议并非一致通过该判决，一些少数派的宪法法官旗帜鲜明地反对这一判决。例如，维塔尔·莫雷拉（Vital Moreira）

---

① Publicado no Diário da República, I Série, n. 9 33 (Suplemento) de 9 de fevereiro de 1987. Témbempublicado no BMJ 363,113.

② 就专业术语的精确性而言，中文“预审”一词并不能很好地指代“la instrução”（葡萄牙语）或“l' instruction”（源自法语）。在原义上，“la instrução”或“l' instruction”的根本含义是“查明”，更接近于中文的“（法官）侦查”，而非“预审”。这也是为何葡萄牙共和国总统会认为“侦查”属于“预审”的一部分。

③ 1976 年葡萄牙《宪法》经过了多次重大修改，许多条、款、项、目已发生变化。

④ 因此，葡萄牙《刑事诉讼法典》第 281 条第 1 款进行了修改，诉讼的暂时中止应由法官参与。

法官便指责,1987 年葡萄牙《刑事诉讼法典》的立法者通过粗俗的技巧重返到(1976 年葡萄牙《宪法》)之前的时代。这是名副其实的“标签作弊”(burla de etiquetas),即宪法明文规定预审应由法官主导,而葡萄牙《刑事诉讼法典》却区分了侦查和预审。在维塔尔·莫雷拉法官看来,侦查和预审在本质上是一样的。但葡萄牙《刑事诉讼法典》的立法者通过这种“标签作弊”让法官丧失了对侦查阶段的主导权,检察官和刑事警察机关取而代之,毫无疑问是违反宪法的。

对于这些争议,迪亚士教授认为,不应能孤立地看待葡萄牙《宪法》第 32 条第 4 款,而应进行体系性及功能性的解读。事实上,所涉争点并非可简单归为“检察官领导侦查是否违反宪法”,而是这一审前程序的职权配置是否有悖宪法所确立的公民基本权利保障体系。迪亚士教授强调,葡萄牙《宪法》构建了控告式的刑事诉讼结构,这意味着:一方面,负责侦查和起诉的机构应职能分离;另一方面,负责起诉和审判的机构也应职能分离。因此,有必要将侦查交给完全独立的机构,检察官不得对预审法官有职能上的依附。至于维塔尔·莫雷拉法官认为的“1987 年《刑事诉讼法典》的立法者通过粗俗的技巧重返到(1976 年葡萄牙《宪法》)之前的时代”,迪亚士教授指出,“侦查”一词创设于 1975 年第 605/75 号立法法令,远早于 1987 年葡萄牙《刑事诉讼法典》,也早于 1976 年的葡萄牙《宪法》。简言之,1987 年的葡萄牙《刑事诉讼法典》所构建的控告式刑事诉讼结构,可保护被告人的权利及自由免受滥权的侵害,因此,并未违反宪法。

可以看到,“检察官主导侦查程序”这一制度设计在葡萄牙经历了较长时间的争论,宪法法院、立法者及学者广泛参与其中,最终形成了 1987 年葡萄牙《刑事诉讼法典》所构建的程序权力结构,这是我们讨论葡萄牙检警关系的基本背景。

如前文所述,尽管“检警一体化”关系模式是各国刑事诉讼审前程序的普遍设置,但关系的紧密程度存在一定的区别,受到诸多因素影响。依紧密程度的不同,我们大体可区分三种检警关系:松散模式、职能依附模式和组织依附模式。[①] 松散模式以英国为代表。早在19世纪中期,英国便逐步形成了由警察对犯罪进行侦查和起诉的惯例。直到1985年,英国《犯罪起诉法》方在英格兰和威尔士设立独立的皇家检察署系统,构建了检警的协作配合机制。具体而言,警察负责侦查活动,检察官可通过接受警察的非正式咨询、邀请指导等参与侦查,并可向警察提供应当收集的关键证据、侦查活动对检控产生影响的评估、案件证据,指出法律适用上需要解决的问题、证据的可采性,并提出公共利益可能对案件检控最终结果产生的影响等建议。警察不再享有完整的起诉权,但仍保留一定的不起诉权。检察官在警察决定起诉后应进行全面权衡,以最终作出是否起诉的决定。组织依附模式以法国为代表。法国奉行最紧密的“检警一体化”模式。检察官是侦查程序的主导者和指挥者,掌控管辖区内的犯罪信息,“司法警察在知悉发生重罪、轻罪和违警罪后,有义务立即报告共和国检察官”(法国《刑事诉讼法典》第19条)。一旦发生刑事案件,共和国检察官可亲临犯罪现场进行侦查,也可委派司法警官进行侦查。共和国检察官还可下令采取搜查措施和扣押措施、现场扣留相关人员、拘留犯罪嫌疑人和提供简单信息的证人,以及发布拘传令要求涉嫌参与犯罪的个人接受调查等。而最具特色的是,法国的司法警察在组织上依附于检察院。共和国检察官享有对司法警官的考核权。考核评分将作为司法警官晋升的基本依据(法国《刑事诉讼法典》第19-1条、第44条至第47条)。共和国检察官还可向控诉庭启动或支持对司法警官、司法警察或司法警察助理的纪律惩戒程序(法国《刑事诉讼法典》第224条至第230条)。因此,检察官对司法警察无论在组织上还是在职能上均具有较强的控制力。

葡萄牙检警关系的紧密程度介于松散模式和组织依附模式之间,即所

---

① 检警关系的模式设定仅具有一般性,均存在例外。例如,法国行使刑事侦查权的一些特殊机构(如海关缉私局)可能与检察院并不具有组织依附关系,而更多是职能依附。葡萄牙的司法警察对检察院不仅具有职能依附性,还具有组织依附性。但与法国不同,在葡萄牙刑事诉讼中,司法警察仅对一部分罪名行使管辖权(葡萄牙《刑事调查组织法》第7条第2款),下文有详述。囿于主题,关于法国检警关系的内容及特点,笔者将在“法国刑事诉讼与证据制度专论”系列中进行详细研究。

谓的职能依附模式(dependênciafuncional)。依葡萄牙《刑事诉讼法典》第1条第1款第3项的规定,刑事警察机关是“执行司法机关命令和本法典规定的警察机关及其人员”。因此,刑事警察机关在组织上隶属于警察机关,仅在履行刑事职能(主要为刑事侦查)时接受检察院的领导和监督,与检察院不具有组织上或等级上的依附性(葡萄牙《刑事调查组织法》第2条第4款,Lei de Organização da Investigação Criminal,即2008年8月27日第49/2008号法律)。因此在深入研究职能依附模式的制度特色时,我们有必要先分别研究葡萄牙刑事警察机关及检察院的组织结构及权力配置,最后再研究两个机关在刑事诉讼运行过程中的紧密关系。而尤值一提的是,中国检警关系的建构一直是理论界及实务界热衷探讨的问题。立足中国国情下刑事诉讼的权力结构及实践所需,构建“职能依附型”的检警关系或许是一种相对折中且各方均能接受的方案。因此,葡萄牙“职能依附型”的检警关系对于中国而言尤其具有重大的比较法价值,这也是本书写作的重要目的。

二、葡萄牙刑事警察机关的组织结构及职权

依2021年全球和平指数(Global Peace Index,GPI),葡萄牙世界排名第四,可谓全世界相对安全的国家之一。[①] 这在很大程度上得益于葡萄牙非常发达的警务体系。葡萄牙《宪法》在第9章“公共行政机关”中对警察的职责进行了设定,“1.警察的职责为维护民主法治,保障国内治安和保护公民权利。2.警务措施由法律规定,在必要情况下方得使用。3.实行犯罪预防,包括预防危害国家安全的犯罪,必须遵守有关警务的一般规则,尊重公民的权利、自由及其保障。4.法律应对警察机关作出规定,其组织结构在全国范围内应是统一的”(葡萄牙《宪法》第272条)。这一宪法条款对葡萄牙警察的性质、组织、职责以及法律设定等进行了较为详细的设定,这是了解刑事警察机关组织结构及职权的基本前提。

(一)警察

葡萄牙《宪法》将“警察”定性为“公共行政机关”,并主要在行政法而非

---

① 参见 https://www.visionofhumanity.org/maps/#/。

刑事法的意义上理解警务工作，这主要是因为警察的核心职能是社会管理和犯罪预防，打击犯罪仅是这一职能的延伸，尽管非常重要但并非最核心的业务。从国家治理的宏观层面，警察负责保护国内安全，而武装部队则负责保护对外安全（葡萄牙《宪法》第273条），共同捍卫共和国的和平稳定。为在社会管理的各个层面“维护民主法治，保障国内治安和保护公民权利”（葡萄牙《宪法》第273条第1款），葡萄牙设置了多种类型的警察队伍，最常见的主要包括：公共安全警察（Polícia de SegurançaPública，PSP）、共和国国民警卫队（Guarda Nacional Republicana，GNR）、狱警（GuardaPrisional，GP）、海事警察（PolíciaMarítima，PM）、森林警察（PolíciaFlorestal，PF）、市政警察（PolíciasMunicipais，PM）、司法警察（PolíciaJudiciária，PJ）、外国人和边境局（Serviço de Estrangeiros e Fronteiras，SEF）、安全信息局（Serviço de Informações de Segurança，SIS）以及食品和经济安全局（Autoridade de SegurançaAlimentar e Econômica，ASAE），等等。不同类型的警察机关履行不同的社会管理职能，有些职能可能存在一定的重复和交叉（见表1）。

表1 葡萄牙主要警察机关及职能

警察机关	职　　能
公共安全警察	预防犯罪和维护公共秩序；对不属于武装和安全部队的武器使用进行监管；负责机场安全、国际保护和外交使团保护；负责“学校安全”和“家庭暴力”等专项计划实施
共和国国民警卫队①	负责农村地区的安全
狱警	负责监狱系统的管理
海事警察	确保和监督海上公共领域以及港口区、海滨和海洋空间的法律法规得以被遵守
森林警察	监视和检查森林以及在森林中所进行的活动（如狩猎、捕鱼等）

① 共和国国民警卫队是葡萄牙警察中唯一一支具有军事性质的安全部队，介于警察部队和武装部队之间。

续表

警察机关	职　　能
市政警察	监督市政法规和其他符合当地利益的法律规则得以被遵守,包括监视公共场所或向公众开放的场所、城市交通和市政公共建筑等领域的法规遵守情况
司法警察	参与对一些刑事案件的侦查(葡萄牙《刑事调查组织法》第7条第2款)
外国人和边境局	控制人员的跨境流动,管理外国人在葡萄牙境内的永久居留和活动以及协调和开展与移民有关的行动
安全信息局	预防和打击改变或破坏宪法法治的行为、打击恐怖主义、破坏间谍活动以及为国内安全提供情报

警察在履职时应遵循行政法上的两项基本原则(葡萄牙《宪法》第272条第2款):合法性原则(o princípio da legalidade)和禁止过度原则(o princípio da proibição do excesso)。合法性原则指所有警务措施(如强制措施、监视措施等)均必须由法律予以规定,包括一般性的规定,也包括具体或特定的决定(授权、禁令或命令)。禁止过度原则又称广义的比例原则,可细分为三项子原则,即必要、可适用及成比例原则(necessidade, exigibilidade e proporcionalidade),指警察应严格在必要的范围内以正当的方式行事,且在足以完成任务的前提下,应使用最温和的措施,而不是最严厉的措施。

警察应实行犯罪预防行为(葡萄牙《宪法》第272条第3款)。在葡萄牙的宪法教义上,这里的"犯罪预防"应作广义的理解,不仅包括一般意义上的防止犯罪发生,还包括在犯罪发生后的打击行为。例如,马塞洛·卡埃塔诺(Marcello Caetano)便认为,犯罪预防行动可以在多种情况下进行,"如果犯罪事实已经发生并且损害已经产生,重要的是要打断,以限制损害不再扩大;另外,如果损害行为违反了刑法,则违法者的有罪不罚意味着公开承认法律没有效力,并成为导致新犯罪行为的诱因:因此必须找到犯罪行为实施者,以让检察官在法庭上追究其责任"。[①] 很显然,马塞洛·卡埃塔诺所指的"犯罪预防",涵盖了警察在刑事诉讼领域的职能,避免了宪法定性的不周延。

不同类型警察机关的职能、定位、组成等,均交由单行法进行规定,但其组织结构在全国范围内应是统一的(葡萄牙《宪法》第 272 条第 4 款)。

(二)刑事警察机关

依葡萄牙《刑事诉讼法典》第 1 条第 1 款第 3 项之规定,刑事警察机关是"执行司法机关命令和本法典规定的警察机关及其人员"。此一界定应作进一步的解释,以避免中文的读者产生混淆。

首先,刑事警察机关并非独立的警种,而涉及多个警察机关。1987 年葡萄牙《刑事诉讼法典》的立法者采用了"双重援引"(duploreenvio)的立法技术:葡萄牙《刑事诉讼法典》从职能角度对刑事警察机关进行宽泛的界定,称为"形式援引"(reenvio formal);而各单行法则从其他方面对不同警察部门进行详细的规定,称为"实质援引"(reenvio material)。[②] 很显然,葡萄牙《刑事诉讼法典》的立法者不拟事无巨细地介入各个警察机关的界定及组织结构,目的是让法典变得更加简洁明了,但缺点是容易给域外研究者造成误解。因此,具有刑事职能的不同警察机关(corporaçõespoliciais)根据各自的立法规范、一般的授权决定(葡萄牙《刑事诉讼法典》第 270 条第 4 款)和其他有关罪犯调查的规则划分管辖权。刑事警察机关是这些警察机关行使刑事警察职能的部门及人员的统称。[③]

其次,刑事警察机关负责"执行司法机关命令和《刑事诉讼法典》的规定",是"诉讼主体的辅助人"(auxiliares dos sujeitosprocessuais)。如前文所

---

① Caetano, Marcello, Manual de direitoadministrativo; 7° Reimpressão da 10a Edição, Almedina, Coimbra, 2004, Vol. Ⅱ, p. 1068.

② Costa, José de Faria, As relações entre o MinistérioPúblico e a Polícia: aexperineciaportuguesa; in Boletim da faculdade de Direito da Universidade de Coimbra, Volume LXX, Coimbra: Coimbra Editora, 1994, p. 238 e 239.

③ Rodrigues, Anabela Miranda, O Inquérito no Novo Código de ProcessoPenal, Jornadas de DireitoProcessualPenal – O Novo Código de ProcessoPenal, p. 70 e s; Valente, Manuel Guedes, Dos Órgãos de PolíciaCriminal, Coimbra, 2004.

述,葡萄牙《宪法》在广义上界定了警察的“犯罪预防”职能,这在葡萄牙《刑事诉讼法典》主要体现为侦查职能:在侦查阶段,刑事警察机关协助检察院或者接受检察院的授权采取各种警务措施,在特殊情况下也可自行采取保全措施(葡萄牙《刑事诉讼法典》第 249 条),但应立即通报检察院;在预审阶段,刑事警察机关受预审法官的授权采取各种措施;在庭审阶段,刑事警察机关受法官的授权采取各种措施。这些措施的根本目的均是查明真相。但需要特别指出的是,在葡萄牙的刑事诉讼中,刑事警察机关并非诉讼参与人(intervenientes no processo),与辅助人、被告人、辩护人等不处于同一位阶,仅是诉讼主体的辅助人,或者更具体而言,是司法机关的辅助人。依葡萄牙《刑事诉讼法典》第 1 条第 2 款之规定,司法机关指“在各自的职权范围内进行诉讼活动的法官、预审法官和检察官”。

再次,刑事警察机关是公民安全(葡萄牙《宪法》第 27 条第 1 款[①])的保障,应“维护民主法治,保障国内治安和保护公民权利”(葡萄牙《宪法》第 272 条第 3 款)。葡萄牙《国内安全法》(Lei da Segurança Interna,2008 年 8 月 29 日第 53/2008 号法律)明确了刑事警察机关应促进国内安全的活动原则(第 2 条),并确立了刑事警察机关可使用的侦查手段(第 28 条第 1 款第 1 项以及第 29 条)。因此,刑事警察机关的资格取决于两个向量(vectores):形式资格上,刑事警察机关应为警察机关,警察机关以外的任何实体或个人均不得成为刑事警察机关;实质资格上,刑事警察机关应行使保护和保障国内安全的职能。从根本而论,刑事侦查是刑事诉讼的起点,是公民安全的重要基础。而刑事侦查的质量在很大程度上取决于刑事警察机关是否尽责履职。

最后,应区分刑事警察机关、高级刑事警察(Autoridade de polícia criminal)和司法警察等相邻概念。

从严格意义上讲,“Autoridade de polícia criminal”应直译为“刑事警察

① 葡萄牙《宪法》第 27 条第 1 款规定,“任何人都享有自由权和安全权”。

当局”[①]或“刑事警察机构”,指“葡萄牙法律承认的总警监、副总警监、警督、副警督以及其他有关法律赋予其行使刑事警察职权的警务人员”(葡萄牙《刑事诉讼法典》第 1 条第 1 款第 4 项)。很明显,在中文语境下,刑事警察机关与刑事警察当局或刑事警察机构极易混淆,且无论是刑事警察当局,还是刑事警察机构,在中文中均通常不指警务人员。因此,笔者对“Autoridade de polícia criminal”进行了意译,即“高级刑事警察”。顾名思义,高级刑事警察由层级较高的警务人员组成,在刑事诉讼中享有一些专属权力,例如,负责诉讼文书送达(葡萄牙《刑事诉讼法典》第 111 条第 2 款)、非现行犯的拘留(葡萄牙《刑事诉讼法典》第 257 条第 2 款)、颁发拘留令(葡萄牙《刑事诉讼法典》第 258 条第 1 款第 1 项及第 3 款)、请求执行某些调查行为(葡萄牙《刑事诉讼法典》第 268 条第 2 款及第 3 款)以及颁发出庭令(葡萄牙《刑事诉讼法典》第 273 条)等。普通的刑事警察无权实施这类诉讼行为。

司法警察则是一种特殊的刑事警察机关,由 1945 年 10 月 20 日第 35042 号法律法令所创设,并经多次修改。依葡萄牙《刑事调查组织法》第 7 条第 2 款之规定,司法警察对下列犯罪具有专属管辖权:(1)以人的死亡为构成要件的故意犯罪或者结果加重的犯罪;(2)奴役罪、剥夺他人行动自由罪、绑架罪和劫持人质罪;(3)违反文化认同、人格完整以及国际人道主义法相关规定的犯罪;(4)伪造货币罪、伪造债权证券罪、伪造印花票证罪和伪造其他等值或者相应票据罪;(5)劫持或妨害航空、水路、铁路或公路运输(安全)罪,且抽象量刑为 8 年及以上有期徒刑;(6)参与武装骚乱罪;(7)(构建)犯罪组织;(8)危害国家安全犯罪,但选举犯罪除外;(9)洗钱罪;(10)影响力交易罪,腐败、贪污和分享经济利益罪;(11)恐怖组织和恐怖主义犯罪;(12)针对共和国总统、共和国议会议长、总理、最高法院院长及共和国总检察长履职或者因履职而实施的犯罪;(13)担任政治职务人员的推诿和滥用权力罪;(14)欺诈获取或挪用津贴、补贴或者奖励;(15)抢劫

---

① 例如,中译版的葡萄牙《刑事诉讼法典》便直译为“刑事警察当局”,参见《世界各国刑事诉讼法》编辑委员会编译:《世界各国刑事诉讼法:欧洲卷》,中国检察出版社 2016 年版,第 1217 页。

信贷机构、国库和邮政部门罪;(16)与第4项、第10项及第13项相牵连的犯罪。在共和国总检察长未将调查权赋予另一刑事警察机关的情况下,司法警察对下列犯罪具有专属管辖权:(1)侵犯未成年人、无行为能力人的性自由和性自决权的犯罪,且抽象量刑为5年以上有期徒刑;(2)盗窃、损害、抢劫或接受具有重要学术、艺术、历史价值,而且为公有或者公众可接触的收藏品或展览物的动产,或者对科技发展或者经济发展具有重大意义的动产,或者属于文化遗产、已依法分类或正在分类中的动产,或者在性质上具有高度危险的动产;(3)可判处5年以上有期徒刑的诈骗罪;(4)故意破产和有害管理罪;(5)伪造驾驶证、机动车证、机动车登记证、学历证明、身份证件或旅行证件;(6)纵火、爆炸、释放有毒或窒息性气体或放射性物质,且为故意实施;(7)造成公共危险的污染罪;(8)使用炸弹,手榴弹,爆炸材料或装置,枪支和武器,核、化学或放射性武器实施犯罪;(9)与贩卖麻醉品和精神药物有关的犯罪;(10)经济金融犯罪;(11)信息或以信息技术实施的犯罪;(12)贩运和篡改车辆和武器贩运;(13)与第4项、第10项及第11项相牵连的犯罪。在不损及共和国国民警卫队税收行动局、外国人和边境服务局和证券市场委员会的权力的情况下,司法警察还负有责任调查以下犯罪:(1)增值税超过500,000欧元的犯罪;(2)协助非法移民和协助非法移民的组织的犯罪;(3)贩卖人口;(4)与第2项和第3项相牵连的、伪造身份证件或旅行证件,伪造证词、鉴定意见、口译件或笔译件的犯罪;(5)与证券市场有关的犯罪。可见,司法警察是专门负责严重或复杂刑事案件调查的刑事警察机关。而与其他刑事警察机关最大的一项区别在于:司法警察不仅在职能上依附于检察院,在组织上亦存在相当的依附关系(1953年9月7日第39351号法律法令)。①

(三)刑事警察机关的"权力"定位

通说认为,刑事警察机关参与刑事调查(Investigação Criminal),但不享

① 也有学者批评司法警察对某些罪名的排他管辖权事实上是对检察权的侵犯,参见Guedes Valente, Manuel Monteiro, Teoria Geral do DireitoPolicial, 3a edição, Almedina, 2012, p. 370。

有侦查权。[①] 这一“权力”定位应作进一步的解读。

一方面,刑事警察机关参与刑事调查。对于何为“刑事调查”,葡萄牙《刑事诉讼法典》未进行严格的界定。但葡萄牙《刑事调查组织法》第1条明确指出,刑事调查是“根据《刑事诉讼法典》在诉讼框架内以查明犯罪事实存在、确定犯罪行为实施者及其责任以及发现及收集证据为目的的一系列措施”。格德斯·瓦兰特(Guedes Valente)教授认为,“刑事调查追查真相,真相往往无形,呈现复杂性或天真及可信的简单。许多事实只有经过调查才能获得理解并予以解决,并通常需辅以手段和技术,才能将刑事调查转化为能够推动刑事诉讼目的的引擎:发现真相、伸张正义以及捍卫公民(被告人)的基本权利”[②]。刑事警察机关参与刑事调查主要包括两方面的内容:一是获取犯罪信息(notitia criminis)。从严格意义上讲,获取犯罪信息早于刑事调查,是启动刑事调查的前提。刑事警察机关可自行或者通过检举获得与犯罪有关的信息,并负有及时告知检察院的义务,以决定是否启动刑事调查(葡萄牙《刑事诉讼法典》第248条)。刑事警察机关在获取犯罪信息方面具有一定的主动权,但如果司法机关介入或者既定主体已获得被告人身份(constituição de um determinadosujeitocomo arguido),则主动采取措施的权力便会终止。需要特别指出的是,葡萄牙《刑事诉讼法典》不允许所谓的“前侦查”(pré – inquéritos),但随着“犯罪预防优先”理念的渗入以及警务情报机构向刑事司法的渗入,以大规模监控、大规模数据储存以及大数据分析为典型代表的“前侦查”开始成为强力遏制犯罪尤其是有组织犯罪的重要工具,也因此引发了强烈的学术争议。二是协助检察官查明案件真相,并可独立确定刑事调查的战术和策略,但适用涉及权利保护的调查手段或强制措施应获得检察官或预审法官的授权。在特殊情况下,刑事警察机关可对证据采取保全措施,但“应当立即将有关证据的消息通知相关司法机关”(葡萄牙《刑事诉讼法典》第249条)。

---

① 参见[葡]乔治·德·菲格雷多·迪亚士:《刑事诉讼法》,马哲、缴洁译,社会科学文献出版社2019年版,第240页及以下。

② Guedes Valente, Manuel Monteiro, Teoria Geral do DireitoPolicial, 3a edição, Almedina, 2012, p. 370.

另一方面,刑事警察机关不享有侦查权。席尔瓦(Germano Marques da Silva)教授认为,1987 年的立法者不应当将“刑事警察机关”规定在《刑事诉讼法典》第一部分第 1 卷“诉讼当事人”中,这容易造成误解。[①] 如前文所述,刑事警察机关并非诉讼参与人,而仅是司法机关的辅助人。依葡萄牙《刑事诉讼法典》第 270 条第 1 款之规定,“检察院可以授权刑事警察机关进行侦查活动和与侦查有关的措施和调查”。这里的“授权”(delegação),不应从行政组织关系层面进行理解,因为检察院和刑事警察机关是相互独立的机构,互相之间未有层级关系,而应理解为“交由负责”(encarregaroutrem)。因此,未获得检察院的“授权”(包括事前授权,也包括事后确认),刑事警察机关所采取的任何行为均不属于程序的一部分,不构成诉讼行为。[②] 而检察院在“授权刑事警察机关进行侦查活动和与侦查有关的措施和调查”时应尊重刑事警察机关的组织层级性,不得涉足刑事警察机关的内部管理,例如不得在授权决定中指定刑事警察机关内的特定警察参与刑事调查,仅得由刑事警察机关的部门领导予以指定。

三、葡萄牙检察院的组织结构及职权

葡萄牙现代的检察制度创设于 19 世纪初[③],一般认为是依大革命[④]后法国检察制度的基本模型所建。但经过了近 200 年的发展,葡萄牙的检察体系发生了一些重要变化,涉及检察权的性质、检察院的组织结构、职能定位等方面,既明显有别于法国检察体系,也不同于德国、意大利、西班牙等邻

---

① Germano marques da silva, Direito processual penal português, Universida de católicaeditora, 2017, p. 272.

② Figueiredo Dias, Sobreo ssujeitos processuais no novo Código de Processo Penal, JDPP/NCPP, p. 12.

③ 参见 1822 年 11 月 12 日的法律(Lei de 12 de novembro de 1822)以及 1832 年 5 月 16 日第 24 号法令。

④ 一般认为,法国 1799 年《宪法》塑造了现代检察制度的基本模型,并影响了整个欧洲,包括葡萄牙。但也有葡萄牙学者认为,葡萄牙检察院制度最早可追溯至国王阿方索三世的代理人(procuradores do rei D. Afonso Ⅲ)和约翰一世的法律代理人(procurador da Justiça de de D. João I),甚至追溯至古罗马的监察官、平民守护者等。Germano marques da silva, Direito processual penal português, Universidade católica editora, 2017, p. 242.

国的检察体系,带有明显的葡萄牙特色。[①]

(一)检察院的定位

葡萄牙《宪法》在第5章“法院”中对检察院的职能、作用及其他作出了一般性规定,“1. 检察院有权代表国家和保护法定权益,依照下款和相关法律的规定,参与实施由国家主权机关制定的刑事政策,依据合法性原则提起刑事诉讼,保护民主法治。2. 检察院应依法制定章程和享有自治权。3. 法律应规定检察院在单纯军事犯罪案件中可以获得的特殊协助。4. 检察院官员是具有层级隶属的司法行政人员。除法律规定的情形外,不得被调任、停职、退休和免职。5. 对检察院官员的任命、履职、调任、晋升和纪律处分,由共和国总检察长公署作出”(第219条)。之所以未在《宪法》中设“检察院”专章,是因为葡萄牙效仿法国的“检法同署”体系,检察院驻于法院内,但这一立法设计并不科学,极易混淆检察院(检察官)和法院(法官)的根本区别。

依葡萄牙《宪法》《刑事诉讼法典》《检察院规程》[②](Estatuto do MinistérioPúblico)及其他单行法,葡萄牙将检察院定位为“司法行政机关”(um órgão de administração da justiça)。首先,应说明的是,此处的“司法行政机关”与中国学术语境下通常理解的“政府对司法工作进行行政管理的专门机关”存在根本区别,主要包括如下四个层面的内容。

(1)检察院是国家机关。葡萄牙《宪法》第219条第1款规定:“检察院有权代表国家……”这意味着检察院是体现国家意志的自治制度机构(centroautónomoinstitucionalizado)[③],在法院里[④]代表国家、自治区和地方机

---

① 葡萄牙的检察制度最早受法国的影响,后来又学习德国,并结合了葡萄牙的一些法律传统以及学者的构想,形成较具特色的葡萄牙检察制度。葡萄牙刑事诉讼几乎所有的制度均沿袭这一类似的发展进程。关于葡萄牙检察院的概念、历史、性质、组织及管辖权,可参见 Rodrigues, José Narciso Cunha, Em Nome do Povo, Coimbra, 1999; cf. também Cluny, António, Pensar o Ministério Público, Lisboa, 1997, Ribeiro, Diaulas Costa, Ministério Público – Dimensão Constitucional e Repercussão no Processo Penal, São Paulo, 2003。

② 由1998年8月27日第60/98号法律批准。

③ Miranda, Jorge, Funções, Órgãos e Actos do Estado, Lisboa, 1990, p.43.

④ 检察院的职能并非仅限于在法院内,也有权在非刑事案件中担任国家律师和政府法律顾问(葡萄牙《检察院规程》第36条至第45条,第53条至第80条)。

关。因此,检察院对政治权具有一定的依附性,容易受政府意志的影响,这也是为何对于某些可能严重损害公民基本权利的侦查行为和强制措施,均应由预审法官进行授权。

(2)检察院是司法程序中行政机关的代表,有义务协助法院发现事实真相和适用法律。葡萄牙《宪法》第 32 条第 5 款规定,“刑事诉讼具有对抗式结构(A estruturaacusatória)”。依宪法教义,对抗式结构的现代刑事诉讼要求控告与审判职能分开,检察院不参与司法,亦不参与司法裁判,符合这一政治和技术要求。[①] 尤值一提的是,葡萄牙刑事诉讼还刻意区分了“procedimento”和“processo”(在一般意义上,两个单词均指“程序”),前者指未有法院参与的程序活动,后者则指有法院参与的程序活动。

(3)检察院是“自治”(autonomia)的司法行政机关。这里的“自治”,既包括职能的自治,也包括组织的自治。依葡萄牙《检察院规程》第 2 条第 2 款之规定,检察院的职能自治体现为有义务遵循合法性及客观性标准,且仅遵循法定的指令、命令和指示。[②] 检察院在履职时仅以实现法律的客观目的为指导,无须考虑效用、安全或国家原因,不应先验支持某些选择,例如抽象上的法律可能性,而必须仅依据已证实的事实及所适用的法律。“检察官有责任依法律规定履行职责”,并遵守源自上级检察官依法律所作出的指令、命令和指示,并履行指令、命令和指示所确定的义务(葡萄牙《检察院规程》第 76 条)。但如果前述指令、命令和指示违法,则检察官可以以“严重违反法律良知”(grave violação da suaconsciênciajurídica)为由拒绝遵守(葡萄牙《检察院规程》第 79 条),拒绝理由应以书面形式提出。检察院的组织自治则体现为仅共和国总检察长有权对检察院官员进行任命、履职、调任、晋升和纪律处分(葡萄牙《宪法》第 219 条第 5 款),“除法律规定的情形外,不得被调任、停职、退休和免职”(葡萄牙《宪法》第 219 条第 4 款)。

---

① Granados, Francisco, El Ministério Fiscal (Del Presente al Futuro), Madrid, 1989, p. 55.

② Pereira, Rui, Ministério Público: hierarquia e autonomia, Revista do MinistérioPúblico, Cadernos 6, p. 73 e s; Gaspar, António Henriques Gaspar, MinistérioPúblico, hierarquia e processo penal, Revista do MinistérioPúblico, Cadernos 6, p. 79 e ss.

(4)检察院也可代表国家,保护民主合法性及捍卫法定权益。保护民主合法性集中体现在检察院推动刑事诉讼的正当性,“确保司法裁判权的运行遵循宪法和法律的规定”(葡萄牙《检察院规程》第3条第1款第6项)。捍卫法定权益则表现为检察院可以代表无诉讼能力、不确定或者缺席的当事人,可以对工人及其家人进行义务支持(patrocínioofícioso),以维护他们的社会权利,可以代表集体或分散的利益,参加强制性的财产清册程序(inventáriosobrigatórios)以及在法律规定的其他情况下捍卫当事人的法定权益(葡萄牙《检察院规程》第5条)。

但事实上,检察院也带有一定的司法性。① 葡萄牙《刑事诉讼法典》第1条第2款便将“司法机关”(Autoridadejudiciária)界定为“在各自的职权范围内进行诉讼活动的法官、预审法官和检察官”。检察官在任命、履职、调任、晋升和纪律处分等方面均与法官呈现明显的趋同性。而围绕检察院的机构定位,葡萄牙学术界也未形成一致意见。例如,有不少学术观点认为,检察官应走向“司法化”(judicialização),避免检察权过度政治化。②

(二)检察院的组织结构

依葡萄牙《宪法》第219条第4款之规定,检察院奉行层级原则。自上而下,葡萄牙检察院可分为共和国总检察长公署(Procuradoria - Geral da República)、地区总检察长公署(Procuradorias - Gerais Distritais)和共和国检察官公署(Procuradorias da República)。

1. 共和国总检察长公署

共和国总检察长公署是葡萄牙检察院的最高机构,由共和国总检察长、最高检察官委员会、咨询委员会、法律咨询员以及技术和行政支持部门组成(葡萄牙《检察院规程》第7条至第9条)。

(1)共和国总检察长。

共和国总检察长负责主持共和国总检察长公署,并承担以下职责:在最

---

① Rodrigues, José Narciso da Cunha, A posição institucional e as atribuições do Ministério Público e das Polícias na investigação criminal, BMJ, n.° 337, p. 15 e s.

② Cf. Rodrigues, José Narciso da Cunha, A posição institucional e as atribuições do Ministério Público e das Polícias na investigação criminal, BMJ, n.° 337, p. 15 e s.

高法院、宪法法院、最高行政法院以及审计法院代表检察院;请求宪法法院以一般强制力的方式宣布某一规范违宪或违法;促进捍卫民主合法性;指导、协调和监督检察院的活动,并发布各地方检察官必须遵守的指令、命令和指示;召集最高检察官委员会和共和国总检察长公署咨询委员会,并主持会议;告知司法部部长有必要采取立法措施,使宪法条款具有可执行性;监督刑事警察机构的程序活动;监督或让人监督检察院的业务,下令启动对检察官的侦查、预审、刑事诉讼或者纪律惩戒程序;向司法部部长提出立法措施,以提高检察院的效率,促进司法机构的优化,或者终结法院或公共行政机构间的不同决定;在法律要求时,亲自或者让人替代参与国家作为设保人(outorgante)的合同;督导检察院的监督职能(葡萄牙《检察院规程》第12条)。

(2)最高检察官委员会。

共和国总检察长公署通过最高检察官委员会行使对检察院的纪律惩戒权及管理权。最高检察官委员会由共和国总检察长主持,成员还包括:地区总检察长;1名助理总检察长,在所有助理总检察长中选举产生;2名共和国检察官,在所有的共和国检察官中选举产生;4名助理检察官,在助理检察官中选举产生,一个司法区一个;5名由共和国议会选举产生的成员和2名由司法部部长任命的公认荣誉人士(duaspersonalidades de reconhecidoméritodesignadas)(葡萄牙《检察院规程》第15条)。

(3)咨询委员会。

共和国总检察长公署通过咨询委员会行使咨询职能。咨询委员会由共和国总检察长和助理总检察长组成(葡萄牙《检察院规程》第36条)。

(4)法律咨询员。

在共和国议会、共和国各部和共和国各自治区各部中,可以设1名助理总检察长,作为法律咨询员。法律咨询员应共和国议会议长、政府及与其共事的共和国部长的要求,履行法律咨询和支持职能。

(5)技术和行政支持部门。

共和国总检察长公署的技术和行政支持部门主要包括中央刑事调查和诉讼部(Departamento Central de Investigação e Ação Penal)、文献和比较法办公室(Gabinete de Documentação e DireitoComparado)以及技术协助中心(Núcleo de Assessoria Técnica)。

中央刑事调查和诉讼部是一个协调和指导机构,负责侦查和预防高度有组织或特别复杂的暴力犯罪(葡萄牙《检察院规程》第46条),包括:危害和平及反人类罪;恐怖组织和恐怖主义犯罪;危害国家安全犯罪,但选举犯罪除外;贩卖麻醉品、精神药物和前体,直接向消费者销售的情况除外,以及组成贩卖犯罪团伙;洗钱罪;腐败、贪污和分享经济利益罪;故意破产罪;公共部门或者合作社的经济单位的错误管理罪;欺诈获取或挪用津贴、补贴或者奖励(subsídio, subvençãooucrédito);有组织的经济和金融犯罪,尤其是借助经济技术手段;国际或跨国的经济和金融犯罪(葡萄牙《检察院规程》第47条)。

中央刑事调查和诉讼部还负责指导侦查和起诉葡萄牙《检察院规程》第47条第1款规定的犯罪,以及如果犯罪活动发生在不同的司法区,或者在共和国总检察长做出决定前,因犯罪明显严重、特别复杂或者地域分散,应进行集中侦查的案件(葡萄牙《检察院规程》第47条第3款)。

最后,中央刑事调查和诉讼部还负责葡萄牙《检察院规程》第47条第1款第5项、第6项、第8项、第9项、第10项及第11项所规定罪名的犯罪预防(葡萄牙《检察院规程》第47条第4款)。

文献和比较法办公室负责提供学术文献和外国立法例。

技术协助中心负责向共和国总检察长公署提供技术协助和咨询,通常涉及经济、金融、银行、会计和证券市场等较专业的领域。

2. 地区总检察长公署

在每个司法区均设地区总检察长公署,由1名指定的地区总检察长主持,接受1名助理总检察长领导。地区总检察长公署负责指导、协调和监督检察院在本司法区的活动,发布检察官在履行职责时必须服从的命令和指示,并协调和监督刑事警察机构的程序活动,以及其他一些职能(葡萄牙《检察院规程》第56条)。

3. 共和国检察官公署

每个司法区的各个地区均设有一个或多个共和国检察官公署(葡萄牙

《检察院规程》第60条)。共和国检察官公署包括1名或数名共和国检察官以及数名助理共和国检察官(葡萄牙《检察院规程》第60条)。共和国检察官公署由1名共和国检察官领导,主要负责指导、协调和监督本司法区的检察官或归其督导的法院或机构的活动(葡萄牙《检察院规程》第61条和第62条)。此外,共和国检察官还履行如下职能(葡萄牙《检察院规程》第63条):(1)在一审法院代表检察院,如果涉及严重犯罪、程序复杂或者所维护的利益具有特殊的相关性,尤其是在合议庭或陪审审判的情况下,应亲自代表检察院;(2)指导和监督检察院职能的行使,并向地区总检察长汇报情况;(3)发出命令和指示;(4)宣布程序法所规定的裁决。助理共和国检察官在各区法院代表检察院行使的职能(葡萄牙《检察院规程》第64条)。

最后还需要指出的是,葡萄牙检察院共设五级检察人员(gentes do MinistérioPúblico),分别为:(1)共和国总检察长;(2)共和国副总检察长;(3)助理总检察长;(4)共和国检察官;(5)助理检察官。助理检察官在履行职责时可以由共和国检察官所任命的合适人选替换,在缺席和履职障碍时,由法院所在市镇的公证人替换(葡萄牙《检察院规程》第65条)。

(三)检察院在刑事诉讼中的职能

如前文所述,检察院履行多项职能,但最核心的职能还在于刑事诉讼。葡萄牙《宪法》第219条第1款规定,检察院负责"提起刑事诉讼"(exercer a ação penal)。迪亚士教授认为,"提起刑事诉讼"这一概念太过模棱两可,"在刑事诉讼中也许是一文不值、毫无用处"。[①] 因此,现行葡萄牙《刑事诉讼法典》采用了更明晰的表述,"检察院具有推进刑事诉讼程序的正当性"(第48条),具体而言:"1. 接受检举、控告以及举报,并且就其是否继续办理作出审查;2. 领导侦查;3. 提出起诉,并且在预审和审判中有效支持该起诉;4. 提出上诉,即使该上诉仅为实现辩方的利益;5. 促进刑罚和保安处分措施的执行"(葡萄牙《刑事诉讼法典》第53条第2款)。

仅就检察关系而言,检察院的核心职能最主要体现在侦查阶段,即"领导侦查"。概言之,检察院是侦查阶段的主导者,刑事警察机关协助检察院

---

① Dias, Jorge de Figueiredo, Direito Processual Penal, 1, 1974, p. 271, nota 68.

展开查明事实的各项侦查活动。

四、"职能依附型"检警关系的内容及特色

葡萄牙的检警关系可称为"职能依附型",即在刑事诉讼中,检察院领导侦查、刑事警察机关提供协助,但刑事警察机关之于检察院未有组织依附性,具有侦查技术及策略的自主权。在司法实践中,这种"职能依附型"的检警关系颇具特色,但利弊兼具,值得深究。

(一)职能依附:"领导"(direcção)与"协助"(coadjuvação)

依葡萄牙《检察院规程》第3条第1款第8项及第13项规定,检察院负责"领导"刑事侦查,并监督刑事警察机关的诉讼活动。这里涉及如何理解"领导"?葡萄牙学说认为,"领导"指检察院就刑事侦查的事项发布一般或具体的指令、命令和指示①,可作三个层次的解读:一是"领导"不同于具有行政隶属关系的"领导权"(poder de direcção),后者有权直接发布行政命令,而非指令、命令和指示。"领导"也不同于"单纯的监督权"(mero poder de tutela)。尽管"领导"肯定包含一些固有的监督权,但检察院也应亲自参与其中。二是指令、命令和指示内容可以是一般性的(如侦查的方向),也可以是具体的(如采取某些侦查措施)。通常而言,检察院在指令、命令和指示中确定侦查的内容和条件,而刑事警察机关则可选择遵守指令、命令和指示的方式和时机。换言之,检察院通常应给刑事警察机关对侦查的目标及实施方式留下必要的理解空间。三是"领导"遵循检察院的不可分原则以及警察的层级原则。检察院发出的指令、命令和指示应统一,否则违法。②检察院对刑事警察机关的"领导"应转化为组织间关系(relaçãointerorgânica),即检察院指挥刑事警察机关的法定代表(主管领导),由后者在内部选择适合执行检察院指令、命令和指示的人员。

依葡萄牙《刑事诉讼法典》的规定,检察院对警察的领导主要体现在以

---

① Da Cunha, José Manuel Damião, O Ministério Público e os Órgãos de Polícia Criminal no novo Código de Processo Penal, UCP, Porto, 1993, p. 112 e s.

② Rodrigues, José Narciso da Cunha, A posição institucional e as atribuições do Ministério Público e das Polícias na investigação criminal, BMJ, n.° 337, p. 39 e s.

下方面:(1)要求警方及时通报犯罪信息(第243条第3款、第245条和第248条)以及法律规定的警察保全措施的报告(第248条及以下);(2)在任何时候进行案件调取及侦查,如有必要,将案件移送另外机构;(3)对刑事调查的程序、方式发布指令、命令和指示;(4)采取正当的行动以评价调查结果;(5)随时监督调查的进行方式。

刑事警察机关应“协助”司法机关实现诉讼目的(葡萄牙《刑事诉讼法典》第55条第1款)。葡萄牙《刑事诉讼法典》在多个地方使用了“协助”(coadjuvação)一词,但检察关系中的“协助”具有独特的含义,可简单作一比较。例如,葡萄牙《刑事诉讼法典》第9条第2款规定,“为了履行刑事司法职能,法院以及其他司法机关有权要求其他部门进行协助。提供协助的部门应当优先处理该协助请求”。这里的“协助”,更接近于“协作”(cooperação)之意,指国家机关应在权力范围内为追求普遍利益而相互配合,但相互之间并无任何组织或职能依附关系。这也与宪法蕴含的一般基本原则一致,如葡萄牙《宪法》第202条第3款规定,“法院在履行其职能时,有权获得其他机关的协助”。但葡萄牙《刑事诉讼法典》第55条第1款所指的“协助”,包含三个基本前提:一是检察院向组织上无隶属关系的刑事警察机关提出协助请求;二是请求事项属于检察院管辖权范围之列;三是刑事警察机关在检察院的授权下提供“协助”。因此,这里的“协助”并非“协作”之意,而是获得授权并提供辅助。刑事警察机关在检察关系中属于“辅助机构”(órgãosauxiliares)。因此,在刑事诉讼中,刑事警察机关的活动并非一般意义上公共行政机关的活动,而是获得检察院授权、在职能上以实现诉讼目的为目标的协助活动。当然,刑事警察机关作为公共行政机关,亦应遵循宪法设定的合法性及客观性要求。

(二)组织独立:技术与策略的独立性

尽管在理论上,检察院应在侦查阶段尽量掌握所有信息,以便能够领导侦查,自行或授权刑事警察机关采取特定的侦查手段或强制措施。但检察院从根本而论并非专业的刑事调查机关,“未有专业的技术设备,也未受过专门培训”①。因此,检察院更多是领导侦查,而非自行进行侦查(葡萄牙《刑事诉讼法典》第 263 条第 1 款)。

如前所述,葡萄牙为预防和打击犯罪构建了多种类型的专业警察部队。相较于检察院,刑事警察机关设备精良、人员均受过专业的侦查训练,管理科学、履职专业,并逐渐取得了对犯罪预防和侦查的技术垄断权。在“职能依附型”的检警关系中,刑事警察机关具有组织的独立性,并主要体现在以下三个方面:(1)刑事警察机关的组织结构、人事管理、行政职能以及纪律处分等,均属机关内部事务,检察院无权干预。依葡萄牙《刑事调查组织法》第 2 条第 4 款之规定,“刑事警察机关在诉讼程序中进行活动时,应当遵照司法机关的指导,具有职能的依附性,但不影响各自的等级组织”。(2)在具体案件的侦查中,刑事警察机关可自行决定侦查技术和策略。依葡萄牙《刑事调查组织法》第 2 条第 5 款规定,“司法机关所授权的调查和行为由刑事警察机关指定的官员实施,以达到司法机关所确立的目的,刑事警察机关可为有效履职而采取独立且必要的技术和策略”。葡萄牙《刑事调查组织法》第 2 条第 6 款规定,“技术的独立性立足于使用一系列新知识及恰当行为方式,而独立的策略则指选择适当的时间、地点和方式实施刑事警察机关法定权力对应的调查行为”。但葡萄牙《刑事调查组织法》第 2 条第 7 款规定,“刑事警察机关自行推动和实施法律允许的措施,不妨碍司法机关随时调取案件、监督进展及合法性,以及就任何行为的实施提供具体的指示”。(3)检察院对刑事警察机关仅能进行诉讼中的职能监督,但对于疏于履职的警察并无纪律惩戒权。葡萄牙的主流观点认为,这种较为松散的检警关系,具有较高的灵活性和弹性,既考虑到检警关系的组织界限,也有助于形成合法性与侦查效率的合力,更有效地实现刑事诉讼的目的。②

---

① Costa, José de Faria, As relações entre o Ministério Público e a Polícia: a experinecia portuguesa; in Boletim da faculdade de Direito da Universidade de Coimbra, Volume LXX, Coimbra: Coimbra Editora, 1994, p. 222.

② Costa, José de Faria, As relações entre o Ministério Público e a Polícia: a experinecia portuguesa; in Boletim da faculdade de Direito da Universidade de Coimbra, Volume LXX, Coimbra: Coimbra Editora, 1994, p. 243 – 246.

但“职能依附型”的检警关系也面临着一系列挑战。例如,松散的检警关系固然具有一定的灵活性,但容易出现“领导职能”虚化现象,检察院对于履职不力的警察缺乏约束力。在一些影响力较大的刑事案件中,检警因合作不睦而关系紧张的现象也时有存在。此外,随着新型犯罪的兴起,尤其是有组织犯罪、恐怖主义犯罪、高科技犯罪、金融犯罪等,刑事侦查的难度与日俱增,检察院向刑事警察机关进行一般权力下放在葡萄牙司法实践中已然成为常态,出现了所谓的“刑事诉讼警察化”(umapoliciarização do processo penal)现象。检察院逐渐成为侦查的“接受者”(receptor),而不是“指挥者”(directo),一般性的决定(despachogenérico)逐渐取代更具体的指令。正如索托·莫拉(Souto Moura)所言,“检察院指挥侦查的工作越来越少,因为权力的一般授权越来越多”①。

五、启示

与葡萄牙类似,中国在诉讼传统上更趋近于职权主义,因此,审前程序也强调国家权力的主导地位。但不同的是,中国《刑事诉讼法》第 7 条明确规定,“人民法院、人民检察院和公安机关进行刑事诉讼,应当分工负责,互相配合,互相制约,以保证准确有效地执行法律”。因此,公安机关与检察院无论是在机构组织上,还是在诉讼职能上均不具有依附性。检警关系的“脱节”,不利于审前程序形成侦诉的制约与合力,容易导致诸如侦查行为及强制措施缺乏有效监督、侦查终结移送审查起诉案件无法达到提起公诉的标准等严重影响案件办理质量,严重削弱了司法公信力。因此,检警关系的结构优化值得认真探索。在笔者看来,立足中国当下刑事诉讼的权力结构及实践所需,构建“职能依附型”的检警关系或许是一种相对折中且各方均能接受的方案。简言之,警察在履行刑事职能时接受检察院的领导和监督,但与检察院不具有组织上或等级上的依附性。

具体而言,检警关系结构优化的内容主要包括以下两个方面:其一,在

---

① Moura, Adriano Souto de, Inquérito e instrução, in jornadas do Direito Processual Penal. O novo Código de Processo Penal; Almedina, 1995, p. 79 e 80.

侦查工作中,突出检察院主导。尤其是对于复杂、敏感的刑事案件,检察官应提前介入侦查,对证据的收集提供指引及合法性保障,确保证据的合法、有效,符合审判中心下对案件质量及证明标准的要求。当然,公安机关具有技术和策略的独立性,警检可在长期的协作中形成合理的分工与合力。其二,强化检察院对强制措施的司法审查。在中国的司法实践中,警察对羁押措施的适用较为依赖,居高不下的羁押率容易滋生诸如“以押代侦”“捕后不侦”“以捕代罚”等不法现象,既不符合现代刑事法治的要求,也容易侵犯基本人权。因此,检察院应强化对强制措施的司法审查,贯彻“少捕慎诉慎押”刑事司法政策,建立减少羁押性强制措施的相关配套机制,例如社会危险性证明程序机制和量化评估机制、微小刑事案件速裁机制、非羁直诉快办机制、非羁押监管体系等。

当然,正如在葡萄牙一样,检警关系事实上并不如法典规定的那般明了与和谐。例如,检察官多数来自法学院,往往强调取证的合法性,而司法警察多数来自刑警学院,往往强调取证的有效性,知识结构的差别容易导致在实际工作中产生认知冲突。甚至在一些情况下,检察官在对警察行使指挥权时可能受到警察的抵制。此外,警察部门往往身兼社会管理的复杂职能,行政警察与司法警察在组织及职能上的交织关系,也加大了“检警一体化”的难度。因此,中国检警关系结构的优化,既要充分吸收域外的经验,也要在本国的司法实践中不断摸索,形成中国特色的检警关系,更好地实现刑事诉讼的目的。

论刑事诉讼对象

诉讼对象(objeto do processo penal),又称为审判对象,是大陆法系国家传统诉讼法理论中最重要且最基本的范畴之一。① 一般而言,诉讼对象解决两个层面的问题:其一,确定适用法律程序的对象,约束调查和判决的范围;其二,确定既判力的效力范围(争点确定效力)。因此,诉讼对象理论既涉及程序法,也涉及实体法。但在葡萄牙刑事诉讼特有的论域中,诉讼对象理论更主要在第一个层面展开,这主要源于葡萄牙学说对控告式刑事诉讼结构(estrutura acusatória)的独特理解与着重强调。葡萄牙学说认为,控告式的刑事诉讼结构决定了刑事诉讼对象理论:控辩双方的地位平等,意味着法官不得依职权推进诉讼,也不能在起诉书之外判刑,因此,起诉书在司法阶段确定了诉讼对象,而审判程序则旨在确定起诉书提出的主张是否成立。这一单维的理解虽大大降低了对诉讼对象理论研究的难度,但同样也削弱了其应有的重要理论价值及实务价值。为如实反映葡萄牙真实的理论场景,本文仅依照通说展开,不过多加入个人的理解与判断,比较刑事诉讼的中国研习者也可参照其他代表性国家较成熟的理论体系,由此更深刻地解读葡萄牙学说的思维定式及可能的缺陷。

一、刑事诉讼对象的界定

在实体法层面,诉讼对象,即诉讼拟处理的案件和事项,这在刑事诉讼、

---

① 参见本书《葡萄牙刑事诉讼的基本范畴——兼评迪亚士〈刑事诉讼法〉》一文。

民事诉讼及其他类型的诉讼中并无实质差别。① 刑事诉讼的对象便是犯罪,即"对行为人判处刑罚或者保安处分措施所针对的所有前提(o conjunto de pressupostos)"(葡萄牙《刑事诉讼法典》第 1 条第 1 款第 1 项)。但在程序法层面,民事诉讼的诉讼对象体现为民事原告在法庭上所提出的诉讼请求(葡萄牙《民事诉讼法典》第 552 条),这亦是法官据以裁判的对象。② 而刑事诉讼则存在不同的程序阶段:在审前程序阶段,检察院负责调查事实并最终确定刑罚主张。而在庭审程序阶段,检察院认为所收集的关于犯罪行为及犯罪行为实施者的证据已充分,才向法庭提出对被告人适用刑罚的请求(刑事起诉,ação penal)。法院必须判断起诉书所指控的事实是否属实以及是否由被告人实施,再决定对被告人适用相应的刑事制裁措施。因此,在程序法层面,刑事诉讼的对象由起诉书所称的事实和依据该事实提出的诉讼请求构成。

与欧陆邻国不同,葡萄牙学说在阐释刑事诉讼对象理论时并未采用"同一性"的表述,但关注点依然是诉讼请求的确定性及同一性问题。在正式提交起诉书之前,诉讼对象具有一定的流动性,可随侦查程序的进展而发生变化。犯罪信息随着侦查的深入而逐渐明了,使正式起诉具备充分的条件,大体包括三个方面的内容:是否存在犯罪行为、是否可确定犯罪行为的实施者以及诉讼程序在法律上是否可被接受。

葡萄牙学说认为,在控告式的刑事诉讼结构中,正是通过起诉书在司法阶段确定了诉讼对象。葡萄牙《刑事诉讼法典》第 283 条第 3 款详细规定了起诉书的内容要求,否则构成程序无效,涉及诉讼对象的内容主要包括:(1)指出可以识别被告人身份的信息;(2)叙述或者简要叙述能作为对被告人判处刑罚或者保安处分措施所依据的事实,尽可能说明实施犯罪的地点、时间和动机,行为人对案件的参与程度以及任何对确定刑罚具有重要意义的情节;(3)指出应当适用的法律规定。可以看到,检察院在起诉书中仅描

---

① Mendes, João de Castro, *Direito Processual Civil*, Vol. Ⅰ, p. 47; Sousa, Miguel Teixeira de, *Introdução ao Processo Civil*, Lisboa, 1993, p. 23.

② Mendes, João de Castro, *Direito Processual Civil*, Vol. Ⅰ, p. 66.

述事实及提出应适用的法律,原则上并不涉及适用刑罚或保安处分措施的请求。[①] 在审判中,如果可证明被告人实施了起诉书中描述的事实,且被告人适用刑事措施的其他前提也符合(葡萄牙《刑事诉讼法典》第 369 条第 2 款),则应判处被告人刑罚。葡萄牙《刑法典》第 1 编第 4 卷规定了法院在选择和确定对被告人适用刑罚的类型和幅度时所必须遵守的规则(葡萄牙《刑法典》第 71 条及第 79 条)。

二、起诉请求的事实描述和法律适用

与民事诉讼类似[②],在刑事诉讼中,起诉请求与诉讼对象的确定紧密相关,大体可区分为事实描述和法律适用两个维度。

(一)事实描述

事实描述主要包括犯罪要件事实以及可以识别被告人身份的信息。检察官必须尽可能详尽地提供所有犯罪行为的细节,以在庭审中可全面证明起诉请求。但应严格区分事实描述与证据证明。如果说起诉书的事实描述决定了诉讼对象的范围,则证据调查应受限于法官的职权查明义务。“法院可依职权命令调查所有其认为对查明事实真相,以及为使案件能得以公正裁判而应当审查的证据。”(葡萄牙《刑事诉讼法典》第 340 条第 1 款)意味着法官对证据的查明具有独立性,可完全超脱于当事人的起诉书、告诉书或答辩书,一切仅以“实质真实”作为刑事诉讼的首要任务。“法院认为有必要调查未载于起诉书、告诉书或者答辩书中的证据的,应当尽早将此告知当事人,并且将其载于记录中。”(葡萄牙《刑事诉讼法典》第 340 条第 2 款)

(二)法律适用

起诉书还须指明“应当适用的法律规定”(葡萄牙《刑事诉讼法典》第 283 条第 3 款)。这里的核心争点问题是:对起诉书所描述事实的法律定性是否能进行更改?

---

① 但有例外,如葡萄牙《刑事诉讼法典》第 16 条第 3 款及第 4 款涉及独任法庭的犯罪竞合问题。此外,在最简易程序中,检察院的请求必须精确表明“拟具体建议的刑罚”(葡萄牙《刑事诉讼法典》第 394 条第 2 款)。参见本书“从合意型司法走向协商型司法”部分。

② Mendes, João de Castro, *Direito Processual Civil*, Ⅰ, p. 64 e ss.

1929 年葡萄牙《刑事诉讼法典》亦要求起诉书列明行为禁止及科以刑罚的法律条款。但与现行法典不同的是,如果起诉书未列明前述法律条款,仅构成一般的违法行为,并不构成程序无效。1929 年葡萄牙《刑事诉讼法典》还承认法律定性变更(convolação),“法院可以判处不同于起诉书的罪名,甚至是更严重的罪名,只要犯罪构成要件是起诉决定或类似文书出现的事实”。这意味着如果所认定的事实未发生变更,则法官有权仅进行法律定性变更。这一立场受到葡萄牙学界的强烈反对。最重要的批评意见便是此举损害了被告人的辩护权,因为法律定性处于不确定的状态,被告人及律师不得不将辩护扩及所有类似罪名,这几乎是难以完成的任务。如贝莱扎·多斯桑托斯(Beleza dos Santos)所言,“只要这些事实包含在对被告人的起诉书中,被告人便有可能组织辩护。但他将对没有预料到的指控和事实感到惊讶,因为他无法及时提出异议”①。

现行的葡萄牙《刑事诉讼法典》严格区分了两个阶段:在起诉前,允许法律定性的不稳定性(事实上也包括事实描述),但在起诉后(第 283 条至第 285 条)或者辅助人请求启动预审的程序中(第 287 条第 2 款)则原则上应保持稳定,但亦允许变更,仅需要告知被告人即可。这同样引发了重大的学术争议,不仅涉及辩护权和控告式诉讼结构的问题,也涉及司法管辖权和被告人“完全并且毫无保留地认罪”的问题。对于前一方面的问题,因具有一般性,我们将在下文的诉、审关系中进一步论述,此处先对后一方面的问题稍作展开。

在葡萄牙的刑事司法体制下,起诉书中的法律定性,确定了法院的实质管辖权②,这将对后续程序产生重大影响。最典型的范例当属葡萄牙《刑事诉讼法典》第 16 条第 3 款的规定:“独任法庭也可以审理本法典第 14 条第 2 款第 2 项规定的案件,即使在犯罪竞合的情况下,检察院在起诉书中或随后才得知竞合的情况的、在申请书中,认为对该竞合行为具体应判罚不超过

---

① 贝莱扎·多斯桑托斯并没有彻底否定法律定性变更,只是认为应尊重被告人辩护权。Beleza dos Santos, «A sentença condenatória e a pronúncia em processo penal», Revista de Legislação e Jurisprudência, ano 63, p. 385.

② 更详细的介绍,参见本书《论司法裁判权:法院、法官与管辖》一文。

5 年监禁刑时。”这意味着起诉书如果进行错误的法律定性,则将改变法院的实质管辖权:原本 5 年及以上的监禁刑,应交由陪审团法庭或合议法庭管辖,但独任法庭可以因此获得实质管辖权。依葡萄牙《刑事诉讼法典》第 16 条第 4 款之规定,在这种情况下,“独任法庭不可以判处超过 5 年的监禁刑”。这意味着检察官可能因“预断”限制法官的管辖权及可能的量刑权,甚至有违宪的嫌疑(涉嫌违反了自然法官原则、司法裁判权原则、接受陪审团审判的原则、合法性原则和平等原则)。[①]

起诉书中的法律定性,还涉及被告人的“完全并且毫无保留地认罪”问题。依葡萄牙《刑事诉讼法典》第 344 条之规定,如果被告人愿意“完全并且毫无保留地认罪”,则不再进行与指控事实有关的举证,并立即转入口头陈述。如果没有应判被告人无罪的其他理由,则立即确定应当处以的刑罚。争点问题在于:起诉书中列明的法律定性是否可以自由地或以任何方式改变,以及以何种方式限制法院的管辖权?法院是否可以更改法律定性,科处比检察院起诉书法律定性更严重的刑罚?如果由于新的法律定性,案件可能属于陪审团法庭或者合议法庭管辖,则是否必须撤销案件,以便可以请求陪审团法庭或者合议法庭进行实质管辖?葡萄牙主流学说认为,在这种情况下,可在一般意义上适用葡萄牙《刑事诉讼法典》第 358 条第 3 款关于“对起诉书或起诉书所描述的事实的非实质变更”的规定,“审判长依其职权或者应当事人申请将该变更告知被告人。当被告人申请给予其必要时间以准备辩护时,对该申请应当予以许可”。这是因为“庭审在于确定由控、辩方陈述的事实和从庭审调查的证据得出的事实,以及所有相关的法律解决方案(soluções jurídicas),而不论在起诉书或起诉决定中所产生的事实的法律性质”(葡萄牙《刑事诉讼法典》第 339 条第 4 款)。但也有不少学者指出,“完全并且毫无保留的认罪”本质上是“交易”,被告人之所以认罪,目的是获得轻判的利益,而非因为完全认同起诉书所称的事实。尽管法官如果认为被告人并非出于自愿,或者怀疑认罪的事实并不真实,亦可拒绝接受认

---

① 但宪法法院认为这些规定完全合宪。更详细的介绍,参见本书《论司法裁判权:法院、法官与管辖》一文。

罪(葡萄牙《刑事诉讼法典》第334条第3款),但这种情况在司法实践中极为罕见。因此,法律定性的变更本质上颠覆了认罪制度的基础,对被告人的利益造成了严重的实质性损害。①

三、起诉书对法院认知权的限制

依《刑事诉讼法典》第379条之规定,"在非属本法典第358条(起诉书或者起诉决定中所描述事实的非实质变更)和第359条规定(起诉书或者起诉决定中所描述事实的实质变更)的情况和条件下,依据起诉书中未描述的事实作出有罪判决,或者在无起诉书时,依据起诉书中未描述的事实作出有罪判决",均构成判决无效。这构成起诉书对法院认知权(poderes cognitivos)限制的一般原则。如前所述,葡萄牙学术界对于起诉书事实描述部分的拘束力未有太大争议,但对于事实法律适用部分的拘束力则争议极大。

这里存在两种截然不同的观点:通说(含主流学说和判例)认为,起诉书涉及事实的法律适用部分对法院没有拘束力(可称为"效力否定说"),仅需向被告人告知法律定性改变即可。② 但也有一些学者认为,起诉书涉及事实的法律适用部分对法院应有拘束力(可称为"效力肯定说"),对法律定性的随意改变违反宪法,严重侵害了被告人的辩护权,也与控告式的刑事诉讼结构相悖,除非这一定性的改变有利于被告人。③ 两种学说大体围绕以下两个方面展开争论。

(一)控告式刑事诉讼结构与起诉请求的范围

"效力否定说"的代表性人物贝莱扎·多斯桑托斯曾为1929年葡萄牙《刑事诉讼法典》第447条的规定进行辩护,"因起诉决定或类似文书所作出的任何法律评价错误而让被告人获益,这是过度且不合理的。同样,对作

① Germano marques da silva, Direito processual penal português, Universidade católica editora, 2017, p. 375.

② Albuquerque, Paulo Pinto de, Comentário do Código de Processo Penal, 2. a ed, Lisboa, 2010, anot. ao art. 358.°

③ Germano marques da silva, Direito processual penal português, Universidade católica editora, 2017, p. 374 e ss.

出判决之法院行使一定的法律解释权进行约束,这也是不合理和无理取闹的"①。

"效力肯定说"的代表性人物席尔瓦(Germano Marques da Silva)教授则反问道,"为什么法院受特定事实法律定性的约束会无理取闹,而受起诉事实的约束则不会。无论是起诉事实所产生的约束,还是对这些事实法律定性所产生的约束,均构成对法院认知对象的限制"②。席尔瓦教授认为,在控告式的刑事诉讼结构中,向法院提出的起诉请求不仅包括是否认同起诉书提出的事实主张,也包括是否认同起诉书指定的罪名规则。刑事诉讼与民事诉讼不同,并非请求法院解决既定主体之间的冲突,也并非请求法院对既定问题提供解决方案,而是要求判断某一行为是否发生,以及如果发生是否可依特定规范对犯罪行为实施者适用刑罚。如果说检察院遗漏了某一犯罪构成要件事实,除非起诉有错误,或者除非经其他诉讼主体的同意,或者使用葡萄牙《刑事诉讼法典》第 358 条及第 359 条所规定的程序,否则法院不得依职权自行补充。诉讼对象的错误,既可能涉及犯罪构成要件事实的错误,也可能涉及对事实适用规范的错误,为什么解决方案会有所不同呢?须知,起诉书所涉及的法律定性是对行为违法性的认知,而所援引的规范则是对所描述事实的禁止和惩罚。

(二)事实违法性(的认识)与犯罪构成要件

"效力肯定说"认为,对事实违法性的认识是犯罪的基本构成要件之一。而行为的违法性仅得通过所援引的定罪规范进行衡量。因此,定罪规范虽不是事实的一部分,但正是对规范的援引赋予了事实具体的违法性含义。因此,被告人不仅应对构成犯罪要件的重要事实进行辩护,还应为事实违法性的认识进行辩护,这便需要援引定罪规范。例如被告人被指控滥用信任罪(葡萄牙《刑法典》第 205 条),依同一事实也可认定他作为法定代表人的公司对社会保障机构构成滥用信任罪,如果起诉书仅起诉前一个罪名,

---

① Germano marques da silva, Direito processual penal português, Universidade católica editora, 2017, p. 377 e ss.

② Germano marques da silva, Direito processual penal português, Universidade católica editora, 2017, p. 377 e ss.

法院是否可判定后一罪名成立？“效力肯定说”持否定态度。卡斯塔涅拉·内维斯（Castanheira Neves）教授在评价1929年葡萄牙《刑事诉讼法典》第447条所规定的法律定性变更时也指出，“可能的指控观点不得与构成具体案件的法律——刑事含义不同……这个限制的决定性原因是相关真实要件（客观要件和主观要件）的具体情况通常与其假定的含义相关，且作为客观化的事实——（法律—刑事）含义的变化等同于情况的根本变化，因此对于一个具体的案例，（如果允许法律定性变更）诉讼对象所提供的各种保障将被取消”①。

而“效力否定说”（较激进的观点，如弗雷德里科·伊萨斯卡，Frederico Isasca）则认为，“法律定性纯粹是法院独立性的表现，不会以任何方式侵犯被告人的诉讼地位或权利”，“如果庭审法院以不同于卷宗所展现的方式对事实、诉讼对象进行定性时，向被告人传达重新法律定性的适当程序时刻便是宣读判决”。② 时下主流学说及判例的立场则相对缓和，一方面承认法律定性是法院行使独立裁判权的表现，另一方面亦认为应给被告人预留必要的辩护时间，而不得直接作出新的法律定性。

四、诉讼对象的变更

（一）诉讼对象变更的界定及类型化

原则上，诉讼对象变更（至少对于公诉罪而言）仅发生于预审阶段（葡萄牙《刑事诉讼法典》第303条）和审判阶段（葡萄牙《刑事诉讼法典》第358条及第359条），因为如前文所述，侦查阶段允许事实描述和法律定性的不稳定性，这也符合“逐渐接近真相”的侦查逻辑。从预审阶段起，尤其是在审判阶段，诉讼对象的变更便与事实认定及刑罚的适用息息相关，因此，应遵循严格的程序规则。现行葡萄牙《刑事诉讼法典》区分了非实质性变更（第358条）和实质性变更（第359条）。

---

① Germano marques da silva, Direito processual penal português, Universidade católica editora, 2017, p. 380.

② Frederico Isasca, «Sobre a alteração da qualificação jurídica em processo penal», *RPCC*, ano 4, 3, p. 369 e ss.

《刑事诉讼法典》第1条第1款第6项界定了“事实的实质变更”,即“(犯罪对象的变更)导致可归责于被告人的犯罪发生改变,或者导致加重法定最高刑的事实变更”。相应地,“事实的非实质变更”,便是指“犯罪对象的变更不会导致犯罪的定性发生改变或法定最高量刑加重”。

(二)诉讼对象变更的效力

如前所述,1929年《刑事诉讼法典》允许直接进行法律定性的变更,“只要犯罪构成要件是起诉决定或类似文书出现的事实”。因此,只要事实不变,法律定性变更属于法院的权力。1929年《刑事诉讼法典》原则上禁止变更起诉书中载明的事实,除非辩方主张新的事实或因案件辩论而产生新的事实,在后一种情况下,这些新事实应仅涉及免除刑事责任或减刑。① 现行的葡萄牙《刑事诉讼法典》则完全不同,如果起诉书或者起诉决定描述的事实发生重大变化(实质变更),则法庭不得再在当前诉讼的定罪问题上考虑该事实,亦不导致诉讼消灭(extinção da instância)。新事实独立于诉讼对象的,主审法官应当将该变更事实告知检察院。该告知的效力等同于检举,以便检察院就新事实进行追诉(葡萄牙《刑事诉讼法典》第359条第1款及第2款)。但法典同样设置了例外,“如果检察院、被告人和辅助人同意就新事实继续进行庭审的,并且该事实并不导致法院丧失案件的管辖权”,则法庭可继续审理(葡萄牙《刑事诉讼法典》第359条第3款)。

如果起诉书或者起诉决定描述的事实仅构成非实质变更,且对案件裁判重要的,则审判长依其职权或者应当事人申请将该变更告知被告人。当被告人申请给予其必要时间以准备辩护时,对该申请应当予以许可(葡萄牙《刑事诉讼法典》第358条第1款)。法院变更在起诉书或者起诉决定中所描述事实的法律定性时,亦适用第1款的规定(葡萄牙《刑事诉讼法典》第358条第3款)。但非实质变更是因辩方所陈述的事实而产生的,无须再行告知,可直接作出裁判(葡萄牙《刑事诉讼法典》第358条第2款)。

---

① 1929年葡萄牙《刑事诉讼法典》第446条(唯一一款)规定,“(……)考虑案件讨论中得出的新事实,尽管控方或辩方没有提出新事实,但只要这些新事实可免除刑事责任或者减刑”。第448条规定,“如果辩方提出了新事实,或者在案件讨论中得出了且有减刑效力的新事实,则法院可以判处被告人被指控罪名之外的新罪名”。

（三）围绕法律定性变更的争议

如前文所述，主流学说及判例并未将法律定性变更视为实质性变更，在告知被告人并给予必要时间进行辩护准备后即可径行作出变更判决（葡萄牙《刑事诉讼法典》第358条第3款）。但“效力肯定说”则坚持认为法律定性的变更即构成实质性变更，如果法院径行作出变更判决将导致滥权，严重损害被告人的权利。席尔瓦教授在《刑事诉讼法》教科书中枚举了两个案例，可作一参照①：

案例1

被告人被指控犯有最高可判处8年监禁刑的罪名。在庭审中，法院认为起诉书描述的事实可能构成最高可判处10年监禁刑的罪名。在本案中，被告人原本有权请求陪审团进行审判。但起诉书的法律定性错误，直接剥夺了被告人接受陪审团审判的权利。如果法律允许法院径行作出变更判决，则显然对被告人的基本权利构成侵害。

案例2

被告人被指控犯有最高可判处5年监禁刑的罪名。在辩护策略上，辩方认为考虑到诉讼对象的刑罚以及可能的中止刑罚，便决定全面、无保留地认罪。在认罪后，法院认为该罪名最高可判处8年监禁刑，认为这属于情节加重的犯罪。在这种情况下，被告人决定撤回认罪是否还有实际意义？

为此，席尔瓦教授认为，法律定性的变更，应以有利于被告人为限。学理逻辑类似于葡萄牙《刑事诉讼法典》第16条第3款及第4款，即如果起诉书存在错误的法律定性，则刑事处罚不得高于独任法庭的管辖权（不得判处超过5年的刑罚）。②

五、简要评论

中国刑事诉讼学界围绕法律定性变更的争议亦早已有之。早在1999

---

① Germano marques da silva, Direito processual penal português, Universidade católica editora, 2017, p. 385.

② Germano marques da silva, Direito processual penal português, Universidade católica editora, 2017, p. 385 – 386.

年,中国刑诉学界便曾密集地探讨过诉审的关系问题,这源自当年重庆綦江彩虹桥垮塌案的判决。重庆市人民检察院原起诉某被告人玩忽职守罪,而法院经审理后径行判决该被告人犯工程重大安全事故罪,不少学者质疑这一做法违反了正当程序原则,也引发了对 2012 年最高人民法院《关于适用〈中华人民共和国刑事诉讼法〉的解释》第 241 条第 2 项(现改为第 295 条第 2 项)的质疑,即"对第一审公诉案件,人民法院审理后,应当按照下列情形分别作出判决、裁定:……起诉指控的事实清楚,证据确实、充分,指控的罪名与审理认定的罪名不一致的,应当按照审理认定的罪名作出有罪判决"。可以看到,中国的做法与葡萄牙较为类似,将法律定性的变更视为非实质变更,但不同的是,中国法官并不用告知被告人一方,也未给予被告人必要的辩护准备时间。

在比较法层面,葡萄牙的立法例较为少见,正如席尔瓦教授所批评的,这不利于被告人的保护。欧陆邻国普遍对法官适用法律规范的权力进行限制。例如,在西班牙,法官对法律规范的适用并非绝对、无条件的权力,应受到指控主张的约束。但如果法官认为自然事实无误,但法律涵摄对应着同一法益保护的另一刑事规范,则可以修改控方提出的法律定性。宪法法院认为,"法益同一性"(homogeneidad del bien jurídico)可充分保障律师的辩护权,避免突袭指控。而这一判例教义反映在葡萄牙《刑事诉讼法典》第 789 条第 3 款中,即"判决不得判处高于指控所请求的刑罚,也不得判处与指控罪名保护法益不同的其他罪名或者对追诉事实作出实质性的改变,除非提起控告一方在庭审中已经向法官或者法院提出本法第 788 条第 3 款第 2 项所规定的主张"①。因此,笔者更倾向于支持席尔瓦教授的观点。

但令笔者感到意外的并不仅是葡萄牙较特殊的立法例,而是葡萄牙学术界对诉讼对象的研究极为单薄,几乎未论及诉讼对象与刑事既判力效力范围的关系,遑论刑民交叉案件中的诉讼对象及刑事判决之于民事判决的既判力问题。葡萄牙学者围绕诉讼对象的研究几乎均围绕控告式刑事诉讼

---

① 更详细的研究,可参见施鹏鹏:《西班牙刑事诉讼与证据制度专论》(第 1 卷),中国政法大学出版社 2023 年版。

结构下的诉审关系展开。这一问题并非不重要,但相对争议较小,同样甚至更为重要的问题应是刑事既判力的范围,这亦是各国理论界及实务界最具争议性的核心命题,但遗憾的是,笔者在葡萄牙的学说体系中未发现太多有价值的讨论。

论被告人及其辩护人

被告人是刑事诉讼最具风向性的诉讼主体。如迪亚士教授所言,“被告人在某一刑事诉讼程序中所被保障的法律地位,是一块极佳的试金石,可用来评估有关刑事诉讼法律制度的精神,而可能对被告人的法律地位带来危机的,正是对此事宜有决定性的问题,即构建国家与个人之间关系的方式,以及相应的,个人在社会中的地位的问题”①。因此,对被告人诉讼地位及权利的保障往往上升到政治层面,以宪法或基本法的形式予以固定。而在被告人享有的诸多权利中,辩护权是最为重要的一项,“尽管法官和检察院有公正无私和客观的义务,但假如不将辩护的任务交托于拥有必需的法律知识且在程序中的唯一使命是突出一切有利于被告人的法律地位的事宜之人,则法官和检察院远远有更大的风险——虽然他们往往完全出于好意和良心上的压力——就被告人的责任作出草率的判断(由于不理解诉讼中的形式主义,被告人自己的行动可能加重对后果的担忧、欠考虑、模棱两可、无知等)”②。

与欧陆邻国类似,葡萄牙刑事诉讼经历了从传统职权主义到现代职权主义的漫长发展过程,被告人的身份地位也逐渐从诉讼客体转变为诉讼主

---

① [葡]乔治·德·菲格雷多·迪亚士:《刑事诉讼法》,马哲、缴洁译,社会科学文献出版社2019年版,第260页。

② [葡]乔治·德·菲格雷多·迪亚士:《刑事诉讼法》,马哲、缴洁译,社会科学文献出版社2019年版,第285页。

体。中世纪,葡萄牙设立诸多宗教裁判所(Santo Ofício da Inquisição),酷刑合法化,被告人在刑事诉讼中的地位迅速恶化。尽管许多规章(regimentos)亦规定了辩护人的辩护权,但形同虚设,预审法官的核心职能便是获取认罪口供以查明真相。法国大革命后,葡萄牙刑事诉讼深受拿破仑《重罪法典》的影响,开始在法治国的前提下思考实质真相查明:“如果不赋予被告人最广泛和有效的机会,使他们能够就其受到的怀疑进行辩护,或者简单说,如果不保护被告人的权利,则不存在实质真相。”①1929 年,葡萄牙颁布了第一部本国的刑事诉讼法典,正式确立了被告人有自由辩护的权利。1945 年第 35.007 号的立法法令进一步对诉讼权力结构进行调整,尝试赋予被告人更平等的地位。但从 1933 年至 1974 年,葡萄牙均处于独裁政府的统治时期,威权政治极大压缩了立法改革所取得的成果,刑事诉讼工具化的现象极为常见,尤其在涉及政治类的案件中。“武装部队运动”后,葡萄牙刑事诉讼的民主化进入了全新的时期,最重要的标识便是极大强化了被告人的权利保护,尤其是辩护权。1976 年葡萄牙《宪法》及 1987 年葡萄牙《刑事诉讼法典》均设置了大量的权利保护条款,葡萄牙进入了被告人权利保护的全新时期。

“你只要告诉我你如何对待被告人,我就可以知道你们所采取的是什么样的刑事诉讼程序,以及建立这一程序的是一个什么样的国家。”②这一振聋发聩的论断贯穿人类刑事诉讼的整个发展史,时刻警醒着公权力肆虐可能导致的可怕后果。正因如此,笔者将被告人作为单独的专题进行系统研究,深入分析葡萄牙现行被告人制度的利弊所在,希冀可从中获得一般性的经验与教训。此外,辩护人是被告人保护制度的根本所在,一并纳入研究范围。

① [葡]乔治·德·菲格雷多·迪亚士:《刑事诉讼法》,马哲、缴洁译,社会科学文献出版社 2019 年版,第 261 页。

② [葡]乔治·德·菲格雷多·迪亚士:《刑事诉讼法》,马哲、缴洁译,社会科学文献出版社 2019 年版,第 260 页。

一、被告人的界定及其身份构成

(一)被告人的界定

在葡萄牙刑事诉讼中,有多个术语与“被告人”相关,应严格区分:“arguido”,狭义上指身份构成但未被提起公诉的犯罪嫌疑人,而广义上指尚未定罪的犯罪嫌疑人和被告人;“Suspeito”或“O simples suspeito”,称为“嫌犯”或者“一般嫌犯”,指有证据表明已经实施犯罪或者预备实施犯罪,或者已经参与犯罪或者预备参与犯罪的人(葡萄牙《刑事诉讼法典》第1条第1款第5项),“嫌犯”或“一般嫌犯”并非诉讼主体(往往一开始以证人身份参与诉讼),因此,不享有被告人的权利,也无须履行被告人的程序义务;“réu”,指已被提起公诉的被告人;“condenado”,已被生效判决定罪者;“absolvido”,已被生效判决判处无罪者。但这几个术语并非所有均获得学术界的认可,立法也未刻意凸显区别[①],因此本文(本书)以“被告人”(arguido)指代广义上尚未定罪的犯罪嫌疑人和被告人,这亦是葡萄牙最通用的表述。

称谓的多义性也导致立法的严谨性不足。1929年葡萄牙《刑事诉讼法典》对“被告人”(arguido)进行了界定,即“存在实施犯罪行为的强烈嫌疑且犯罪存在已被充分证明(的主体)”(第251条)。但现行葡萄牙《刑事诉讼法典》则仅是对“嫌犯”(Suspeito)进行了界定,而对“被告人”则只得通过第57条至第59条所规定的各项要素,并结合“嫌犯”的定义进行学术创设。[②]

“被告人”与“嫌犯”最根本的区别便是身份的构成,这里涉及权利保障的时间节点,并非可有可无的技术问题。例如“嫌犯”在构成“被告人”身份

---

① 迪亚士教授认为,这一区别仅具有程序上的和形式上的价值,而绝不能使之具有实质效力,即不应赋予被告人以不同的且更优的程序法律地位——像犯罪嫌疑人只是预备性预审的对象,而被告人却已经成为审判中的主体,这是错误的。这一观点与德国和中国存在较明显的区别。[葡]乔治·德·菲格雷多·迪亚士:《刑事诉讼法》,马哲、缴洁译,社会科学文献出版社2019年版,第259页。

② 对此,许多葡萄牙学者进行了较深入的讨论,参见Costa, José Gonçalves da, «O estatuto do arguido no projeto de Código de Processo Penal (uma primeira leitura)», RMP/Jornadas de Processo Penal, Cadernos, p. 245 e ss; Moutinho, José Lobo, Arguido e Imputado no Processo Penal Português, Lisboa, 2000。

之前以证人身份作证的，应承担证人的义务，即应如实陈述事实，不能援引沉默权拒绝作证，否则可能构成伪证罪（葡萄牙《刑法典》第 360 条）。围绕被告人的身份构成，存在两种标准：一是客观主义标准，即侦控机关已对相关嫌犯采取客观的调查行为；二是主观主义标准，即侦控机关虽未采取客观的调查行为，但在主观上已将相关嫌犯认定为被告人。[①] 两种标准的保护范围和强度并不相同。例如警察闻到嫌犯身上有酒味，便问嫌犯："你是开车过来的吗？"嫌犯回答："是。"警察遂以涉嫌酒驾对嫌犯采取了强制措施，并向其宣读各项权利。如果采用客观主义标准，被告人的身份构成的时间节点为宣读权利及采取措施，此前嫌犯的回答不构成强迫自证其罪。但如果采用主观主义标准，则被告人的身份构成的时间节点为警察怀疑被告人涉嫌酒驾时。此时，警察必须先进行权利宣告，否则所获得的认罪口供归于无效。

葡萄牙采用的是客观主义标准，即"在刑事诉讼程序中，任何被起诉的对象以及被申请预审程序的对象，都被确定为被告人"（葡萄牙《刑事诉讼法典》第 57 条第 1 款）。在 1998 年改革前，身份构成是自动的，但改革后便要求进行口头或书面通知（葡萄牙《刑事诉讼法典》第 57 条第 3 款、第 58 条第 2 款及第 3 款）。仅在通知后，被告人身份方形成。

这里最具争议的是：被告人的身份构成是否需要达到 1929 年《刑事诉讼法典》所规定的"实施犯罪行为的充分嫌疑"（fundada suspeita de cometimento de um crime）？[②] 现行的学说认为，起诉书和预审请求并不必然要求存在可追究被告人刑事责任的充分证据，仅需要达到"可能追究刑事责任的证据"即可。依据这一观点，被告人可界定为"在形式上构成诉讼主体，

① Klaus Rogall, Die Beschuldigtenstellung im Strafverfahren, Objektivismus und Subjektivismus bei der Statusbegründung, in: Georg Freund, Uwe Murmann, René Bloy und Walter Perron, Grundlagen und Dogmatik des gesamten Strafrechtssystems, Festschrift für Wolfgang Frisch zum 70. Geburtstag, Duncker & Humblot · Berlin, 2013, 1199ff.

② Costa, José Gonçalves da, «O estatuto do arguido no projeto de Código de Processo Penal (uma primeira leitura)», RMP/Jornadas de Processo Penal, Cadernos, p. 256.

且相对于诉讼过程中的其他人而言可能对作为诉讼对象的犯罪事实负责的人"①。这意味着被告人身份构成的证明标准远远低于提起公诉标准②和定罪标准,原因是:其一,被告人的身份构成起始于刑事诉讼的最开端,不太可能有过高的证据要求;其二,被告人的身份构成是行使各项权利的时间节点,过高的证据要求将导致身份构成时间延迟,从而严重妨碍被告人权利尤其是辩护权的行使。不过,被告人身份构成的时间延迟,仅构成一般性的程序违法(mera irregularidade processual),但此前所作出的陈述不得作为证据(葡萄牙《刑事诉讼法典》第58条第5款)。

(二)被告人身份的构成

1. 被告人身份的构成由司法机关或者对犯罪行为有管辖权的刑事警察予以确定

如果被告人的身份构成由刑事警察机关确定,则刑事警察机关应当在10日内向司法机关就该事项进行报告,司法机关应当在10日内对刑事警察机关行为的有效性进行审查(葡萄牙《刑事诉讼法典》第58条第3款)。被告人身份的确定未取得司法机关批准的,并不影响先前收集到的证据的效力(葡萄牙《刑事诉讼法典》第58条第6款)。但相关人员未能遵守或者违反前款规定的手续的,所针对的人作出的声明不得作为证据(葡萄牙《刑事诉讼法典》第58条第5款)。

2. 被告人的身份构成总是在司法机关或刑事警察机关告知后

依葡萄牙《刑事诉讼法典》第57条之规定,任何被起诉的对象以及被申请预审程序的对象,都具有被告人的身份,因此,应依第57条第2款以及第58条第2款及第3款进行告知,在传达时应当向当事人指出自传达起其在刑事诉讼程序中成为被告人,并说明及在有需要时解释其因成为被告人具有本法典第61条规定的权利和义务(葡萄牙《刑事诉讼法典》第58条第

---

① Germano marques da silva, Direito processual penal português, Universidade católica editora, 2017, p. 298.

② 这里要特别注意的是,"成为被起诉的对象"以及"成为被申请预审程序的对象",远远早于正式提起公诉(参见葡萄牙《刑事诉讼法典》第58条及第283条)。公诉的标准为"充分证据",参见本书《刑事起诉制度研究》一文。

2 款)。

但在下列情况下,将强制性地成立被告人(葡萄牙《刑事诉讼法典》第58条及第59条):(1)司法机关或者刑事警察机关有理由怀疑某人实施犯罪行为,对该人进行讯问时,该人进行供述(葡萄牙《刑事诉讼法典》第58条第1款第1项)。(2)应当对某人处以强制措施或者财产担保措施(葡萄牙《刑事诉讼法典》第58条第1款第2项)。(3)根据本法典第254条至第261条的规定,对涉嫌实施犯罪行为的人进行拘留(葡萄牙《刑事诉讼法典》第58条第1款第3项)。(4)警察制作的犯罪信息记录指明某人涉嫌实施犯罪行为,并将犯罪信息记录告知该人。但该犯罪信息记录明显是毫无根据地作出的除外(葡萄牙《刑事诉讼法典》第58条第1款第4项)。(5)在询问非被告人时,有充分理由怀疑该人曾实施犯罪(葡萄牙《刑事诉讼法典》第59条第1款)。(6)如果采取某些措施旨在证明某人可能对相关事实承担责任,则该人有权通过请求成为被告人(葡萄牙《刑事诉讼法典》第59条第2款)。(7)诉讼临时中止。

3. 被告人身份构成的疑难问题

首先是关于"犯罪嫌疑"的证明。依葡萄牙《刑事诉讼法典》第58条第1款第1项之规定,司法机关或者刑事警察机关有理由怀疑某人实施犯罪行为,对该人进行讯问时,该人进行供述的,即强制构成被告人身份。这里较具争议的表述是"有理由怀疑"(suspcita fundada),这是第48/2007号法律修改的结果,原先的表述为"对既定人员进行侦查时,该人向司法机构或者刑事警察机关作出陈述的"。之所以进行这样的修改,是因为立法者担心公共舆论对被告人普遍存在的"有罪推定"倾向,因此,应可证明存在犯罪嫌疑方可进行讯问,这也意味着司法机关必须对卷宗中已有的证据进行判断。

其次是被告人的提前辩护。依葡萄牙《刑事诉讼法典》第58条第1款第2项之规定,"采取强制措施或者财产担保措施"亦属于强制构成被告人身份的重要事由。但在例外情况下,被告人有权进行提前辩护,即应当先由被告人进行陈述,"除非有合理依据而不可能进行陈述,且该等措施可以在首次司法讯问中采用"(葡萄牙《刑事诉讼法典》第194条第4款)。

再次是身份的转化。依葡萄牙《刑事诉讼法典》第59条第1款之规定,被告人可能一开始是以证人的身份参与刑事诉讼,但如果在询问过程中发现可能对其不利的信息,则证人的身份转化为被告人,享有不得被强迫自证其罪的权利。此前所作出的陈述不得作为对他不利的证据(葡萄牙《刑事诉讼法典》第59条第3款)。也有学者主张,葡萄牙应效仿法国创设"受协助证人"制度,强化对证人的保护。①

最后是请求进行身份转化。依葡萄牙《刑事诉讼法典》第59条第2款之规定,"如果采取某些措施旨在证明某人可能对相关事实承担责任,则该人有权通过请求而成为被告人"。这里的"某些措施",主要包括通知被告人作为证人就他可能被指控的事实作证,或者对他的人身、场所或物品进行搜查或搜索,扣押他持有或所有的物品,扣押信件等。但一般认为,葡萄牙《刑事诉讼法典》第59条第2款的规定比1929年的葡萄牙《刑事诉讼法典》更受限制。依1929年葡萄牙《刑事诉讼法典》第252条(唯一一款)之规定,"任何在调查预审中有实施犯罪嫌疑的个人不得作为证人或者陈述者接受讯问在预备预审中涉嫌实施犯罪的个人,如果经核实所采取的措施是证明犯罪由请求人实施,则可以请求依未羁押之被告人第一次接受讯问的条件及程序接受讯问。在下列情况下,该请求不得驳回:1. 在导致启动犯罪调查的检举中,请求人被认为是犯罪行为的实施者,且检举时间已超过30日;2. 指认请求人或者提供可证明请求人为犯罪行为实施者的个人被接纳为辅助人;3. 当犯罪嫌疑人被讯问或者被通知作为证人或陈述人就其可能被定罪的事实作证时"。

无论何种情况,被告人身份一经确定,在诉讼程序的各阶段均予以保持(葡萄牙《刑事诉讼法典》第57条第2款)。但也有观点认为,被告人的身份应可以撤销,尤其是卷宗中存在被告人无罪的证据。② 只要获得被告人的身份,便可作为诉讼主体行使相应的程序权利,也必须承担相应的程序义

---

① Germano marques da silva, Direito processual penal português, Universidade católica editora, 2017, p. 306.

② Germano marques da silva, Direito processual penal português, Universidade católica editora, 2017, p. 302.

务(葡萄牙《刑事诉讼法典》第 61 条)。

(三)被告人是法人或类似实体(entidades equiparadas)的特殊规定

法人或类似实体也可能成为被告人,因此,也应拥有被告人的所有权利和义务,但仍应依性质进行必要的调整。葡萄牙《刑事诉讼法典》和《刑法典》对法人或类似实体作为被告人的情况未作规定,因此,仅得依葡萄牙《刑事诉讼法典》第 4 条类推适用葡萄牙《民事诉讼法典》。

依葡萄牙《民事诉讼法典》第 25 条之规定,法人是由法律指定的人员代表。法人代表在实施有关诉讼行为时享有法律、规程以及公司章程赋予的权利。这意味着法人代表在刑事诉讼中代表着法人参与诉讼,代为行使权利和履行义务。但这一在民事诉讼中普遍奉行的原则在刑事诉讼中存在一些适用的难题。

例如,如果法人代表有数位(多人组成的机构),是否均必须出庭?是否所有人均可代表法人行使权利和履行义务,或者仅需指定其中一位代表即可?一般认为,如果法人代表有多位,且未指明哪一位法人代表可出庭,则任何人均可以代表法人。

法人没有法人代表的(死亡或失踪),或者法人与法人代表存在利益冲突的,如果类推适用葡萄牙《民事诉讼法典》第 25 条的规定,应由司法机关指定特定的代表。但在刑事诉讼中,这一指定显然并不合理,也无必要。学说认为,可由辩护人进行代表,类似于缺席审判(葡萄牙《刑事诉讼法典》第 64 条第 3 款以及第 334 条第 4 款)。① 同理,法人宣布破产后,在民事诉讼中应任命一位前管理员参与诉讼事务,但在刑事诉讼中由辩护人进行代表更为妥当。

类似实体亦采用类似的解决方案(葡萄牙《刑法典》第 11 条第 1 款及第 5 款,《税收犯罪一般制度》第 7 条)。但如果涉及未有足够的共同财产来支付罚金和赔偿金的,则所有成员均必须出庭,无论是作为实体的代表,还是以个人名义,因为他们可能必须亲自面对罚金和赔偿。

---

① 法国和西班牙采用了类似的解决方案。

二、被告人的权利和义务

被告人身份的构成,即意味着一系列权利和义务的复合体,较集中但非穷尽式地规定在葡萄牙《刑事诉讼法典》第 61 条中。例如被告人的权利很多规定在《宪法》中,包括尊重形体和精神完整的权利(第 25 条),尊重私人生活、住宅、通信或电讯的权利(第 32 条第 8 款)等。[①] 被告人也有很多权利和义务零散地规定在葡萄牙《刑事诉讼法典》的其他条款和《刑法典》中,有一些权利和义务甚至与被告人的身份无关。因此,下文将主要研究被告人最重要的权利和义务。

(一)被告人的权利

1. 在场权

被告人有权在进行与其直接相关的诉讼活动时在场(葡萄牙《刑事诉讼法典》第 61 条第 1 款第 1 项)。因此,被告人有权参与预审辩论和庭审程序(葡萄牙《刑事诉讼法典》第 300 条及第 332 条)。被告人还有权在采取程序措施时在场(如重现案件现场,reconstituição),但法律规定的例外(葡萄牙《刑事诉讼法典》第 325 条第 4 款、第 5 款及第 6 款,第 334 条第 1 款以及第 352 条)除外。即便被拘留、羁押或强制留在住所,也不得阻止被告人参与与他直接相关的诉讼活动,包括预审辩论或庭审程序。

2. 陈述权

被告人有权作出陈述。在审前程序(侦查阶段和预审阶段),被告人的陈述权是有限的,发生在对被告人进行讯问时(葡萄牙《刑事诉讼法典》第 272 条第 1 款和第 292 条第 2 款),以及在被拘留期间第一次接受司法讯问或采取强制措施时(葡萄牙《刑事诉讼法典》第 141 条和第 194 条第 2 款,葡萄牙《宪法》第 28 条第 1 款)。但在庭审阶段,被告人的陈述权是强制性的(葡萄牙《刑事诉讼法典》第 343 条及第 361 条),不仅有权对可归责于他的事实发表意见,还有权对其他可能涉及其个人的问题发表意见。被告人的陈述权不仅是被告人的一项基本权利,也构成了司法机关的法律和道德义

---

① 关于被告人宪法权利的保障机制,参见本书《刑事诉讼宪法化的葡萄牙模式》一文。

务（有义务听取被告人的意见）。

3. 知情权

在向任何机构发表声明之前，被告人均有权被告知归责事实（葡萄牙《刑事诉讼法典》第 61 条第 1 款第 3 项以及第 141 条第 4 款）。被告人到案后，司法机关或刑事警察机关应告知其作为诉讼主体所享有的权利（葡萄牙《刑事诉讼法典》第 61 条第 1 款第 8 项）。知情权自侦查阶段起，贯穿刑事诉讼的所有阶段。

4. 沉默权

被告人有权拒绝回答任何机关就归责事实或与声明内容有关的事实所提出的任何问题（葡萄牙《刑事诉讼法典》第 61 条第 1 款第 4 项）。任何机关在讯问前必须告知被告人有权保持沉默，并进行必要的解释（葡萄牙《刑事诉讼法典》第 44 条第 1 款、第 141 条第 4 款、第 143 条第 2 款和第 343 条第 1 款）。沉默权是无罪推定原则的延伸（葡萄牙《宪法》第 32 条第 2 款）。但与绝大多数职权主义国家类似，在司法实践中，被告人行使沉默权应当慎之又慎，这不是最好的辩护策略，律师通常更建议被告人在法官前进行陈述以进行有效辩护。[①] 此外，葡萄牙学说并不承认被告人享有说谎的权利，但仅是说谎不会受到处罚。

5. 律师辩护权和自行辩护权

被告人在参与所有诉讼行为时均有获得辩护人协助的权利（葡萄牙《宪法》第 32 条第 3 款，葡萄牙《刑事诉讼法典》第 61 条第 1 款第 5 项及第 6 项）。被告人同样也有权自行辩护（《欧洲人权公约》第 6 条第 3 款第 3 项以及《公民权利和政治权利国际公约》第 14 条第 3 款）。但在多数情况下，被告人的自行辩护权受到一定的限制（最常见的情况如人身自由受到限制或者剥夺，无法自行进行取证，此外，专业技术能力欠缺亦是自行辩护无法与律师辩护相提并论的根本原因），律师辩护便成为保护被告人权利最为重要的方式。可以认为，律师辩护权是被告人在刑事诉讼中最基本且最重要的权利，笔者将在下文单独进行研究。

① 如法国法谚所言，“在法律上，沉默并非证据，但在实践中，情况刚好相反”。

6. 参与权

被告人作为诉讼主体,有权积极参与侦查和预审,提供证据并要求采取必要的措施(葡萄牙《刑事诉讼法典》第 61 条第 1 款第 7 项)。当被起诉时,被告人还有权请求启动预审(葡萄牙《刑事诉讼法典》第 287 条第 1 款第 2 项)。被告人的申述书、记事录和申请书(exposições, memoriaise requerimentos)应归入卷宗(葡萄牙《刑事诉讼法典》第 98 条第 1 款)。但采取措施的请求对检察院或预审法官不具有拘束力,除非在预审阶段,涉及对被告人的讯问。

葡萄牙《刑事诉讼法典》第 61 条第 1 款第 7 项尽管仅规定了被告人参与侦查及预审阶段的权利,但被告人当然有权参与其他诉讼阶段,例如庭审阶段。在庭审中,被告人原则上必须出庭并接受讯问。

7. 上诉权

被告人对于合议法庭的裁判、判决和决定(dos acórdãos, das sentençase dos despachos)可以提出上诉(葡萄牙《刑事诉讼法典》第 399 条),但法律规定不得提出上诉的除外。

被告人是法人或类似实体的,亦享有前述权利,由法人代表或辩护人代为行使。

(二)被告人的义务

1. 到案的义务

被告人在受到正式传唤时有到案义务,即前往法院、检察院或刑事警察机关。这里的正式传唤,指根据葡萄牙《刑事诉讼法典》第 111 条第 1 款第 1 项之规定向被告人送达到案令(ordem de comparência)。无正当理由不应传的,将科以罚金(2 个纳税单位至 10 个纳税单位)、采取拘留或预防性羁押措施,或者要求支付相关费用(葡萄牙《刑事诉讼法典》第 116 条)。有不应传的正当理由的,应有正当依据并予以证明(葡萄牙《刑事诉讼法典》第 117 条)。

2. 对身份如实回答的义务

在接受讯问时(葡萄牙《刑事诉讼法典》第 141 条第 3 款、第 143 条第 2 款及第 144 条),被告人有义务向有权机关就其身份的相关信息(姓名、出身、出生的民政区和市政区、出生日期、婚姻状况、职业、住所和工作地点等)如实作答(葡萄牙《刑事诉讼法典》第 61 条第 3 款第 2 项)。未回答或者作出虚假回答的,被告人将承担不服从罪或者虚假声明罪的刑事责任(葡萄牙《刑事诉讼法典》第 141 条第 3 款以及第 348 条和第 348 – A 条)。

3. 服从取证措施、强制措施和财产担保措施的义务

对于法律明确规定、经有权机关的命令和实施的取证措施、强制措施和财产担保措施,被告人有服从的义务(葡萄牙《刑事诉讼法典》第 61 条第 3 款第 4 项)。

根据葡萄牙《刑事诉讼法典》的规定,取证措施涉及法律规定的各种侦查行为,如讯问(陈述证据,第 140 条及以下)、对质(第 146 条)、辨认(第 147 条)、事实重演(第 150 条)、鉴定和检查(第 151 条和第 171 条)、搜查(第 174 条)等,但不得为法律所禁止(第 125 条)。

强制措施及财产担保措施则仅限于涉及法律规定的措施(葡萄牙《刑事诉讼法典》第 191 条),应严格遵循各种措施的适用条件,撤销、修改、消灭及上诉的程序等(葡萄牙《刑事诉讼法典》第 192 条及后续条款)。

同样,被告人是法人或类似实体的,亦应遵循前述义务,由法人代表或辩护人代为履行。

三、被告人的辩护人

被告人有权选择辩护人,并有权在所有诉讼行为中得到辩护人的帮助,法律应规定必须受到律师帮助的案件和诉讼阶段(葡萄牙《宪法》第 32 条第 3 款)。以此为依据,葡萄牙《刑事诉讼法典》第 62 条规定,被告人可以在诉讼的任何阶段委托律师。在法律规定应当由辩护人协助的情况下,被告人未指定律师的,则应为其指定一名律师,无论被告人是否同意。

(一)辩护人的职能定位

在葡萄牙,辩护人不仅是被告人利益的捍卫者,更是独立于司法管理机

构(órgão de administração da justiça)。[①] 这意味着辩护人行使公共职能,是司法运行必不可少的要素(葡萄牙《宪法》第208条)[②],而非仅限于保护被告人的个人利益。辩护人有责任与法院合作发现真相,尤其是在"可以证明或表明被告人无罪的事实和法律"或者"减轻被告人刑事责任"等方面。[③]

辩护人可行使被告人享有的法定权利,但依法律规定应当由本人行使之权利除外(葡萄牙《刑事诉讼法典》第63条第1款)。这一规定旨在消除对辩护人参与实施诉讼行为正当性的疑虑,即原则上所有被告人有权实施的诉讼行为,辩护人均可参与实施,但法律有明确规定或者因为诉讼行为性质仅得由被告人个人实施的除外。在履行职责时,辩护人有责任向被告人提供"所能提供的最完整和最明确的建议",协助他完成必须或可能亲自参与的所有行为,并且在一般意义上代表被告人行使诉讼权利。

如迪亚士教授所言,辩护人和被告人之间并非民事诉讼中的司法代理关系,"在所有及任何假设下,都不应当认为辩护人作出诉讼行为的依据在于被告人的'司法授权'或由被告人授予的'代理权'。相反,其依据正是直接存在于法律赋予辩护人的行使其辩护职能的权利——义务中,而此辩护职能不受被告人指示或意志的约束。在这个意义上,可以并且应当肯定的是,辩护职能是公共职能,其基础是公法,而非代理这一私法制度"[④]。迪亚士教授进一步指出,"将辩护人的职能概念化为对嫌犯的援助,这即使不是不正确的,至少也是不足够的。……如果我们扩张'援助'这一概念,甚至

---

① Ferreira, Manuel Cavaleiro de, Curso de Processo Penal, Ⅰ, Lisboa: Editora Danúbio, 1981, p. 163.

② 葡萄牙《律师协会规程》第88条规定,律师对于司法运行必不可少,这源于对社区的义务。第90条规定,"律师对社区的义务是:(1)不得违法提出主张,不得使用非法手段或权宜之计,也不得使用公认的拖延、无用或有害于正确适用法律或发现真相的方法;(2)拒绝其认为不公正的协助(……)"。

③ Ferreira, Manuel Cavaleiro de, Curso de Processo Penal, Ⅰ, Lisboa: Editora Danúbio, 1981, p. 35.

④ [葡]乔治·德·菲格雷多·迪亚士:《刑事诉讼法》,马哲、缴洁译,社会科学文献出版社2019年版,第285页及以下。

使之相当于在辩护职能上的一种自主合作，那么它就是正确的了”①。因此，辩护人具有独立的辩护地位，和被告人可能存在立场和观点的冲突（尽管并不常见）。如何处理二者的关系，这在葡萄牙理论界和实务界引发了一些争议。

首先，葡萄牙《刑事诉讼法典》第63条第2款规定，“被告人可以撤销由辩护人以被告人名义作出的行为的效力，只要被告人在对该行为作出裁判前明确表示撤销”。这意味着如果诉讼行为是辩护人以被告人的名义作出，则应优先考虑被告人的意愿。如果两者的意见存在冲突，被告人可以撤销辩护人的行为。也有观点认为，法律允许在未经被告人同意的情况下为其强制指定辩护人，又允许被告人撤销辩护人所代理的诉讼行为，这显然是自相矛盾。②

其次，辩护人作为“司法合作者”所实施的其他诉讼行为，例如行为无效的辩论、参与对席证明（contraditório da prova）或者提出权利主张等，被告人均无权撤销。质言之，被告人只能撤销辩护人作为代理人所实施的诉讼行为，但不得撤销辩护人作为程序合法性保障者以及实质真实合作者所实施的一般性技术辩护行为。

再次，辩护人的独立性是否仅限于一般性技术辩护行为的内容，是否涵盖了诉讼策略？多数学者认为，辩护人有权自行确立诉讼策略，不受被告人的影响。但也有学者持反对意见。③ 在司法实践中还可能出现辩护人和被告人各行其是的情况，尤其是指定辩护的情况。④

最后，辩护人无论如何不得损害被告人的利益。“辩护人虽然同样致力

---

① ［葡］乔治·德·菲格雷多·迪亚士：《刑事诉讼法》，马哲、缴洁译，社会科学文献出版社2019年版，第285页。

② 这在欧陆邻国有诸多类似的争论，如围绕意大利《刑事诉讼法典》第99条的争论。Cristiani, Antonio, in *Corrimento al Nuovo Códice di Procedura Penale*, Ⅰ, coord. De Mario Chiavario, Turim, 1989, p.462.

③ Albuquerque, Paulo Pinto de, Comentário do Código de Processo Penal, 2. a ed, Lisboa, 2010, anot. ao art. 63. º

④ 西班牙理论界及实务界围绕此问题作过深入的讨论，可参见 Germano marques da silva, Direito processual penal português, Universidade católica editora, 2017, p. 335 e ss。

于发现事实真相和实现正义,但其作出的行为完全是为了被告人的利益。而这中间不存在任何矛盾:辩护这一特定任务意味着,辩护人须向被告人提供建议,反驳任何有倾向在诉讼程序中形成的且不利于被告人的片面的或不公平的看法——不管是关于对事实的审查的,还是关于对法律问题的理解的——然后,努力保证被告人的道德自主权与其人格尊严不受任何损害。……符合事实真相和对实体法的正确理解还不足够,真相还必须是在程序上有效。唯有如此才完全符合法治理念。"①

(二)辩护人的构成、任命和替换

依葡萄牙《律师协会规程》第66条第1款之规定,被告人只能指定律师或实习律师作为辩护律师。被告人委托的律师可以替换,如果有正当理由,可以撤销委托②,也可以放弃委托③。为被告人指定辩护人的,依据该辩护人提出的合理理由,法庭可以决定免除其提供协助。根据被告人所提出的合理理由,法官可以随时决定替换指定的辩护人(葡萄牙《刑事诉讼法典》第66条第2款和第3款)。在被替换前,指定的辩护人将继续进行程序的后续行为(葡萄牙《刑事诉讼法典》第66条第4款),直至被替换以及告知书已纳入卷宗为止。但如果属于辩护人强制协助的情况,则辞任仅在委托或任命新的辩护人后方生效(葡萄牙《刑事诉讼法典》第47条)。

辩护人缺席、拒绝辩护或放弃辩护的,法院应立即指定另一名辩护人。在进行预审辩论或开庭审理的情况下,法院可以决定中止诉讼行为或庭审。推迟诉讼行为或庭审必须首先考虑辩方的利益。在通常情况下,立即替换辩护人会给被告人带来沉重的负担,因为新的辩护人可能不了解诉讼,或者需要中断程序以进行辩护准备,与被告人进行会见和查阅笔录(葡萄牙《刑事诉讼法典》第67条第2款)。但也有可能情况刚好相反,即立即让新辩护人继续诉讼行为符合被告人自身的利益。因此,在司法实践中,多数法官在辩护人缺位的情况下会询问被告人是否愿意委托另外的辩护人以便继续进

---

① [葡]乔治·德·菲格雷多·迪亚士:《刑事诉讼法》,马哲、缴洁译,社会科学文献出版社2019年版,第287-288页。

② 葡萄牙《律师协会规程》第100条。

③ 葡萄牙《民事诉讼法典》第47条。

行诉讼行为，或者是否愿意推迟庭审。如果新委托的辩护人未有充分的时间进行准备，则所进行的辩护仅是纯粹形式意义上的，不可能发挥实质作用。总之，权衡的标准是让被告人获得有效且技术上充分和自由的辩护权。①

(三)同一辩护人为多名被告人辩护

依葡萄牙《刑事诉讼法典》第 65 条第 1 款之规定，“同一诉讼程序中的多名被告人可由 1 名辩护人进行辩护，但不得与辩护的职能相冲突”。这里涉及对“与辩护职能相冲突”的理解。1929 年葡萄牙《刑事诉讼法典》使用的措辞为“辩护不兼容”(incompatibilidade de defesa，第 23 条第 1 款)，涵盖的范围要狭隘于“与辩护职能相冲突”。所谓的“与辩护职能相冲突”，不仅指抽象意义上的“辩护不兼容”，即“每个被告人的辩护立场在逻辑上不兼容”，还包括所有可能的辩护利益冲突，即对其中一位被告人的辩护工作将损及对其他被告人的辩护。这在有组织犯罪中尤为明显。

对于委托律师的“辩护职能冲突”，通常应由被告人自行核实。被告人可以随时撤销委任或者进行替代。但在指定辩护人的情况下，法官可以依被告人提出的合理理由，可以随时决定替换指定的辩护人(葡萄牙《刑事诉讼法典》第 66 条第 3 款)。法官亦可以依职权进行替换。

葡萄牙《刑事诉讼法典》仅规定了同一辩护人为多名被告人辩护的情况，而未涉及同一律师为不同诉讼主体提供法律服务的情况，例如律师既是被告人的辩护人，同时也是民事当事人与支付罚金及赔偿金民事责任人的代理律师。对于这一情况，学说认为可以类推适用“同一辩护人为多名被告人辩护”的规则。

(四)指定辩护人和法律援助律师

在葡萄牙刑事诉讼中，指定辩护人与法律援助律师并不相同。指定辩护人并不取决于被告人的经济状况，而仅考虑刑事司法利益及诉讼的正常

---

① 许多法官在辩护人缺席的情况下，会询问被告人是否愿意委托另外的辩护人以便继续进行诉讼行为，或者是否愿意推迟庭审。在我们看来，这在通常情况下是适当的程序，因为大多数时候被告人都没有注意到辩护人缺席，这便是正当依据所在。在许多情况下，新委托的辩护人由于缺乏对诉讼的了解，因此，完成诉讼行为仅是纯粹形式意义上的辩护。

运行。学说认为,技术辩护是控告式诉讼结构的必然要求,如果被告人未有合格律师的协助,控辩必然失衡,无法实现实体正义与程序正义。因此,如果被告人未委托辩护人,国家便有义务为其指定辩护人,而无须考虑被告人的经济能力。

法律援助律师则主要针对经济困难的被告人,但也涵盖辅助人、民事被告人或者被害人等。依 2004 年 7 月 29 日第 34/2004 号法律第 15 条之规定,如果被告人或其他诉讼主体无力聘请律师,则可以获得法律援助,包括全部或部分免除诉讼费用,以及由国家支付律师的服务费用。

四、刑事辩护的职能

刑事辩护主要包括程序辩护和实体辩护。① 在一些重要的程序环节,辩护人有义务进行强制协助,保障被告人的实体权利和程序权利。而为保障辩护效果,辩护人的取证权亦应受到关注。

(一)程序辩护和实体辩护

刑事辩护旨在保护被告人的合法权益,涉及程序利益和实体利益。辩护律师的职能亦主要体现在程序辩护和实体辩护两个方面。

在程序辩护方面,辩护人应首先保障和监督诉讼行为的合法性。尤其是在审前阶段,辩护人可监督侦查行为的合法性,避免被告人遭受非人道待遇,也能让被告人及时且全面了解自己的诉讼权利和义务,以及各种诉讼行为(如认罪)的法律后果。辩护人还可对违反刑诉法及侵害被告人权利的公权力行为提起控告,对各种违法或不合理的决定提起上诉或采取其他救济手段。

在实体辩护方面,辩护人应根据事实和法律,提出被告人无罪、罪轻或者减轻、免除其刑事责任的证据和法律意见。在刑事诉讼中,控方承担证明

---

① 围绕刑事辩护职能的内容及类型,葡萄牙存在多种学说。例如有学说将刑事辩护职能一分为三,分别为协助、代理及司法职能。协助职能,指辩护人作为保障者或者法律顾问协助被告人进行个人辩护,具有独立性;代理职能,指辩护人以被告人的名义实施相关诉讼行为,应获得被告人的同意;而司法职能则指辩护人作为司法合作者为查明真相而实施的诉讼行为,无须获得被告人的同意,也可能与被告人的辩护无涉。

责任，辩护人未有与侦控机关对等的独立调查权，亦无法采取任何强制手段。但如果辩护人发现可查明案件真相的证据，可请求检察官依职权获取。辩护人亦可以进行补充性的调查。

无论是程序辩护，还是实体辩护，均应保障辩护人与被告人的私下交流权，即便在被告人受到拘留的情况下（葡萄牙《刑事诉讼法典》第 61 条第 1 款第 1 项）。这一程序设置在葡萄牙经历了较漫长的发展。1929 年葡萄牙《刑事诉讼法典》最早规定，“在第一次讯问前，被羁押者不得与任何人交流，如果这对于避免程序中断必不可少”（第 311 条第 1 款，经第 185/72 号立法法令制定）。草案则规定，仅在第一次司法讯问后，被告人方可与辩护人进行私下交流，以保证侦查的有效性。① 但这一条款随即被宪法法院宣布为违宪（葡萄牙《宪法》第 32 条第 3 款）。

（二）辩护人的强制协助

依葡萄牙《宪法》第 32 条第 3 款之规定，“被告人有权选择辩护人，并有权在所有诉讼行为中得到辩护人的帮助。法律应规定必须受到律师帮助的案件和诉讼阶段”。这一宪法条款要求葡萄牙《刑事诉讼法典》必须明确应受到律师强制协助的案件及诉讼阶段，这体现在第 64 条第 1 款中。

1. 在对被羁押或者被拘留的被告人讯问时（第 64 条第 1 款第 1 项），或者由司法机关进行讯问时（第 64 条第 1 款第 2 项）

辩护人应在被告人接受讯问时提供协助，这主要涉及对讯问行为进行合法性监督以及保证被告人可自由、自愿地进行供述。之所以在这一程序节点规定辩护人的强制协助，既是因为司法实践中可能存在各种违法讯问、严重侵犯被告人基本权利的手段，又是因为讯问所获得的供述材料可在庭审中进行重述或宣读，具有重要的证明效力（葡萄牙《刑事诉讼法典》第 357 条第 1 款第 2 项）。因此，为保障辩护效果，辩护人可以在讯问前与被拘留或被羁押的被告人进行私下交流，就如何组织辩护提出专业建议。经司法机关许可，辩护人可以请求厘清被告人所作的回答，并在讯问后，申请法官

---

① Cf. Exposição de motivos da Proposta de Lei n.° 21/Ⅳ, *Diário da Assembleia da República*, Ⅱ Série, Suplemento ao n.° 49, 4.°, Ⅳ - 1986.

向被告人提出其认为对发现事实真相确属适当的问题(葡萄牙《刑事诉讼法典》第141条第6款)。

2. 在预审辩论和庭审中,除非诉讼不会导致监禁刑或收容处分

依葡萄牙《刑事诉讼法典》第287条第4款之规定,预审法官在作出进行预审的决定时,应当向无委托律师也无指定辩护人的被告人指定辩护人,否则构成程序无效。

法官在确定庭审日期的决定中应包括为被告人确定一名辩护人。如果被告人未委托辩护人的,构成了经辩论决定的无效(葡萄牙《刑事诉讼法典》第313条第1款第3项)。如果在庭审中未任命辩护人,或者辩护人缺席庭审的,则构成不可补正的无效(葡萄牙《刑事诉讼法典》第119条第3款)。

3. 在除成立被告人程序外的所有诉讼行为中,被告人存在盲、聋、哑、文盲、不懂葡萄牙语、年龄低于21周岁,或者涉及无刑事责任能力或限制刑事责任能力的问题

在这些案件中,被告人属于弱势群体,自我辩护能力无法与普通人相比,因此更需要技术辩护的协助。

4. 提起普通上诉或者非常上诉时

上诉可由被告人本人提出,但在上诉后,如果被告人没有委托辩护人,则必须指定辩护人。这是因为上诉涉及事实认定及法律适用的争点,专业难度更高,更需要辩护律师的参与。

5. 供备忘用的声明

在一些特殊情况下(如患疾病或者前往国外的证人、性自决与性自由案件中未成年被害人),为固定证据,预审法官应检察院、被告人、辅助人或者附带民事诉讼当事人的申请,可以在侦查期间询问上述人员,以便在审判中有需要时参考其证言(葡萄牙《刑事诉讼法典》第271条及第294条)。因为这些声明未来将在庭审中作为证据使用,因此,应有辩护律师参加,既可以保障声明的自愿性和准确性,也便于此后在庭审中进行有效的质证。

6. 被告人缺席的庭审

在被告人缺席的庭审中,应由辩护人进行代理(葡萄牙《刑事诉讼法

典》第333条第5款和第334条第6款)。如果被告人的身份在诉讼过程中尚未构成,或者此前尚未指定辩护人,则必须为其指定辩护人。

7. 法律所规定的其他情形

法律规定的其他情形主要包括人身保护令程序(葡萄牙《刑事诉讼法典》第221条第3款、第223条第2款)、收容的重新审查(葡萄牙《刑事诉讼法典》第504条第3款)等。一些单行的立法也规定了辩护人强制协助的情形,此处不再一一列出。

(三)辩护律师的取证权:辩护调查问题

在职权主义传统的国家,检察官通常具有客观义务,应"超越当事人"的立场,不偏不倚、公正地履职,既要收集可证明被告人有罪或罪重的证据,又要收集可证明被告人无罪或罪轻的证据。与之相对应,辩护律师未有平等的调查权,无法采取各种具有强制力的措施,更多仅是进行补充的调查。

葡萄牙现行的《刑事诉讼法典》沿袭了这一权力结构:辩护人可以参与侦查和预审,可以请求检察官和法官采取必要的取证措施,但不具有强制性(第61条第1款第7项以及第287条第3款)。在司法实践中,辩护律师更多是通过阅卷、辩论或交叉询问(contra - exame)指出控方的证据不可靠、事实推理存在漏洞或者指控体系有缺陷来达到辩护目的。这一权力结构与葡萄牙现行法典所奉行的控告式诉讼形成某种潜在的冲突。

依现行法典的立法授权法(第43/86号法律)第2条第3款第3项的规定,控辩双方在诉讼过程应具有平等的法律地位,适用实质的平等武装原则。这似乎意味着辩方应与控方拥有类似的取证手段以证明己方的论点,否则这种平等便仅是形式性的,不会有任何实质的平等对抗。尽管如前所述,辩护律师可请求检察官或法官进行职权取证,但一方面,这种请求不具有强制性,检察官或法官可以予以拒绝;另一方面,也是颇为重要的,在很多情况下,如果未有初步的调查,辩护律师对证据来源也无从获悉,取证请求便成空中楼阁。例如辩方有权传唤证人,但应首先了解哪些证人了解案件事实,是否可信,是否存在感知、记忆或语言表达方面的缺陷,道德水平如何,是否与被害人或被告人存在利害关系,等等。倘若未有对这些信息的初步调查,辩方很难传唤对己有利的证人,而更多的仅是对法院传唤的证人进行质证。

因此,很多葡萄牙学者认为,辩护调查即便无法取代司法调查(第43/86号法律第2条第2款第4项),至少也应成为司法调查的有益补充,尤其有助于实现控辩力量的平衡。但随即引发对律师职业伦理的担忧以及引入私人调查(如私人侦探)相关的风险。刑事警察机关、检察院和法院的取证权属于公权力,由法律明确授权,且受到诸多制约。但公民个人的取证行为,一旦获得法律明确授权,便有严重损害个人权利的可能,且更难受到制约。在这种情况下,如果律师未遵循严格的职业伦理,则可能大范围刺探公民个人信息,并可能在刑事辩护以外使用,严重破坏社会秩序。这一学理逻辑同样适用于私人调查者。

因此,如果立法者拟强化辩护律师的取证权,甚至引入私人侦探,便不得不在多个维度上重新思考这一问题,尤其是实践的可操作性。以司法讯问为例。[①] 在预审程序中,被告人面对侦查程序中收集的诸多指控证据(如证人、书证、物证或鉴定意见等)时常感到恐慌和不解,需要刑辩律师收集相应的辩护证据进行反驳。但检察官在法律上没有义务为刑辩律师指明各种取证的信息,法官通常也只会完全依据检察院认为适合提供的证据做出决定,这就是葡萄牙司法实践的现状。即便在判决阶段,检察院依葡萄牙《刑事诉讼法典》第340条要求补充调取在其他诉讼程序中收集的文件记录,但后一个诉讼程序目前还处于司法保密阶段(葡萄牙《刑事诉讼法典》第86条第11款),在这种情况下,刑辩律师和被告人无能为力。

现行的葡萄牙《刑事诉讼法典》几乎未涉及辩护人的取证保障,仅设有若干旨在保护律师职业权益的规范。例如,葡萄牙《刑事诉讼法典》第187条第5款规定,禁止对被告人与其辩护人之间的谈话或者通信进行监听及录音;第179条第2款,禁止扣押和以任何方式管制被告人与其辩护人间的函件。葡萄牙《宪法》在更宽泛的层面确立了律师的职业保障,“法律应保障律师享有因履行受托职责而必需的责任豁免,亦应对司法运行中必不可

---

① Germano marques da silva, Direito processual penal português, Universidade católica editora, 2017, p. 342 e ss.

少的法律代理制度作出规定”(第 208 条)。葡萄牙《司法法院组织和运行法》第 114 条将《宪法》的要求具体化,规定“为确保律师在有效履行法律代理职责时的责任豁免,法律承认如下权利并提供有效保障:(1)保护职业秘密的权利;(2)依职业规程自由行使代理职责而不受惩罚;(3)与客户通信进行特别保护的权利以及对与行使辩护相关的文件保密的权利”。这里是否应将刑辩律师的取证权纳入“依职业规程自由行使代理职责而不受惩罚”的事项?

意大利的立法例为葡萄牙提供了一种全新思路。1988 年,意大利刑事诉讼进行了颠覆式的改革,从传统的职权主义激进地走向当事人主义,控辩的实质平衡成为这次改革的重中之重。在证明权设置上,1988 年的立法者认为,证据是“有偏见的”,不应为“法庭”所垄断。当事人的证明权,应更广义地理解为控辩双方在刑事诉讼中均可积极行使证据调查权、取证请求权、证据接纳权以及举证权。因此,取证请求权仅是当事人证明权的一部分,甚至不是最重要的部分,无法取代证据调查权。但这种立法思想直至 2000 年才转化为具体的法律制度,即辩护调查(investigazioni difensive)制度。意大利立法者希望通过辩护调查制度来解决刑事证明权失衡的问题。2000 年,意大利通过了第 397 号法律,在意大利《刑事诉讼法典》第 5 编之后加入第 5 – 1 编(titolo Ⅵ – bis),编名即为“辩护调查”。据此,私人侦探、技术顾问的引入为当事人及辩护人的调查取证提供了更有力的支撑,与检警一体的专业侦查力量能形成更有力的制衡,辩护人、私人侦探和技术顾问等均享有极为广泛的调查取证权,可进行辩护会谈、提交辩护书证、请求公共行政机关提供文件材料、进行私人鉴定、进入搜查场所以及进行不可重复的技术核查等。辩护人、私人侦探和技术顾问等甚至还可在刑事诉讼启动前介入,防御即将到来的诉讼风险。与此同时,为避免辩护调查损害其他公民的个人隐私,意大利又出台了两部重要的职业伦理法典,即《刑事律师在辩护调查中的行为准则》(Regole di comportamento del penalista nelle investigazioni difensive)和意大利《法庭职业伦理法典》(Codice Deontologico Forense)中。《刑事律师在辩护调查中的行为准则》是意大利最高法院刑事一庭在 2001 年 7 月 14 日颁布的行业规范(2007 年 1 月 19 日进行了修改),因此,原则上仅适用于在最高法院刑一庭登记的刑事律师。2002 年 10 月 26 日,国家法庭委员会(il Consiglio nazionale forense)对意大利《法庭职业伦理法典》进行了修改①,主要增加了对辩护调查行为的职业规范。总体而言,辩护调查参与主体的职业伦理主要包括以下四个方面:其一,端方义务(un dovere di correttezza)。辩护调查不得采用可能损害公共安全秩序、公民个人权利或违反公序良俗的手段。其二,尽职义务。辩护人应全力履行辩护调查职责。如果在具体个案中,辩护人在职责范围内未提出调查必要性问题,则可能违反职业伦理,将受到纪律惩戒(意大利《刑事律师在辩护调查中的行为准则》第 3 条)。当然,如果委托人未听从辩护人的意见,则不在此列。同样,如果辩护人未及时调查并向法官提交"对当事人有利的证据",亦可能受到纪律惩戒甚至刑事制裁。其三,忠诚义务。辩护调查仅提供对己方当事人有利的证据,无义务配合检察官或法官查明不利于本方当事人的真相。这与检察官的客观义务(意大利《刑事诉讼法典》第 358 条)形成鲜明的对比。其四,禁止伪证。辩护人不得在诉讼中提交已知为虚假的证据(意大利《法庭职业伦理法典》第 30 条第 1 款),否则可能构成人身包庇罪(意大利《刑法典》第 378 条)或其他具体罪行。

从既有的学术成果看,意大利的辩护调查制度极有可能在一定程度上被引入葡萄牙的刑事诉讼中。但笔者作为外部的中立观察者对这一改革思路并不乐观,因为和警察、检察官不同,辩护人、私人侦探及技术顾问具有明显的偏向性,仅提交对己方当事人有利的证据,可拒绝提交即便能查明真相但对己方当事人不利的证据。这将严重损及实质真实,与职权主义的传统格格不入。且意大利辩护制度在司法实践中的应用也不尽如人意,私人违法调查的情况时有发生。

饶有趣味的是,葡萄牙的部分学者极力推崇纯粹的当事人主义,并以此构建刑辩律师的伦理与职能。"对于刑辩律师而言,即便基本事实似乎已经

---

① 2014 年 1 月 31 日,意大利国家法庭委员会全体会议批准通过了新的《法庭职业伦理法典》(刊于 2014 年 10 月 16 日第 241 号官方公报,自 2014 年 12 月 13 日起生效)。但涉及辩护调查的相关条款未作修改。

被充分说明,但没有任何指控是不容置疑的;总有细节、例证、情节可逃避指控,可以为被告人的利益而援引。这就是为什么辩护律师的第一反应永远不是接受控方的论点,无论它看起来多么简单,因为当一个人的自由受到威胁时,生活中便没有任何事情是简单的"①,"辩护律师关心的既不是事实的真实性,也不是判决在理论上的正确性,而只是该诉讼的实际结果:在不公平地归咎于第三方后,这对于客户的刑罚最轻"②。从这个意义上讲,迪亚士教授的训诫依然袅绕于耳,"以纯粹的当事人的诉讼程序为目标、以英美法中的制度为榜样而对我们的刑事诉讼法进行一次全面的改革,依笔者看来不仅是不可能的,也是不值得被向往的。这主要是因为,这通常会导致应属调查原则范畴的且作为整体组成部分的职能被破坏,从而极大地有利于倾向于辩论原则和处分原则"③。

---

① Germano marques da silva, Direito processual penal português, Universidade católica editora, 2017, p. 351 – 352.

② Germano marques da silva, Direito processual penal português, Universidade católica editora, 2017, p. 351.

③ [葡]乔治·德·菲格雷多·迪亚士:《刑事诉讼法》,马哲、缴洁译,社会科学文献出版社 2019 年版,第 161 页。

论刑事诉讼中被害人的参与权

一、导论

中世纪以来,尤其是 17 世纪及 18 世纪,欧陆诸国的刑事诉讼奉行国家利益至上,而不单独考虑任何个人的利益。国家垄断侦查、起诉和审判,是对社会共同利益的唯一裁判者,这导致了私当事人在刑事诉讼中地位的衰微:一方面,也是最受关注的,被告人仅是被调查的对象,并不主动参与有关的诉讼程序,“以国家主权之名,被告人所享有的免受国家机关(包括司法机关)权力滥用和不公正影响的基础性权利被弱化甚至忽视;刑事诉讼程序中所处理的只是保护‘权力’相对于个人意志对其行使所设置的障碍的(表面上的)利益,是确认国家力量相对于其命令所针对的对象的绝对权威”①;另一方面,则迄今依然未获广泛重视,被害人的利益让渡于国家利益,参与刑事诉讼的途径极为受限,国家更关注社会秩序的修复,而非被害人的权利保障及利益诉求。

法国大革命后,被告人的权利保护日益获得关注。《人权宣言》第 7 条(未经法定程序不得随意控告、逮捕与拘留)、第 8 条(罪刑法定)及第 9 条(无罪推定)均主要围绕被告人的基本权利展开。可以认为,从传统职权主义向现代职权主义的发展,被告人的基本权利保护和诉讼地位提升是最重

---

① [葡]乔治·德·菲格雷多·迪亚士:《刑事诉讼法》,马哲、缴洁译,社会科学文献出版社 2019 年版,第 29 页。

要的主轴,且这一改革方向一直延续至今。但被害人所获得的关注则完全无法与之相提并论。学说认为,被害人积极参与刑事诉讼,可能构成一个令人不安的因素,因为他不具备检察官所应有的客观性和公正性①,参与诉讼的动机亦夹杂诸多个人因素②,并非或并非仅与检察院进行合作,以保障司法更好的运行。但应警醒的一点是,尽管犯罪主要侵犯的是社会利益,但直接受侵害的是被害人,被害人不应处于被遗忘的角落。在刑事诉讼中,被害人应可积极协作参与程序,保障对案件处理结果的满意程度以及相信司法的有效性,而非仅是作为案情的"证人",被动地等待"公正"的实体判决。正如卡斯塔涅拉·内维斯(Castanheira Neves)教授所言,"如果犯罪被害人未被消除伤害,未满意对犯罪的处理,则犯罪所侵害之价值的重新回归将无法实现。而这一价值重新回归所促成的社会和平亦无法实现"③。

与欧陆邻国相比,葡萄牙具有让被害人参与刑事诉讼的古老传统。④现代意义上的控告权或自诉权,源于1852年的葡萄牙《刑法典》。这部法典规定了某些犯罪仅得由检察院且在某些人的参与下方可提起诉讼。⑤1886年的葡萄牙《刑法典》沿袭了这一立法思路,要求起诉某些犯罪必须以被害人的特定参与为前提,如"控诉"(queixa)⑥,或者"请求"(requerimento)⑦,或者"起诉"(acusação)⑧,或者"检举"(denúncia)⑨,或者"告发"

---

① Correia, Eduardo, «Terão os assistentes legitimidade para deduzir acusação por crimes públicos, quando 0 MP se tiver abstido de a formular?», RLJ, 91, p. 301 e ss.

② 葡萄牙曾发生一起广受争议的刑事案件。作为被害人的记者坦言,成为辅助人的唯一目的便是可以查阅案件档案,以便更好地在报纸上撰写文章。

③ Neves, Castanheira, Sumários de processo criminal, Coimbra: Dactilog. por João Abrantes, 1968, p. 137.

④ Cf. Pereira, Joaquim José Caetano, Primeiras Linhas sobre o Processo Criminal, Lisboa, Typografia Lacerdina, 1805, p. 77 e ss.

⑤ 例如,第399条、第401条第3款、第416条等。

⑥ 例如,第452条、第472条第1款及第430条第1款。

⑦ 第254条(唯一一款)及第416条。

⑧ 第266条(唯一一款)、第417条及第481条(唯一一款)。

⑨ 第399条。

(querela)[①],或者“告发和起诉”(querela e acusação)[②]。立法术语的混杂性时常引发争议。时下,葡萄牙《刑法典》仅保留了三种私当事人启动公诉的方式:控告、检举或举报。[③]

被害人还可作为辅助人在更一般意义上参与刑事诉讼,而不限于半公诉罪或自诉罪。葡萄牙《刑事诉讼法典》在各诉讼阶段均规定了辅助人的诉讼职权,辅助检察院完成各项诉讼行为,确保法律得以准确适用,捍卫自身的合法权益。

除刑事部分外,被害人也可提起附带民事诉讼,以获得刑事犯罪行为导致的损失的赔偿(葡萄牙《刑法典》第129条)。葡萄牙《刑事诉讼法典》第71条规定了“附带原则”,即“根据犯罪行为提起的民事损害赔偿请求,应当在相应的刑事诉讼程序中提出。只有在法律规定的情况下才可以通过民事诉讼程序独立提出该请求”。但民事责任与刑事责任具有独立性,即便是刑事判决为无罪,刑事法院依然可判处民事赔偿(葡萄牙《刑事诉讼法典》第377条)。

被害人积极参与刑事诉讼,是提升诉讼地位及强化权利保护最直接也是最重要的途径。“(……)为了真正保护被害人,较之于给他们提供广泛意义的社会援助,更具决定性的是在刑事诉讼层面给他们自主的发言权,并允许他们可以采取符合最终判决的行动(……)。”[④]因此,研究被害人在刑事诉讼中的参与制度具有重要的理论及实务价值。且葡萄牙在这一领域有一些颇具特色的设置,明显有别于欧陆邻国(尤其是德国和法国),可为中国提供另一较具典型意义的比较法立法例。

---

① 第404条第1款。

② 第401条第3款。

③ 这三者并无实质差别,仅是保留历史传统的产物,容易导致误读。例如公权力机构的举报最早规定在1982年的葡萄牙《刑法典》第115条中。现行葡萄牙《刑法典》(1995年的葡萄牙《刑法典》)尽管未完全保留这一条款,但在某些罪名中仍要求将举报作为启动刑事追诉程序的条件(如第188条第1款、第198条、第319条以及第324条)。葡萄牙《刑事诉讼法典》第49条第4款将国家机关参与的举报等同于控告。

④ Dias, Jorge de Figueiredo, «Sobre os sujeitos processuais no novo Código de Processo Penal», JDPP/NCPP, p. 10.

二、被害人(狭义)、被害人(广义)、控告者与辅助人

在进入体系性的研究前，应首先区分几个容易混淆的概念，以避免因基础概念误读而引发没必要的曲解与争论。

在葡萄牙的刑事诉讼中，被害人有广义和狭义之分：狭义的被害人(ofendido[①])，更严谨的学术界定指“直接受到犯罪行为侵犯或处于危险境地的刑法法益的持有人”，或者更简洁的立法表述，“所谓被害人，是指法律规定的罪名中需要保护的利益对应的当事人”(葡萄牙《刑事诉讼法典》第61条第1款第1项)。而广义的被害人(lesado)则泛指因犯罪行为而受到侵害的所有人，既包括狭义的被害人，也包括民事利益受到侵害的受害人。[②] 例如在交通肇事罪案件中，狭义的被害人指因车辆撞击而受伤的公民个人，而广义的被害人则还包括保险公司。

辅助人是葡萄牙刑事诉讼颇具特色的一个概念，源自第35.007号法令，目的是强调“刑事诉讼”的公力性质(第1条)，“结束了控方当事人的存在，使本来可以作为《刑事诉讼法典》范畴内的主诉讼主体的私人成为纯粹的附属主体，只能以补充的方式(第4条第1款)协助检察院作出行为：只是检察院的辅助人”[③]。这一传统保留了下来。依现行葡萄牙《刑事诉讼法典》第69条之规定，“辅助人具有作为检察院合作者(colaboradores)的地位，其参与诉讼程序应当服从检察院的领导，但是法律另有规定的除外”。因此，尽管葡萄牙《刑事诉讼法典》并未对辅助人进行界定，仅是列明辅助人的诉讼地位及职权，但可以认为：辅助人是指在刑事诉讼中具有附属诉讼地位的诉讼主体，通过与检察官的合作促进案件的法律适用。可构成辅助

---

① 需要说明的是，葡萄牙很多学术作品并未严格区分“ofendido”和“lesado”，时常将“ofendido”同时指代广义及狭义的被害人。

② 在迪亚士教授《刑事诉讼法》一书的中译本中，译者将“广义的被害人”译为“受害人”。笔者并未采用这一译法，原因是区分度不高，且不太符合我国的通常表达。参见[葡]乔治·德·菲格雷多·迪亚士：《刑事诉讼法》，马哲、缴洁译，社会科学文献出版社2019年版，第307页及以下。

③ [葡]乔治·德·菲格雷多·迪亚士：《刑事诉讼法》，马哲、缴洁译，社会科学文献出版社2019年版，第311－312页。

人的包括被害人(狭义)、与被害人具有特殊关系的人或者因犯罪特殊性质而具备身份资格的人(葡萄牙《刑事诉讼法典》第 68 条第 1 款)。

因此,辅助人、被害人(狭义)和被害人(广义)的关系可作如下梳理:被害人(狭义)仅在取得辅助人身份的情况下方可构成刑事诉讼的主体。因此,并非所有被害人(狭义)均可成为辅助人,例如未满 16 岁的被害人便无法成为辅助人,因此,不能取得诉讼主体的资格。辅助人也不限于被害人(狭义)。被害人(广义)仅在被害人(狭义)的情况下方可取得辅助人的身份,在其他情况下(附带民事诉讼),则仅是作为附带民事诉讼当事人,与辅助人关系不大。

辅助人还应与控告人(O queixoso)严格区分。控告人仅存在于半公诉罪和自诉罪中。在这两类罪名中,检察院推进程序的前提是有身份正当性的人提出控告(葡萄牙《刑法典》第 113 条)。而辅助人则存在于所有类型的罪名中。此外,控告人无论是否成为辅助人,在一审判决宣告之前均可通过撤回控告终止程序,但被告人反对控告撤回的除外(葡萄牙《刑法典》第 116 条第 2 款)。这种推进和终止案件的权利(尽管是间接的),仅与控告人的诉讼地位相关,而与辅助人无涉。尤其需要指出的是,在自诉罪案件中,因为必须有辅助人才能启动侦查程序,似乎可以认为从控告者正式成为辅助人的那一刻起,程序定位便已完全确定,但并非完全如此。例如,辅助人死亡或丧失行为能力的,作为继任者的控告权主体可以撤回控告,而无须担任辅助人的角色。只要控告人不是辅助人,就不会成为诉讼主体,尽管对于推动和终止刑事程序仍非常重要,但程序参与权非常有限。简言之,控告人的权利仅限于在半公诉罪或自诉罪中提出控告、撤回控告和成为辅助人。

也正因如此,在立法体例上,控告权(O direito de queixa)和自诉权(O direito de acusação particular)具有实体性,构成了刑罚的条件。因此,立法者选择将其纳入葡萄牙《刑法典》进行规定(第 113 条至第 117 条)。而辅助人则是具有程序性,是被害人(狭义)参与刑事诉讼的主体条件,因此,立法者将其纳入葡萄牙《刑事诉讼法典》(第 68 条至第 70 条)进行规定。

三、辅助人身份的确立及参与诉讼的权利

辅助人身份的确立是参与刑事诉讼的前提条件。辅助人必须由司法代理进行协助。辅助人在各诉讼阶段均享有特有的职权,可通过权利的行使表达己方诉求,确保法律得以准确适用。

(一)辅助人身份的确立

葡萄牙《刑事诉讼法典》第68条第1款列出了有权在刑事诉讼中成为辅助人的人员:

(1)年满16周岁的被害人(狭义)(第68条第1款第1项)。被害人(狭义)只要年满16周岁,即视为刑法所规定罪名需要特别保护的利益主体(葡萄牙《刑事诉讼法典》第68条第1款第1项)。在刑法上,并非所有罪名都侵犯了个人,因此,有时并不容易界定何为"罪名需要特别保护的利益主体"。[①] 对此,学说及判例在诸多罪名上存在重大的意见分歧,涉及刑事实体法的诸多理论,此处囿于主题不再深入展开。唯一可以肯定的是,"如果罪名所直接保护的利益既属于国家,也属于个人,则受到犯罪行为侵害的个人应有权成为辅助人"[②]。

(2)非经其控告或者自诉不得进行刑事诉讼的个人(第68条第1款第2项)。本条涉及半公诉罪及自诉罪。在此两种类型的罪名中,控告权和自诉权的主体首先是被害人(狭义)。但如果被害人(狭义)死亡或丧失行为能力,则控告权和自诉权属于其亲属或法定代理人(葡萄牙《刑法典》第113条)。

(3)被害人死亡并且在死亡前未放弃控告权的,未经法院裁判分居和分割财产的其生前配偶、与被害人以类似配偶形式共同生活的同性或异性、直系血亲卑亲属和领养人和直系血亲尊亲属和领养人可以成为辅助人。上述人员欠缺的,则其兄弟姐妹及其直系血亲卑亲属可以成为辅助人。但是

---

① Albuquerque, Paulo Pinto de, Comentário do Código de Processo Penal, 2. a ed, Lisboa, 2010, anot. ao art. 68. °

② Cf. ac. do STJ n. ° 1/2003, de 16. 1. 2003 (uniformização de jurisprudência), publicado no DR n. ° 49, Série 1 – A, de 23 de abril de 2003.

上述人员参与应当被指控行为的除外(第 68 条第 1 款第 3 项)。

本条与葡萄牙《刑法典》第 113 条第 2 款具有一定的对应关系,但应特别指出的是,葡萄牙《刑法典》第 113 条第 2 款仅涉及半公诉罪和自诉罪,而葡萄牙《刑事诉讼法典》第 68 条第 1 款第 3 项则适用于所有的罪名,包括公诉罪。

(4)如果被害人未满 16 周岁或者因其他原因无能力而不能成为辅助人,其法定代理人可以作为辅助人。没有法定代理人的,前项规定的人员①依据前项规定的顺序可以作为辅助人。没有上述人员的,对被害人负有保护、监护或教育义务的机构在被害人对其信任的情况下可以作为辅助人。但是上述人员或者机构参与应当被指控行为的除外(第 68 条第 1 款第 4 项)。

(5)在危害和平及反人类罪,影响力交易罪,公务员袒护他人罪,司法不公与渎职罪,腐败、贪污和分享经济利益罪,滥用权力罪或欺诈获取或挪用津贴和补贴罪中,任何人均可以成为辅助人(第 68 条第 1 款第 5 项)。

这是葡萄牙的"公民之诉"(ação penal popular)制度,其学理依据是侦查和起诉这类损及公共利益的犯罪时需要获得每个公民的合作。"公民之诉"最早可以追溯到《宪法宪章》(Carta Constitucional),"对于贿赂、腐败、贪污和非法收取罪,可以提起公民之诉。可由本案控告人或者任何人在一年零一天的期限内提起,但应遵守法律所规定诉讼秩序"(第 124 条),后为学说青睐,逐渐扩及适用于其他罪名。葡萄牙《刑事诉讼法典》不要求辅助人必须是葡萄牙公民,但必须具有出庭能力。对于法人是否可以提出"公民之诉",葡萄牙学说存在重大争议,目前尚未有定论。②

除葡萄牙《刑事诉讼法典》外,部分单行法扩大了在某些罪名中辅助人

---

① 即未经法院裁判分居和分割财产的其生前配偶、与被害人以类似配偶形式共同生活的同性或异性、直系血亲卑亲属和领养人和直系血亲尊亲属和领养人可以成为辅助人。上述人员欠缺的,则其兄弟姐妹及其直系血亲卑亲属可以成为辅助人。

② 相关争论,参见 Germano marques da silva, Direito processual penal português, Universidade católica editora, 2017, p. 284 e ss。

资格主体的范围,例如环境保护协会[①]、文物保护协会和消费者保护协会等。

前述适格的主体可提出成为辅助人的申请。法院在听取检察院和被告人[②]的意见后以决定的形式作出裁判,并应立即将该决定通知检察院和被告人(葡萄牙《刑事诉讼法典》第68条第4款)。法院可以在诉讼的任何时候任命辅助人,但前提是必须在预审辩论或者是庭审开始5日之前向法官提出申请(葡萄牙《刑事诉讼法典》第68条第3款第1项),或在检察院提出附带指控或请求预审的期限内向法官提出申请(葡萄牙《刑事诉讼法典》第284条、第287条第1款第2项以及第68条第3款第2项)。在自诉罪案件中,辅助人的参与是强制性的(葡萄牙《刑事诉讼法典》第50条第1款)。对于自诉罪案件,应当自葡萄牙《刑事诉讼法典》第246条第4款规定的警告之日起10日内提出成为辅助人的申请(葡萄牙《刑事诉讼法典》第68条第2款和第246条第4款)。辅助人应当缴纳诉讼费用(葡萄牙《刑事诉讼法典》第519条)。

在指控前,准许成为辅助人的决定不具有形式的既判力,可成为情势变更事由,直至在指控书中确立诉讼对象或者作出归档不诉的决定。在提出指控后,该决定便具有形式的既判力。这是因为在侦查阶段,如果相关罪名未成为指控对象,则准许成为辅助人身份的决定便丧失正当性。

(二)辅助人的司法代理

与被告人不同,辅助人并不亲自参加诉讼,而必须通过司法代理(律师或实习律师[③],葡萄牙《刑事诉讼法典》第70条第1款)。这在葡萄牙理论界及实务界引发了一定的争议:一方面葡萄牙试图通过辅助人制度强化被害人(狭义,主要为被害人,但不限于被害人)在刑事诉讼中的参与权;另一

---

① 1987年4月4日第10/87号法律(葡萄牙《环境协会法》)第7条规定,"1. 环境保护协会具有如下行为的正当性:……(3)根据范围,在《环境基本法》和其他补充立法所规定的危害环境和生态平衡犯罪中,作为辅助人参与刑事诉讼"。

② 如果此时尚未确立被告人的身份,自然无法对辅助人的请求发表意见。即便被告人的身份已确立,但因为程序是保密的,被告人几乎不可能评估申请成为辅助人的正当依据,这也是为何指控前辅助人身份的确定没有形式的既判力。详见下文论述。

③ 参见葡萄牙《律师协会规程》(Estatuto da Ordem dos Advogados)第66条及第196条。

方面又要求辅助人必须通过司法代理方可行使各项职权。这意味着被害人无法直接在各主要诉讼阶段表明自己的诉求。主流学说认为,在葡萄牙,律师不仅是当事人利益的捍卫者,更是独立的司法管理机构(órgão de administração da justiça)。[①] 这意味着律师行使公共职能,是司法运行必不可少的要素(葡萄牙《宪法》第208条)[②],而非仅限于保护当事人的个人利益。因此,律师作为辅助人的司法代理,目的正是确保辅助人作为检察院的助手参与刑事诉讼的客观性和公正性,可避免辅助人因立场偏颇而给诉讼程序带来诸多不便。须知,律师具有推进法律良好适用的职业伦理义务,不得使用公认的拖延、无用或有碍正确适用法律或发现真相的方法(葡萄牙《律师协会规程》第90条)。此外,律师的职业化和专业性也有助于强化诉讼中的技术合作。但最高法院的最新判例认为,即便被害人本人是律师,亦不得自行行使其作为辅助人的权利。[③]

(三)辅助人参与诉讼的权利

依葡萄牙《刑事诉讼法典》第69条之规定,"辅助人具有作为检察院合作者的地位,其参与诉讼程序应当服从检察院的领导,但是法律另有规定的除外"。这在三个层面界定了辅助人参与诉讼的权利:一是作为合作者,辅助人所享有的诉讼权利与检察院类似,可以起诉、参与诉讼行为、要求采取措施、上诉等。但检察院保留了某些专属的权力。二是作为与从属者,辅助人参与诉讼程序应当遵从检察院的指示。三是例外。法律规定了辅助人可独立行使职权的许多例外。正是因为这些例外,可以认为,辅助人与检察院的合作是间接的,主要是为寻求正义和发现证据,从属关系也是相当有限

---

① Ferreira, Manuel Cavaleiro de, Curso de Processo Penal, I, Lisboa: Editora Danúbio, 1981, p. 163.

② 《律师协会规程》第88条规定,律师对于司法运行必不可少,这源于对社区的义务。第90条规定,"律师对社区的义务是:(1)不得违法提出主张,不得使用非法手段或权宜之计,也不得使用公认的拖延、无用或有害于正确适用法律或发现真相的方法;(2)拒绝其认为不公正的协助……"。

③ De acordo com o acórdão do Supremo Tribunal de Justiça N.° 15/2016 – DIÁRIO DA REPÚBLICA N.° 233/2016, SÉRIE I de 2016 – 12 – 06. 最高法院认为,律师作为刑事案件的被害人不得在本案中代表自己,"依《刑事诉讼法典》第70条第1款之规定,在刑事诉讼中,被害人是律师且拟获得辅助人身份的,则在卷宗中应由其他律师作为司法代理"。

的。司法实践中也偶有发生检察院要求定罪,辅助人却请求无罪释放的案件。

1. 辅助人在刑事诉讼中的一般权利

囿于篇幅,笔者仅对辅助人在刑事诉讼中最重要的一些权利作一简要枚举①:

(1)与程序进程相关的权利:

·请求中止诉讼程序的权利(葡萄牙《刑事诉讼法典》第7条第3款);

·请求诉讼的牵连与分离(葡萄牙《刑事诉讼法典》第30条第1款);

·请求并对案件特别复杂发表意见(葡萄牙《刑事诉讼法典》第215条第4款),以及请求延长某些期限(葡萄牙《刑事诉讼法典》第107条第6款);

·请求程序的加速(葡萄牙《刑事诉讼法典》第108条第1款以及第276条第8款)。

(2)与法院相关的权利:

·请求由陪审团法院审判(葡萄牙《刑事诉讼法典》第13条第1款);

·提出法院无管辖权(葡萄牙《刑事诉讼法典》第32条第1款),提出管辖权冲突(葡萄牙《刑事诉讼法典》第35条第1款),并请求宣布暂停司法裁判权行使,将管辖权交由其他法院(葡萄牙《刑事诉讼法典》第36条第1款);

·请求宣布法官履职障碍和请求回避(葡萄牙《刑事诉讼法典》第41条第2款以及第43条第3款);

·个人获悉法院判决的权利(葡萄牙《刑事诉讼法典》第113条第9款、第277条第2款、第283条以及第313条第2款)。

(3)参与权(Direitos de participação)。

a. 在侦查阶段:

·请求预审法官实施仅得由法官实施的诉讼行为(葡萄牙《刑事诉讼

---

① Albuquerque, Paulo Pinto de, Comentário do Código de Processo Penal, 2. a ed, Lisboa, 2010, anot. ao art. 69.°

法典》第 269 条第 2 款)；

· 请求提交供未来备忘用的声明,并参与声明行为(葡萄牙《刑事诉讼法典》第 271 条第 1 款)；

· 请求暂时中止诉讼,并在其他诉讼主体提出请求时予以反对(葡萄牙《刑事诉讼法典》第 281 条第 1 款)；

· 请求上级介入(葡萄牙《刑事诉讼法典》第 278 条第 1 款)；

· 请求诉讼对外公开(葡萄牙《刑事诉讼法典》第 86 条第 2 款和第 4 款)；

b. 在预审阶段：

· 请求启动预审(葡萄牙《刑事诉讼法典》第 285 条)；

· 参与自行或者由检察官、被告人请求的预审行为(葡萄牙《刑事诉讼法典》第 269 条第 2 款)；

· 参与预审辩论(葡萄牙《刑事诉讼法典》第 289 条第 2 款)；

· 告知影响其请求的裁决(葡萄牙《刑事诉讼法典》第 113 条第 9 款)；

c. 在庭审阶段：

· 参与庭审(葡萄牙《刑事诉讼法典》第 346 条)；

· 因新事实拒绝庭审(葡萄牙《刑事诉讼法典》第 359 条第 3 款)；

· 对于自诉案件拒绝适用最简易程序(葡萄牙《刑事诉讼法典》第 392 条第 2 款)；

· 要求证人在场(葡萄牙《刑事诉讼法典》第 353 条第 3 款)。

(4)异议权(Direitos de sindicândia)：

· 主张无效；

· 提出普通上诉和非常上诉。

2. 辅助人在刑事诉讼中的特殊权利

依葡萄牙《刑事诉讼法典》第 69 条第 2 款之规定,辅助人在刑事诉讼中还享有一些特殊的权利：

(1)参与侦查和预审,提供证据和申请采取其认为必需的措施,以及被告知这类活动的决定。

辅助人参与侦查,仅限于提供证据和请求采取措施。这是一项从属于检察院的活动，应与检察院合作。在预审程序中，辅助人亦可提供证据和请求采取措施，但对法官没有拘束力。法官可独立进行调查，实施其认为合适的预审行为（葡萄牙《刑事诉讼法典》第 289 条），对不重要或仅造成诉讼拖延的请求作出驳回决定（葡萄牙《刑事诉讼法典》第 291 条第 1 款）。辅助人可以参与预审辩论（葡萄牙《刑事诉讼法典》第 302 条）。

（2）提出独立于检察院的起诉；对于非经自诉不得进行的刑事程序，即使检察院不起诉，辅助人也可以独立提出。

辅助人可以提出独立于检察院的起诉。对于非经自诉不得进行的刑事程序，即便检察院决定不起诉，辅助人也可以以主当事人的身份独立提出。在这一问题上，葡萄牙《刑事诉讼法典》第 69 条第 2 款应与第 284 条及第 285 条结合起来进行解读。

葡萄牙《刑事诉讼法典》第 284 条规定，“检察院通知起诉后的 10 日内，辅助人可以对检察院所起诉的事实或者部分事实，或者其他对检察院起诉的事实不构成实质变更的事实起诉”。因此，对于公诉罪和半公诉罪，如果检察院没有起诉，辅助人不能提出起诉，但如果检察院提出起诉，则辅助人可以以单纯地赞同检察院起诉的形式提出起诉（葡萄牙《刑事诉讼法典》第 284 条第 2 款第 1 项）或者独立起诉相同或部分的事实，或者其他对检察院起诉的事实不构成实质变更的事实（依葡萄牙《刑事诉讼法典》第 1 条第 1 款第 6 项之规定，事实的实质改变，指导致可归责于被告人的犯罪发生改变，或者导致加重法定最高刑的事实变更）。

检察院对公诉罪或半公诉罪决定不起诉的，辅助人虽然不得起诉，但如果不同意检察院的立场，仍可以请求启动预审。① 同样，对于检察院未起诉的事实，辅助人认为该事实应当起诉，且起诉书未考虑这一事实可能构成对起诉书的实质改变，则辅助人也可以请求启动预审程序。因此，如果检察官

① 1945 年 10 月 13 日第 35.007 号立法法令原本规定，辅助人可独立于检察院起诉。围绕这一规定，葡萄牙存在两种截然不同的观点：一种观点认为，辅助人在检察院起诉的情况下才可以起诉；另一种观点则认为，即便检察院不起诉，辅助人也可以起诉。后一种观点在当时是主流观点，几乎得到所有学者的普遍认同。但现行法典显然并不支持该观点。时下，如果检察官决定不起诉，辅助人仅得请求启动预审。

未起诉,或者辅助人认为起诉不充分且将导致对起诉书的实质改变,则可以请求启动预审(葡萄牙《刑事诉讼法典》第 287 条第 1 款第 2 项),其目的便是对全部或部分侦查后起诉或归档不诉的决定进行司法核实。

而对于自诉罪,检察院在对案件侦查完结后,应通知辅助人,以便其在所欲时于 10 日内提出自诉(葡萄牙《刑事诉讼法典》第 285 条第 1 款)。如果仅辅助人起诉,检察院也可以起诉,但并没有起诉的义务。如果仅检察院起诉,则只能针对自诉中所包含的相同事实,或者其他对自诉不构成实质变更的事实(葡萄牙《刑事诉讼法典》第 285 条第 3 款)。但如果辅助人不起诉,则检察官应当终止程序,并作出归档不诉的决定(葡萄牙《刑事诉讼法典》第 277 条第 1 款),因为自诉程序有效的要件已然缺失。

(3)对对其本人具有影响的裁决提出上诉,即便检察院未提出上诉,且为达到效果有权查阅必要的诉讼资料,但不得妨碍司法保密制度的适用。

辅助人的上诉权较为受限。检察院可以对任何裁决提出上诉,即便仅是为被告人之利益亦可以上诉,而辅助人仅得对不利的裁决提出上诉(葡萄牙《刑事诉讼法典》第 401 条第 1 款第 2 项)。这里存在一个重要的术语界定问题,即葡萄牙《刑事诉讼法典》第 69 条第 2 款第 3 项规定的"对辅助人具有影响的裁决"和第 401 条第 1 款第 2 项规定的"对辅助人不利的裁决"是否范围一致?判例认为是一致的,辅助人提起上诉的唯一条件是存在诉之利益。但判例又进一步指出,辅助人不得仅就刑罚的类型和幅度提出上诉,除非可证明存在具体且确切的诉之利益。[①]学说对判例的这一立场多持批判态度。[②]

3."公民之诉"的特殊情况

如前所述,在葡萄牙《刑事诉讼法典》第 68 条第 1 款第 5 项所规定的各项罪名中,任何公民均有资格成为辅助人。葡萄牙学说对"公民之诉"普遍持欢迎态度,这与西班牙学说形成鲜明对比。[③]"公民之诉"在诉讼权利上

---

① O Assento n.° 8/99, de 2.7.98, DR, n.° 185, Série 1 – A de 10.08.1999.

② Albuquerque, Paulo Pinto de, Comentário do Código de Processo Penal, 2. a ed, Lisboa, 2010, anot. ao art. 69.°

③ 近年来,西班牙的"公民之诉"呈滥用趋势,受到学术界的批评。

存在一些特殊情况,可以列举两类最典型的犯罪。

一是政治职务主体的相关犯罪。依 1987 年第 34/87 号法律第 41 条之规定,"在涉及政治职务主体责任的犯罪中,检察院具有推动刑事诉讼的正当性,但如下主体有权提起诉讼,并从属于检察院:(1)被视为的犯罪行为直接侵害的公民或实体;(2)合议议会(assembleia deliberativa)的任何成员,涉及政治职务主体所涉嫌的犯罪,可单独或通过各自机构对这些犯罪作出反应;(3)负责监督政治机构的实体,对于涉及可归责于监督机构主体的相关犯罪;(4)负责免除政治职务主体所涉犯罪的实体"。从立法文本上看,第 1 项并不属于"公民之诉",而系葡萄牙《刑事诉讼法典》第 68 条第 1 款第 1 项所规定的情形。第 2 项、第 3 项和第 4 项均属于特殊的诉讼主体,第 2 项涉及议会成员,因为议会的任职者及所属机构负有政治责任,可通过议会相关机构提起诉讼,第 3 项及第 4 项则主要通过检察院推动程序的正当性。可见,对于政治职务主体的相关犯罪,并非所有公民均能以辅助人的身份行使诉讼权利。

二是涉及公共利益的相关犯罪。1995 年 8 月 31 日第 83/95 号法律第 2 条赋予任何享有公民权利和政治权利的公民对于"捍卫第 1 条所规定利益的协会和基金会以及在各自辖区所具有利益的地方机构"提起公民之诉。因此,符合条件的任何公民均有权检举、控告或者向检察院举报侵害第 1 条所规定之利益且构成刑事犯罪的行为,并在各自诉讼中作为辅助人。1995 年第 83/95 号法律第 1 条规定对于侵犯公众健康、消费者权利、生活质量、环境与文化遗产以及国家、自治区和地方机关财产的犯罪行为,任何公民均有权检举、控告或者向检察院举报,并在各自诉讼中作为辅助人。

四、刑事附带民事诉讼

被害人(广义)可以在刑事诉讼中提起附带民事诉讼,这亦是被害人参与刑事诉讼的重要方式。在很多刑事案件中,作为刑事诉讼对象的犯罪事实(葡萄牙《刑事诉讼法典》第 1 条第 1 款第 1 项)"不仅会对社会的基本法益造成侵害或带来危险,而且也会侵害某些人的财产性民事权利/民事财产权"①。因此,同一犯罪事实可能同时产生刑事责任及民事责任。对于这种刑、民责任共存的案件,各国采取的做法并不相同,大体可分为独立处理模式、附带处理模式以及可选处理模式(sistema de alternatividade,或称为混合处理模式)。葡萄牙采用可选处理模式,即附带处理为主、独立处理为辅,依葡萄牙《刑事诉讼法典》第 71 条之规定,"根据犯罪行为提起的民事损害赔偿请求,应当在相应的刑事诉讼程序中提出。只有在法律规定的情况下才可以通过民事诉讼程序独立提出该请求"。

民事诉讼的依附性更多是基于提升诉讼效率的考虑,但并不意味着民事责任的依附性。恰恰相反,民事责任在实体内容上具有独立性,"对犯罪所产生的损失与损害的赔偿,适用民法的规定处理"(葡萄牙《刑法典》第 129 条)。因此,"刑事判决中对民事损害赔偿的裁决,即使该刑事判决为无罪判决,亦具有法律所赋予民事审判判决的效力"(葡萄牙《刑事诉讼法典》第 84 条)。"经审判,民事损害赔偿的请求确有依据的,则判决书中应当判处被告人承担有关的民事损害赔偿。即使该判决为无罪判决,也不影响本法典第 82 条第 3 款规定的适用。"(葡萄牙《刑事诉讼法典》第 377 条)

(一)民事当事人

在附带民事诉讼中,刑事被害人(广义)是诉讼主体,对应民事赔偿之诉的原告,而刑事被告人对应着民事赔偿之诉的被告,还可能存在葡萄牙《民事诉讼法典》第 311 条规定的各种第三人,在附带民事诉讼中担任当事人的角色,以民事诉讼允许的方式参与诉讼。如迪亚士教授所言,"民事当事人可以(或许应该)在形式意义上视为刑事诉讼的主体,因为从实质的角度来看,他们是刑事诉讼所附带之民事诉讼的主体,并且作为民事诉讼主体,一直持续到案件的最后"②。

民事损害赔偿请求应当由被害人(广义)在刑事诉讼程序中提出,即便

---

① [葡]乔治·德·菲格雷多·迪亚士:《刑事诉讼法》,马哲、缴洁译,社会科学文献出版社 2019 年版,第 328 页。

② Dias, Jorge de Figueiredo, «Sobre os sujeitos processuais no novo Código de Processo Penal», JDPP/NCPP, p. 15.

其未成为辅助人或者不得成为辅助人。依葡萄牙《刑事诉讼法典》第 74 条第 1 款之规定，所谓被害人（广义），指因犯罪行为遭受损害的人。如前文所述，被害人（广义）与被害人（狭义）不同，不局限于“刑法以犯罪论处而予以特别保护的利益的持有人”。例如在人身伤害罪中，被害人（狭义）仅指被直接形体伤害的公民个人，而被害人（广义）则可能是对被害人（狭义）进行过治疗或求助的医院机构、医生或其他人（葡萄牙《民法典》第 495 条）。由于被害人（广义）仅是提出民事损害赔偿请求，因此，并不需要成为刑事诉讼中的辅助人。所以在人身伤害罪中，对被害人（狭义）进行过治疗或求助的医院机构、医生或其他人不能成为辅助人，但可以提起附带民事诉讼，而被害人（狭义）既可成为辅助人，也可成为附带民事诉讼的当事人。

民事损害赔偿请求主要向被告人提出，但也可以向仅负民事责任的人提出（葡萄牙《刑事诉讼法典》第 73 条第 1 款）。依葡萄牙《刑事诉讼法典》第 73 条第 1 款和第 2 款之规定，“即便不是刑事被告人，仅承担民事责任的人也可以自愿参与刑事诉讼，但不得作出被告人已无权作出的行为”。仅负民事责任的人在附带民事诉讼中相当于第三人。

被害人（广义）的诉讼参与仅限于支持和证明民事赔偿请求的主张，这与法律赋予辅助人的权利相对应（葡萄牙《刑事诉讼法典》第 74 条第 2 款），但仅限于对所提出的民事请求进行辩护。民事被告和一般的民事参与人（仅负民事责任的人）在诉讼程序中亦有权对民事赔偿请求进行反驳和证明，和刑事被告人具有相同的诉讼地位，每项辩护都是独立的（葡萄牙《刑事诉讼法典》第 74 条第 3 款）。这里所谓“辩护的独立”，指刑事被告人对民事请求的抗辩独立于其对刑事部分的抗辩。①

民事当事人均应由律师代理，检察院代表国家和其他法律赋予其代表权的个人和利益提出民事赔偿请求。②

（二）附带民事诉讼的提出

提起民事诉讼是一项处分权（direito disponível），奉行“不告不理”原

---

① Cf. Rego, Carlos Lopes do, «As partes civis e o pedido de indemnização civil no processo penal», *RMP – Cadernos* – 4, p. 64 e ss.

② 葡萄牙《检察官法》第 5 条。

则,因此,被害人(广义)应提出民事赔偿请求,否则法官不得依职权审理。原则上,被害人(广义)应在刑事诉讼中附带提出,但在法定的例外情形下,也可单独向民事法院提出独立的民事诉讼。这些例外情形主要包括(葡萄牙《刑事诉讼法典》第72条第1款):(1)自得知犯罪信息(notícia do crime)起8个月内,刑事诉讼程序未提出控告,或者在此期间内刑事诉讼程序无任何进展的;(2)刑事诉讼程序已归档不诉或者被中止的,或者追诉权在判决前已经消灭的;(3)非经控告或者自诉不得进行刑事诉讼的;(4)在提起控告时仍未发生损害、损害未被知晓或者损害结果尚未全部被知晓的;①(5)依据本法典第82条第3款的规定,刑事判决并未对民事损害赔偿请求作出决定;(6)民事损害赔偿请求针对刑事案件的犯罪嫌疑人以及其他仅负民事责任的人,或仅针对仅负民事责任的人,而犯罪嫌疑人被作为该行为的主要参加人;(7)刑事诉讼程序由独任法庭审理,但是赔偿金额允许民事合议法庭进行裁决的;(8)刑事诉讼程序以简易程序或最简易程序的形式进行的;(9)根据本法典第75条第1款或者第77条第2款的规定,被害人未被告知在刑事诉讼中提出民事损害赔偿的可能性,或者未被通知进行民事损害赔偿的。

需要指出的是,如果利害关系人未提起控告或自诉,而独立地向民事法院提出民事诉讼请求,则控告权或自诉权将归于消灭(葡萄牙《刑事诉讼法典》第72条第1款第3项以及第72条第2款),法官将仅从民事角度对产生民事责任的事实进行裁判。但如果利害关系人提出控告,在符合前述第72条第1款各项所规定的条件下,亦可以单独提起民事赔偿请求。这同时适用于半公诉罪和自诉罪。

在公诉罪案件中,如果不符合葡萄牙《刑事诉讼法典》第72条第1款所规定的条件,则将因不符合管辖要件而无法启动民事诉讼,民事法官将驳回

① Ac. do STJ, de 16.12.92, CJ, ano XVII, t. V, p.234:"1.在刑事诉讼中,被害人不能提出一般性的赔偿请求,即要求在执行判决时予以确定;2.如果被害人尚无法最终确定非法行为后果的情况下,他必须根据《刑事诉讼法典》第72条第2款第4项之规定提出请求,即单独向民事法院提起民事赔偿请求;3.如果被害人提出一般性的赔偿请求,则法官必须命令对其进行更正或者要求其向民事法庭提出请求。"

诉讼请求(葡萄牙《民事诉讼法典》第288条第1款第1项)。[①]

(三)例外:无需事先请求即可获得损害补偿

立法者在1998年的改革中增加了"无需事先请求即可获得损害补偿"的情形,即"在本法典第72条和第77条规定的情况中,未在刑事诉讼中以合并或者单独的方式提出民事损害赔偿请求的,在对刑事指控进行定罪后,为特别保护被害人的利益,法官可以以被害人遭受的损害为名义裁决对被害人予以补偿。以补偿为名义裁定的数额必须参照审理民事损害赔偿金的方式作出"(葡萄牙《刑事诉讼法典》第82-A条)。一般认为,这一类型的"损害补偿"(reparação)构成了"损害赔偿"(indemnização)的例外:一方面,依葡萄牙《刑法典》第129条之规定,对于犯罪行为的"损害赔偿",由葡萄牙《民法典》予以规定,而"损害补偿"则直接由葡萄牙《刑事诉讼法典》作出规定;另一方面,"损害赔偿"依被害人(广义)请求而确定,奉行"不告不理"原则,而"损害补偿"则由法官依职权确定,无须被害人(广义)提出请求,法官还可自行决定补偿的标准。[②] 损害补偿金由对犯罪行为负责的刑事责任人支付,而非民事责任人。[③] 但如果在随后的民事赔偿之诉中,民事责任主体并非犯罪行为责任人,则应从损害赔偿金中扣除已支付的损害补偿金,并将补偿金退还犯罪行为责任人。

(四)民事诉讼的展开

民事损害赔偿请求由检察院或者辅助人提出的,则应当在控诉中提出或者在应提出控诉的期间内,以清晰的方式(em requerimento articulado)在申请书中提出(葡萄牙《刑事诉讼法典》第77条第1款)。

如果被害人不是辅助人,则应区分两种情况(葡萄牙《刑事诉讼法典》第77条第2款和第3款):(1)被害人依据本法典第75条第2款的规定在

---

① Ac. do STJ, de 18.10.1966, BMJ, n.° 160, p.26.

② 参见2009年9月16日第112/2009号法律("关于预防家庭暴力以及保护、援助被害人的法律制度")第21条的规定:(1)在刑事诉讼中,被害人有权在合理的时间内获得判处犯罪者支付损害赔偿的裁决;(2)基于本法的效力,《刑事诉讼法典》第82-A条始终可以适用,但被害人明确表示反对的情况除外。

③ 如果被害人(广义)未提出民事损害赔偿请求,则民事责任人无法作为诉讼主体参与诉讼,因此,亦不得被判处支付补偿金。

诉讼程序中表示申请提出民事损害赔偿请求意愿的,则应当在指控决定或者在无指控决定的情况下的起诉决定中通知被害人,以便被害人在所欲时在20日内,以清晰的申请书提出民事损害赔偿的请求。(2)如果被害人没有表示其有提出民事损害赔偿请求的意愿,或者未曾依据前款的规定被通知,则在将指控决定通知犯罪嫌疑人之日起20日内,或者如无指控决定的情况下,在起诉决定通知犯罪嫌疑人之日起20日内,被害人可提出民事损害赔偿的请求。"如果被害人未被告知在刑事诉讼中提出民事损害赔偿的可能性,或者未被通知进行民事损害赔偿的",可单独提起民事诉讼(葡萄牙《刑事诉讼法典》第72条第1款第9项)。民事损害赔偿请求,除葡萄牙《刑事诉讼法典》第77条第4款所规定的情况("因请求金额的原因单独提起民事诉讼"),应以清晰的申请书提出。

因请求金额原因单独提起民事诉讼的(葡萄牙《刑事诉讼法典》第77条第4款),无须强制委托律师(葡萄牙《民事诉讼法典》第40条)。被害人可在规定的期限内(依情况,适用葡萄牙《刑事诉讼法典》第77条第1款、第2款及第3款所规定的期限)请求对其给付民事损害赔偿。这一请求无须经特殊手续,被害人可以在笔录中进行声明。在声明中,被害人应当说明所受到的损害及其证据。

民事损害赔偿申请应当一式两份(除葡萄牙《刑事诉讼法典》第77条第4款所规定的情况外),分别交付各民事被告人和法院书记员办公室(葡萄牙《刑事诉讼法典》第77条第5款)。如果请求依《刑事诉讼法典》第77条第4款的规定提出,则法院将向被告人交付一份文件副本。

民事损害赔偿请求所针对的民事被告人,应当在被通知之日起20日内作出答辩(葡萄牙《刑事诉讼法典》第78条第1款)。答辩应当以逐条详述的方式作出,且必须附有请求人和书记室的副本。被告人始终应由律师代表(第76条第2款)。民事被告人未作出答辩的,不意味着对事实的承认(葡萄牙《刑事诉讼法典》第78条第3款)。证据应在逐条详述时提交。每一名民事损害赔偿请求人、民事被告人和自愿参加民事诉讼的被告人可最多指明5名或者10名证人。具体数量根据民事损害赔偿金额是否超出相应民事法律规定的范围确定(葡萄牙《刑事诉讼法典》第79条)。

如未具备确定损害赔偿的足够资料,则法院宣判损害赔偿之数额为执行判决时所结算出的数额。在此种情况下,判决的执行在民事法庭进行,而以有关刑事判决作为执行名义(葡萄牙《刑事诉讼法典》第 82 条第 1 款)。在葡萄牙《刑事诉讼法典》第 82 条第 1 款规定的条件下,法院应当依职权或依申请在具备足够资料时确定临时损害赔偿,并将其算入在其后定出之损害赔偿,以及赋予该临时损害赔偿第 83 条所指之效力(葡萄牙《刑事诉讼法典》第 82 条第 2 款及第 83 条)。如果民事损害赔偿请求所引发之问题导致不能作出严谨之裁判,或者可能产生某些附随事项,使刑事诉讼程序出现令人难以容忍的延误,法院应当依职权或依申请作出决定,让当事人通过民事法庭解决该等问题(葡萄牙《刑事诉讼法典》第 82 条第 3 款)。

民事赔偿请求的展开遵循刑事程序而非民事程序。因此,民事被告人在民事请求方面与被告人具有相同的程序权利和义务,但出庭义务除外。①

---

① Cf. Ac. TC n. ° 629/98.

刑事起诉制度研究

一、导论：检察权、公诉权及公诉国家垄断主义的例外

葡萄牙检、法同署，但检察院和法院除在诉讼业务上的交流与协作外，两者具有完全的独立性。葡萄牙1976年《宪法》单设检察院专章，与法院专章对应，因此在理论上，检察院和法院具有完全相同的地位，均独立于行政机关。但不同的是，检察院是国家司法行政机关（órgão da administração da justiça），奉行“上令下行”的等级结构，下级检察院对上级检察院具有组织及职能上的依附性。共和国总检察长是检察系统的首脑，有权指导、协调和监督检察院的活动，可以发布指令、命令和指示，各级检察院均应严格遵循。共和国总检察长还可以对检察院及检察官的业务进行监督，下令启动对检察官的调查、纪律惩戒甚至刑事诉讼。而法院系统则相互之间完全独立，下级法院对上级法院既无组织依附性，也无职能依附性，在具体的诉讼程序中仅是被上诉机关与上诉机关的关系。检察官和法官的地位也略有区别：法官享有免责及终身不受罢免的特权，而检察官则不具有这些特权，但除非存在法律规定事由，检察官不得退休或被调离、停职、解雇。需要特别指出的是，司法部部长虽然领导检察系统，有权向共和国总统提名共和国总检察长，但无权涉足具体个案，不得对个案发布指示或命令，这避免了行政权力干预检察业务。

与欧陆邻国相比，葡萄牙的检察权涉及更广泛的领域，“检察院有权代表国家和保护法定权益，依照下款和相关法律的规定，参与实施由国家主权

机关制定的刑事政策,依据合法性原则提起刑事诉讼,保护民主法治。"(葡萄牙《宪法》第219条以及《检察院规程》①)事实上,除众所周知的刑事诉讼外,检察官还代表国家履行诸多非刑事方面的职责,较具特色的如检察官是国家律师(advogado do Estado),担任政府的法律顾问,负责葡萄牙政府各部门相关法律事务的审核,尤其是共和国总检察长咨询委员会(Conselho Consultivo junto da Procuradoria – Geral da República),为葡萄牙政府出台各种政策提供了必要的法律支持。此外,检察官还可代表弱势群体参与其他类型的诉讼,尤其是涉及劳资纠纷(代表劳动者及其家庭)、破产及清算程序以及所有涉及公共利益的程序(代表集体利益或分散利益)时。

当然,检察官最主要的职责还在于刑事诉讼领域。依葡萄牙《刑事诉讼法典》第48条之规定,检察官"具有推进刑事诉讼程序的正当性"。葡萄牙刑事诉讼的普通程序分为初步阶段、侦查阶段、预审阶段、审判阶段和上诉阶段五个阶段。具体而言,在初步阶段和侦查阶段,检察官负责:(1)获得犯罪信息,接受检举、控告以及举报,并且就其是否继续办理作出评估;(2)在刑事警察机构的协助下指挥侦查,严格遵循程序法定原则,收集犯罪实施及犯罪行为实施者的证据,以查明实质真实;(3)侦查终结时,有义务依据收集的证据,提起指控或者归档不诉。在预审和审判阶段,检察官如果认为指控书中包含的事实及被告人的责任得以查明(在预审阶段)或证明(在审判阶段),则有义务支持其提起的指控。特别需要指出的是,1987年葡萄牙创设了最简易程序,对于5年以下监禁刑或单处罚金刑的刑事案件,如果检察官认为可适用非监禁刑的替代刑罚,则可向法官提出申请。法官认为检察官的申请符合法律规定且可达到犯罪预防的目的,则在经被告人同意的情况下可直接作出量刑决定,无须进行正式的庭审。在上诉阶段,即便仅是为了被告人的利益,检察官也可以提出上诉(葡萄牙《刑事诉讼法典》第53条)。检察官还有义务促进刑罚和保安处分措施的执行。

在前述诸多职权中,提起公诉的权力无疑是最重要的一项(葡萄牙《宪法》第219条,《检察院规程》第1条),这是"检察院在刑事诉讼中无所不在

---

① 由1998年8月27日第60/98号法律批准。

的理由"[①]。但较为特殊的是,在葡萄牙,刑事诉讼的启动主要源于公诉,原则上奉行公诉的国家垄断主义,不过存在例外。对于有些罪名,刑事诉讼的启动源于控告,称为半公诉罪或者准公诉罪(crimes semipúblicos ou quase públicos)。而对于有些罪名,刑事诉讼的启动源于自诉,称为自诉罪(crimes particulares)。在半公诉罪和自诉罪中,检察院仅在有控告或自诉的情况下方具有推动刑事诉讼的正当性,区别在于:在半公诉罪中,法律规定刑事诉讼的启动取决于控告,则被害人或其他有正当性的主体应提出控告,检察院方可以启动刑事诉讼(葡萄牙《刑事诉讼法典》第49条),而在自诉罪中,自诉人应首先提出控告成为辅助人,检察院方可以启动刑事诉讼(葡萄牙《刑事诉讼法典》第50条),辅助人还应在认为合适的时候提出自诉,方可进入审判阶段(葡萄牙《刑事诉讼法典》第285条)。葡萄牙学说认为,区分公诉罪、半公诉罪和自诉罪的标准本质上是实践性的,"立法者要求当事人参与以对某些罪行科以刑罚,可以基于如下两个原因之一:(1)这种参与表明当事人认为其权利受到了侵犯(……);(2)这种参与表明,国家在刑罚犯罪方面的利益是被害人未披露事实之利益的障碍(……)"[②]。"如果刑事起诉取决于被害人的控告,不是因为社会对这些罪行不憎恨,而是因为法律考虑到家庭的利益,认为家庭利益属于更高且更受尊重的利益,一旦对罪犯科以刑罚,会带来耻辱和导致无辜家庭解体。"[③]

公诉罪适用一般的刑事起诉规则,在审前程序主要由检察院主导。而半公诉罪和自诉罪则适用较特殊的起诉规则[④],由控告权和自诉权的主体主导,检察院亦参与其中。原则和例外的共存,构成了葡萄牙较具特色的刑事起诉制度。

---

① Germano marques da silva, Direito processual penal português, Universidade católica editora, 2017, p. 241.

② Osório, Luís, Comentário ao Código de Processo Penal Português, Coimbra Editora. 1932, Ⅰ, p. 148.

③ Silva, Manoel Dias da, Lições de Processo/Processo Criminal (apontamentos colhidos por Afonso Augusto da Costa), Coimbra, 1894, p. 25.

④ 葡萄牙《刑法典》第117条规定,"本编的条款也相应地适用于非经自诉不得追诉的案件"。

二、检察官提起刑事公诉:公诉案件

刑事诉讼始于犯罪信息的获得(葡萄牙《刑事诉讼法典》第241条及后续条款)。检察院获得犯罪信息有三种方式:自行获取犯罪信息、通过刑事警察机关获取犯罪信息以及通过检举获取犯罪信息(葡萄牙《刑事诉讼法典》第241条)。检举分为强制检举(denúncia obrigatória,葡萄牙《刑事诉讼法典》第242条)和自愿检举(denúncia facultativa,葡萄牙《刑事诉讼法典》第244条)。强制检举指警察机构以及更一般意义上的所有公职人员(葡萄牙《刑法典》第386条)就其在执行职务时以及因其职务而获知的案件承担检举义务。而自愿检举则指任何获悉犯罪信息的人员均可以向检察院、其他司法机关或者刑事警察机关进行检举。这里存在一个较具争议的问题:半公诉罪或自诉罪可否进行强制检举?很多学者认为,只有公诉罪才适用强制检举,半公诉罪和自诉罪更多取决于被害人的意愿,不存在强制检举的问题。[①] 但也有反对这一立场的学者。[②] 2007年,立法者通过修改葡萄牙《刑事诉讼法典》第242条第3款彻底解决这一问题,新条款规定"在法定期间内控告或者自诉,检举仅启动侦查活动",这意味着强制检举适用于所有犯罪,包括半公诉罪和自诉罪。这主要是因为如果公共机关自行获取犯罪信息,无论是半公诉罪,还是自诉罪,均会制作犯罪信息笔录(O auto de notícia)。[③] 在司法实践中,如果未有这种证据形式或者不承认这一证据形

---

① Germano Marques da Silva, Curso de Processo Penal, 2000 (Vol. Ⅲ), p. 57 - 58. Beleza, Teresa Pizarro, Barbeitos, Patrícia, "Aulas sobre tramitação processual (Uma visão esquematizada - auxiliar de estudo)", in AA. W., Apontamentos de Direito Processual Penal (org.: Teresa Pizarro Beleza), Vol. Ⅲ, Lisboa: AAFDL, 1995, p. 41.

② Pinto, Frederico de Lacerda da Costa, Direito Processual Penal (Curso semestral), Lisboa: AAFDL, 1998, p. 101 - 107.

③ 葡萄牙《刑事诉讼法典》第243条第1款规定,"司法机关、刑事警察机关或者其他警察机关目睹任何其承担检举义务的案件的,应当制作或者命令制作犯罪信息笔录,描述构成犯罪的事实及其他方面"。

式的证据价值[1],被害人可能很难提供有效的证据。[2]

葡萄牙奉行检警一体化,检察指挥侦查,可采取各种有助于查明案件真相的侦查措施(葡萄牙《刑事诉讼法典》第262条第1款)。侦查可以以如下方式终结,包括:(1)侦查归档不诉的决定(第277条);(2)起诉的决定(第283条和第285条);(3)在免除刑罚情况下的归档不诉(第280条);(4)诉讼程序的暂时中止(第281条);(5)适用最简易诉讼程序(第392条及后续条款);(6)适用和解程序(processo para mediação)(2007年6月12日第21/007号法律)。这六种类型的终结方式又大体可分为三类:其一,归档不诉;其二,提起公诉;其三,起诉便宜。随着大量"轻微刑事案件"(bagatelas penais)涌入刑事诉讼,起诉便宜原则在葡萄牙发挥着越来越重要的作用,笔者将另行撰文研究,此处专门研究"归档不诉"和"提起公诉"这两种较典型的情况。

(一)归档不诉

依葡萄牙《刑事诉讼法典》第277条之规定,"检察院在未有充分证据且在实施了所有可能对发现真相不可或缺的措施后,应决定侦查归档不诉"。因此,归档不诉应具备两个条件:一是已穷尽各种侦查措施。如果侦控机关未及时、全面采取侦查或预防措施而导致案件不能侦破,可能导致纪律惩戒责任甚至刑事责任。二是未有充分的证据。这里涉及起诉的证据标准问题,将在下一部分中讨论。

检察院适用"上令下行"的权力结构,因此,上级检察院有权依职权或依请求(辅助人或有权成为辅助人的检举者)干预下级检察院的决定,"在不能请求启动预审的20日内,检察院的直接上级可以(……)确认起诉或调查是否继续进行,以及在这种情况下,表明将采取的措施和执行的期限"。

(二)提起公诉

如果侦查期间收集到充分证据(indícios suficientes)可证明犯罪行为的确发生,并且可确定犯罪行为人的,则检察院应作出起诉决定(葡萄牙《刑

---

① 犯罪信息笔录并不能直接证明犯罪,但包含了许多可证明犯罪的重要事实,且具有很强的证明力(葡萄牙《刑事诉讼法典》第169条,以及第99条第4款)。

② Pinto, Frederico de Lacerda da Costa, Direito Processual Penal (Curso semestral), Lisboa: AAFDL, 1998, p. 104 - 106.

事诉讼法典》第 283 条第 1 款)。所谓"充分证据",指"存在能合理(possibilidade razoável)显示出被告人可能会在审判中被判处刑罚或者保安处分措施的证据"(葡萄牙《刑事诉讼法典》第 283 条第 2 款)。关于检察院提起公诉的标准,葡萄牙学术界多有讨论。① 通说认为,所谓"充分证据",应是"接近确定的程度"(próximo da certeza),这是无罪推定原则的要求。② 如卡斯塔涅拉·内维斯教授所言,"(起诉标准)与最终判决有相同的证据和心证的要求,相同的真实性要求"③,不同之处在于检察官在侦查阶段收集的证据不像在庭审阶段的证据那样完整,也未经过对席程序。④ 如果检察院未能达到这一确信标准,则必须对侦查进行归档不诉。

当然,"合理可能性"并非指检察院对被告人有罪的确信程度(犯罪的评价),这是法院的职责,而仅指未来在审判中被定罪的可能性(犯罪的预测)。⑤ 检察院据以形成犯罪预测的证据,未必在法庭上得以重复并获得接受。最典型的例证便是被告人的口供。检察院在审前程序已获得被告人的认罪供述并登记在案,但在庭审中,只有被告人当庭认罪,才能免除与指控

---

① SILVEIRA, Jorge Noronha, "O conceito de indícios suficientes no processo penal português", in AA. W., Jornadas de Direito Processual Penal e direi – tosfundamentais (coord.: Maria Fernanda Palma), Coimbra: Almedina, 2004, p. 161.

② PALMA, Maria Fernanda, "Acusação e pronúncia num direito pro¬ cessual penal de conflito entre a presun¬ ção de inocência e a realização da justiça punitiva", in AA. W., I Congresso de Pro¬ cesso Penal – Memórias (org.: Manuel Monteiro Guedes Valente), Coimbra: Almedina, 2005, pp. 117. SILVEIRA, Jorge Noronha, "O conceito de indícios suficientes no processo penal português", in AA. W., Jornadas de Direito Processual Penal e direi – tosfundamentais (coord.: Maria Fernanda Palma), Coimbra: Almedina, 2004, p. 171.

③ Neves, Castanheira, Sumários de processo criminal, Coimbra: Dactilog. por João Abrantes, 1968, p. 38. SILVEIRA, Jorge Noronha, "O conceito de indícios suficientes no processo penal português", in AA. W., Jornadas de Direito Processual Penal e direi – tosfundamentais (coord.: Maria Fernanda Palma), Coimbra: Almedina, 2004, p. 171.

④ Neves, Castanheira, Sumários de processo criminal, Coimbra: Dactilog. por João Abrantes, 1968, p. 38. SILVEIRA, Jorge Noronha, "O conceito de indícios suficientes no processo penal português", in AA. W., Jornadas de Direito Processual Penal e direi – tosfundamentais (coord.: Maria Fernanda Palma), Coimbra: Almedina, 2004, p. 171.

⑤ Teixeira, Carlos Adérito, "Tndícios suficientes': Parâmetro de racionalidade e 'instância' de legiti – mação concreta do poder – dever de acusar", in Revista do CEJ 3 – 4 (1995), p. 156.

事实有关的证据的出示(葡萄牙《刑事诉讼法典》第 344 条第 2 款第 1 项)。在司法实践中,被告人当庭翻供的情况并不罕见,当然更为常见的情况是律师建议被告人行使沉默权。所以,检察院不应仅因被告人的认罪口供提起公诉,而应谨慎审查所收集的证据,形成证明的一致性①,如果被告人在未来定罪的可能性大于无罪释放的可能性,则可以且必须起诉。

三、控告人提出控告(半公诉案件)或自诉人提出自诉(自诉案件)

半公诉案件和自诉案件均明确规定在葡萄牙《刑法典》中。凡条款规定"本罪非经控告不得进行刑事追诉程序",均属半公诉案件,而条款规定"非经自诉不得追诉的案件",则属于自诉案件。

半公诉罪主要包括普通伤害身体完整性罪(葡萄牙《刑法典》第 143 条)、过失伤害身体完整性罪(葡萄牙《刑法典》第 148 条)、胁迫罪(葡萄牙《刑法典》第 154 条)、擅自实施内外科手术或者治疗罪(葡萄牙《刑法典》第 156 条)、性胁迫罪(葡萄牙《刑法典》第 163 条)、强奸罪(葡萄牙《刑法典》第 164 条)、对无能力抗拒人进行性侵犯罪(葡萄牙《刑法典》第 165 条)、性欺诈罪(葡萄牙《刑法典》第 167 条)、未经同意实施人工生育罪(葡萄牙《刑法典》第 168 条)、性骚扰罪(葡萄牙《刑法典》第 170 条)、与未成年人实施泄欲行为罪(葡萄牙《刑法典》第 173 条)、诽谤罪(葡萄牙《刑法典》第 180 条和第 183 条)、侮辱罪(葡萄牙《刑法典》第 181 条和第 183 条)、侵犯对逝者的记忆罪(葡萄牙《刑法典》第 185 条)、侮辱机关部门或法人罪(葡萄牙《刑法典》第 187 条)、侵犯受保护私人生活罪(葡萄牙《刑法典》第 7 章,但第 193 条的以信息方法实施侵入罪除外)、盗窃罪(葡萄牙《刑法典》第 203 条)、滥用信任罪(葡萄牙《刑法典》第 205 条)、窃用交通工具罪(葡萄牙《刑法典》第 208 条)、侵占添附物或者发现物罪(葡萄牙《刑法典》第 209 条)、损毁罪(葡萄牙《刑法典》第 212 条)、侵夺不动产罪(葡萄牙《刑法典》第

---

① Teixeira, Carlos Adérito, " Tndícios suficientes ': Parâmetro de racionalidade e 'instância' de legiti - mação concreta do poder - dever de acusar", in Revista do CEJ 3 - 4 (1995), p. 183 - 189.

215 条)、更改标记罪(葡萄牙《刑法典》第 216 条)、诈骗罪(葡萄牙《刑法典》第 217 条)、保险诈骗罪(葡萄牙《刑法典》第 219 条)、诈取食物饮料服务罪(葡萄牙《刑法典》第 220 条)、信息或者通讯诈骗罪(葡萄牙《刑法典》第 221 条)、背信罪(葡萄牙《刑法典》第 224 条)、滥用担保卡或信用卡罪(葡萄牙《刑法典》第 225 条)、暴利罪(葡萄牙《刑法典》第 226 条)、诱拐未成年人罪(葡萄牙《刑法典》第 249 条)、违反抚养义务罪(葡萄牙《刑法典》第 250 条)、损坏和移除文书和技术标记罪(葡萄牙《刑法典》第 259 条)、醉酒和吸用有毒物质罪(葡萄牙《刑法典》第 295 条)、侵犯享受国际保护的人员罪(葡萄牙《刑法典》第 322 条)、侮辱外国官方象征标志罪(葡萄牙《刑法典》第 323 条)、侵犯共和国总统名誉罪(葡萄牙《刑法典》第 328 条)、洗钱罪(葡萄牙《刑法典》第 368A 条)、公务员侵犯秘密罪(葡萄牙《刑法典》第 383 条)。葡萄牙《刑法典》严格规定半公诉罪名的除外情况,可以按照性质分为三大类:(1)依实施犯罪主体身份特殊性的除外。例如,普通伤害身体完整性罪(葡萄牙《刑法典》第 143 条)规定正在履职的保安部队或其他具有保护身体完整性职责的犯罪主体并不属于半公诉案件。(2)造成严重后果的加重情况。例如,侵犯性自由罪中如果导致被害人自杀或死亡的情况则不属于半公诉案件。(3)依被害人的特殊身份。例如,侵犯性自由罪的实施对象是未成年人(葡萄牙《刑法典》第 173 条)、若损害文书的被害人不是个人的(葡萄牙《刑法典》第 259 条),则不属于半公诉案件。

自诉罪主要包括行为人与被害人共同生活或涉案金额价值较小且主要用于满足共同生活需要的案件(葡萄牙《刑法典》第 207 条)以及与财产型犯罪中的部分罪名有关的案件(葡萄牙《刑法典》第 203 条、第 205 条、第 208 条、第 209 条、第 212 条、第 217 条、第 220 条、第 224 条、第 225 条)。

依葡萄牙《刑法典》第 117 条之规定,"本编的条款也相应地适用于非经自诉不得追诉的案件"。因此,控告与自诉适用基本相同的规则。下文将主要介绍控告,相关规则可类推适用于自诉案件,涉及自诉特殊情况的,再单独列明。

(一)控告权和自诉权的主体

控告权的主体首先是被害人。"法律以犯罪论处而予以特别保护的利益的持有人,视为被害人。”(葡萄牙《刑法典》第 113 条第 1 款,葡萄牙《刑事诉讼法典》第 68 条第 1 款第 1 项)因此,被害人既是实体法的概念,也是诉讼法的概念:在刑事实体法中,被害人指法律直接保护利益的主体,而在刑事诉讼法中,被告人则是诉权的主体。这可以解释为何涉及控告的条款既规定在葡萄牙《刑法典》中,也规定在葡萄牙《刑事诉讼法典》中。

如果被害人死亡而未提出控告或者放弃控告的,则控告权依次属于下列人员,但下列人员参与实施犯罪的除外(葡萄牙《刑法典》第 113 条第 2 款,葡萄牙《刑事诉讼法典》第 68 条第 1 款第 3 项):(1)未经法院裁判分居和分割财产的其生前配偶、与被害人以类似配偶形式共同生活的同性或异性、直系血亲卑亲属和领养人以及直系血亲尊亲属和领养人;(2)被害人兄弟姐妹及其直系血亲卑亲属。

如果被害人未满 16 周岁或者辨识力不足以理解控告权的范围和意义,则由其法定代理人行使控告权。没有法定代理人的,则按葡萄牙《刑法典》第 113 条第 2 款各项按顺序所列之人适用前款的规定(葡萄牙《刑法典》第 113 条第 4 款,葡萄牙《刑事诉讼法典》第 68 条第 1 款第 4 项)。16 周岁以上的被害人,同样可以自己行使控告权。

如果多个主体均具有控告权,则均可独立行使该权利,而无须获得其他主体的同意(葡萄牙《刑法典》第 113 条第 3 款)。

如果被害人是法人,则由其法人代表提交控告,但需要依实体法对法人代表权进行核实。

控告权主体规则设有两项例外:其一,检察院可以基于被害人利益的考虑在未有控告的情况下推动诉讼(葡萄牙《刑法典》第 113 条第 5 款);其二,如果被害人未满 16 周岁,但未有法定代理人或其他适格主体代为行使控告权,也不符合检察院依职权推动诉讼的情况,则可以自其年满 16 周岁之日起行使该控告权(葡萄牙《刑法典》第 113 条第 6 款)。这一控告权,从被害人年满 18 周岁之日起经过 6 个月期间后消灭(葡萄牙《刑法典》第 115 条第 2 款)。

(二)控告的延伸(Extensão da queix)

在共同犯罪中,对任一共同犯罪被告人提出控告,将使刑事追诉程序延伸至其余的共同犯罪被告人(葡萄牙《刑法典》第 114 条),这被称为“控告的延伸”。但对任一共同犯罪被告人撤回控告或者不适时地行使控告权时，其余同属非经控告不得被追诉的共同犯罪被告人也因此而得益（葡萄牙《刑法典》第115条第3款和第116条第3款），共同犯罪被告人反对控告撤回的，不在此限。“控告的延伸”源自“控告不可分的原则”（princípio da indivisibilidade da queixa），禁止拥有控告权的主体仅选择追究其中一位犯罪行为参与人的责任，而原谅其他人。

但自诉案件并不适用这一原则。对于自诉案件，侦查结束时，检察官应通知辅助人，以便其在所欲时于10日内提出自诉（葡萄牙《刑事诉讼法典》第285条）。在共同犯罪的情况下，辅助人可选择自诉其中一名或多名共同犯罪被告人。其他共同犯罪被告人适用非经自诉不得被追诉的原则（葡萄牙《刑法典》第116条第3款和第117条），除非是由于侦查没有收集到足够的证据对该被告人提起诉讼，且辅助人明确证明这一疏漏是合理的。①

（三）控告权的消灭

1. 因期限的控告权消灭

从控告权人知悉行为及行为人之日起，或者从被害人死亡时起，或者从被害人成为无行为能力人之日起，经过6个月期间，控告权消灭（葡萄牙《刑法典》第115条第1款）。因此，控告权的消灭期限有三个起算点：

（1）从控告权人知悉行为及行为人之日起。

控告权的主要主体是被害人。被害人不仅要知悉行为，还要知悉行为人，才开始计算。司法实践中，被害人经常只知悉行为，但并不知悉行为人，这不会导致控告权的消灭。

（2）从被害人死亡时起。

被害人死亡的，其他人员便拥有控告权，提出控告的截止日期从被害人死亡之日起计算。如果后来才知道犯罪行为及行为实施者的，则从知悉之日起计算。当然，如果被害人在死亡前放弃控告权，则该权利不会转移（葡萄牙《刑法典》第113条第2款）。如果被害人没有放弃控告权，但在被害

---

① Albuquerque, Paulo Pinto de, Comentário do Código de Processo Penal, 2. a ed, Lisboa, 2010, anot. ao art. 117.°

人知晓犯罪行为及行为者后6个月未提出控告的,则控告权归于消灭,因此,也不发生转移。

(3)从被害人成为无行为能力人之日起。

如果被害人成为无行为能力的人,则这一刻起,6个月的期限便开始计算,类似于死亡。而此处所指的"无行为能力",是指自然的无行为能力,而非法律导致的无行为能力,包括短暂、意外的或临时的丧失行为能力。

需要指出的是,控告权的消灭期限与刑事追诉时效这两个期限相互独立、并行不悖。

2. 因放弃的控告权消灭

控告权也因主体明示或暗示的放弃而归于消灭(葡萄牙《刑法典》第116条第1款)。由于控告权具有多个主体,因此,放弃控告权需要同一档或者更高档所有主体的同意。正如葡萄牙《刑法典》第113条第3款的规定,"第113条第2款所列的同一档次中的任何人都可以独自地提出控告"。如果被告人不反对控告的撤回,控告人可以在一审判决宣告之前撤回控告,而撤回后不得再进行控告(葡萄牙《刑法典》第116条第2款)。已经根据葡萄牙《刑法典》第113条第4款规定的条件行使控告权或者已经根据第113条第5款第1项所规定的条件提起刑事追诉的案件,如果被害人已满16周岁的,可以要求终止诉讼(葡萄牙《刑法典》第116条第4款)。[①]

撤回一经知晓后,有权作出认可的司法当局需通知被告人,以便其在5日内无须说明理由地作出是否反对撤回的声明。不作出声明,视为不反对撤回(葡萄牙《刑事诉讼法典》第51条第3款)。如果被告人反对撤回控告,则程序依公诉罪的程序展开。撤回应当在侦查期间受理的,由检察院决定是否批准撤回;应当在预审或者是审判期间受理的,则分别由预审法官或者庭审法院的审判长决定是否批准撤回(葡萄牙《刑事诉讼法典》第51条第2款)。控告撤回将导致刑事诉讼归于消灭,撤回后不得再进行控告(葡萄牙《刑法典》第116条第2款)。

---

① 法律使用了"可以要求终止诉讼"的表述,是因为没有控告或者不是由现在的请求人提出的控告。

3. 提出或撤回控告的特别委托

依葡萄牙《刑事诉讼法典》第 49 条之规定,“控告应由具有控告资格的人员、法定代表(mandatário judicial)或者具有特别权力的受委托人(mandatário munido de poderes especiais)提出”。尽管葡萄牙《刑事诉讼法典》对撤回控告未作规定,但依葡萄牙《刑事诉讼法典》第 4 条规定的类推适用,撤回控告亦需要特别权力的委托(葡萄牙《民法典》第1159 条第2 款,葡萄牙《民事诉讼法典》第 45 条第 2 款)。

关于提出或撤回控告特别委托的法律要件,葡萄牙理论界及实务界存在重大争议。葡萄牙最高法院在 1992 年的判例[①]中统一了立场,认为可进行一般意义的特别委托。但学说认为,这一立场违反了 1992 年 11 月 28 日第 267/92 号法律法令,后者规定,特别权力的授权书应明确行为的性质,而无论所授权行为的性质如何。最后需要指出的是,法定代表不需要特别的委托(1998 年 8 月 25 日第 57/98 号的法律法令)。

4. 未提起自诉对自诉罪的影响

在自诉罪中,自诉人应首先提出控告成为辅助人,检察院方可以启动刑事诉讼(葡萄牙《刑事诉讼法典》第 50 条)。这里可能存在一种情况,即侦查没有收集到足够的证据来证实指控。葡萄牙《刑事诉讼法典》第 277 条第 1 款规定的“归档不诉”和葡萄牙《刑事诉讼法典》第 279 条规定 的“重启侦查”均不涉及自诉情况。学说认为,如果未有足够的指控证据,则无法提出自诉,程序归于消灭。[②]

(四)检察院在半公诉罪和自诉罪中推进程序的正当性

尽管与公诉罪相比,半公诉罪和自诉罪启动刑事诉讼的方式并不相同,但启动后检察院便获得推进刑事程序的正当性。从称谓上看,半公诉罪意味着检察院发挥更主导性的作用。被害人或其他有控告权的人员一旦提出控告,检察院便成为刑事诉讼主导机关。而在自诉罪中,自诉人除提出控告

---

① Acórdão n. ° 2/92, DR, n. ° 150, Série I - A, de 2.7.92.

② Germano marques da silva, Direito processual penal português, Universidade católica editora, 2017, p. 259.

成为辅助人外,还应进一步决定是否提出自诉。辅助人具有检察院合作者的地位,但其参与诉讼程序应当服从检察院的领导(葡萄牙《刑事诉讼法典》第69条)。检察院在自诉罪案件中仍然处于主导地位。

此外,在特殊情况下,检察院还可在半公诉罪或自诉罪中依职权主动启动刑事诉讼。依葡萄牙《刑法典》第113条第5款之规定,"对基于控告才能提起刑事追诉的案件,如果基于被害人的利益考虑并且具有下列情形之一的,检察官可以在获知行为与行为的正犯人之日起6个月内提起追诉:(1)被害人是未成年人或者不具有理解行使控告权的范围与意义的辨别能力的人;或者(2)因为唯一被赋予控告权的人正好是犯罪行为人因而控告权无法被行使的"。这主要发生在被害人无法提起控告的情况下,如父亲对未成年女儿进行猥亵。

(五)竞合案件的处置

这里所谓的竞合案件,是指案件既涉及公诉罪,也涉及半公诉罪或自诉罪。立法规定了两种处置方式:

(1)公诉罪比半公诉罪或自诉罪更严重或同等严重的情况。依葡萄牙《刑事诉讼法典》第52条第1款之规定,"在犯罪竞合的情况下,对较严重的被指控行为的诉讼程序并不取决于控告或者自诉的,或者各被指控行为的严重程度相同的,检察院应当依据法定职权立即促进刑事诉讼程序"。犯罪的严重程度由所适用法定刑的最高上限决定,如果上限相同,则由法定刑的最低下限决定,监禁刑比罚金刑严重。

(2)半公诉罪或自诉罪比公诉罪更严重的情况。依葡萄牙《刑事诉讼法典》第52条第2款之规定,"如果检察院具有推动其诉讼程序的正当性所针对的犯罪较不严重,法律赋予控告或自诉权利的人员没有作出声明的,检察院应当对其进行通知,以便该当事人在5日之内作出是否行使该权利的声明。如果声明:①不打算提出控告或者自诉的或不作出任何声明,则检察院依据其职权可推进诉讼程序;②作出打算提出控告或者自诉的,则视此为提出告诉或者自诉"。通知的原因与牵连管辖规则有关,旨在避免引发多起诉讼并随后发生牵连。

这里还引发一个问题:如果控告权或自诉权的所有人不打算提出控告

或自诉,或者不作出任何声明,则将来是否可以再行提出?1929 年的葡萄牙《刑事诉讼法典》曾作过明确的规定,即放弃后不得再行提起(第 8 条第 2 款)。但现行主流学说认为应进行区分,如果控告人或自诉人仅是不作出任何声明,而未明确放弃控告或自诉的,将来还可以再行提出。依据是葡萄牙《刑法典》第 116 条第 1 款规定,"如控告权人明示放弃控告权或者实施可以确实地推定其放弃控告权的行为的,不能行使控告权"。这一条款并未将"不作出任何声明"作为推定放弃控告权的行为。而葡萄牙《刑法典》第 115 条规定,"从控告权人知悉行为及行为人之日起,或者从被害人死亡时起,或者从被害人成为无行为能力人之日起,经过 6 个月期间,控告权消灭"。葡萄牙《刑事诉讼法典》第 52 条第 2 款将决定的时间大幅缩减为 5 天,显然不合理,不应由此剥夺控告人或自诉人在将来重新提起控告或自诉的权利。① 但这可能导致将来可能的牵连管辖问题,进而降低诉讼效率。

四、简短评价——兼与中国刑事自诉制度的比较

欧陆多数国家均设立多元化的刑事起诉制度,赋予被害人及普通公众一定的诉讼参与权。葡萄牙的刑事起诉制度总体还是以检察院公诉为主,半公诉罪及自诉罪的适用范围较为狭窄,即便是半公诉罪或自诉罪,检察院仍然有推进刑事诉讼进行的正当性,且占据主导地位,这与德国、法国和中国较为类似,但与西班牙则形成较鲜明的对比。笔者在评析西班牙刑事起诉制度时曾写道:"西班牙多元化的刑事起诉制度,尤其是赋予被害人及普通公众更广泛的诉讼参与权,在很大程度上是反对刑事诉讼专制主义及乐观自由主义思想的展现。简言之,在经历了百余年的政治动荡及威权司法之后,西班牙人民更信奉主权在民,而非将权力交给国家机构。这样的制度设计是人民的选择,带有浓厚的政治文化传统,本无优劣之分。但立足制度的功能,理想的政治理念并不能取代刑事司法领域一些较普适性的理念。一个直接而不失尖锐的问题是:在民主法治的新时代下,赋予被害人甚至普

---

① Albuquerque, Paulo Pinto de, Comentário do Código de Processo Penal, 2. a ed, Lisboa, 2010, anot. ao art. 52.°

通公众更广泛的诉讼参与权,甚至排斥公权力机构(检察官)在某些刑事案件中介入,可能在一定程度上提升了私当事人的诉讼地位,但是否更有效地保护了被害人的实体权利?”①

对于这一问题,几乎所有国家均面临着多对价值的权衡:例如在实体法层面,究竟是更凸显刑罚的价值,还是更应保护其他价值(如家庭权、隐私权);在程序法层面,究竟是更信任公权力机关的职权处置,还是更尊重当事人的处分权。现代法治国家很少过于极端地强调某一单极的价值,而更多走向价值的折中,即公诉是原则,半公诉或自诉是例外。而职权主义传统的国家尤其强调公权力在刑事诉讼中的主导作用,当事人可以适度参与,但基本无法左右诉讼的进程和结果。葡萄牙与中国还是呈现出相当的差异性。

中国的刑事自诉案件包括三类:(1)告诉才处理的案件;(2)被害人有证据证明的轻微刑事案件;(3)被害人有证据证明对被告人侵犯自己人身、财产权利的行为应当依法追究刑事责任,而公安机关或者人民检察院不予追究被告人刑事责任的案件。在实体内容上,中国的“告诉才处理的案件”较接近于葡萄牙的自诉罪案件,不过中国未有半公诉罪案件,葡萄牙则未有“轻微罪自诉案件”及“公诉转自诉案件”。在自诉案件的程序机理上,葡萄牙和中国完全不同:如前所述,葡萄牙强调检察官在所有刑事案件中的主导权,仅是自诉罪和半公诉罪的启动方式有所不同,一旦启动后仍然由检察官主导。而中国则基本上完全交由被害人。仅在个别罪名中(侮辱罪和诽谤罪)规定,“被害人向人民法院告诉,但提供证据确有困难的,人民法院可以要求公安机关提供协助”(中国《刑法》第246条)。这就导致刑事自诉案件中当事人的起诉难、证明难,法院的管辖难、认证难和处理难。

总体而言,葡萄牙的刑事起诉制度有一定的可借鉴之处。对于半公诉罪或自诉罪,法律为保护其他“更高且更受尊重的利益”可以将启动刑事诉讼的权利交给私当事人,但刑事诉讼一旦启动,检察院便具有了推动刑事诉讼的正当性,有权通过警察进行全面侦查,对被告人采取强制措施。

---

① 参见施鹏鹏:《西班牙刑事诉讼与证据制度专论》(第1卷),中国政法大学出版社2023年版。

最简易程序研究

欧陆刑事诉讼的简约化运动始于20世纪七八十年代，几乎所有欧陆国家在这一时期均对本国的刑事诉讼法典进行了重大修改，设立各种特别的程序机制，以实现轻罪、重罪处理程序的繁简分流。美国的辩诉交易理念在这场改革浪潮中影响极大，在不同程度上与职权主义刑事诉讼的核心理念产生激烈的碰撞，并在欧陆诸国形成了形态各异、理念折中的简易程序。即便是固守法律传统、有独立诉讼文化的法国、德国，也不得不承认实质真实与协商真实的共存，强势的检察官不再主导刑事诉讼的进程，而不得不与被告人及律师进行定罪、量刑的谈判，以量刑折扣换取司法资源的节约。较之于欧陆邻国，葡萄牙显得更为谨慎，现行的《刑事诉讼法典》颁布于1987年，恰逢这场改革运动的高潮，因此，正如法典序言所写，“把刑事诉讼中的合意空间（espaços de consenso）与冲突空间（espaços de conflito）划分开来……在处理轻罪时应优先考虑合意方案，反之，在处理重罪时应优先考虑对于冲突进行认知与查明的方案，这第二种划分具有独立意义”①。但事实上，辩诉交易理念在葡萄牙刑事诉讼中从接纳至成熟程序技术的构建，经历了漫长的发展，绝非一纸序言所能轻易设定的。

---

① 参见葡萄牙《刑事诉讼法典》序言。本文涉及葡萄牙《刑事诉讼法典》相关条文的翻译，参考了《世界各国刑事诉讼法》编辑委员会编译：《世界各国刑事诉讼法》，中国检察出版社2017年版，第1216页及以下。因为中译本的葡萄牙《刑事诉讼法典》存在一些错漏之处，笔者依最新版的《刑事诉讼法典》（Código de Processo Penal）进行部分的重译或校正，特此说明。

葡萄牙1987年《刑事诉讼法典》首先设置了两种特别程序，即简易程序(process sumário)和最简易程序(Processo sumaríssimo)，1998年又引入简捷程序(processo abreviado)。这三种特别程序的称谓[①]极为接近，具有很强的误导性，但事实上属于完全不同类型的程序，运行机理亦风马牛不相及，可简要作一介绍[②]：

简易程序，适用于5年以下监禁刑(请考证，经2013年2月21日第20/2013号法律对葡萄牙《刑事诉讼法典》的修改后，现在5年的条件似乎已删除)的现行犯。所谓现行犯，指正在实施犯罪或者刚实施完犯罪后即刻被抓捕，或者有证据或迹象表明其刚实施了犯罪。对于现行犯，由于证据确凿，故没必要进行侦查程序。[③] 审判在拘留后48小时内进行。如果是周末或假日，则最长可延长到5日。但如果被告人请求一段时间来准备辩护，或检察官认为有必要收集证据以发现真相(葡萄牙《刑事诉讼法典》第382条第5款)，或者法官认为证人证言或各审查、鉴定报告或文件的集合对作出良好裁判是必不可少的时(葡萄牙《刑事诉讼法典》第387条第7款)，则审判最长可在拘留后20日内进行。

简捷程序，适用于5年以下监禁刑(包括单处罚金刑)、有简单清晰的证据可证明犯罪行为及实施主体的刑事案件。这里“简单清晰的证据”，主要指现行犯证据[④]、文书证据或者说法基本一致的目击证人证言(葡萄牙《刑事诉讼法典》第391-A条第3款)。因证据简单清晰，检察官可依警方的报告或经过简短的调查，在犯罪后的90日内对被告人提出指控。

最简易程序，适用于5年以下监禁刑(包括单处罚金刑)、检察官认为可适用替代刑罚而提出量刑建议且获得被告人同意的刑事案件。因此，最简易程序并非指比简易程序更为简易的程序，而更接近于量刑合意程序，这

---

① 这三个葡萄牙刑事诉讼专有术语的中文翻译，与学界的惯常理解存在较明显的差异。从有助于学界理解的角度考虑，本应做意译，但考虑中国澳门特别行政区已形成惯用表述，故本文从中国澳门特别行政区的通译。

② 这主要是考虑学界对葡萄牙刑事诉讼的了解甚少，此处略花篇幅作一扩展性介绍。笔者将另行按专题进行更详尽的研究。

③ 葡萄牙刑事诉讼的普通程序分为初步阶段、侦查、预审、审判和上诉五个阶段。

④ 但不适合适用简易程序的案件。

是美国辩诉交易理念在葡萄牙刑事诉讼中的重要体现。[①]

但美国的辩诉交易与葡萄牙的最简易程序又存在明显的区别。与很多国家的学说不同[②]，葡萄牙学界据此区分了"协商性司法"(Justiça Consensual)和"合意型司法"(Justiça Negociada)[③]，核心区别在于是否承认被告人在程序适用过程中的平等谈判权。"协商性司法"承认被告人的主体地位，允许被告人就定罪量刑问题进行讨价还价，程序的适用具有双向性。而"合意型司法"又可称为"同意型司法"，即由检察官主导程序进行，负责提出定罪及量刑的建议，被告人仅能表示同意或反对，但不得对技术细节展开商讨，程序的适用具有单向性。如果说美国的辩诉交易属于典型的"协商性司法"，则葡萄牙的最简易程序便属于典型的"合意型司法"，二者在理念、制度及技术层面均存在根本的区别。

葡萄牙的最简易程序影响了葡语系的诸多国家和地区，如巴西[④]和我国的澳门地区[⑤]，但此后又呈现出了不同的发展趋势[⑥]。葡萄牙理论界及实务界对当下的最简易程序存在一定的批评，特别是适用率不高、作用极其有限，也提出了一些改革方案。但无论如何，最简易程序作为传统职权主义国家在吸收辩诉交易理念时产生的全新程序形式，依然具有很强的比较法意

---

① 葡萄牙《刑事诉讼法典》中译本的译者在简介中写道，"而时至今日，尽管辩诉交易在全球无论是英美还是欧洲大陆抑或亚洲遍地开花，葡萄牙仍没有在刑事诉讼法中为其开辟一席之地，个中原因，或许值得探究"(《世界各国刑事诉讼法》编辑委员会编译：《世界各国刑事诉讼法》，中国检察出版社 2017 年版，第 1211 页)。但这个说法并不准确。葡萄牙的主流学说均认为，最简易程序是葡萄牙刑事诉讼吸收美国辩诉交易理念的成果。DIAS, Jorge de Figueiredo, "O novo código de processo penal", in Boletim do Ministério da Justiça, n.°369, 1987, p.11.

② 多数国家在同一意义上使用这两个概念。参见 Jean Pradel, Le consensualisme en droit pénal comparé, Coïmbra, 1998。

③ 例如葡萄牙刑事诉讼的权威迪亚士教授便认为，美国的辩诉交易及德国的刑事协商均属于"协商性司法"。DIAS, Jorge de Figueiredo, Acordos Sobre a Sentença em Processo Penal: o "fim" do Estado de Direito ou um novo "princípio", Conselho Distrital do Porto da Ordem dos Advogados, Porto, 2011, p.16.

④ 巴西《刑事诉讼法典》第 394 条。

⑤ 中国澳门特别行政区《刑事诉讼法典》第 373 条及以下。

⑥ 中国澳门地区限制了最简易程序的适用范围，即仅适用于"3 年以下监禁刑或单处罚金"的案件，但其余程序细则与葡萄牙并无区别。巴西则彻底改变了最简易程序的用途，在刑事诉讼中仅适用于"伤害轻微的刑事违法行为"。

义,值得作一深入研究。

一、最简易程序的创设及发展

20世纪七八十年代,葡萄牙与欧陆邻国类似,出现了犯罪剧增的现象,这导致了司法系统的危机,主要体现为负荷过重、难以接近(inacessibilidade)、运行缓慢、管理混乱等。[①] 为应对刑事司法的现实问题,葡萄牙采取了一系列应对措施,主要包括刑事实体法方面的轻刑化、去罪化以及刑事程序法方面的案件分流与简约化。1987年2月17日,葡萄牙通过第78/87号法律(以下简称"1987年法律"),以"保障程序的快捷和效率"(garantir a celeridade e a eficácia processuais)为目标,希望建立一套简化、不官僚的程序制度,可有效、迅速地实现正义,达到维护社会秩序及人民基本权利的目的。[②] 最简易程序便由该法律创设。葡萄牙立法者希望通过最简易程序达到双重目的:一方面,对严重犯罪及严重程度中等或轻微的犯罪作区别处理;另一方面,在刑事司法体系中建立合意型的快速处理机制,以应对新的犯罪现实。如费尔南多(Rui do Carmo Fernando)所言,对于中小型犯罪,("1987年法律")已经建立了处理刑事冲突的不同形式,在冲突解决方案和合意解决方案之间进行了纵向切割,使用何种解决方案通常取决于检察官的建议。[③]但1987年法律极为保守,最简易程序的适用范围极窄,因此出现了零适用的尴尬场景。这也导致1998年、2007年后续两次重大修改。

(一)最简易程序的创设:"1987年法律"

"1987年法律"所创设的最简易程序尚属初步尝试,尽管葡萄牙立法者赋予其重要使命,但根植于职权主义传统的实质真实、公权力主导等基本原则却很难通过一纸法令轻易撼动。因此,初版的最简易程序呈现出了杂糅

---

① SANTOS, André Teixeira dos, "Do Processo Sumaríssimo: uma idílica solução de consenso ou uma verdade produzida?", in O Direito, Lisboa, A. 137, n.° 1, 2005, p. 137 - 138.

② Ponto n.° 6 e 8 do preâmbulo do DL 78/87, de 17 de fevereiro.

③ FERNANDO, Rui do Carmo Moreira, "O Ministério Público face à pequena e média criminalidade (em particular, a suspensão provisória do processo e o processo sumaríssimo)", in Revista do Ministério Público, Ano 21, n.° 81, 2000, p. 129.

特点,也反映了葡萄牙立法者在职权主义传统与辩诉交易理念之间的踌躇不定。

1. 适用范围

“1987 年法律”对最简易程序的适用范围进行了非常严格的限制,仅适用于“不超过 6 个月监禁刑(含并处罚金)或单处罚金刑的公诉案件”(葡萄牙《刑事诉讼法典》原第 392 条)。可以看出,葡萄牙立法者一开始对“轻微量刑犯罪”(bagatelas penais)的界定是非常谨慎的,这将绝大部分的刑事案件排除在外。此外,自诉案件亦不在适用之列。

2. 程序的启动权

检察官是唯一可启动最简易程序的主体。如果检察官认为情节显著轻微,可以以罚金或非监禁的保安处分措施(medida de segurança)替代原有刑罚,则可向法官提出建议,申请适用非监禁刑。被告人、辩护律师则无权主动请求适用最简易程序。

3. 程序流程

在侦查结束后,检察官向法官提交适用最简易程序的申请书,说明被告人被指控的事实、相关犯罪行为所涉的犯罪类型、拟适用的非监禁刑刑罚以及作出这一选择的事实和原因(葡萄牙《刑事诉讼法典》原第 394 条)。申请书也可列明对民事当事人的赔偿申请,应事先听取民事当事人代表的意见。但如果民事赔偿申请非常复杂,且会阻碍程序的运行,则可以依葡萄牙《民事诉讼法典》单独提出(葡萄牙《刑事诉讼法典》第 72 条第 1 款第 8 项和第 393 条第 1 款)。

法官收到申请后,如果同意,则应通知被告人,以让被告人在快速且非正式的庭审中出庭,了解案件,并询问其本人是否赞同检察官的建议(葡萄牙《刑事诉讼法典》原第 396 条第 1 款)。如果被告人宣告同意,则法官应立即发布核准判决书(sentença de condenação homologatória),判决书立即发生效力(葡萄牙《刑事诉讼法典》原第 396 条第 4 款),不得上诉。但如果法官拒绝这一申请,或者被告人在庭审中提出异议,则最简易程序宣告终止,案件转而适用普通程序(葡萄牙《刑事诉讼法典》原第 394 条第 3 款以及原第 398 条)。被告人未出庭的,构成不可补正的程序无效(nulidade insanável),最简易程序亦宣告终止,适用普通程序。

应当说,“1987年法律”确立了最简易程序的基本思路及制度框架,但并不完备。例如,法官在何种情况下可以拒绝检察官的申请?法律对此未作明确规定。被告人在快速且非正式的庭审中需立即“表态”,没有更多的思考时间,辩护权容易受到侵害。当然最致命的缺陷便是适用范围太窄,在“1987年法律”颁布后,最简易程序在全国基本上是零适用,形同虚设。这也直接导致了1998年的后续改革。

(二)1998年8月25日第59/98号法律

考虑到“1987年法律”并未达到预期,对于情节不太严重的刑事犯罪,“非正式、合作、效率、便捷、非公开、简化、重新社会化”等司法理念远未实现,葡萄牙立法者经充分酝酿,在1998年8日25日颁布了第59/98号法律(以下简称“1998年法律”),对最简易程序进行了首次改革。

“1998年法律”首先扩大了最简易程序的适用范围,从原先“不超过6个月监禁刑(含并处罚金)或单处罚金刑的公诉案件”修改为“不超过3年监禁刑(含并处罚金)或单处罚金刑的刑事案件”,可替代监禁刑的刑罚措施也从原先的罚金刑及非拘禁的保安处分措施变为20种其他的刑罚措施。“1998年法律”的立法者认为,“在可判处三年以下监禁刑的犯罪案件中,有些案件有理由适用简易、快捷的处理方式:罪责程度低,可减少社会伤害,甚至减少监狱服刑的不便,且符合一般预防和特殊预防”的要求。① 此外,“1998年法律”还允许自诉案件适用最简易程序,但检察官提出适用最简易程序的申请须经辅助人②同意。

程序亦进行了修改。法官在收到检察官适用最简易程序的申请后,如果同意,并不需要传唤被告人出庭,而是通知被告人本人。被告人在15日内可以提出异议。被告人未提出异议的,法官可依合意直接作出有罪判决,

① ASSUNÇÃO, Maria Leonor, “Sobre o Processo Sumaríssimo”, in Scientia ivridica – Revista de Direito Comparado Português e Brasileiro, Tomo L, n.° 299, set. – dez., 2001, p. 197.

② 辅助人(assistente)是葡萄牙刑事诉讼的法定参与主体,包括年满16周岁的被害人、自诉人以及其他刑事诉讼法及特别法所规定的适格主体(葡萄牙《刑事诉讼法典》第68条及第69条)。

判决立即生效,不得上诉(葡萄牙《刑事诉讼法典》原第 397 条第 2 款)。由此,最简易程序变成了书面审程序,节约了时间,被告人也获得了较充裕的思考时间。

“1998 年法律”的另外一项重大改革便是对“驳回申请”(Rejeição do requerimento)制度进行了更灵活的设计。修改后的葡萄牙《刑事诉讼法典》第 395 条,一方面明确了法官驳回申请的具体事由(第 1 款);另一方面允许法官在仅因“所建议的刑罚措施不适当”(第 1 款第 3 项)的情况下进一步与检察官磋商,另行确定性质或程度不同的刑罚措施,而非直接驳回申请(第 2 款)。但如果检察官不同意,或者被告人提出异议,则不得适用最简易程序,转而适用普通程序,检察官的申请书相当于起诉状。

(三)2007 年 8 月 29 日第 48/2007 号法律(以下简称“2007 年法律”)

经过约 10 年的实践,最简易程序的适用积累了大量的经验,也出现了一些全新的问题。“2007 年法律”是葡萄牙最简易程序的最新改革,确立了该程序机制较成熟、完整的法律框架。

“2007 年法律”所采取的改革举措主要包括:

第一项改革是进一步扩大适用范围,从“1998 年法律”所设置的“不超过 3 年监禁刑(含并处罚金)或单处罚金刑的刑事案件”改为“不超过 5 年监禁刑(含并处罚金)或单处罚金刑的刑事案件”。

第二项改革是强化了最简易程序中被告人的地位保障,主要包括赋予被告人启动最简易程序的申请权,但该申请对检察官没有约束力。被告人未申请启动最简易程序的,检察官在提出适用最简易程序的申请前应听取被告人的意见。此外,法官不同意检察官所建议之量刑的,如果拟更换新的量刑,不仅应获检察官同意,还应获被告人同意。

第三项改革是允许检察官在适用最简易程序的申请书中附带民事赔偿数额。

第四项改革涉及葡萄牙《刑法典》第 353 条,对被告人“违反强制令或各种禁令”(imposições, proibições ou interdições)的后果进行了明确,即“违反依最简易程序刑事判决所确定的、作为附加刑或者非剥夺自由刑的保安处分措施的强制令或各种禁令,处最高两年徒刑,或科处最高 240 日罚金①"。

这四项改革举措吸收了 10 年来葡萄牙学者及实务工作者对最简易程序实施状况的反馈意见,基本上形成了现行最简易程序的制度框架。后续的立法及判例仅对个别问题进行零星的技术性修改或对法条的模糊之处进行明确,未涉及其他重大事项的改革。

二、最简易程序的制度框架

经过两次较重大的修改,葡萄牙最简易程序形成了较成熟稳定的制度框架,被告人、辅助人、检察官和法官在程序中各司其职,保证合意可合法、高效形成。除立法外,判例及学说对一些较模糊或有争议的条款进行了补充或解释,为司法实践提供了较明确的指引。

(一)适用范围

依"2007 年法律"的修改,最简易程序扩及适用于抽象框架下(moldura abstrata)"不超过 5 年监禁刑(含并处罚金)或单处罚金刑的刑事案件"(葡萄牙《刑事诉讼法典》第 392 条)。这里的"抽象框架",指立法所确定的刑期,而非具体案件中司法主体对量刑的预测。自诉案件经辅助人同意,亦可适用最简易程序。

(二)公诉案件程序的启动

在公诉案件中,检察官是启动最简易程序的唯一主体,但应提前听取被告人的意见。被告人也可向检察官主动请求适用最简易程序,但被告人的请求对检察官并无约束力。

因此,检察官在决定启动最简易程序前分成两个阶段:

第一个阶段,检察官应收集足够充分的证据证明犯罪事实及犯罪行为

① 参见葡萄牙《刑法典》第 47 条规定,"1. 根据第 71 条第 1 款规定的标准确定罚金的日数,在通常情况下,最下限为 10 日,最上限为 360 日;2. 罚金的日额为 5 欧元至 500 欧元,法院根据被判刑人的经济、财力状况与其个人负担确定其具体数额"。

实施者,且依葡萄牙《刑事诉讼法典》第 392 条、《刑法典》第 70 条①及《宪法》第 18 条第 2 款②之规定作全面权衡,审查本案件是否符合最简易程序的适用范围以及适用非监禁刑是否可达到犯罪预防的目的。具体而言,在这一阶段,首先,检察官仍应尽全面调查义务,做到案件事实清楚、证据确实充分,且应在适用最简易程序的申请书中载明相关事实、证据以及所依据的条款,否则申请将被法官驳回(葡萄牙《刑事诉讼法典》第 395 条第 1 款第 2 项)。其次,在事实查明后,检察官将进一步审查在抽象法律框架下该犯罪是否属于"不超过 5 年监禁刑(含并处罚金)或单处罚金刑的刑事案件"。在此问题上,如果检察官作出错误判断,则适用最简易程序的申请亦将被法官驳回(葡萄牙《刑事诉讼法典》第 395 条第 1 款第 1 项)。最后,检察官还应裁量判断本案适用非监禁刑是否可达到犯罪预防的目的。关于犯罪预防的标准,菲格雷多·迪亚士教授(Figueiredo Dias)解释道,"在法律标准复杂、多样的情况下,(……)我们是否可以甄别选择适用刑罚替代的一般标准。我们需要肯定的答案。从根本上讲,标准如下:只要法院在审查各自的适用条件后,认为替代刑罚是足够的,便应选择替代刑罚,而不是适用剥夺自由刑,这足以达到惩罚目的。值得一提的是,这仅是出于预防的日的,即特殊预防和一般预防,而不是出于罪责补偿的目的,这证明了选择适用替代刑罚及有效实施的合理性"③。检察官的裁量标准应与法官保持一致,否则相关的量刑建议可能被驳回(葡萄牙《刑事诉讼法典》第 395 条第 1 款第 3 项)或修改(葡萄牙《刑事诉讼法典》第 395 条第 2 款)。

第二个阶段,如果被告人未主动向检察官请求适用最简易程序,则检察官在提出适用最简易程序的申请前应听取被告人的意见。"2007 年法律"之所以作出这样的修改,原因主要是:一方面,检察官可从一开始便了解被

---

① 葡萄牙《刑法典》第 70 条(选择刑种的标准)规定,"对犯罪可以选科剥夺自由之刑罚或者非剥夺自由之刑罚时,如果只适用非剥夺自由之刑罚即可适当、足够地实现刑罚目的的,法院应当优先选择非剥夺自由之刑罚"。

② 葡萄牙《宪法》第 18 条第 2 款规定,"只有在宪法有明确规定的情况下,法律才能对权利、自由及其保障进行限制。此种限制应基于保护其他受宪法保护的权益所必需"。

③ DIAS, Jorge de Figueiredo, Direito Penal Português, As Consequências Jurídicas do Crime, Coimbra, Coimbra Editora, 3ª reimpressão, 1988, p. 331, § 497.

告人对适用最简易程序的意见,避免提出申请后因被告人的异议转而适用普通程序,导致程序不必要的拖沓冗长;另一方面,检察官也可通过这一会见了解被告人的认罪态度,收集必要的信息,以进一步评估拟建议适用的非监禁性刑罚。如菲格雷多·迪亚士和哥斯达·安德拉德(Costa Andrade)所言,"案件的结果可能会大不相同,这取决于检察官是直接和被告人交流,还是仅是了解与被告人相关的材料"①。但需要特别注意的是,检察官在听取被告人意见时仅得告知拟适用最简易程序,但不得告知相关的刑罚建议。之所以作出这样的设置,立法者的初衷是考虑检察官在这一阶段可能尚未形成成熟的量刑意见,但这里便产生了一个悖论:未充分了解量刑意见的被告人,对最简易程序适用的了解是不完整的,并不能排除被告人之后提出异议的可能,这与提前听取被告人意见的立法设置存在较明显的冲突。也有学者赞同这样的立法设置②,认为对于被告人而言,适用非监禁刑应是最核心的考虑要素,至于适用何种替代刑罚,这在司法实践中似乎并非最核心的考虑要素。

(三)自诉案件的程序启动

"自诉案件可适用最简易程序"的规定源自"1998年法律",并一直沿袭至今。但在设立之初,葡萄牙学界的观点便存在分歧。支持者认为,在刑事诉讼中,被害人与被告人应具有同等的权利,平等地参与"判决罪名、内容及量刑"的确立。例如哥斯达·安德拉德便认为,"这才是刑事合意制度最具正当性的解释,因为刑事案件便是被害人与被告人的直接冲突。因此,我们正面对一种可在刑事政策内的解决方案,对被告人、辅助人及社区均有利……符合合意型司法能促成罪犯、被害人及社区进行社会化和解的理想"③。反对者则认为,"所谓三维合意空间的创造仅是空想(……),最简易

---

① DIAS, Jorge de Figueiredo e Costa Andrade, Criminologia: O Homem Delinquente e a Sociedade Criminógena, 2ª reimpressão, Coimbra, Coimbra Editora, 1997, p. 480 - 481.

② FIDALGO, Sónia, "O consenso no processo penal: reflexões sobre a suspensão provisória do processo e o processo sumaríssimo", in Revista Portuguesa de Ciência Criminal, A. 18, Fascículo 2 - 3, 2008, p. 309.

③ TORRÃO, Fernando, "Processo Sumaríssimo: uma perspetiva político - criminal", in Revista de Ciência e Cultura, n.° 1 - 2, Universidade Lusíada, Porto, 1999, p. 48.

程序几乎不可能适用于自诉案件"[①]。但从司法实践的效果看,自诉案件适用最简易程序的案例也不少,学者玛丽亚·莱昂诺尔·阿森桑(Maria Leonor Assunção)认为,"(这是因为)通过加大干预和正确履行各诉讼主体被设置的角色,最大限度地(……)强化检察官和辩护人的角色。(……)辩护人向辅助人提供正确和有用的信息,可说明适用这种程序形式的目标及其收益,这有助于让后者自愿及自由地同意"[②]。

另外一个重要问题是,如果说在自诉案件中辅助人的参与保障了被害人与被告人的平等地位,那么在公诉案件或者半公诉案件[③]中(crimes públicos ou semipúblicos)是否也应保障这种平等?葡萄牙学界的主流观点是:一方面,提起民事赔偿请求的辅助人可通过适用葡萄牙《刑事诉讼法典》第393条第2款的规定,表达获得损害赔偿的意愿。检察官可在申请书中确立附带民事赔偿数额。当然,辅助人亦可单独提起民事诉讼。另一方面,如果辅助人认为检察官提起最简易程序的申请不合法或不合理,则可请求预审法官宣布程序无效(葡萄牙《刑事诉讼法典》第119条第6项[④],或者第120条第2款第4项[⑤])。

(四)预审程序[⑥]的启动问题

最简易程序是否可启动预审程序,葡萄牙《刑事诉讼法典》未作规定。

---

① ALBERGARIA, Pedro Soares de, "Considerações sobre processo sumaríssimo em processo penal", in Maia Iurídica, Ⅱ, 1, 2004, p. 70.

② ASSUNÇÃO, Maria Leonor, "Sobre o Processo Sumaríssimo", in Scientia ivridica – Revista de Direito Comparado Português e Brasileiro, Tomo L, n.° 299, set. – dez., 2001, p. 199.

③ 半公诉案件(crimes semipúblicos),指仅在被害人提起指控的情况下检察官方启动正式调查的案件,主要包括轻微危害人身安全或过失危害人身安全的犯罪,胁迫、危害私生活的犯罪等。

④ 葡萄牙《刑事诉讼法典》第119条("不可补正的无效")第6款规定,"……下列情况也构成不可补正的无效……在法律规定的情况外采用特别诉讼形式"。

⑤ 葡萄牙《刑事诉讼法典》第120条("经辩论决定的无效")第4款规定,"……下列情况亦构成经辩论决定的无效……侦查或者预审不充足,因其并未实行具有法律约束力的行为,并且其后未采取对发现事实真相具有必要性的措施"。

⑥ 葡萄牙的预审主要解决公诉的审查问题。

波尔图上诉法院在2004年5月19日的判决中以类推形式表达了否定性意见。[①] 在判决理由中,波尔图上诉法院认为,"(最简易程序)是比简捷程序还简化的程序,如果存在指控,则可能存在预审和判决,但这种程序中(最简易程序)并没有。且一贯而言,最简易程序所适用的案件要比简捷程序轻微(……)。因此,在简捷程序中,如第391-A条第1款之规定[②],可能不需要进行预审。如果简捷程序都可以省去预审,那么最简易程序很大程度上也应如此,因为所涉及的证据非常简单明了"。这基本上代表了葡萄牙学界的通说。[③] 当然,如果最简易程序转化为普通程序(如被告人提出异议,或者法官不同意适用该程序),被告人自然可以申请启动预审,以对公诉进行审查。

(五)申请书的要件与内容

如果检察官选择以最简易程序处理案件,则应准备申请书。依葡萄牙《刑事诉讼法典》第394条第1款和第2款之规定,检察官应以书面形式提出申请,申请书中应当包含可识别被告人身份的信息、应当对被告人归责的事实描述,以及列明被告人违反的法律规定,载明已经取得的证据,简要说明检察院认为对有关案件不应当判处剥夺自由的刑罚或保安措施的具体理由。在申请书的结尾部分应当由检察院写明下列必要事项:(1)具体建议的刑罚措施;(2)适用本法典第82-A条时,指明具体的赔偿金额。如果未按此要求,则法官可依第395条第1款第2项予以驳回。

检察官在申请书中可建议的刑罚措施主要包括替代的罚金刑(葡萄牙《刑法典》第47条)、监禁的暂缓执行(葡萄牙《刑法典》第50条)、提供社会

① Ac. do TRP de 19.05.2004, proc. n.° 0411893.

② 第391-A条第1款规定,"对于可处以最高不超过5年有期徒刑的案件,存在简单明显的证据充分显示有犯罪行为发生以及充分显示具体的行为人的,检察院可以根据实况笔录或者在进行简要侦查后提出控告,以便通过简捷诉讼程序进行审判"。

③ 仅有零星的反对意见,简略的介绍,参见 Carlos Miguel Leal Mendes Cardoso, O Processo Sumaríssimo, Análise de alguns aspetos prático-processuais do instituto, Dissertação apresentada à Faculdade de Direito da Universidade de Coimbra no âmbito do 2.° ciclo de Estudos em Direito (conducente ao grau de mestre), na Área Especialização em Ciências Jurídico-Forenses, Coimbra, 2015, p. 24-25。

服务(葡萄牙《刑法典》第58条)、禁止从事公共或者私人的职业、职务、业务替代监禁(葡萄牙《刑法典》第43条第3款)以及训诫(葡萄牙《刑法典》第60条)等。因此,除替代刑外,附加刑也可以适用,主要是考虑葡萄牙《刑法典》第70条①及第40条第1款②的一般预防和特殊情况的特殊预防。

这里还存在一个问题,检察官在建议替代的刑罚措施时,是否还应明确被替代的监禁刑?对此,葡萄牙学界存在争议。索尼亚·菲达尔戈(Sónia Fidalgo)认为,"检察官无须先确立监禁刑,然后再建议替代的刑罚措施(……),在具体的案件中,检察官在第一次量刑选择时便已确定了非监禁刑"③。但安东尼奥·拉塔斯(António Latas)则认为,"必有要事先确定主刑的具体计量标准,因为这是适用替代刑罚的条件"④。且在涉及"监禁的暂缓执行"或"提供社会服务"等替代性刑罚时,如果未事先确定监禁刑的具体期限,便无法适用相应的法律规则(葡萄牙《刑法典》第50条第5款⑤以及第58条第3款⑥)。主流观点更倾向于前者,认为最简易程序中的替代性刑罚不能与普通程序的替代性刑罚完全等同,检察官无须先确立监禁刑,而对于诸如"监禁的暂缓执行"或"提供社会服务"等替代性刑罚的日期计算,仅是一种工具性的虚拟操作,并非将检察官的量刑建议一分为二。

也正因如此,未执行替代刑并不会导致最终适用检察官在申请书中所

---

① 葡萄牙《刑法典》第70条(选择刑种的标准)规定,"对犯罪可以选科剥夺自由之刑罚或者非剥夺自由之刑罚时,如果只适用非剥夺自由之刑罚即可适当、足够地实现刑罚目的的,法院应当优先选择非剥夺自由之刑罚"。

② 葡萄牙《刑法典》第40条(刑罚与保安处分的目的)规定,"1. 判处刑罚与保安处分的目的是保护法益与使行为人重新适应社会。……"

③ FIDALGO, Sónia, "O consenso no processo penal: reflexões sobre a suspensão provisória do processo e o processo sumaríssimo", in Revista Portuguesa de Ciência Criminal, A. 18, Fascículo 2-3, 2008, p.299.

④ LATAS, António João, "O novo quadro sancionatório das pessoas singulares", in A Reforma do SistemaPenal de 2007. Garantias e eficácia, Coimbra, Coimbra Editora, 2008, p.139.

⑤ 葡萄牙《刑法典》第50条第5款规定,"暂缓执行的期间与判决所判处的监禁刑期相等,但无论如何不能少于1年,期间从判决确定之日起算"。

⑥ 葡萄牙《刑法典》第58条第3款规定,"以1小时的提供社会服务替代判决确定的1日监禁,提供社会服务的最高期间为480小时"。

建议的监禁刑(事实上也不存在),因为检察官不享有司法裁判权。最简易程序的法理在于被告人放弃行使辩护权,法院应保障对被告人科以非监禁刑。因此,如果被告人未执行替代刑,应适用葡萄牙《刑法典》第353条的规定,“处最高两年徒刑,或科处最高240日罚金”。

(六)法官的审查判断

在大陆法系国家几乎所有的合意或协商程序中,中立法官的实质审查(至少在理论上)均是必备的要件,且往往也是宪法的要求。依葡萄牙《刑事诉讼法典》第395条及后续条款的规定,法官在最简易程序中履行真正的司法职能,负责审查及监督检察官提交的申请书。如果法官认为检察官的申请不合要求,可决定(despacho)予以驳回,转而适用其他合适的程序形式,主要包括如下三种情况(葡萄牙《刑事诉讼法典》第395条第1款):

1. 程序无效(葡萄牙《刑事诉讼法典》第395条第1款第1项)

如果检察官未遵循前述最简易程序的要件要求而提出申请,则构成不可补正的无效(第119条第6项)。例如公诉案件未事先听取被告人的意见,自诉案件未事先获得辅助人的同意,所涉罪行超出最简易程序的适用范围(如应适用5年以上监禁刑)等。

2. 申请明显没有依据(葡萄牙《刑事诉讼法典》第395条第1款第2项)

立法者此处援引了葡萄牙《刑事诉讼法典》第311条第3款第1项至第4项关于“公诉明显没有依据”的规定,意即检察官的申请书与公诉书应符合相同的要求。因此,申请明显没有依据主要包括如下四种情况:(1)未含有对被告人身份的识别信息;(2)未含有对所控诉事实的叙述;(3)未指明应适用的法律条款或者所依据的证据;(4)所列事实不构成犯罪。法官在前述四种情况下可驳回检察官的申请。需要特别指出的是,依葡萄牙最高法院在1993年2月17日的判例,法官不得以“证据不足”的实体事由驳回请求,因为这不符合公正审判程序的要求(未有公正、中立的审判),且将影响转化为普通程序后的审判,而仅得以“未指明所依据的证据”的程序事由驳回。

3. 建议的刑罚措施“明显不能适当并且充分地实现刑罚的目的”（葡萄牙《刑事诉讼法典》第 395 条第 1 款第 3 项）

在这种情况下，法官并不必然驳回申请并将案件转而适用其他合适的程序形式，而可在获得检察官和被告人同意的情况下，作出与检察官建议在类型或程度上不同的刑罚（葡萄牙《刑事诉讼法典》第 395 条第 2 款）。这里的“明显不能”，属于法官的裁量范围之列。因此，如果法官认为被告人的恶性较大，应适用监禁刑，则可直接驳回。但如果法官认为检察官在申请书中建议的 160 日罚金畸轻，则既可直接驳回，也可在获得检察官和被告人同意的情况下直接适用 200 日罚金。

可以看到，法官在最简易程序中扮演着积极的角色，在一般情况下是监督者和审核者，在特殊情况下也可以是新合意方案的促成者。需要指出的是，如果法官“因不同意检察官建议的刑罚而拒绝适用最简易诉讼程序的”，不得参与“原由其审理案件的审判、上诉以及再审申请”（葡萄牙《刑事诉讼法典》第 40 条第 5 款）。

如果法官接受了检察官的申请，则应将申请通知被告人本人。通知中应包括如下信息：告知被告人有权对拟作出的刑罚措施提出异议，以及告知其提出异议的方式和期限；解释提出异议和不提出异议各自的结果（葡萄牙《刑事诉讼法典》第 96 条第 2 款）。被告人可以在 15 日的期限内以简单声明的方式提出异议（葡萄牙《刑事诉讼法典》第 396 条第 1 款第 2 项）。此时，如果被告人尚未委托律师或者指定辩护人，则法官应该为被告人指定辩护人（葡萄牙《刑事诉讼法典》第 396 条第 1 款第 1 项），这是因为最简易程序必须有律师参与，否则构成不可补正的程序无效（葡萄牙《刑事诉讼法典》第 119 条第 3 款）。

这里存在一个问题，如果申请无法通知被告人本人，则应如何处理？例如被告人下落不明，调查被告人行踪的措施已经用尽，或者被告人未提交身份文件以及地址文件。在这一问题上，葡萄牙的学说与判例存在分歧，大概存在以下三种观点：（1）可进行公告通知；（2）因不符合“通知被告人本人”的规定（葡萄牙《刑事诉讼法典》第 96 条第 2 款），检察官的申请归于无效，案件应转而适用普通程序，如果届时仍不到案，则可进行缺席审判（葡萄牙

《刑事诉讼法典》第 337 条);(3)在最简易程序中进行缺席宣告(declaração de contumácia)。[①] 目前更具说服力的是第(2)种观点,因为第(1)种观点明显违反了葡萄牙《刑事诉讼法典》的规定,不可取。第(3)种观点则违背了正当程序原则。

如果被告人在 15 日内未提出异议(既包括明确表示同意,也包括未作任何表态),则法官可决定直接适用检察官建议的刑罚,法官的决定立即生效,不得提起上诉(葡萄牙《刑事诉讼法典》第 397 条第 1 款)。被告人自行支付诉讼费用(taxa de justiça)。[②] 但如果被告人提出异议,则法官应依葡萄牙《刑事诉讼法典》第 398 条第 1 款之规定"将案件进行移交,以便适用其他诉讼程序",在这种情况下,检察官的申请书等同于起诉书。被告人可申请启动预审,以对公诉进行审查(葡萄牙《刑事诉讼法典》第 398 条第 2 款)。

如果涉及多名被告人的,则情况较为复杂,可分为以下三种情况:一是所有被告人均同意适用最简易程序,则法官可以直接作出决定(葡萄牙《刑事诉讼法典》第 397 条)。二是所有被告人均不同意适用最简易程序,则法官将案件进行移交,以便适用其他诉讼程序,申请书等同于起诉书(葡萄牙《刑事诉讼法典》第 398 条第 1 款)。三是有部分被告人同意适用最简易程序,也有部分被告人提出异议。法律对第三种情况未作规定,学说也存在分歧,有观点认为,可进行程序分离,即对未提出异议的被告人,可适用最简易程序,对提出异议的被告人,则适用普通程序。也有观点认为,不能进行程序分离,所有被告人均应转而适用普通程序。还有观点认为,这种情况下本

---

① GRANJA, Carla, " A impossibilidade de notificação do arguido no processo sumaríssimo, para os termos previstos no artigo 396°, n. ° 1, alínea b), do Código de Processo Penal", in Maia Iuridica, Ⅱ, 1, 2004, p. 206 – 207.

② "2007 年法律"规定,如果适用最简易程序,则被告人应支付的诉讼费用(taxa de justiça)为普通程序诉讼费用的 1/3。2008 年 2 月 26 日第 34/2008 号法令对此进行了修改,改为"如果适用最简易程序,被告人仅需支付自己的诉讼费用"。这些举措均在鼓励被告人适用最简易程序。

就不应启动最简易程序。[①] 更具说服力的观点是分离说，因为法律并未要求最简易程序中被告人之间必须达成共识。且依葡萄牙《刑事诉讼法典》第30条第1款第1项之规定，“将诉讼程序进行分离审理对任一犯罪嫌疑人均有利，而且该利益应当予以重视和考虑，尤其是不致延长其羁押时间”，则应分离审理。但如果采用分离说，则可能出现两种情况：其一，各个被告人在最简易程序及普通程序所获得的量刑是不相同的；其二，在最简易程序中提交的证据可能与在普通程序中法官审查的证据出现不一致或错误。对于第一种情况，学术争议较小，因为最简易程序便是以司法效率换取量刑折扣，并不存在同案不同判的问题。对于第二种情况，则仅得依葡萄牙《刑事诉讼法典》第449条及后续条款对最简易程序的生效判决启动再审（recurso extraordinário de revisão）。[②]

三、最简易程序的适用状况

从1987年创设至今，最简易程序的适用范围不断扩大，核心原因是适用率低，对诉讼效率的提升较为有限。尽管期间经历了两次重大的立法改革，最简易程序的适用率依然不是太高，且呈逐年下降趋势。笔者依2013年至2018年《葡萄牙检察院工作报告》（RELATÓRIO SÍ NTESE DO MINISTÉRIO PÚBLICO）所公布的官方数据，对最简易程序、简易程序、简捷程序及普通程序的适用状况作一共时性及历时性的简要分析。

2017年葡萄牙刑事诉讼适用的各种程序类型及案件数量如表2所示：

① Cfr. SANTOS, André Teixeira dos, “Do Processo Sumaríssimo: uma ilídica solução de consenso ou uma verdae produzida?”, in O Direito, Lisboa, A. 137, n.° 1, 2005, p. 180 - 181.

② Cfr. SANTOS, André Teixeira dos, “Do Processo Sumaríssimo: uma ilídica solução de consenso ou uma verdae produzida?”, in O Direito, Lisboa, A. 137, n.° 1, 2005, p. 182 - 183.

表2　2017年葡萄牙刑事诉讼程序分流的概况

程序类型	案件数/件
合议庭审理	3589
独任庭审理	26746
特殊案件的独任庭审理 (葡萄牙《刑事诉讼法典》第16条第3项)	6638
简易程序	12453
简捷程序	2954
最简易程序	6375
临时中止	32558
免除刑罚情况下的案件归档 (葡萄牙《刑事诉讼法典》第280条第2款)	558
案件总数	91871

各种程序类型的比例如图2所示:

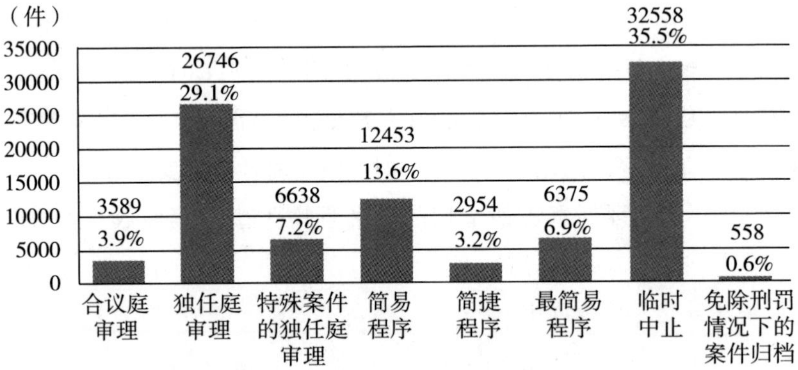

图2　2017年葡萄牙刑事诉讼各种程序类型的数量及比例

其中,特别程序(包括简易程序、简捷程序、最简易程序、临时中止、免除刑罚情况下的案件归档)的占比为60%(见图3):

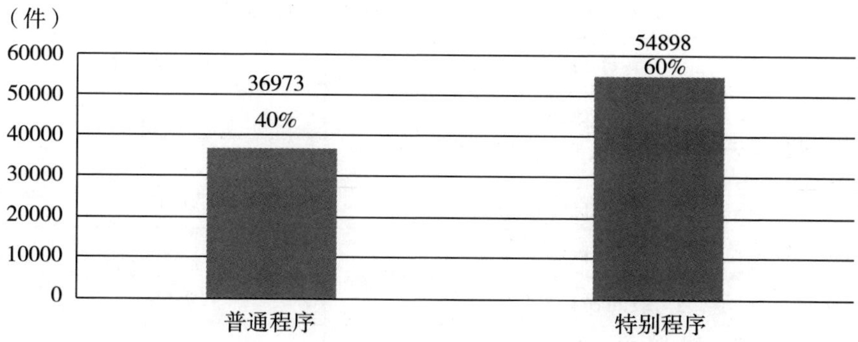

图 3　2017 年葡萄牙刑事诉讼普通程序与特别程序的比例

在各种类型的特别程序中，最简易程序、简易程序及简捷程序之间的适用比例如图 4 所示：

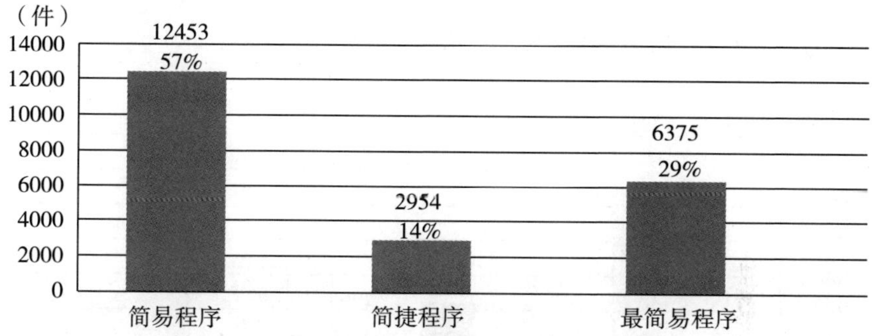

图 4　2017 年葡萄牙三种类型特别程序的比例

可以看出，最简易程序的总适用率约为 6.9%（见图 2）。在最简易程序、简易程序及简捷程序中，最简易程序的适用率为 29%，约为简捷程序适用率的一倍，简易程序适用率的一半。

2018 年的数据大体类似（见表 3）：

表 3　2018 年葡萄牙刑事诉讼程序分流的概况

程序类型	案件数/件
合议庭审理	3510
独任庭审理	28377

续表

程序类型	案件数/件
特殊案件的独任庭审理 (葡萄牙《刑事诉讼法典》第16条第3项)	6884
简易程序	11173
简捷程序	2965
最简易程序	5859
临时中止	31461
免除刑罚情况下的案件归档 (葡萄牙《刑事诉讼法典》第280条第2款)	296
案件总数	90525

各种程序类型的比例如图5所示:

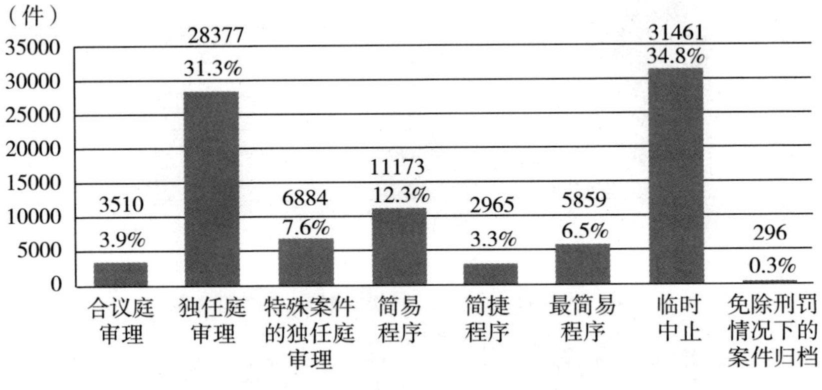

图5 2018年葡萄牙刑事诉讼各种程序类型的数量及比例

其中,特别程序(包括简易程序、简捷程序、最简易程序、临时中止、免除刑罚情况下的案件归档)的比例约为57%(见图6):

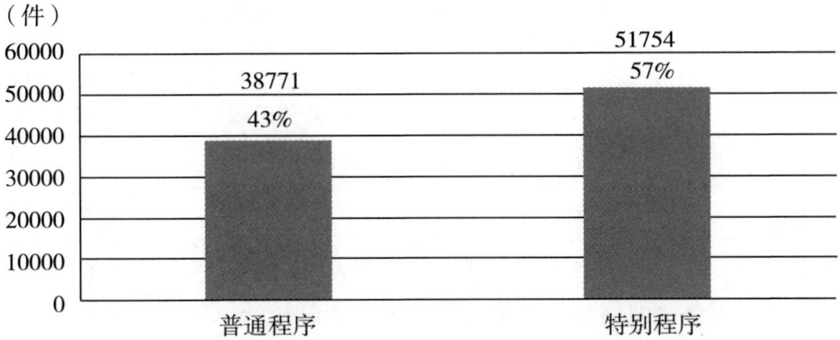

图 6　2018 年葡萄牙刑事诉讼普通程序与特别程序的比例

在各种类型的特别程序中，最简易程序、简易程序及简捷程序之间的适用比例如图 7 所示：

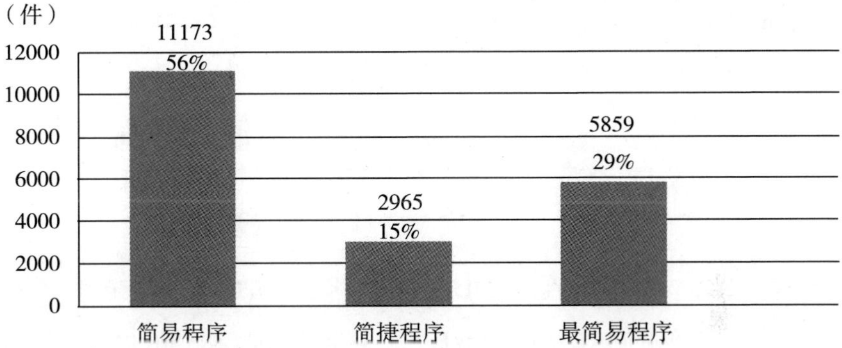

图 7　2018 年葡萄牙三种类型特别程序的比例

在 2018 年，最简易程序的总适用率约为 6.5%（见图 5）。在简易程序、简捷程序及最简易程序中，最简易程序的适用率为 29%。

从 2017 年至 2018 年的实证数据看，葡萄牙特别程序的适用率还是比较高的，基本与欧陆邻国持平。但最简易程序的贡献率并不高。

如果我们对 2013 年至 2018 年最简易程序的适用率作一纵向比较（见表 4），还可发现该程序的适用率呈下降趋势（见图 8）。

表 4　2013 年至 2018 年葡萄牙最简易程序的适用率①

时间段	最简易程序的适用数量/件	最简易程序的适用比例（占所有案件）/%
2013 年 1 月 1 日至 2013 年 12 月 31 日	9929	9.2
2014 年 1 月 1 日至 8 月 31 日	6774	9.2
2014 年 9 月 1 日至 2015 年 8 月 31 日	6870	7.1
2015 年 9 月 1 日至 2016 年 8 月 31 日	7801	7.5
2017 年 1 月 1 日至 12 月 31 日	6375	6.9
2018 年 1 月 1 日至 12 月 31 日	5859	6.5

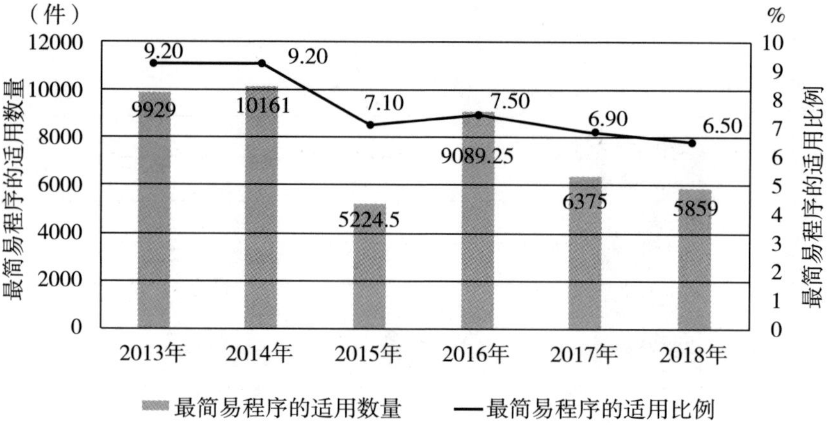

图 8　2013 年至 2018 年葡萄牙最简易程序的适用率走向图②

① 这里需要说明的是,《葡萄牙检察院工作报告》所截取的时间段并不统一,本文在该表格中使用原始数据,以便读者查证,但在制作下文的“2013 年至 2018 年葡萄牙最简易程序的适用率走向图”时,将对表格中的部分原始数据进行必要的换算,以便统一统计口径并进行对照。

② 此处图表中“最简易程序的适用数量”是根据《葡萄牙检察院工作报告》的原始统计数据换算得出(见表3)。其中,2014 年 1 月 1 日至 8 月 31 日 8 个月的数据为 6774,则按照比例推算出全年的数据为 6774 × 3/2 = 10161;以此为基础,2015 年 1 月 1 日至 8 月 31 日的数据应为 6870 -(10161 -6774)= 3483,按照比例推算出全年的数据为 3483 × 3/2 = 5224.5;以此类推,2016 年 1 月 1 日至 8 月 31 日的数据为 7801 -(5224.5 -3483)= 6059.5,按照比例推算出全年数据为 6059.5 × 3/2 = 9089.25。

因此，葡萄牙理论界及实务界当下最关注的一个问题是：应如何提高最简易程序的适用率，以达到“有效、迅速实现正义”的立法初衷。

四、改革方向：从合意型司法走向协商型司法

从1987年至2007年，葡萄牙最简易程序的20年改革基本上遵循了两条基本思路：第一条思路是不断扩大最简易程序的适用范围，提高程序的适用率；第二条思路是不断提升被告人的参与度，鼓励被告人积极参与配合。沿袭这两条思路，不少葡萄牙学者认为，最简易程序的下一步改革方向应为进一步强化“刑事诉讼的合意结构”，[①]被告人应有主动获得参与协商的权利，而非仅是被动地接受量刑建议，最简易程序应从合意型司法走向协商型司法，不再局限于轻罪。遵循这一思路，有两套改革方案在葡萄牙影响巨大。

第一套改革方案来自佩德罗·苏亚雷斯·德·阿尔贝加里亚（Pedro Soares de Albergaria）、佩德罗·利马（Pedro Lima）和乔塞达斯·内维斯（Josédas Neves）。[②] 这三位学者认为，最简易程序可改为“量刑协商程序”（processo de pena negociada），即在侦查结束时检察官便可传唤被告人及辩护人，就即将适用的量刑进行协商。同时，抽象法律框架内的“不超过5年监禁刑”不再适用，应由控辩双方在具体个案中对量刑因素进行协商，同样允许适用附属量刑及替代性刑罚。被告人因此可获得更轻的量刑，且可以上诉，受上诉不加刑原则的保护。

第二套改革方案来自迪亚士教授。迪亚士教授向来对德国刑事诉讼颇为青睐[③]，他所提的方案便是借鉴德国刑事协商程序，允许不同诉讼主体

---

① DIAS, Jorge de Figueiredo, Acordos Sobre a Sentença em Processo Penal: o “fim” do Estado de Direito ou um novo “princípio”, Conselho Distrital do Porto da Ordem dos Advogados, Porto, 2011, p. 16.

② ALBERGARIA, Pedro Soares de, LIMA, Pedro Mendes e NEVES, José Francisco Moreira das, “Uma proposta de Justiça Negociada”, in Revista do CEJ, n.° 15, 2011, p. 109 - 110.

③ 迪亚士教授的经典教材《刑事诉讼法》受到德国刑事诉讼理论的强烈影响，参见Figueiredo Dias, Direito Processual Penal, COIMBRA, 1988。中译本参见[葡]乔治·德·菲格雷多·迪亚士：《刑事诉讼法》，马哲、缴洁译，社会科学文献出版社2019年版。

(检察官、被告人、法官和辅助人)在刑事诉讼任何阶段(不限于侦查程序)进行协商,可适用于任何类型的犯罪,包括最严重的犯罪。达成协议的核心便是被告人自由、完整的认罪,"自由、可信的认罪应与调查结果相一致",遵循定罪的原则,法官应着重审查口供的自愿性及与证据的契合性,以此扩大适用范围,缩短庭审及简化程序。①

这两套改革方案在葡萄牙学界有广泛的讨论,支持者与反对者兼有之。但从外部的视角观察,从合意型司法走向协商性司法,并非仅是司法技术的简单调整,而涉及职权主义一些传统理念的变更,绝非易事。例如,职权主义刑事诉讼崇尚"国家权力主导",这与协商性司法所要求的"主体平等性"有结构性矛盾。在一般的刑事案件中,检察官在提出量刑建议时自然会考虑被告人认罪的要素,但可否接受被告人的"附条件"认罪?检察官、法官与被告人、律师之间存在差异化诉求(诉讼效率与量刑折扣),可否在同一层面上进行平等的商谈?协商事实与实质真实之间的尖锐冲突更是动摇了职权主义的根基。刑事诉讼不同于民事诉讼,涉及公共秩序而非仅是私益,因此,案件真相仅可能是调查的结果,而并非当事人双方协商一致即可。即便是迪亚士教授极为推崇的刑事协商程序,在德国也引发了广泛的争议。著名的德国刑法学家舒曼教授便感慨,"非正式协商是……砍向(职权主义)百年传统之根的斧头"②。尤其是两套改革方案均主张"适用范围不受限",这样的建议毫无疑问带有浪漫主义色彩,须知在更一般的意义上讲,诉讼效率无论如何不能凌驾于实体与程序公正之上。

---

① DIAS, Jorge de Figueiredo, Acordos Sobre a Sentença em Processo Penal: o"fim" do Estado de Direito ou um novo "princípio", Conselho Distrital do Porto da Ordem dos Advogados, Porto, 2011, p. 36 – 37.

② Conferencia pronunciada por SHÜNEMANN, Catedrático de la Universidad de München, en la Sede del Consejo General del Poder Judicial el 11 de abril de 1991.

刑事证据制度的一般原理(一)：证据自由及其合法性限制

在葡萄牙语中，“prova”是多义词，至少包括如下含义：(1)证明活动，指证明“犯罪存在的相关事实，被告人是否可处罚，以及确定可判处刑罚或者保安处分措施等法律上重要的事实”(葡萄牙《刑事诉讼法典》第124条第1款)；(2)证据形式，指可以证明相关事实的要素；(3)证明活动的结果，指判决主体立足诉讼中的证据，尊重经验规则、科学规律和逻辑原理，对相关事实产生确信的理由；(4)实物证据，指与实施犯罪相关的物品。[①] 由于“prova”在葡萄牙的专业学术文献中是高频词，且诸多含义具有高度相似性，容易引发歧义，这极大增加了域外研究者及读者的理解难度。在下文中，笔者将按不同的语境依中国读者的阅读习惯进行含义的区分，对可能引发误读的地方稍作说明。同时，鉴于刑事证据制度涵盖的内容极为宽泛，学说林立，判例繁杂，难以用较短的篇幅梳理清楚，笔者将区分若干专题展开。本专题为“证据自由及其合法性限制”。

一、证据自由

葡萄牙刑事诉讼奉行“证据自由”原则。“凡非为法律所禁止的证据均

---

① 葡萄牙《刑事诉讼法典》第174条第1款规定，“当有迹象表明某人身上藏匿任何与犯罪有关或者可作为证据(prova)的物品，须命令对其进行搜查”。这里使用的“prova”，指实物证据。

可予以采纳”(葡萄牙《刑事诉讼法典》第125条)。这意味着所有的证据形式,只要法律未明文禁止,均可进入刑事诉讼。葡萄牙《刑事诉讼法典》第3卷第2编规定了典型的证据形式,但即便法律未明文规定,只要未属法律禁止之列,亦可使用。后一类证据形式又可称为非典型证据形式。

典型证据形式主要包括:证人证言(葡萄牙《刑事诉讼法典》第128条及后续条款),被告人、辅助人和附带民事诉讼当事人的陈述(葡萄牙《刑事诉讼法典》第140条及后续条款),陈述相互矛盾的个人之间的对质(葡萄牙《刑事诉讼法典》第146条),人和物品的辨认(葡萄牙《刑事诉讼法典》第147条及后续条款),事实重演(葡萄牙《刑事诉讼法典》第150条),履行鉴定职责时所需要的技术、科学或者艺术知识判断(葡萄牙《刑事诉讼法典》第151条及后续条款)以及文书证据(葡萄牙《刑事诉讼法典》第164条及后续条款)。典型证据适用葡萄牙《刑事诉讼法典》明文规定的各种运用规则。

非典型证据指葡萄牙《刑事诉讼法典》未明文规定的证据形式。随着科学证据的发展,各种新型的证据形式开始在刑事诉讼中使用,远远超出了1987年立法者所能预见的范围。尽管葡萄牙《刑事诉讼法典》未明文规定非典型证据的各种运用规则,但并不意味着非典型证据不需要遵守任何规则,而应参照适用典型证据的运用规则。

葡萄牙学说在“合法性”层面理解证据自由,这与法国学说类似。[①] 1929年葡萄牙《刑事诉讼法典》最早规定,“犯罪事实可以通过法律允许的任何证据形式进行证明”(第173条)。尽管与现行法典的措辞略有区别,但“法律允许”与“只要法律未明文禁止均可以……”均强调证据应合法,或者说职权调查行为应受到合法性的约束。卡斯塔涅拉·内维斯(Castanheira Neves)教授评论道:“该原则(职权调查原则)旨在让刑事法院(尤其是法官)依职权查明及调查所提交审判事实的权力和义务(……)我们的刑事诉

① “证据自由”(la liberté de la preuve)这一概念来自法国,指在刑事诉讼中,法律及判例原则上不对证据形式作特别要求,犯罪事实可通过各种形式的证据予以证明。但证据自由亦应遵守“权利保护”及“司法尊严”的正当性要求,后两者本质上是合法性的要求。参见施鹏鹏:《刑事诉讼中的证据自由及其限制》,载《浙江社会科学》2010年第6期。

讼法——实际上与外国法一样——对职权调查原则规定了(各种)限制(但应注意,这些限制或有利于被告人,或为了保障法官的公正性和客观性,因此之于后者,这些限制并非禁止职权调查原则,相反,这些限制符合职权调查原则的最终目的)。程序的合法性已经对可使用的所有证据形式进行了各种限制——因此仅得使用法律允许的证据形式(第 173 条)。有些证据形式可能将被有效排除,因为在取证时侵犯了基本价值,例如麻醉诊断……"①迪亚士教授显然不同意卡斯塔涅拉·内维斯教授的解释,但他对证据合法性的解释大体类似,"仅能使用法律承认证据形式的原则(1929 年《刑事诉讼法典》第 173 条)构成了对职权调查原则的限制,这是我们无法接受的想法(……)。证据形式的合法性,以及举证的一般规则和所谓的'证据禁止'(麻醉诊断、测谎仪等)是程序有效性的条件,同样也是实质真实的标准"②。

因此,在迪亚士教授看来,证据形式的合法性,并非限制所谓的职权调查,而是查明实质真实的必要前提,旨在保障证据在证明待证事实时具有最大的可信度。葡萄牙《刑事诉讼法典》据此禁止或限制了某些证据形式的使用或评价,如传闻证据禁止(又称为间接证言禁止,第 129 条第 1 款)、近亲属作证豁免(第 134 条第 2 款)、机械复制物的使用限制、笔录或声明阅读限制(第 356 条)等。当然,在很多情况下,证据形式的合法性仅与权利保护有关,典型当属葡萄牙《刑事诉讼法典》第 126 条规定的取证方法禁止(被告人的形体完整权、住宅权等)。

违反证据合法性的要求,将会导致证据禁止。葡萄牙在这一领域借鉴了德国的学说③,将证据禁止分为证据取得禁止(proibições de produção de prova)和证据使用禁止(proibições de valoração de prova)。违反证据禁止将

---

① Neves, Castanheira, Sumários de processo criminal, Coimbra: Dactilog. por João Abrantes, 1968, p. 42 – 45.

② [葡]乔治·德·菲格雷多·迪亚士:《刑事诉讼法》,马哲、缴洁译,社会科学文献出版社 2019 年版,第 113 页及以下。

③ 但葡萄牙对德国的诸多理论学说未有深入阐释,所引入的理论和制度更像是"简易版"的德国证据禁止。读者可以参照笔者对德国刑事诉讼中基本权利理论的研究。

导致诉讼行为无效以及公职人员的纪律惩戒责任和刑事责任,这里又融入了法国的程序无效理论,导致学说的混杂及冲突,严谨性成疑。需要指出的是,证据禁止和程序无效并不必然出现在具体的法律条款中,但诸如“不得”(não pode)、“不可受理”(não é admissível)或“仅在……才可作为证据”(só valem como prova)等表述,均属于对证据合法性的要求。

二、证据取得禁止

证据取得禁止,顾名思义,指证据的获取不得违反禁止性规范。葡萄牙将证据取得禁止分为三种类型:(1)证明对象禁止;(2)证据形式禁止;(3)取证方法禁止。

(一)证明对象禁止

有些事实不得成为证明对象,如国家机密涵盖的事实,包括禁止使用证人证言以获得国家机密事实(葡萄牙《刑事诉讼法典》第 137 条)以及禁止使用书证以获取国家机密事实(葡萄牙《刑事诉讼法典》第 182 条)。在前述两种情况下,维护国家机密的公共利益优先于实质真实的公共利益。

(二)证据形式禁止

法律同样禁止某些证据形式:例如,禁止对共和国总统、国会主席以及总理的谈话或通讯进行监听、录音以及转录(葡萄牙《刑事诉讼法典》第 11 条第 2 款第 2 项)。在这种情况下,即便谈话内容不涉及国家机密亦在禁止之列,因为这并非证明对象禁止,而是证据形式本身被禁止。

(三)取证方法禁止

取证方法禁止是最重要的证据取得禁止类型,指司法机关、刑事警察、律师乃至个人(特别是被害人)在诉讼中取得和使用证据的方法禁止。按违反规范不同,取证方法禁止可分为侵犯宪法权利(违反宪法规范)的取证方法禁止和违反程序法规则的取证方法禁止。按禁止的程度,取证方法禁止还可分为绝对禁止和相对禁止,绝对禁止未设例外,而相对禁止则可通过司法机关的命令、授权或者有关人员的同意而解除禁令。

1. 侵犯宪法权利(违反宪法规范)的取证方法禁止

受德国基本权理论的影响,葡萄牙《宪法》设置了诸多涉及公民基本权利的条款。从严格意义上讲,所有涉及刑事诉讼的宪法条款,均直接或间接涉及公民的基本权利。基本权利保护机制的重要宪法依据为葡萄牙《宪法》第18条,即"1. 宪法中有关权利、自由及保障的规定,应直接适用于并约束个人和公私组织。2. 只有在宪法有明确规定的情况下,法律才能对权利、自由及其保障进行限制。此种限制应基于保护其他受宪法保护的权益所必需。3. 限制权利、自由及其保障的法律,必须具有一般概括性,且不得具有追溯力,也不得缩小宪法规定的有关权利、自由及其保障的主要内容的范围与界限"。

从文本上看,涉及取证方法禁止的基本权利主要包括人身完整权(葡萄牙《宪法》第25条)、其他人身权[包括身份权、发展权、民事能力、公民身份权、荣誉权、名誉权、肖像权、发表言论权、个人生活与家庭生活的隐私权,以及有权针对任何形式的差别待遇获得法律保护(葡萄牙《宪法》第26条)]、自由权和安全权(葡萄牙《宪法》第27条第1款)、住宅权和通信权(葡萄牙《宪法》第34条第1款)等。葡萄牙《宪法》第32条第8款明确规定,"通过酷刑、胁迫、侵犯精神与形体完整性、不适当地侵犯私人生活、住宅、通信或电讯而获得的任何证据,均属无效"。但葡萄牙《刑事诉讼法典》第126条进行了区分①:酷刑、胁迫和侵犯精神与形体完整性构成了取证方

① 葡萄牙《宪法》第34条(住宅与通信不可侵犯)亦进行了类似但相对抽象的区分:(1)任何人的住宅、通信及其他私人通讯秘密,不可侵犯。(2)非因法定情况和经法定程序,并经有管辖权的司法机关批准,不得进入公民住宅。(3)未经本人许可,不得在夜间擅自进入他人住宅。除非犯罪行为正在发生或经司法授权的案件,特别是暴力犯罪和严密的有组织犯罪,包括恐怖主义和贩卖人口、武器或麻醉毒品。(4)禁止国家机关以任何方式干涉通信、电讯及其他通讯工具,但法律规定的涉及刑事诉讼的情况不在此限。

法的绝对禁止(第1款[①]及第2款[②]),而不适当地侵犯私人生活、住宅、通信或电讯则构成了取证方法的相对禁止(第3款[③])。因此,在葡萄牙《刑事诉讼法典》第126条第3款规定的情况下,如果权利人同意,或者法律另有规定,例如,某些机关发布命令或授权解除禁令,则可以进行房屋搜查(葡萄牙《刑事诉讼法典》第177条)、扣押函件(葡萄牙《刑事诉讼法典》第179条)、在律师事务所或者医生诊所内进行文件扣押(葡萄牙《刑事诉讼法典》第180条)、电话监听(葡萄牙《刑事诉讼法典》第187条)或类似行为(葡萄牙《刑事诉讼法典》第189条)。

取证方法禁止主要针对公权力机构,包括刑事警察机关和司法机关,但也适用于律师和辅助人。[④] 在正式启动侦查前,取证方法禁止主要针对刑事警察机关权限范围内的预防措施,例如搜查犯罪嫌疑人、搜索发现犯罪嫌疑人的场所以及在未经司法机关批准的情况下扣押物品[葡萄牙《刑事诉讼法典》第174条第5款、第178条第4款、第249条(尤其是第2款第3项),以及第251条第1款第1项]。但侦查程序无疑是运用最多取证方法的阶段,检察院和其领导下的刑事警察机关在采取诸多限制或剥夺宪法权利的取证方法时应获得预审法官的批准,如扣押信件(葡萄牙《刑事诉讼法典》第179条)、电话监听或类似措施(葡萄牙《刑事诉讼法典》第187条至第189条)。在预审阶段,预审法官可以自行下令采取一些补充的调查措施以获取证据,也可以授权刑事警察机关采取这些措施(葡萄牙《刑事诉讼法

① 葡萄牙《刑事诉讼法典》第126条第1款规定,"通过酷刑或者胁迫,或者侵犯人的身体或者精神完整性而获得的证据,均为无效,并且不得使用"。

② 葡萄牙《刑事诉讼法典》第126条第2款规定:"利用下列手段获得的证据,即使获得相关人员的同意,也属侵犯人的身体或者精神的完整性:(1)通过虐待、身体伤害、任何性质的手段、催眠或者使用残忍的或欺骗性的手段,扰乱相关人员的意思自由或者作出决定的自由;(2)以任何手段扰乱相关人员记忆能力或者评估能力;(3)在法律允许的情况和限度以外使用武力;(4)以法律不允许的措施作为威胁,以及以拒绝或者限制给予依法取得的利益作威胁;(5)承诺给予法律不允许的利益。"

③ 葡萄牙《刑事诉讼法典》第126条第3款规定,"除法律另有规定的情况外,未经权利人的同意,通过干扰其私人生活、住所或者通信获得的证据也同样无效,并且不得使用"。

④ 这在德国学说上称为"第三人效力",但葡萄牙在这一问题上未有理论自觉性。下文有详述。

典》第288条第1款以及第290条第2款),但同样应尊重被告人的基本权利,避免成为“具有某些偏见的囚徒”。

证据取得禁止也可能涉及其他诉讼主体,尤其是律师和辅助人。德国的基本权教义学对于宪法的基本权利是否可适用于公民个人的取证行为存在“直接效力说”(可直接适用于平等主体之间的关系)和“间接效力说”(仅得通过国家公权力间接适用)的争议,但葡萄牙未有这种理论自觉性。通说认为,律师和辅助人在取证时亦应遵循证据取得禁止规则。

2. 违反程序法规则的取证方法禁止

葡萄牙《刑事诉讼法典》亦对不同的取证方法设置了严格的正当程序,违反这些程序,亦可能构成取证方法禁止。例如,有权获得证人证言的机构应当告知被告人的近亲属享有拒绝作证的权利,否则其所作证言无效(葡萄牙《刑事诉讼法典》第134条第2款),进行搜查前应当先行将命令搜查决定的副本交付被搜查人(葡萄牙《刑事诉讼法典》第175条第1款),尊重个人尊严,并且尽可能地尊重被搜查人的羞耻心(葡萄牙《刑事诉讼法典》第175条第2款),否则所获得的证据不可用。

三、证据使用禁止

证据使用禁止,即证据评价禁止,指禁止将侵犯基本权利或违反程序规范的证据作为不利于被告人的判决依据,并将这些证据从卷宗中去除。通说认为,证据使用禁止是遏制警察非法取证行为的最佳法律工具,因为非法取证所付出的代价便是无法重复进行证明。例如警察在未有适当司法授权的情况下闯入被告人的住宅并发现凶器,事实上等同销毁了该凶器。证据使用禁止和证据取得禁止并非完全的对应关系①,大概存在以下三种情况:(1)证据取得禁止通常会产生证据使用禁止,但情况并非总是如此;(2)有一些证据取得禁止并不产生程序效力;(3)有一些证据使用禁止,完全独立

① 这也是为何要区分证据取得禁止与证据使用禁止。德国学说区分了依附型(非自主型)的证据使用禁止(selbständige Beweisverwertungsverbote)和自主型的证据使用禁止(un selbständige Beweisverwertungsverbote),以阐明证据使用禁止与证据取得禁止之间的关系。

于先前的证据取得禁止。

(一)证据取得禁止导致证据使用禁止

这是最一般的情况,违法取得的证据原则上不得进行评价,此处不再赘述。

(二)证据取得禁止不导致证据使用禁止

在葡萄牙,有些证据取得禁止并不导致证据使用禁止。例如进行人身搜查应尽可能地尊重被搜查人的羞耻心(葡萄牙《刑事诉讼法典》第 172 条第 1 款),场所搜查应尽可能地尊重被搜查人的羞耻心(葡萄牙《刑事诉讼法典》第 175 条第 2 款)。但如果并非医生的男生对女生进行人身搜查,或者男生对女生的住所进行搜查,并不属于葡萄牙《刑事诉讼法典》第 126 条所规定的情况,葡萄牙《刑事诉讼法典》第 172 条和第 175 条也未规定程序无效,因此,这些证据取得禁止并不会产生任何程序后果,不会导致证据使用禁止。但这一观点受到了很大的批评,在学理上无法逻辑自洽(尤其是不符合证据取得禁止的界定),在实务上亦导致禁止性规定沦为摆设。

(三)自主型的证据使用禁止

自主型的证据使用禁止,指证据的使用禁止完全独立于先前的证据取得禁止,即证据取得可能是完全合法的,但依然禁止进行评价。例如,在某一刑事案件中,预审法官授权进行电话监听。警察依规定将转录的相关段落交由预审法官知悉,完全符合葡萄牙《刑事诉讼法典》的相关规定(第 187 条第 1 款和第 188 条第 1 款、第 3 款和第 4 款)。但并非所监听的所有对话均可在后续的诉讼中使用,例如在监听中获得其他罪名的信息(即所谓的"偶尔获悉"[1],conhecimentos fortuitos,与批准电话监听的罪名无涉),则构成证据使用禁止,除非这些罪名属于法定犯罪类型(第 187 条第 7 款)。在这种情况下,证据使用禁止便不依赖于先前证据取得禁止。

此外,葡萄牙的"日记案"亦是自主型的证据使用禁止的重要范例,且

---

① Gõssel, Karl - Heinz, "As proibições de prova no Direito Processual Penal da República Federal da Alemanha" (trad. por M. Costa Andrade do original "Die Beweisverbote im Strafverfahrensrecht der BRD", GA 91), in RPCC 2 (1992), p. 304 - 312.

与德国形成鲜明对比。[①] 预审法官下令搜查房屋并获得了被告人一本私密日记。被告人在日记中记载了可证明对未成年人实施性犯罪的内容[②],预审法官将此作为适用预防性羁押的依据。宪法法院在2003年12月5日第607/03号判决中指出[③],"(适用预防性羁押的决定)违宪,违反了《宪法》第26条第1款以及第32条第8款的联合规定。依《刑事诉讼法典》第126条第1款及第3款之规定的解释,对可证明被告人对未成年人实施了性犯罪行为(《刑法典》第171条第1款以及第172条第1款和第2款)的证据进行提取并不违法。但《刑事诉讼法典》第202条及第204条第3款所规定的前提(羁押的适用条件),司法机关下令住所搜查并因此扣押的日记,依必要原则及比例原则未经慎重考虑便作为适用预防性羁押的证据,已然构成违宪,应重新作出"。可以看出,在本案中,葡萄牙宪法法院认为住所搜查所获得的日记并不构成证据取得禁止(不符合葡萄牙《刑事诉讼法典》第126条第1款及第3款所规定的情况),但依日记内容适用预防性羁押构成了证据使用禁止(违反了葡萄牙《宪法》第26条第1款以及第32条第8款的联合规定,且有悖适用预防性羁押的必要原则及比例原则)。[④]

四、诉讼行为无效

葡萄牙并未将诉讼行为作为刑事诉讼的基本范畴,而仅是作为概括诉

---

① PALMA, Maria Fernanda, "Acusação e pronúncia num direito processual penal de conflito entre a presunção de inocência e a realização da justiça punitiva", in AA. W., I Congresso de Processo Penal – Memórias (org.: Manuel Monteiro Guedes Valente), Coimbra: Almedina, 2005, p. 116.

② Despacho interlocutório do Juiz do 1. – Juízo do Tribunal de Instrução Criminal de Lisboa, nos autos do processo de inquérito n°1718/02°JDLSB, do qual houve recurso para o TRL.

③ Acórdãos do Tribunal Constitucional, 2003 (Vol. 57°): 1170.

④ 德国的学说称为"私生活的核心领域",但德国联邦宪法法院在日记案中持相反立场,受到了诸多批评。Claus Roxin, Kernbereichsschutz und Straftatermittlung, in Gesamte Strafrechtswissenschaft in internationaler Dimension, Festschrift für Jürgen Wolter zum 70. Geburtstag am 7. September 2013 Herausgegeben von Mark A. Zöller, Hans Hilger, Wilfried Küper und Claus Roxin, 1057f.

讼主体行为样态的一般术语①,这一点与德国极为类似②。但诉讼行为无效却是葡萄牙刑事诉讼非常重要的范畴,是保障刑事诉讼各项规则得以适用的基本保障,甚至可扩及证据取得禁止及证据使用禁止。在这一问题上,葡萄牙的理论及实务提供了介于实体制裁及程序制裁之间的第三种模式,但制度的严谨性也引发了一些争议。笔者已在刑事诉讼的基本范畴中详细介绍了诉讼行为无效的类型及基本内容(见图9),此处不再赘述,仅对涉及证据禁止的学说争议做进一步展开。

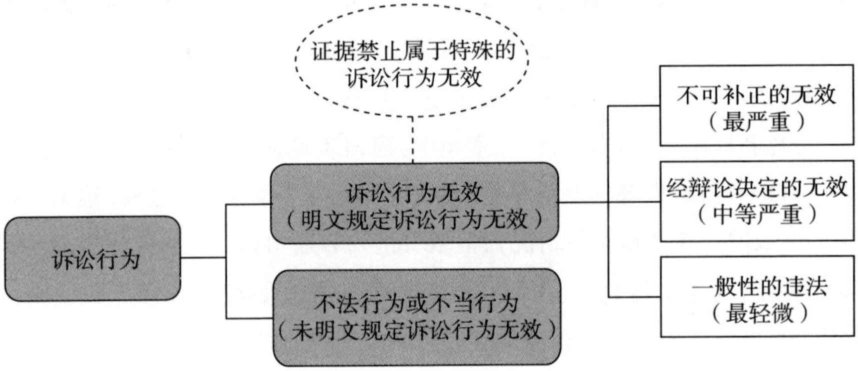

图9 葡萄牙诉讼行为无效的类型

葡萄牙《刑事诉讼法典》第118条第3款规定,第5编"行为无效"中的规定不影响法典关于证据的禁止性规定。这将诉讼行为无效理论与证据禁止理论进行了嫁接,如图9所示,葡萄牙学界据此认为,取证行为违反程序规定而导致的证据禁止,属于特殊的诉讼行为无效情形,又称为系统外的无效(nulidades extra – sistemáticas)。

从诉讼行为无效的角度重新审视"证据禁止",可以得出若干较具学术争议性的结论:

---

① 葡萄牙主流教科书均未将诉讼行为作为专门的理论范畴进行介绍。葡萄牙《刑事诉讼法典》第2卷"诉讼行为"亦在一般意义上理解这一概念。

② 参见[德]克劳思·罗科信:《刑事诉讼法》,吴丽琪译,法律出版社2003年版,第195页及以下。更系统的介绍,参见 Bettina Grünst, Prozeßhandlungen im Strafprozeß, AKTIV DRUCK & VERLAG GMBH · EBELSBACH,2002,尤其是第117页以下的介绍。

(1)“证据禁止”在立法层面未有技术的“独立性”。葡萄牙《宪法》第32条第8款规定,“通过酷刑、胁迫、侵犯精神与形体完整性、不适当地侵犯私人生活、住宅、通信或电讯而获得的任何证据,均属无效(nula)”。葡萄牙《刑事诉讼法典》第126条第1款规定,“通过酷刑或者胁迫,或者侵犯人的身体或者精神完整性而获得的证据,均为无效(nula),并且不得使用”。这是葡萄牙刑事诉讼非法证据排除最重要的两条规范,但均使用“无效”(nula)一词。制宪者或立法者并未使用“证据禁止”或类似表述(如 São proibidas, não podendo ser utilizadas, as provas…),这意味着“证据禁止”在立法层面未有技术的“独立性”。由此引发对葡萄牙《刑事诉讼法典》第118条第3款的文本解读问题:究竟应如何理解“本编中的规定不影响本法典关于证据的禁止性规定”?葡萄牙学说认为[①],这可解读为存在因违反证据禁止性规定而导致诉讼行为无效的其他情形,大概包括以下三种情形:其一,法律明确规定因违反证据禁止性规定而导致无效的特殊制度(葡萄牙《刑事诉讼法典》第126条);其二,法律明确规定因违反证据禁止性规定而导致不可补正无效的情况(如前文论及的“违反程序法规则的取证方法禁止”);其三,法律因未设立任何制度而导致经辩论决定无效的情况。倘若依据这一理解,证据禁止可参照适用诉讼行为无效的一般理论,例如亦可按违法的程度分为三种类型:不可补正的无效或禁止(包括葡萄牙《刑事诉讼法典》第126条规定的特殊制度)、经辩论决定的无效或禁止和一般性的违法或禁止。可以看出,葡萄牙并未清晰地将诉讼行为无效与证据禁止区分开来[②],从而导致程序制裁理论的庞杂与无序,这与法国有些类似。[③]

(2)葡萄牙《刑事诉讼法典》第126条并未创设一套特殊的诉讼行为无

① Paulo de Sousa Mendes, Lições de Direito Processual Penal, Edições Almedina, S. A., 2020, p. 167 e ss.

② 可参照意大利的学说。意大利严格区分“程序无效”和“不可用”(类似于证据禁止)。“程序无效”并非禁止既定主体完成某一类型的诉讼行为,而是实施诉讼行为的方式违法。因此,“程序无效”是在行使合法权力时形成。而“不可用”则相反,并不涉及诉讼行为本身,而是涉及其可否作为证明的依据。因此,“不可用”制裁的是诉讼主体行使了程序法所禁止的权力。

③ 关于法国的理论,参见施鹏鹏:《法国刑事程序无效理论研究——兼谈中国如何建立“刚性”的程序》,载《中国法学》2010年第3期。

款及第 190 条)。[①] 而违反证明程序但未构成无效的,则为证明的一般性违法(As irregularidades de prova,葡萄牙《刑事诉讼法典》第 118 条第 2 款及第 123 条),证据可以使用。

五、证据禁止的其他问题

证据禁止还涉及许多其他问题,本文囿于主题和篇幅,不可能一一展开,仅选择若干较重要的论题进行简要讨论,主要包括证据禁止的远程效力、对证据禁止决定的上诉以及对实施证据禁止人员的制裁。

(一)证据禁止的远程效力(O efeito – à – distância das proibições de prova)

葡萄牙在"证据禁止的远程效力"这一问题上深受美国和德国的影响[②],许多葡萄牙学者在比较法层面翔实地介绍了美国和德国的学说、制度和判例,并引发了广泛的讨论。[③] 早在 1987 年葡萄牙《刑事诉讼法典》生效前,迪亚士教授便认为,葡萄牙《宪法》第 32 条支持"德国的远程证据禁止理论和美国的毒树之果学说"。1987 年葡萄牙《刑事诉讼法典》颁布后,第 122 条第 1 款明确规定,"无效使行为不发生效力,也使依附于该行为的各行为以及可能受该无效影响的各行为归于无效"。这依然涉及诉讼行为无效与证据禁止之间的关系。如果依前文所述,证据禁止适用诉讼行为无效的一般理论,则葡萄牙《刑事诉讼法典》第 122 条第 1 款可理解为葡萄牙的"毒树之果"条款。但也有一些学者主张证据禁止的独立性,认为第 122 条第 1 款并不类推适用于证据禁止,应另行解读。例如,海伦娜 · 莫朗(Helena Morão)便认为,葡萄牙《刑事诉讼法典》第 122 条第 1 款无力作为葡萄牙刑事诉讼中证据禁止远程效力的规范性依据以及葡萄牙《宪法》第 32 条第

---

① Morão, Helena, "O efeito – à – distância das proibições de prova no Direito Processual Penal português", in RPCC 16 (2006), p. 589.

② 关于美国和德国在这一问题上的学说,国内的研究成果甚为丰硕,此处不再赘述。

③ 例如 Andrade, Manuel da Costa, Sobre as proibições de prova em processo penal, 1. – reimp., Coimbra: Coimbra Editora, 2006 (1. a ed., 1992)。

8 款所规定的宪法依据。[1]

但在这一问题上,葡萄牙宪法法院积极参与了讨论。[2] 2004 年 3 月 24 日,葡萄牙宪法法院在对葡萄牙《刑事诉讼法典》第 122 条第 1 款进行违宪审查时作出了非常重要的判例(第 198/2004 号判例)。本案的争点是:电话监听是无效的,但使用监听以外且在监听之后的证据,如被告人的口供,是否有效?如果被告人事先知道电话监听是无效的,则不会作出供述。宪法法院在本案中承认远距离效力或远程效力学说(doutrina da eficácia longínqua ou do efeito – à – distância)在葡萄牙完全适用[3],但指出,"原始证据的无效并不影响后续自愿且清晰认罪的效力,这是完全自由意志的独立行为"。宪法法院援引了葡萄牙《刑事诉讼法典》第 122 条,认为"该规范打开了一个解释空间,有必要在其中寻找效力依附或效力影响的关系。依理性标准,需要投射影响前一行为的相同价值"。最后,宪法法院得出结论,"应准确理解《刑事诉讼法典》第 122 条第 1 款。如果涉及自愿的陈述,则可以评价后面证据的意义,而不是宣布其无效,这符合宪法规定,与这一援引违反宪法规范的规定未有任何解释重叠"。可见,宪法法院的立场主要包括两个方面:一方面,证据禁止的远程效力理论适用于葡萄牙,葡萄牙《刑事诉讼法典》第 122 条第 1 款是刑事诉讼中证据禁止远程效力的规范性依据以及葡萄牙《宪法》第 32 条第 8 款所规定的宪法依据;另一方面,与美国和德国类似,如果后续的证据源于完全自由意志的独立行为,则不构成证据禁止。这一立场在后续的多个宪法判例中得以重申,如 2008 年 1 月 11 日第 13/2008 号宪法判例。

(二)对证据禁止决定的上诉

依葡萄牙《刑事诉讼法典》第 399 条之规定,只要法律未规定不得提出

---

① Morão, Helena, "O efeito – à – distância das proibições de prova no Direito Processual Penal português", in RPCC 16 (2006), p. 596 – 601.

② 此前,也有法院的判例涉及证据禁止的远程效力问题。例如,奥埃拉斯司法法院(Tribunal Judicial de Oeiras)首次承认证据禁止的远程效力,"第一种证据形式的无效性扩展至第二种证据形式,使法官无法以同样的方式对后者进行任何评价性判断"。Sentença do 3° Juízo, de 5 de março de 1993, Proc. n° 777/91, 2. – Secção.

③ 葡萄牙宪法法院甚至直接援引"王森诉美国"(Wong Sun v. United States)判例。

上诉,则均可以提出上诉。因此,当事人可对证据禁止的决定提出上诉,此上诉属于针对法律错误的上诉(葡萄牙《刑事诉讼法典》第410条第3款)。

此外,依葡萄牙《刑事诉讼法典》第310条第1款之规定,“预审起诉书与检察院起诉书所包含的事实一致的,不得提起上诉,对于预审法官作出的关于诉讼行为无效的决定,以及对其他审前事项或者附带事项作出裁判不服的,也不得提出上诉”。这里存在的争点依然是:第310条第1款规定的“关于诉讼行为无效的决定”,是否包含“证据禁止的决定”?大部分学者认为应包含在其中,也有部分学者认为,证据禁止之于程序无效具有独立性,起诉决定涉及被禁止证据的可采性部分,是可以上诉的。[①]

需要特别指出的是,2007年改革后,葡萄牙《刑事诉讼法典》第449条第1款增加了一项新的再审事由(第5项),即“在有罪裁判中,定罪依据的证据是通过本法典第126条第1款、第3款规定的禁止方式获得的”。[②]

(三)对实施证据禁止人员的制裁

实施非法取证行为的人员,将受到纪律惩戒,严重的还将追究刑事责任(也可能涉及民事赔偿责任)。葡萄牙《刑事诉讼法典》第126条第4款之规定,“使用本条规定的方法获得证据,构成犯罪的,则此类证据仅可用于对该行为人进行追诉”。这意味着滥权所获得的证据,不能用于证明被告人的罪责问题,但可用于证明滥权行为。可见,刑事追诉机关一旦实施违法犯罪行为,便与普通公民没有地位的差异,这体现了证据禁止制度的预防目的和法治理念。

应当说,葡萄牙的非法证据排除规则介于法国和德国之间,先学习法国的程序无效理论,后学习德国的证据禁止理论,导致两种不同理论在本土化的过程中产生内在冲突。如前文频繁论及的,证据禁止可否纳入诉讼行为

---

① Paulo de Sousa Mendes, Lições de Direito Processual Penal, Edições Almedina, S. A., 2020, p. 177.

② 有学者认为(如阿尔伯克基)认为,这一新的再审事由严重损害了既判力的宪法价值,但更多的学者认为,这有助于强化对被告人权利的保护,遏制公权力机关的滥权行为。参见Paulo de Sousa Mendes, Lições de Direito Processual Penal, Edições Almedina, S. A., 2020, p. 178。

无效的基本理论框架进行适用,这在葡萄牙学界还存在较大的争议。可见,许多比较法学者的理想是“博采众家之长,集大成于一身”,却往往忽视不同制度背景下潜在的要素冲突,因而容易凭借想象中的“拼图”构建出“非驴非马”的混杂制度,既无法在学理上形成逻辑自洽,也容易导致司法实务中的杂糅混乱。质言之,广博的国际化视野,精深的比较法分析,以实现诸多异质学说及制度的体系性融贯,而非简单的技术拼接,这恐怕是当下比较法学者最具挑战性的一项学术任务。